뉴잉글랜드 타운정부론

-역사적 기원과 운영의 실제-

김 영 기

도서출판 대영문화사

이 책은 경상대학교 2007년 학술진흥지원사업 연구비와 사단법인 경남자치연구원 남성당 김장하 연구기금 지원을 받아서 출간되었음.

머리말

나는 지방자치를 공부하는 사람으로 긴 세월을 보냈고, 새로운 지식을 얻을 때마다 느끼는 벅찬 환희는 나의 큰 재미였다. 거기다 좋은 학생들을 만나 가르치는 재미까지 누렸으니 나는 얼마나 복 받은 사람인가. 공부에 대한 열정으로 뜨겁던 어느 날 늙수그레한 내가 논문을 발표하는 자리에서 한 후배 교수가 나더러 '영원한 현역'이라고 했다. 나는 이 말이 참 듣기 좋았다. 돌아보면 나는 공부하고 가르치며 참 행복했다.

나는 지방자치를 전공으로 삼아 공부하는 동안 유행 따라 몇 권의 개론서도 집필했으나 그런 일은 나의 관심을 지속적으로 끌지 못했다. 나는 내가 계속 관심을 가지고 곱씹는 한 분야를 갖고 싶었고, 그것이 바로 점점 더 관심은 물론 활용도도 커지는 직접민주제이다. 이렇게 해서 역서 『미국의 주민소환제』(2002), 저서 『한국의 주민소환제』(2006)와 『주민발의제도론』(2011)을 국내에 처음으로 소개한데 이어 직접민주주의 정부 형태에 관한 『뉴잉글랜드 타운정부론』도 국내 처음으로 내놓게 되었다.

이 책을 쓴 목적은 세 가지이다. 하나는 우리 지방자치, 나아가 지방민주주의 발전을 위한 제도적 대안의 하나를 소개하려는 목적이다. 언젠가 지역주민들이 여건에 맞는 정부 형태를 선택할 정도로 지방분권이 이루어지면 대표제-기관분립형 외에도 직접민주제 지방정부를 그 대안으로 검토할 수 있다면 좋겠다는 생각이다. 또 하나는 우리 지방자치학자들에게 인식의 지평을 넓혀 주려는 학술적 목적도 있다. 학자들이 오로지 한 가지 제도만 연구 대상으로 삼아서 이론을 내놓은들 보편성 문제가 생길 것이기 때문이다. 끝으로 지방자치를 공부해 가르칠 때 이 분야 자료가 거의 없어서 항상 학생들에게 미안했는데, 늦게나마 그 마음을 덜려는 것도 이 책을 쓴 목적의 하나이다.

이 책은 제1편에서 고대 아테네 직접민주주의를 소개한 다음 현대로 넘어와서 직접민주제 정부로서 뉴잉글랜드 타운미팅과 스위스 코뮌의 주민총회를 소개했다. 이 책의 주제와 공간적 범위가 미국의 뉴잉글랜드 타운정부이므로 간략하게 그 개념과 본질, 특성을 중심으로 소개했다. 이어서 스위스 코뮌정부의 주민총회를 매우 간단하게 소개했다. 이처럼 사례 중심의 소개를 통해 직접민주제 지방정부에 대한 개념적 이해가 가능하도록 했다. 그런 다음, 독자들은 제2편 이후 이 책 나머지 부분을 통해 뉴잉글랜드 타운미팅을 상세하게 이해하면 될 것이다.

제2편은 뉴잉글랜드 타운정부의 역사적 맥락을 이해하도록 내용을 편성했다. 1620년 필그림 일행(Pilgrims)의 플리머스(Plymouth) 이주와 정착, 그리고 독립선언서, 헌법과 더불어 미국 민주주의 역사의 3대 문서로 평가되는 메이플라워 협약서(Mayflower Compact)의 채택과 그 내용, 식민 시대 타운 설립과 타운미팅의 제도적 생성과 확산을 다루었다. 이 부분을 통해 프랑스 학자 토크빌(Alexis de Tocqueville)의 타운미팅에 대한 상찬 외에 수많은 역사가나 학자들의 극찬을 통해 미국 자치제도와 민주주의의 뿌리를 이해할 수 있게 된다. 동시에 제도적 경로의존성(path-dependency)도 이해할 수 있는 사례를 보게 될 것이다.

제3편에서는 현재의 뉴잉글랜드 타운정부 제도를 상세하게 소개한다. 타운정부가 긴 시간의 시험을 거치고 공간적 확산에 맞추어 이루어 낸 변화를 짚는 한편, 또 생성된 이래 거의 대부분 원형을 유지하며 오늘 우리 앞에서 작동하고 있는 타운미팅을 소개한다. 우선, 타운미팅이 작동하는 법적 근거와 편제를 주(州)의 헌법-법률-타운의 자치헌장(Home Rule Charter)-타운 자치법(By-Laws)의 내용을 통해 소개한다. 그 다음, 타운미팅 또는 주민총회의 절차와 실제를 소개하고 그 회의 진행의 규칙을 상세하게 소개한다. 회의 진행규칙 부분에서는 의회사무국의 시나리오를 따라 읽으며 회의를 진행할 수밖에 없는 우리 지방의원의 역량이나 사회단체나 조직 지도자의 회의 진행 상황을 염두에 두었다.

제4편은 이 책을 마무리하는 내용이다. 핵심 내용의 요약과 제도적 장점과 문제점의 인식, 타운제도가 우리에게 주는 시사점 등을 정리했으며, 지방자치 개혁을 제안하면서 마무리했다.

이 책을 내면서 특별히 감사드리고 싶은 인연이 있다. 먼저, 연구생활에서 나의 멘토가 되어 준 뉴욕주립대학교(올버니) 짐머만(Joseph F. Zimmerman) 교수, 2011년 객원교수의 기회를 준 오리건 주 세일럼의 윌라밋대학교(Willamette University) 인문대학 무어(Marlene Moore) 학장과 정치학과 엘리스(Richard Ellis) 교수께 감사드린다. 또 아내 조정심, 어머니 고 서육님 여사, 장모 강명숙 여사, 큰똘이 연주, 사위 재원이, 든든이 국진이와 며느리 희연이, 몬똘이 민주, 그리고 외손자 용준이와 용빈이의 무한 사랑을 고맙게 생각한다.

저자는 또한 뉴욕주정부 재정부 국장 황욱진 박사에게 감사드린다. 황 박사는 대학원 동문으로 첫 인연을 맺은 후 뉴욕주립대학교(올버니)에서 1993년 다시 만나 지금까지 형제처럼 좋은 인연을 이어 왔고, 이 책의 원고를 꼼꼼하게 읽고 매우 유익한 논평을 해 주는 수고를 마다하지 않았다. 또 서울대학교 대학원 행정학과 박사과정 이윤호 선생도 바쁜 가운데 독자 입장에서 내 원고를 읽고 유용한 조언을 해 주었다. 고마운 마음과 함께 그의 전도를 축원한다.

특히 전남 순천시 낙안 출신으로 오리건 주 터너(Turner) 시에서 터너마켓(Turner Market)을 운영하는 김현희 사장과 그 아들 인텔의 전도 유망한 사원 고성경 씨, 그 사촌 제이콥(Jacob) 씨에게 감사드린다. 김사장은 2011년 직접민주제를 공부하러 오리건에 갔을 때 우리 부부가 일곱 달 동안 머물 수 있도록 존당(尊堂)의 체취가 배어 있는 강가의 예쁜 집을 선뜻 내어 주며 물심양면으로 후의를 베풀어 주셨다. 또한 믿음과 사랑의 공동체를 만들어 이끌고 있는 세일럼 한인교회의 전병국 목사 내외분과 성도들의 따뜻한 사랑도 우리 부부에게 특별한 추억이 되었고, 감사드린다.

끝으로 내가 청할 때마다 출판의 기회를 선뜻 내어 주신 도서출판 대영문화사 임춘환 사장님께 충심으로 감사드린다.

2014년 10월

수중(守中) 김영기 씀

차 례

머리말/3

제 I 편 직접민주제 지방정부론

제1장 서론 ··· 15

제1절 이 책의 목적 ··· 15

제2절 연구 범위와 방법 ··· 19

1. 연구 범위/19
2. 연구 방법/20

제3절 이 책의 구성 ··· 22

제2장 아테네 직접민주주의의 이해 ··· 24

제1절 직접민주주의의 개념과 기원 ··· 24

1. 직접민주주의의 개념/25
2. 직접민주정의 기원/26

제2절 직접민주정의 제도적 장치들 ··· 29

1. 시민의 구성과 시민권/30
2. 지방구역의 분할/34

3. 공직자단 / 36
4. 민회 / 41
5. 평의회(또는 500인회) / 48
6. 시민법정과 배심원단 / 52
7. 추첨제도 / 53

제 3 절 아테네 민주주의의 의의 ······ 55

제 3 장 현대의 직접민주제 정부론 ······ 58

제 1 절 스위스 코뮌정부 ······ 58
1. 캔턴의 직접민주제: 란츠게마인데 / 59
2. 코뮌의 직접민주제 / 60

제 2 절 뉴잉글랜드 주민총회의 개념과 본질 ······ 61
1. 개념 / 61
2. 주민총회의 본질 / 61
3. 타운정부의 특성 / 64

제 2 편 뉴잉글랜드 지방자치제도의 역사적 전개

제 4 장 필그림의 이주와 정착 과정 ······ 69

제 1 절 종교 대립 ······ 69

제 2 절 네덜란드 이주 ······ 71

제 3 절 뉴잉글랜드 이주 ······ 73
1. 신대륙 이주의 결정 / 73
2. 메이플라워 호 승선자들 / 75
3. 대서양 횡단 / 76
4. 플리머스 정착의 결정 / 77

제 4 절 플리머스 타운의 정착 과정 ······ 78
1. 특허장 확보 / 79
2. 토지의 확보 / 82

3. 재정의 확보 / 83
4. 협약의 채택 / 83
5. 공동의 정착 활동 / 84
6. 종교 활동 / 85

제 5 절 인디언과의 관계 ······ 85

제 5 장 지방자치제도의 기원: 메이플라워 협약 ······ 88

제 1 절 메이플라워 협약문의 내용 ······ 88
1. 메이플라워 협약문의 전거 / 88
2. 메이플라워 협약의 형식 / 90
3. 메이플라워 협약의 주요 내용 / 91

제 2 절 메이플라워 협약의 채택 요인 ······ 98
1. 상황적 요인 / 98
2. 자연적 조건 / 99
3. 종교적 요인 / 101
4. 정치적 요인 / 101
5. 리더십 요인 / 103

제 3 절 메이플라워 협약에 관한 평가 ······ 106

제 6 장 식민지와 타운의 확산 ······ 112

제 1 절 퓨리턴의 이주와 정착 ······ 112

제 2 절 필그림과 청교도의 차이점 ······ 116

제 3 절 타운 설립의 확대 ······ 119
1. 플리머스 식민지의 이주민 증가 / 119
2. 매사추세츠만 식민지의 이주민 증가 / 120
3. 코네티컷 식민지 / 121
4. 뉴헤이븐 식민지 / 123
5. 로드아일랜드 식민지 / 124
6. 동북 지방의 식민지 / 126

제 4 절 타운 설립의 모형 ······ 126

1. 타운 설립의 핵심 요소와 절차 / 126
2. 타운 설립의 모형 / 128

제 5 절 식민 시대 타운의 법적 기초 ···················· 145
1. 국왕의 특허장 / 146
2. 시민협약 / 146
3. 식민청 법률 / 150
4. 타운의 법률 편제 / 153

제 7 장 식민 시대의 타운제도 ···················· 156

제 1 절 타운정부의 기원 ···················· 157
1. 타운의 공간적 구도 / 157
2. 타운의 구성과 회의체의 기원 / 158

제 2 절 타운미팅의 제도적 형성 ···················· 164
1. 회의장과 회의의 정착 과정 / 165
2. 타운의 주요 공직들 / 168

제 3 편 현대의 타운정부론

제 8 장 타운제도의 변천: 시(市)와 대표제 주민총회(RTM) ········ 173

제 1 절 시(city): 대표제 지방정부 ···················· 174

제 2 절 대표제 주민총회의 기원 ···················· 175

제 3 절 대표제 주민총회의 채택과 선출 절차 ···················· 178
1. 대표제 주민총회 채택의 법적 절차 / 178
2. 주민총회 대표의 지명과 선출 / 179

제 4 절 대표제 주민총회의 운영 ···················· 180
1. 직무 담당 대표의 지명 / 181
2. 대표제 주민총회의 운영 / 181

제 9 장 매사추세츠 타운정부론 ···················· 183

제 1 절　타운미팅의 법적 기초 ······ 183
1. 헌법 / 184
2. 법률 / 185
3. 자치헌장 / 188
4. 타운 자치법 / 193

제 2 절　타운정부의 구조와 기능 ······ 194
1. 주민총회: 의결기관 / 195
2. 타운정부의 집행기관 / 197

제 3 절　타운정부의 선거 ······ 217
1. 유권자의 자격과 등록 / 218
2. 선거 / 219

제 4 절　주민총회의 절차 ······ 221
1. 주민총회의 개략적 절차 / 222
2. 회의 진행 관련 규정 / 223
3. 주민총회의 준비 단계 / 227

제 5 절　타운미팅의 실제 ······ 231
1. 의장의 역할: 권한과 책무 / 232
2. 개회식 / 236
3. 주민총회의 진행 / 239

제 10 장　다른 주의 타운정부론 ······ 242

제 1 절　뉴햄프셔 주민총회 ······ 242
1. 뉴햄프셔 식민지 / 242
2. 뉴햄프셔 타운정부 / 243
3. 주민총회의 운영 / 243

제 2 절　버몬트 주민총회 ······ 244
1. 버몬트 식민지 / 244
2. 버몬트 타운정부 / 245
3. 주민총회의 운영 / 246
4. 사례: 윈저 타운의 주민총회 / 246

제 3 절 메인 주민총회 ······ 249
1. 메인 식민지 / 249
2. 메인 타운정부 / 250
3. 주민총회의 운영 / 251

제 4 절 로드아일랜드 재정총회 ······ 253
1. 로드아일랜드 식민지 / 253
2. 타운정부의 수와 형태 / 254
3. 재정총회 / 255

제 5 절 코네티컷 재정총회 ······ 256
1. 코네티컷 식민지 / 256
2. 코네티컷 타운정부 / 258
3. 주민총회의 운영 / 259
4. 사례: 뉴타운 주민총회 / 260

제 11 장 타운미팅의 진행 규칙 ······ 266

제 1 절 회의의 의의 ······ 267
1. 개념과 종류 / 267
2. 회의의 기원 / 270
3. 회의의 목표 / 271
4. 회의 용어의 이해 / 271

제 2 절 회의규칙의 개념과 등장 ······ 272
1. 회의규칙의 개념 / 272
2. 회의규칙의 기원 / 273
3. 회의규칙의 기능 / 274

제 3 절 회의체와 회의의 원칙 ······ 275
1. 심의의 회의체 / 275
2. 회의규칙의 원칙 / 276

제 4 절 회의의 진행 순서 ······ 280
1. 개회 선언 / 281
2. 개회식 / 282

3. 임원 선출 및 선서 / 282
4. 회의록 낭독과 승인 / 283
5. 보고 / 283
6. 미결 안건의 처리 / 284
7. 새 안건의 처리 / 284
8. 폐회 / 285

제 5 절 동의안의 이해 ········ 285
1. 동의안의 종류와 특성 / 285
2. 원동의 / 286
3. 제2차 동의의 이해 / 290

제 4 편 이 책의 마무리

제 12 장 결론 ········ 313

제 1 절 필그림의 플리머스 이주·정착에 대한 해석 ········ 313

제 2 절 타운제도의 경로의존성 ········ 314

제 3 절 주민총회제도의 장·단점 ········ 315
1. 주민총회의 장점 / 316
2. 주민총회의 단점 / 317

제 4 절 타운정부 연구의 시사점 ········ 318

참고 문헌 / 322
찾아보기 / 329

제 1 편

직접민주제 지방정부론

제 1 장　서론
제 2 장　아테네 직접민주주의의 이해
제 3 장　현대의 직접민주제 정부론

01
CHAPTER

서 론

제 1 절 이 책의 목적

이 책의 목적은 미국 민주주의의 뿌리로서 토크빌(Alexis de Tocqueville)의 극찬을 받았던 뉴잉글랜드 주민총회(Open Town Meeting)[1)]를 국내에 제대로 처음 소개함으로써 지방자치제도에 관해 학자들과 공직자들의 인식의 지평을 넓히는 데 있다. 또 앞으로 지역주민들이 지역의 특성이나 조건에 맞추어서 알맞은 지방정부 형태를 자율적으로 채택할 수 있을 때 그 대안의 하나를 미리 제시하는 것도 이 책의 목적이다. 그리하여 후학들이 다양한 제도와 기능을 비교·연구해 더욱 발전된 이론을 내놓고, 그것을 바탕으로 우리의 지방자치가 발전하는 선순환을 이룬다면 그 또한 이 책의 또 다른 목적이라 할 수 있다.

저자가 이러한 연구 목적을 가지고 이 책을 집필하게 된 것은 온 나라에 오로지 한 가지 지방정부 형태, 즉 대표제-기관대립형을 고수하면서 생기는 문제를 깨달았기 때문이다. 강인호·박형배도 각 자치단체가 처해 있는 행·재정적 여건을 불문하고 천편일률적으로 기관대립형을 채택함으로써 다양한 정책 대안과 운영이

1) 이 책에서 주민총회와 Open Town Meeting, 또는 타운미팅은 같은 의미로 번갈아 사용한다. 이들 외의 타운정부 관련 용어는 표현을 달리해 독자들의 오해가 생기지 않도록 할 것이다.

사장되어 버리는 문제가 있다(강인호 · 박형배, 2007: 83)고 지적했다. 이승종도 지역의 실정을 무시하고 전국적으로 획일적인 정부 형태를 채택하는데 따른 한계가 있는 것도 사실이다. 따라서 향후 지방정부의 기본 구조는 지역 실정에 맞도록 지방이 자율적으로 정할 수 있도록 허용하는 것이 바람직하다(이승종, 2008: 19)고 했다.

이처럼 지방자치단체가 처한 다양한 조건을 반영하지 않고 한 가지 정부 형태를 고수할 때 생기는 문제는 어떤 것일까? 앞에서 학자들이 지적한 바를 좀 더 구체적으로 지적하자면 그것은 지역주민과 지방정부가 겪는 문제와 자치학계가 겪는 문제로 나눌 수 있다.

먼저, 지역주민과 지방정부가 겪는 문제는 한 마디로 제도의 효과성 문제이다. 즉, 지방정부가 이루고자 하는 목표를 제대로 달성할 수 없다는 점이다. 인구가 많거나 적은 것도, 구역이 넓거나 좁은 것도, 산간 농촌이거나 해안 어촌인 것도, 도시이거나 농촌인 것도, 또 재정이 넉넉하거나 열악한 것도 따지지 않고 대표제-기관대립형 지방정부 형태를 고집함으로써 대표제에서 오는 문제, 기관대립형에서 생기는 문제가 겹쳐서 적절하게 대응하지 못하는 가운데 시간, 노력, 재정의 낭비가 발생할 수밖에 없다는 것은 학계에서는 상식에 가깝다.

그러나 지방정부의 형태가 대표제-기관대립형만 존재하는 것이 아니라 직접민주제-주민총회제 같은 지방정부 형태를 여건에 맞추어 지역사회에 채택할 수 있다면 그 자체로서 제도적 다양성을 늘려 옹색함도 덜고 게다가 대표제-기관대립형보다 더 나은 성과를 만들어 낸다면 더더욱 다행스러운 일이 아닐까.

그런데 우리는 현재 고수하고 있는 그 한 가지 지방정부 형태의 장 · 단점조차 제대로 인식하지 못한 채 남의 자치제도를 거의 베끼는 수준[2]으로 채택해서 오늘에 이르고 있다. 너무 오랜 기간 제대로 된 점검도 없이 그것을 고수하는 것은 지방자치를 관장하는 부서의 공직자나 지방자치학자 모두 집단적 게으름에 빠져 있는 탓인지, 아니면 무사안일의 탓인지 의문이 생긴다. 그렇지 않다면 지구가 커다란 네모판이고, 그 끝은 천길 만길 낭떠러지라고 믿는 집단적 두려움 때문이거나.

그 다음, 온 나라에 오로지 한 가지 지방정부 형태를 고수하면서 생기는 문제를 지방자치학계도 겪을 수밖에 없다. 한마디로 지방자치학자들은 연구 대상의 제한

2) 이승만 대통령은 "일본의 자치법을 베껴서 만든 우리의 지방자치법이 우리 실정에 맞지 않는 부분이 많다"고 지적하며 국회가 제정한 지방자치법에 대해 거부권을 행사했다(손봉숙, 1985).

이라는 문제의 피해자가 된다. 학자들은 연구 대상 영역이 다양하고 또 연구 대상의 범위나 수준이 다양할 때, 그것을 비교해 고찰함으로써 좀 더 설명력이 높은 지식을 생산할 수 있고, 이것을 토대로 과학 활동의 순환이 제대로 이루어지며, 그 결과 지식의 본래적 기능으로서 예측력도 높일 수 있게 된다. 그런데 우리는 천편일률적으로 오로지 한 가지 지방정부 형태만 바라보며 연구한다면, 인식의 지평이 그만큼 좁아질 수밖에 없는 것 아닌가.

네 가지 지방정부 형태를 사용하면서 그 장점과 단점을 알고, 그래서 더 효과적으로 그러한 제도를 부리는 나라가 미국이라는 사실을 우리는 알고 있다. 그 나라에서는 "티부(C. M. Tiebout)의 발에 의한 투표론(voting with feet)", "정치인의 표극대화론", "관료의 예산극대화론"과 같은 연구의 결과물이 모두 지방정부 현상에서 태생했다. 불행하게도 우리나라 지방자치학자들은 그런 연구 대상을 갖지 못했다는 점에서 단순히 두 나라 학자들의 연구 역량의 차이 때문이라고 보기 어렵다.

위와 같은 문제를 겪는 우리의 현실이 안타까운 나머지 필자는 뉴잉글랜드 지역에서 수백 년에 걸쳐 지방자치제도로 채택되어 시간의 흐름에 맞추고, 또 공간적 조건에 맞추며 변화를 수용해 오늘에 이른 주민총회(Open Town Meeting)형 지방자치제도를 정리해 소개함으로써 위에 열거한 문제를 다소나마 해소하려고 마음먹게 되었다.

다소 유치하게 들릴지 모르지만, 저자가 지방자치를 공부하던 시절 한 국내 문헌에 소개된 프랑스 학자 토크빌의 뉴잉글랜드 타운미팅에 대한 다음과 같은 평가는 나의 지적 호기심을 강하게 자극했다.

> " … 지방자치제도와 자유의 관계는 초등학교와 학문의 관계와 같다. 지방자치제도는 자유를 주민의 손 안에 있게 하며, 주민들로 하여금 자유의 평화로운 향유에 감사하고, 주민들이 자유를 구가하는 방법을 가르쳐 준다. 한 민족이 자유로운 정부를 세울 수는 있겠지만 지방자치제도가 없이는 자유 정신을 가질 수 없다. … "(Mayer, 1969: 63).[3]

---

3) 원문은 다음과 같다. "… Local institutions are to liberty what primary schools are to science; they put it within the people's reach; they teach people to appreciate its peaceful enjoyment and accustom them to make use of it. Without local institutions a nation may give itself a free government, but it has not got the spirit of liberty.…"

그러다가 마침내 2000년에는 안식년을 받아 매사추세츠 주 롱메도(Long-meadow)라는 타운에 하숙을 정하고 이웃 여러 타운의 주민총회를 참여 관찰하고, 자료도 모았으며 어설프나마 2003년 지방자치학회 하계 학술대회에서 처음으로 글을 발표한 바 있다.

그러나 뉴잉글랜드 타운제도는 그 이후에도 국내 연구자들의 관심을 거의 끌지 못했다. 당연히 이에 대한 연구도 드물다. 특히 뉴잉글랜드 타운제도는 오랜 기간 활용되고, 또 미국 민주주의 성공의 바탕으로 평가되는데도 우리의 관심을 끌지 못했다. 앞에서 지적한 대로 대표제로서 한 가지 권력구조, 즉 기관대립형 지방정부에 한정된 우리의 지방자치 연구는 보편성 있는 이론을 형성하는 데 한계를 만든다.[4] 그래서 누군가는 지방자치제도로서 뉴잉글랜드 타운제도를 공부해 소개하는 일이 필요하다고 생각했고, 그래서 이 책을 썼다.

이 책의 연구 목적과도 관련되는 바로서 그 기대 효과는 다음과 같다.

첫째, 제도적 대안으로서 기대 효과이다. 앞으로 우리나라 지방자치제의 다양성을 모색할 때 그 대안의 하나를 더해 준다는 것이다. 그러면서 두 가지 생각이 드는데, 하나는 우리도 정부 형태의 선택권을 주민들에게 줄 정도로 지방분권이 진전된다면 인구 규모가 작은 현재 우리 농촌 군(郡) 자치단체의 주민들이 주민총회형을 그 대안으로 고려할 수 있을 것이다. 또 하나는 우리의 지방자치 체계를 근린자치 내지 마을자치 개념을 도입해 구역을 소규모로 개편하려는 경우 앞의 경우보다 더 유력하게 검토될 수 있는 대안이 바로 주민총회라고 본다. 스위스의 지방정부 코뮌(commune)과 더불어 미국 뉴잉글랜드 타운제도는 우리 읍·면 또는 마을과 그 규모가 유사하다는 점에서 유력한 대안이 될 수 있다는 생각이다.

둘째, 직접민주제가 확대되는 추세에 부응하는 효과이다. 미국은 전체 주민의 70%가 주민발의 등 직접민주주의 장치를 채택한 정치 체제 속에 살고 있다(Bowler & Glaazer, 2008: 2). 유럽연합에서도 역내 국가의 가입 여부를 주민투표에 부쳐 결정하는 등 직접민주제 장치들을 계속 확대해 사용하고 있다(안성호, 2005: 168-169; Kaufmann, Büchi, & Braun, 2007). 대표민주제를 사용하고 있는 가운데서

4) 모든 용어는 내포와 외연을 갖는데, 뉴잉글랜드 타운미팅이나 스위스 주민총회를 모르는 우리나라 학생이나 공직자는 "지방자치"라는 용어의 외연을 제대로 인식하지 못하는 문제가 생긴다. 이런 가운데 생성된 이론이 세계의 지방자치를 설명하는 보편성 있는 이론이 될 수 없는 것은 당연하다.

도 직접민주제의 사용이 늘어나는 요인은 대표제 자체의 문제 때문이기도 하고 또 인터넷 공간의 확대 등 사회상의 큰 변화가 전자민주주의 시대로 이끌고 있는바, 주민총회와 같은 직접민주제의 효용이 커질 것이기 때문이다.

셋째, 학술적인 기대 효과이다. 먼저, 지방자치이론이 보편성을 지향하는 사회과학이기 위해서는 엄연히 존재하는 지방자치 현상을 연구 대상에서 제외 내지 누락시켜는 안 될 일이다. 그뿐만 아니라 스위스의 정치 체제에 대한 국민의 높은 신뢰감과 긍지는 바로 캔턴과 코뮌의 직접민주제 활용의 성과에서 비롯되며, 스위스 국민들이 유럽연합 가입 여부를 결정하는 국민투표를 부결시킨 이유가 바로 그들의 정치 체제를 포기할 수 없었기 때문이라는 안성호(2005)의 지적을 통해 지방자치제도로서 직접민주제의 가치를 가늠할 수 있다. 거기다 뉴잉글랜드 타운미팅 또한 주민의 신뢰와 긍지가 매우 높다. 그럼에도 불구하고 우리는 이러한 주제를 거의 외면하다시피 했던 것이다.[5] 그래서 주민총회라는 자치제도의 의미역(意味役, thematic role)[6]이 우리 사회에서 당장 크다고 보기는 어렵지만, 이에 대한 연구를 통한 지식의 발견이 필요하다는 보편적 사유는 조금도 달라지지 않는다. 그래서 필자는 이 책이 지방자치제에 관한 우리 모두의 인식의 지평을 넓히는 출발점이 되기를 기대한다.

제 2 절 연구 범위와 방법

1 연구 범위

뉴잉글랜드 타운미팅은 그야말로 미국의 "뉴잉글랜드, 즉 매사추세츠, 로드아일

5) 우리의 경우 주민총회 연구는 김영기(2003), 남궁곤(2004), 박의경(2011), 김형호·송경재(2011), 김영기(2012) 외에는 눈에 띄지 않을 정도이다.

6) 의미역은 어떤 행정 문장이 의미를 갖도록 하는 영역을 지칭하는데, 타운미팅이나 메이플라워 협약이 국내에 충분하게 소개되어 있지 않아서 행정 문장으로서 의미를 전달하는 데 제한이 있을 것이라는 뜻이다. 이에 관한 자세한 내용은 이광석·문유석(2011: 104)을 참고할 것.

랜드, 코네티컷, 뉴햄프셔, 버몬트 등 6개 주의 타운에서 운용되는 주민회의"를 가리킨다. 그러므로 미국의 뉴잉글랜드 6개 주 외의 다른 주에 존재하는 타운이나 타운십 등은 그것이 비록 지방자치제도라고 할지라도 이 책에서 다룰 대상이 아니다. 덧붙여서 소개하고자 하는 것은, 뉴잉글랜드 타운미팅도 시간이 흐르면서 보스턴을 비롯한 대도시에서는 회의 장소, 출석률 등의 문제로 인해 대표제 정부 형태를 갖춘 시(city)로 변화했다. 그러므로 비록 뉴잉글랜드 지역에 소재하는 자치단체와 그 지방정부라고 할지라도, 그리고 뒤에 소개하는 대로 지금도 여전히 타운(town)이라는 용어로써 자치단체를 표기하고 있을지라도 대표제 정부를 채택한 시(市)는 이 책의 고찰 대상에서 제외한다.

이 책에서는 오로지 식민지 초기의 원형을 대부분 유지하고 있는 주민총회(Open Town Meeting: OTM)에 초점을 둔다. 또한 뉴잉글랜드 지역에서는 시가 그랬던 것처럼 장소 문제와 출석률 문제를 겪게 되자 대표제의 요소를 주민총회라는 직접민주제 요소와 결합시켜 창안한 변종으로서 대표제 주민총회(representative town meeting: RTM)를 채택했다. 이것도 필요한 최소한의 소개에 그친다.

2 연구 방법

이 책은 시간적으로 오늘의 뉴잉글랜드 주민총회만 소개하는 데 그치지 않고 타운제도의 역사적 배경까지 확장해 살펴보려고 했다. 여러 가지 장점과 더불어 문제점을 지니고 있는데도 불구하고 수백 년간 뉴잉글랜드 주민들이 활용하고 있는 타운제도는 시간을 종단하는 고찰을 시도해야만 제대로 살펴보는 것이라고 생각하기 때문이다. 이른바 제도의 경로의존성을 무시해서는 안 된다는 것이다.

그래서 이 책은 필그림 일행(Pilgrims)[7]이 뉴잉글랜드 이주를 결행하게 만든 영국 내의 종교적 갈등, 대서양을 건너 도착한 현지에서 작성한 메이플라워 협약(Mayflower Compact)과 그것을 바탕으로 창안해 사용한 자치제도, 식민지의 확장

7) 필그림(pilgrims)은 "순례자"라고 번역한다. 필그림은 영국의 국교로부터 교단을 분리했다고 해서 분리주의자들(separatists)이라고도 한다. 필그림, 순례자들, 분리주의자들은 같은 사람들을 가리키는 말이기에 이 책에서는 번갈아 사용한다. 용례에 관해서는 제4장 각주 3)을 참고할 것.

과 타운제도의 확산, 시간의 흐름과 공간적 확산에 따른 타운제도의 진화 등을 다룬 다음 현재의 타운제도를 상세하게 서술한다. 그래서 타운제도의 역사적 전개의 출발점이 되는 메이플라워 협약 등을 고찰하는 부분은 포괄적으로 질적 연구[8]에 해당하고, 구체적으로는 문헌 연구 내지 역사 연구의 방법을 시도한다. 질적 연구라는 이유는 필그림 일행의 지도자들이 남긴 기록으로서 문서, 그러한 문서를 텍스트로 삼아서 연구자들이 해석한 문헌 등을 어쩔 수 없이 개입되는 필자의 가치와 주관적 시각으로 이해를 시도하기 때문이다.

문헌 연구에 의존하는 것은 과거의 사실에 관한 기록을 읽고 해석을 시도해야 하기 때문이다. 뉴잉글랜드 타운미팅은 짐머만(Joseph F. Zimmerman, 1967; 1999)이 잘 다루었고, 부분적으로 브라이언(Frank M. Bryan, 2004) 등의 책과 토크빌의 저서에서 다루었다. 그리고 메이플라워 협약에 관해서는 월시(Walsh, 1971), 사전트(Sargent, 1988), 로드(Lord, 1920), 섹터(Schechter, 1990), 매튜스(Mathews, 1988) 등의 연구가 있다. 또 플리머스 타운에 정착했던 브래퍼드(William Bradford), 윈슬로(Edward Winslow)의 기록과 그에 대한 많은 해설서(narratives), 플리머스 식민청 건립에 기여한 지도자 로빈슨(John Robinson, 1920) 목사, 브류스터(William Brewster, 1982) 장로, 브래퍼드(Bradford, 1999) 식민청장, 스탠디시(Myles Standish, 1872)의 평전, 그리고 플리머스 식민청의 생활을 다룬 스트래튼(Stratton, 1986), 파월(Powell, 1963), 크로난(Cronon, 2003), 마틴(Martin, 1991), 와이어(Weir, 2005) 등의 연구서를 읽어서 해석한다.

저자는 역사학자가 아니면서도 외람되게 역사적 연구법을 거론했는바, 이 연구는 역사 연구에서 강조하는 문헌에 기초한 연구 또는 문헌과의 대화(윤택림, 2004: 116), 그야말로 과거의 일을 해석 또는 분석하는 방법을 시도해야 하기 때문이다. 또 역사적 연구법은 문헌 연구와 긴밀한 관련이 있다. 즉, 과거의 사건들에 대한 문헌자료를 집중적으로 다루면서 사회과학적 지식을 형성하고자 할 때 쓰이는 방법이 역사적 방법이기 때문이다. 다만 역사학자들의 역사적 방법에서는 주된 관심이 특정 시기, 특정 사회에서 일어난 특정 사건에 관련된 모든 자료를 이용해 그

8) 윤택림에 따르면, 질적 연구는 "연구자가 연구 대상이 행위하고 생각하는 일상에 참여하거나 그 일상을 관찰하면서 연구 대상이 갖고 있는 경험세계와 가치관을 당사자의 주관적 시각으로 이해하는 연구 방식" (윤택림, 2004: 18)이다.

사건을 설명하고 이해하는 일에 집중된다면 사회과학의 역사적 방법이 추구하는 것은 그런 특정한 역사적 사건들의 이해를 바탕으로 한층 더 일반화할 수 있는 이론 형성에 도달하고자 한다는 점에서 다르다(김경동 · 이온죽 · 김여진, 2009: 401).

그러나 저자는 방법론적 논의에 지나치게 함몰되지 않으려고 한다. 그저 뉴잉글랜드 타운미팅의 역사적 전개와 관련된 문헌들을 읽어서 서술하는 방법으로 이 책을 쓰고자 했다. 이 책에서 저자는 뉴잉글랜드 타운의 법적 편제와 그 내용을 중심으로 서술하는 방식을 주로 사용하게 된다. 그곳의 타운정부 가운데 의결기관의 역할을 맡는 타운미팅의 제도적 전개, 그 구조와 기능 등의 정확한 기술과 이해를 돕는 것이 이 책의 1차적 목적이라고 생각했다. 그러므로 이 책에서는 이론의 정립을 위한 노력은 크게 염두에 두지 않았다.

이 책에서 저자는 연구 방법 등에서 오는 보편적 한계나 오류의 가능성을 미리 밝혀두고자 한다. 다른 연구자들의 문헌자료를 읽고 해석하는 문헌연구법은 "쓴 사람에 의한 편의가 개입할 가능성, 읽을 수 있는 문헌자료의 선별적 보존의 문제, 자료의 입수 가능성의 한계, 잘못 해석하는 실수의 우려, 잘못된 구체성의 오류" (김경동 · 이온죽 · 김여진, 2009: 394-396)의 우려를 배제하지 못한다. 그 밖에도 저자는 주로 외국어로 쓰여진 문헌을 통해 외국의 자치제도를 읽으면서 외국어 능력의 한계, 시간의 한계, 문헌자료 수집과 관련된 공간적 한계를 가진다.

제 3 절 이 책의 구성

이 책의 내용의 구성을 소개하면 다음과 같다.

제1편은 제1장의 서론에 이어 사실상의 본문은 제2장부터 시작된다고 볼 수 있는데, 이 책의 주제로서 뉴잉글랜드 타운미팅은 직접민주주의 정부이고, 직접민주주의의 역사적 기원은 아테네 직접민주주의에서 찾을 수 있다는 점에서 제2장에 편성했다. 그런 다음 바로 이어 제3장은 지구상에 현존하는 직접민주주의 지방정부로서 스위스 코뮌과 이 책의 주제로서 뉴잉글랜드 타운정부를 개략적으로 독자들에게 소개하는 순서로 삼았다. 독자들은 제2장과 제3장을 읽으면서 시민의 정책

결정자 역할과 그러한 결정을 준비하거나 집행하는 기관으로서 공직자단 간의 역할 분담이 상당히 많이 닮아 있다는 점을 알게 될 것이다.

제2편은 타운정부의 역사적 전개와 관련된 내용을 다루었다. 제도의 진화 과정을 거의 모른 채 저자가 현재의 타운정부에 한정된 내용만 읽을 때 뭔가 채워지지 않는 것이 있었고, 그것이 제도의 역사적 맥락이라고 여겨졌다. 그래서 저자는 필그림의 신대륙 이주의 배경과 공동체 생활의 규칙으로서 메이플라워 협약의 작성과 실천, 타운 설립과 운용의 정형화 및 식민지 확대, 그리고 시간의 흐름과 달라진 사회 상황에 맞춘 타운정부의 변화, 그리고 현재 미국 민주주의에 타운제도가 미친 영향 등을 다루었다. 책 원고를 미리 읽은 분들도 이 부분이 재미있었고 또 새로운 역사적 사실을 알게 되었다고 논평해 주었으므로 독자들도 그러리라고 여긴다.

제3편은 역사적 진화를 거쳐서 오늘의 타운정부가 작동하는 구조와 기능 등을 다루었다. 여기서는 맨 처음 이주한 필그림 일행과 그 뒤 이주한 청교도들의 타운을 바탕으로 삼아서 세운 식민지와 그것을 바탕으로 설립된 매사추세츠 주의 타운정부를 중심으로 비교적 상세하게 소개했다. 나머지 다섯 개 주의 타운제도는 간략하게 줄여서 소개하되 특징을 가진 제도를 드러내어 소개했다. 그리고 타운정부의 핵심 기관으로서 타운미팅은 집합적 회의체이고, 회의의 진행을 통해 정책을 결정한다는 점에서 이 때 적용하는 회의규칙을 덧붙여 다루었다. 이 부분은 우리 지방의회 의원들이 대개 사무국이 써 준 회의 진행 시나리오를 읽으며 회의를 진행한다는 참담한 사실을 전해 듣고 굳이 더 상세하게 다루었다.

제4편은 핵심 내용을 요약해서 정리했고, 그것에 대한 저자의 인식을 바탕으로 해석하고, 발견한 바를 토대로 그것에 의미를 부여했으며, 이러한 과정을 통해 얻은 바를 우리의 지방자치제 개선이나 발전을 위해 어떻게 쓸 것인가를 생각해 보았다. 그러나 이 부분에서 저자의 인식이나 평가 등은 중요하지 않다고 본다. 오히려 독자로서 지방자치제도와 관련된 업무를 담당하는 공직자들, 실제로 지방자치 현장에서 일하는 공직자들, 유권자들, 그리고 지방자치를 연구하는 학자들의 인식이나 태도가 더 중요하다고 여기기 때문이다.

02 CHAPTER 아테네 직접민주주의의 이해

우드러프(Paul Woodruff)는 "민주주의란 인류의 역사 속에서 실제로 완벽하게 재현된 적이 없기 때문에 그것을 하나의 이상(理想)이라고 썼다(우드러프 저, 이윤철 옮김, 2012, 23-82). 우리는 역사를 통해 기원전 일찍 아테네에서 직접민주주의를 시도했고, 또 한 시대를 풍미했다는 사실을 안다. 아테네인들은 일찍 민주주의라는 이상을 좇았던 것이다. 다음에 고대 아테네의 직접민주주의를 간략하게 소개한다.

제 1 절 직접민주주의의 개념과 기원

한센(Morgens German Hansen)에 따르면, 역사적으로 이러한 직접민주주의는 아테네 도시국가 민주주의, 뉴잉글랜드 타운미팅, 독일의 게르만 부족회의, 스위스 캔턴(canton) 등이 있다(1999: 1-2). 핀리(Moses I. Finely, 1983), 드라익스(Roger Alain De Laix, 1973), 마넹(Bernard Manin, 1997, 곽준혁 옮김, 2004), 우드러프(Paul Woodruff, 2005, 이윤철 옮김, 2012), 라플로브(Kurt A. Raaflaub)와 그 동료들(2007), 오버(Josiah Ober, 1989) 등이 아테네 직접민주주의를 연구했다. 여기서는 한센의 연구를 중심으로 삼되 드라익스, 핀리, 마넹의 연구를 참고해 아테네 민주주의의 내용으로서 그 개념, 기원, 제도적 장치들을 소개한다.

1 직접민주주의의 개념

고대 그리스에는 아테네와 스파르타와 같은 도시국가(polis 또는 city-state)가 750개 정도 있었다. 그 가운데서 아테네는 인구는 가장 많았고, 면적은 두 번째로 컸다. 아테네가 유명한 것은 그들이 창안해 사용했던 직접민주주의라는 정치 양식 때문이다. 기원전 5세기 아테네에서 사용되던 직접민주주의는 모든 시민이 민회

그림 2-1 아테네 직접민주정의 얼개

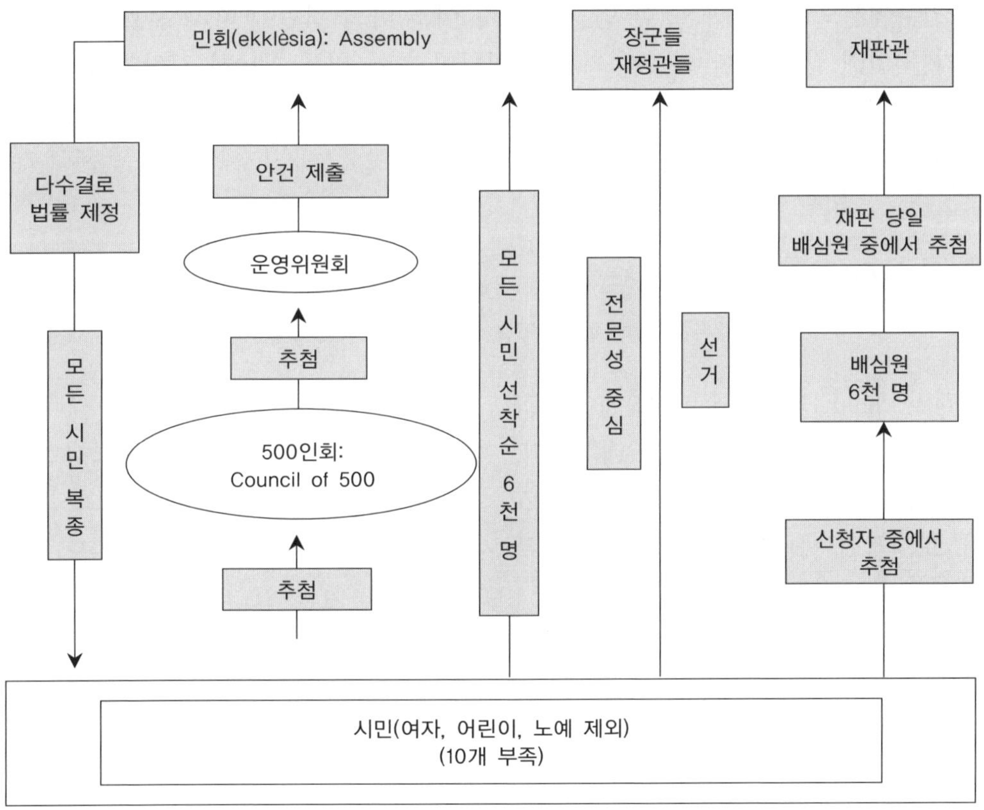

출처: Lancaster & Roberts(2004: 37). 그림, 일부 저자 수정.

(民會, Assembly)에 출석해 그들이 다수결을 바탕으로 대개 법률을 비롯한 정책을 결정하는 것을 가리킨다고 지적하고, 랭카스터(Steve Lancaster)와 로버츠(Davis Roberts)는 [그림 2-1]과 같이 나타내었다(Lancaster & Roberts, 2004: 37). 한센은 직접민주주의란 시민이 실제적으로 스스로를 다스리는 것이며, 예컨대 모두가 의사결정에 참여할 권리를 가지나 간접민주주의에서는 시민은 오로지 의사결정자를 선출하는 권한만 갖는다고 했다(Hansen, 1999: 1).

페리클레스(Perikles)가 아테네 헌법(constitution)의 특성들[1)]을 들어 그들의 직접민주주의의 본질적 측면을 잘 포착해 기술했다. 그에 따르면, “단지 소수가 아니라 다수의 손으로 아테네 정부를 운용하기 때문에 민주주의라고 부른다. 사적 영역의 분쟁에서 모든 시민은 법률 앞에서 평등하다. 법률 앞에서 평등하다는 사실은 공적 업무에서도 존중되므로 한 인간은 그가 이룬 바의 평판에 따라 선호되며, 그가 국가를 위해 잘 복무할 의사를 가지고 있다면 그가 비록 가난한 사람일지라도 배제되지 않는다. 자유는 아테네 정치 생활의 커다란 특성이다”라고 했다(Hansen, 1999: 73).

2 직접민주정의 기원

맨빌(Philip Brook Manville)에 따르면, 도시국가로서 아테네는 기원전 594/3년 솔론(Solon)의 개혁으로 처음 대두했다. 이어서 도시국가로서 아테네에 특유한 것들을 공유하는 시민(citizen)이 생성되고, 그로부터 공식적 제도로서, 또 의식으로서, 도시국가 아테네의 구성원 지위, 즉 시민의식 또는 시민권(citizenship)도 처음으로 지각할 수 있게 되었다(Manville, 1997: 7-8; 210-211). 그리고 우드러프(이윤철 옮김, 2012: 87-107)에 따르면, 아테네인들은 그들의 직접민주주의는 기원전 594년 솔론(Solon)의 법률 제정과 이후 504년 클레이스테네스(Kleisthenes)에 의해 시작된 것으로 본다. 우드러프에 따르면, 아테네의 역사 기록에 나타난 최초의 정치 체

1) 아테네에서 politeia라는 용어는 (1) polis의 정치적 구조와 그 헌법, (2) 시민의 지위와 권한, (3) 시민공동체 전체를 의미하는 말이다. 그리고 politeia는 오늘날 헌법(constitution)으로 번역하는데, 전체적으로 의미를 잘 드러내는 번역이다(Hansen, 1999: 65; 402). 그러므로 투키디데스(Thukydides)가 헌법이라는 용어를 통해 도시국가 정부와 정치를 망라하여 아테네 민주주의를 표현하는 것은 자연스럽다고 하겠다.

제는 귀족정치였고 귀족들 가운데 1년 단위로 선출되는 아르콘(archon)이 국가의 중요한 업무를 처리했다. 그 당시 민회는 민주적이지 않았으며, 오직 귀족들만이 민회를 소집하고 의제를 제시하거나 정책을 제안할 수 있었다. 그러나 아테네는 몇 차례 정치개혁을 통해 그들의 직접민주주의를 창안하고 활용했다.

1) 솔론의 정치개혁

기원전 594년 솔론은 일련의 정치개혁을 시도했다. 그는 개혁을 통해 가난한 자들의 부채를 탕감했으며, 부채로 인해 시민들이 노예로 전락하는 일이 발생해서는 안 된다는 규정도 만들었다. 솔론은 또 법에 따른 통치가 이루어져야 한다고 주창했으며, 그의 주장은 민주주의의 기초가 되었다. 그가 제정해 편찬한 법률들은 가장 이상적인 법률 편제로 받아들여졌고, 민주주의와 과두정의 시기를 거쳐 수백 년 동안 유지되었다. 솔론의 법률은 시민법정(Popular Court) 제도를 수용했고, 이는 자연스럽게 아레오파고스(Areopagos)와 귀족인 의장들의 권력을 상쇄시켰다. 그리고 귀족들만 가질 수 있었던 고소권 역시 상쇄시켰다. 그 결과 법률상으로는 시민이라면 누구든 고소를 제기할 수 있었다. 솔론은 또한 공직자들의 책임제도 도입했다. 그는 재산 정도에 따라 아테네인들을 네 계급으로 나누어 각각의 계급에 따라 다른 종류의 권리와 의무를 부과했다. 솔론은 또 보울(Boule)이라고 불리는 400인회(또는 평의회: Council of Four Hundred)를 신설했다. 모든 정치적 업무와 사안들이 400인회의 심의를 거쳐 통과되어야만 민회에 상정될 수 있게 했다.

2) 클레이스테네스의 정치개혁

클레이스테네스(Kleisthenes)는 기원전 508년과 507년 아테네의 정치개혁을 통해 데모스(demos, 민중)[2]를 자신의 편으로 끌어들였다. 그는 민중이 원하던 민주적

---

2) 핀리에 따르면, "demos의 의미로서 하나는 전체 시민공동체(citizen-body as an whole)를 가리키며 민회가 결정했다(the demos has decided)라고 하는 경우이고, 다른 하나는 평범한 사람, 많은 사람, 가난한 사람(the common people, the many, the poor)을 가리키는 경우이다. 특히 후자의 용례는 아리스토텔레스(Aristoteles)의 정치학에서 독재는 지배자 1인의 이익을 위한 1인의 지배이고 과두정은 부자들의 이익을 위한 소수의 지배이며, 민주주의는 가난한 자들의 이익을 위한 지배라고 정의하고, 민주주의와 과두정의 실제적 차이는 가난한 자들과 부자들 간의 차이이다"(Finley, 1983: 1-2)라고 한 경우에 볼 수 있다.

개혁을 실현시켰으며, 시민들에게 정치적인 힘을 제공했다. 특히 그는 170여 개의 지방구역(deme)을 정비했다. 촌락 단위의 이 deme에서는 스스로 지도자를 뽑았고, 귀족들에 의해 이루어지던 통치 시스템을 대체했다. 클레이스테네스는 아테네를 열 개의 tribe(부족, 지역공동체)로 나누어서 지방구역을 편성했다. 각 tribe는 중앙 정부의 법정과 의회에서 평등하게 정치적 권한을 행사했다. 클레이스테네스의 개혁으로 새로 투표권을 얻은 자들을 포함해 시민들의 힘이 증대되었다. 클레이스테네스는 또 솔론이 신설한 400인회를 500인회(Council of Five Hundred)로 확대시켰다. 그리고 500인회의 선출 방식을 재정비해 열 개 부족이 공평하게 참가해서 추첨을 통해 선출된 자가 평의회의 구성원이 되도록 했다. 클레이스테네스는 또한 도편추방제(ostracism)도 도입해 한 차례 실권한 정치인은 향후 10년 동안 어떤 정치적 영향력, 심지어 투표권도 행사할 수 없도록 했다.

3) 에피알테스의 정치개혁

에피알테스(Ephialtes)는 아테네의 급진적 민주주의 지도자였다. 그는 페리클레스가 젊었을 때 가담했던 정치개혁 모임을 주도했다. 개혁모임에 참여했던 자들은 아레오파고스의 권력을 민주적 기관들에 배분했다. 시민법정은 판결권을 차지했고, 평의회는 민회에서 다룰 내용을 심의하는 권한을 갖게 되었다. 평의회는 1년 중 약 250일 정도 열렸으며 대부분의 행정 업무를 관장했다.

매년 아테네의 열 개 부족에서 공평하게 추첨을 통해 뽑힌 6천 여 명의 배심원단에서 다시 선발해 시민법정이 구성되었고, 이들은 모든 업무에 앞서 법에 따르겠다는 맹세를 했다. 배심원단은 비교적 규모가 컸으며 언제나 재판 당일 추첨으로 구성되었다. 한 사건에서 누가 배심원단에 속할지는 재판 당일 전까지 아무도 모르게 했고, 또 사전에 뇌물 등으로 배심원을 매수할 수 없도록 만들었다. 아테네 시민법정에서 전문적으로 법률을 다루거나 전공한 이들이 따로 존재하지 않았고, 시민 누구나 타인을 기소하거나 스스로를 변호할 수 있었다. 돈으로 할 수 있는 유일한 일은 대중 연설 능력을 키우기 위해 수업을 듣는 것 정도였다. 대중연설 능력 수업은 효과적이었으며, 그 수업을 들은 피고인은 법정에서 스스로 변론해 자신의 목숨을 구할 수도 있었다. 누구나 자유롭게 고발할 수 있는 권한이 민주주의의 중요한 원칙으로 받아들여지게 되었다. 반면 사소하거나 부적절한 고발에 대한 처벌은 매우 무거웠으므로 신중하게 판단해야 했다.

4) 페리클레스의 정치개혁

페리클레스(Perikles)는 모계 쪽이 귀족계급이었다. 많은 아테네인이 그의 훌륭한 판단력과 청렴함, 그리고 출중한 대중연설 능력을 칭송했다. 그는 가난한 계급의 사람들도 민주적 정치 활동에 능동적으로 참여할 수 있도록 고무시켰다. 즉, 기원전 461년 페리클레스의 제안으로 아테네인들은 대중법정이나 의회에 참석할 경우 보수를 받게 되었고, 의장직을 맡은 이들에게도 보수가 제공되었다. 이렇게 보수가 지급됨으로써 마침내 가난한 자들도 정치에 참여할 수 있게 되었는데, 보수는 처음 대개 2오볼(obol)이었는데 페리클레스의 요청에 따라 3오볼로 올렸다. 이러한 액수는 대개의 아테네인들의 하루 일당의 절반 정도여서 많지는 않았으나 노동계급 시민들이 정치 활동으로부터 배제되는 것을 막기에는 충분했다.

제 2 절 직접민주정의 제도적 장치들

한센은, 아테네 민주주의를 정치 체제로 보는 경우, 민회(Assembly), 입법위원회(Nomotetai), 시민법정(People's Court), 공직자단(boards of magistrates), 500인회(또는 평의회: Council of Five Hundred), 살인범죄법원(Areopagos), 자발적 법률안 제안자(ho boulomenos) 등 7개의 정치제도를 통해 민주주의를 실현했다고 지적하고, 그는 저서에 이런 장치들을 다루는 장을 설정해 하나하나 소개했다(Hansen, 1999). 우드러프는 아테네 민주주의의 중요한 장치로서 법률제도, 정치기구, 다수 결정의 견제 장치, 추첨제, 선거와 책임 등을 들었다(Woodruff, 2012: 68-73).

이 책에서는 아테네 민주주의의 제도적 장치 모두를 세세하게 다룰 필요가 없으므로 시민의 구성과 시민권, 지방구역의 분할, 민회, 평의회(또는 500인회), 시민법정 및 배심원, 추첨제도, 공직자단(Magistrates) 등을 중심으로 다음에 소개하기로 한다.

1 시민의 구성과 시민권

1) 아테네의 인구

한센(Morgens H. Hansen)은 기원전 4세기 아테네의 "시민, 즉 성인 남자의 수"를 최소 3만 명으로 추정했다. 여기서 추정이라는 용어를 사용한 것은 한센도 그 당시 아테네의 인구에 대한 정확한 기록 자료를 갖지 못해 여러 가지 요인을 설정해 셈해낸 수치이기 때문이다. 한센은 기원전 317년부터 307년 사이에 데메트리오스(Demetrios)가 제시한 수치가 3만 명이라는 점을 들고, 다른 일부 역사가들이 최근 2만 명으로 추정한 수치는 맞지 않다고 주장했다. 그리고 아테네의 총 인구는 여기에 여성과 어린이를 포함해 10만 명 정도였다고 한센은 추정했다. 그러나 한센이 추정한 아테네의 인구는 반드시 명확한 수치라고 보기 어렵고, 또 여기에 얽매일 필요도 없다고 본다. 한센이 표현한 대로 추정한 것이고, 또 아테네 시민의 수가 도시국가의 정치를 논의할 경우 그 규모는 상당히 중요한 요소이기는 하지만 "도시국가"라는 한정어를 통해 제한된다는 점에서 굳이 얽매일 필요가 없다고 본다. 오히려 아테네 시민들이 비시민권자들에 비교할 때 어떤 권리들을 누렸는지를 살펴보는 것이 아테네 민주주의를 논의하는 데는 더 본질적인 요소라고 생각한다.

2) 시민의 구성

시민의 구성을 살펴봐야 하는 이유는 도시국가 아테네의 정치는 오로지 시민으로서 성인 남성을 중심으로 이루어졌기 때문이다. 다음에 아테네 시민의 구성과 권리, 의무 등을 살펴본다. 아테네의 직접민주주의는 한센이 가장 체계적으로 연구했고,[3] 또 맨빌(Philip B. Manville)은 집중적으로 아테네의 시민권을 연구했다.[4] 이

3) 그는 1974년부터 논문을 발표하기 시작해 집중적으로 아테네의 직접민주주의를 연구해 1983년 *The Athenain Ecclesia: A Collection of Articles 1976-1983*을 출판한 이래 수십 편의 논문을 발표했으며, 1998년 *Polis and City-State: An Ancient Concept and its Modern Equivalent*를 출간했다. 그의 책 *Det Athenske Demokrati*는 크룩(J. A. Crook)에 의해 1991년 *The Athenian Democracy in the Age of Demosthenes*라는 이름으로 영어로 번역본이 출간되었고, 저자는 그 개정판 1999년 본을 참고해 여기에 소개한다.

4) 맨빌은 아테네의 시민권과 그에 따른 권리의 내용, 시민이 아닌 집단 구성원들 간의 차이점 등을 정리해 소개하고 있다. 자세한 내용은 그의 *The Origins of Ancient Athens*(1997, Princeton Academy Press)를

가운데서도 한센의 연구는 가장 널리 알려져 있으므로 그 내용을 중심으로 하되 다른 연구 내용도 곁들여 살펴보기로 한다.

한센에 따르면, "여느 도시국가와 마찬가지로 아테네의 인구의 구성은 분명하게 식별되는 세 가지 집단으로 나뉘는데, 시민(citizens)과 외국인 거주자(metics: metoikoi라 불림), 노예(slaves)였다.[5] 아테네 인구집단의 구성원으로서 지위는 대개 세습제였으며, 계층적이었다"(Hansen, 1999: 86). 맨빌은 또 아테네의 시민권을 다루면서 공동체의 인구는 18세 이상의 성인 남자들을 가리키는 시민(citizens), 여성(women), 미성년자(children), 외국인(zenoi),[6] 노예들(doulos)[7]로 이루어졌다고 했다(Manville, 1997: 11).

3) 시민권의 내용

한센(Hansen, 1999: 94)에 따르면, 아테네 시민이 되는 절차는 합법적인 부모로부터 출생하거나 귀화(naturalization)에 의한 방법의 두 가지이다. 아테네 시민권과 관련된 부모의 결혼 조건도 시민권의 심사 요건의 하나로서 이의 제기의 대상이었지만, 대개 자연적인 상황에서 결혼은 이루어지고 그들의 아들은 아테네의 시민이 되었다. 그러나 워낙 아테네는 외국인을 시민으로 승인하는 데 인색했으므로 귀화의 절차도 매우 까다롭게 설정했다. 즉, 외국인이 아테네 시민으로 귀화하기 위해서는 기원전 370년 이후에는 한 신청자가 두 차례 연속해 민회의 결정 절차를 통과해야 했다. 그 가운데서도 두 번째 민회는 6천 명 이상의 시민이 출석해야 하고 또 대개의 결정에는 거수로 결정하는 것과 달리 비밀투표를 거치도록 정해 놓았다. 그래서 기원전 368년부터 322년까지 겨우 64명의 외국인의 귀화가 승인되었을 뿐이다. 그것도 귀화가 허가된 대부분의 신청자는 외국의 왕자이거나 정치인들이

참고할 것.

5) 외국인 거주자 metics는 시민들이 누리는 특권을 갖지 못한 자로서 외국인이면서 아테네에서 자유인으로서 기술직, 무역 거래, 서비스업에 종사했는데, 이들은 귀화를 통해 시민의 지위를 얻기도 했다. 한편 노예는 비특권집단에 속하면서 법률에 의한 처벌로서 사형 외에는 살해당하지 않도록 보호되는 신분이었는데, 이것은 노예의 생명보다 그 소유주인 주인의 재산이었기 때문이다(Hansen, 1999: 86).

6) 외국인에는 한 달 이상 장기 체류 허가를 받은 외국인(metic or metoikoi)과 단순 체류자로 구분되며, 장기 체류 외국인(metic or metoikoi)은 아테네 시민을 후견인으로 두어야 하고, metic으로 등록해야 하며, 세금(metoikion, 1년에 남자는 12 drachma, 여자는 6드라크마)을 바쳐야 했다.

7) 맨빌은 douloi로 표기했다(Manville, 1997: 11). 그리스어에서 -i는 복수형 어미로 소개한다.

었으며, 사실상 이들은 귀화하더라도 아테네에 거주하는 것이 아니었으며, 따라서 명예시민의 지위와 같은 것이었다(Hansen, 1999: 94).

아테네의 시민에게는 법률에 의해 토지재산권과 정치적 권력을 독점적으로 누리는 특전을 부여했다. 정치적 권한은 모든 성인 남자들이 소유했다(Hansen, 1999: 86). 그리고 맨빌에 따르면, 아테네 시민들은 그들의 시민권을 매우 가치 있는 그런 것으로 생각했다(Manville, 1997: 3-4). 그러면 아테네 시민들이 그렇게 가치 있게 간주하던 시민의 지위(citizenship)는 어떤 내용일까? 맨빌은 시민권의 내용을 비시민권자의 그것과 비교하여 소개하고 있으므로 그 내용을 소개한다(Manville, 1997: 11-13).

간단히 말해서 시민의 지위는 아테네 도시 구성원의 신분으로서 이러한 신분이 의미하는 바, 법률적 지위뿐만 아니라 시민 생활의 무형적 요소들도 포함된다. 이러한 요소는 동시에 공식적 책무와 특권을 보완하는 측면이기도 하다.

기원전 5세기와 4세기 동안 아테네는 헌법에 규정된 바에 따라 도시의 구성원에게 시민의 지위를 부여했다. 민주적 법률과 제도 외에도 시민권에 관련된 여타의 자료들을 통해 시민권의 법률적 특성들을 지적할 수 있다. 즉, 아테네의 시민은 그곳의 태생으로서 18세에 도달한 남자로서 정해진 절차에 따라 그의 아버지들이 소속된 아테네의 deme(자치마을)[8]에 등록되어야 한다. 이러한 등록은 공식적이고 또 복수의 절차를 거쳐서 이루어지는바, 등록 대상자가 18세 맞는지, 자유인 신분으로 태어난 것인지, 부모가 아테네 법률에 따라 적법하게 결혼한 것인지에 관해 같은 마을 동료 시민들의 심사를 거쳐야 한다. 만약 여기서 이의 제기가 이루어지면 그 다음 절차는 시민법정에서 그 시비를 가리게 된다.

일단 시민 신분을 얻고 나면, 시민권자는 여러 가지의 정해진 특권들을 행사하고, 아테네의 행사(cults), 축제, 제사(worship)에 참석하며, 민회(popular assembly: ekklèsia)에 출석하고, 발언하고, 투표하며, 30세 이후 시민법정(dikastèria)의 배심원으로 일할 수 있고, 선출직 및 추첨직 공직자(archai)를 뽑을 때 투표도 하고 연령과 자격 조건을 갖춘 후 후보로 출마하며, 법률을 통해 구제를 요청하고 보호받으며, 토지를 소유하는 자격을 갖게 되고, 또 서비스를 제공한 결과이든 곤궁한 지

---

8) 우리는 대개 디메스(demes)로 읽고 있으나 이는 deme의 복수형이다. 바로 뒤 지방구역에서 소개한다.

경을 덜어 주는 것이든 정부로부터 공적 비용을 받는다. 그리고 아테네를 위해 그의 삶을 통해 공헌한 경우에는 국가가 장례를 치르는 공훈을 받기도 한다.

한편 시민권자의 중요한 임무는 국가의 법률에 복종하는 것이다. 실제, 그러한 책무를 다하지 않은 경우에는 법률에 따라 흔히 시민권과 특전의 상실이라는 징벌을 받는다. 또 시민권자는 군역과 조세 부담 등 여타의 분명한 책무를 지게 되는데, 이러한 책무는 특전과 마찬가지로 개인의 상황에 대한 조사의 결과에 따라 부과되는 책무의 내용이 달라지기도 한다. 아테네의 최하층민(thètes)을 제외하고는 모든 시민은 중무장 보병 또는 기병으로서 군역(軍役)의 책무가 있었는데, 기원전 4세기 후반 18세에서 20세까지 시민은 2년간 군사훈련을 받아야 했다. 최하층민은 자원하거나 의무적으로 아테네의 해군으로 복무했다.

앞에서도 살펴본 대로, 아테네 시민권자는 군역을 다하고 일정한 연령에 도달하면 마침내 공직을 수행할 수 있었다. 그런데, 누구나 공직을 수행한 후에 그 결과에 대한 매우 철저한 조사를 거쳤다. 즉, 어떤 아테네 시민이 공직을 수행하고 나면 먼저 공직 수행의 성과를 심사하고, 그 다음으로 공직 수행 과정에서 집행한 비용의 회계 처리에 오류가 있는지를 철저하게 심사했다. 이러한 심사 과정을 완료해야 그의 공직 수행이 종료되었다.

여기서 부연해 소개하고자 하는 부분은 아테네인들은 연령 요건을 매우 중요하게 간주해 군역이나 민회와 법정의 참정권, 공직 후보의 자격 등을 설정하고 있다는 점이다. 한센에 따르면, 한 아테네 남자가 시민으로 태어나서 18세가 되어 그의 자치마을(deme)에 심사를 거쳐 등록하고 2년의 군역을 거쳐 20세가 되었다는 사실은 단지 정치적 권리를 얻은 것에 불과하다. 즉, 시민으로서 전적인 권리를 얻은 것이 아니다. 그가 시민법정의 배심원이 되거나 법안심사위원회의 위원(nomothetai)[9]이 되거나 공직자(arche)가 되기 위해서는 30세까지 기다려야 했다. 또 특정한 판사직에 취임하기 위해서는 40세가 넘어야 했고, 민회에서 발언을 하는 경우에도 "50세 이상 시민 가운데 누가 발언하시겠소?"라고 한정해 연령을 기준으로 삼거나 아테네에서 가장 중요한 법정으로서 아레오파고스(Areopagos)는 배심

9) 추첨으로 선발한 6천 명의 배심원 가운데서 다시 추첨으로 선발한 1천 명으로 구성하는 이 위원회는 하루 근무하는 공직으로서 법률안에 관해 토론을 청취한 다음 거수로써 해당 법률안의 채택 여부를 결정했다(Hansen, 1999: 398).

원 150명으로 구성되었는데, 31세 이하는 없고 평균 연령이 55세였다. 한센에 따르면, 아테네의 문학 서적 곳곳에서 지혜와 경험은 나이에 따라 성장한다는 믿음이 확인된다고 썼다. 또 아리스토텔레스(Aristoteles)는 "청년은 강함을 지녔으나 연장자는 이해력이 높으니 젊은이는 나라를 지키고 연장자는 국가의 방향타가 되어야 한다"(Hansen, 1999: 89-90)고 썼다.

2 지방구역의 분할

한센에 따르면, 아테네는 원래 시민공동체를 네 개 phylai(또는 tribe)로 나누어서 각각 phylobasileus라는 공직자가 관리하고 있었다. 그러나 기원전 507년 클레이스테네스 개혁이 이루어진 후에는 아테네를 세 개 지역(region), 즉 시가지(the city: asty), 내륙지역(inland region: paralia), 해안지역(coast: mesogeios)으로 먼저 크게 나누고, 이것을 10개의 tribes(또는 phyle)로 나눈 다음 각 tribe는 다시 riding(또는 ttritys)으로 나누어서 각 riding별로 1명씩 선출한 세 명의 epimeletai tes phyles가 관리했다. 또한 클레이스테네스 개혁 때 아테네 전역을 139개의 자치마을(demes)로 나누어 운용했다(Hansen, 1999: 385-407). 다음에 독립적 정부기관으로서 중요성이 크지 않은 ridings를 제외하고, 아테네 민주주의에서 그 바탕을 이루는 deme과 tribe에 관해 살펴본다.

1) 자치마을

한센은 아테네라는 도시국가는 139개 자치마을(deme)[10]을 매우 중요한 바탕으로 삼았다고 강조했다. 그에 따르면, 각 자치마을에는 마을회의(agora)에서 추첨이나 선거로 뽑는 1년 임기의 촌장(a demarchos)을 두고 있었고, 마을의 일은 촌장의 주재 아래 마을사람 모두가 참여하는 회의인 아고라에서 결정했다. 그리고 중앙정부의 여러 가지 중요한 일이 자치마을에 바탕을 두고 전개되었는데, 자치체가 하는 중요한 일로서 새로운 시민을 받아들이는 것과 촌장의 관리 하에 시민의 명단

10) deme의 사전적 의미는 아테네의 시나 자치체로 풀이하지만 이 책에서는 자치마을로 표현한다.

을 등록해 유지하는 것이었다. 또한 마을의 다른 일들도 기록하고 관리하는 일을 수행한 것은 물론이다. 또 부족(tribe)을 중심으로 편성되는 군대의 징집도 자치마을 단위로 이루어졌다. 세금과 군사비 부담은 자치마을 단위로 등록된 인구를 근거로 이루어졌다. 그뿐만 아니라 아테네 민주주의의 핵심 장치인 평의회도, 비록 tribe 단위로 조직되었지만, 의원의 선발은 자치마을 단위로 이루어졌다. 즉, 각 부족은 50명의 평의원을 대표로 내보내지만, 평의원의 선발은 각 자치마을별로 인구에 따라 이루어졌다. 원래 자치마을은 평의원 외에도 더 많은 공직자(other magistrates) 선발권을 행사했으나 이러한 분권제도는 공직의 매매 등 부패 현상이 나타났기 때문에 결국 중앙정부가 집중 관리하게 되었다(Hansen, 1999: 104-105).

2) 부족

한센에 따르면, 부족(tribe)[11]은 아테네 역사의 영웅들의 이름이나 행적을 좇아서 명칭을 부여한 것이며, 그 구성원들은 영웅들의 업적 숭배를 통해 서로 결속되었다. 각 부족은 아테네 영토 안에 고유한 구역을 가지고 있었으며, 거기서 영웅에 대한 숭모 행사를 갖거나 정치적 집회를 가졌다. 각 부족은 자신들의 부족 명칭과 동일한 이름의 영웅 기념비를 세우고 기리는 것이 공통적 현상이었는데, 각 부족들의 이러한 기념비는 아테네 평의회 건물 가까이 국가의 기록보관소 앞에 세워졌다. 이들 기념비의 기단은 민회의 안건, 법률안, 기소자 이름이 적힌 용지, 징집되는 시민의 명단 등을 게시하는 게시판으로 쓰였다.

3개의 riding으로 구성된 각 부족들은 각 riding별로 선발된 3인 족장회의가 업무를 수행했다. 각 부족은 특히 평의회를 비롯한 공직자단(magistrates)을 선발해 내는 근거를 이루었는데, 평의원 선발과 관련해 각 부족을 10개 섹션으로 나눈 다음 섹션별로 5명씩 50명을 선발해 부족의 대표로 삼았다. 그 외에도 정부의 각 위원회도 부족 단위를 감안해 10명으로 구성하면서 각 부족회의가 그 선발에 참여했다. 나아가 시민법정의 배심원들도 부족 단위로 배분되었는데, 각 부족에서 600명씩 선발해 모두 6천 명의 배심원단을 구성했다. 군대조직도 부족을 바탕으로 삼았는데, 장갑보병단도 10개 부족을 바탕으로 10개 연대를 두었고, 중기병대도 그런

11) tribe를 사전적 의미로 부족이라고 해석하기에는 약간의 무리가 따르지만, 특별히 대신할 말이 없어서 이후 편의상 부족으로 표기한다.

방식으로 구성했으며 함대 역시 그러했다(Hansen, 1999: 105-106).

여기서 특별히 지적할 부분은 가족으로부터 유래한 것은 맞지만 아테네에서 부족이라는 말은 인종과 관련된 개념과 다르다는 점이다. 아테네는 처음 겔레온테스(Geleontes), 호플레테스(Hopletes), 아르가데이스(Argadeis), 아이기코레이스(Aigi-koreis) 등 네 개 부족으로 나누어 역할을 분담했으나 나중에 10개 부족으로 나누어 인구 단위 구역으로 삼았다(Manville, 1997: 59)는 점에서도 그 인위성이 확인된다. 아테네의 지방구역 분할은 [그림 2-2]와 같이 나타낼 수 있다.

그림 2-2 아테네 지방구역의 분할

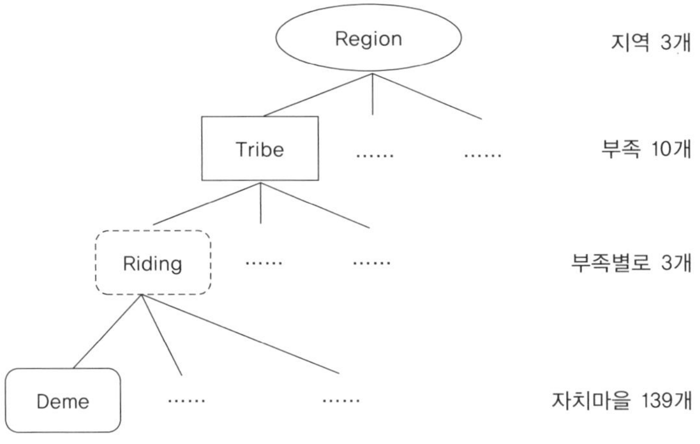

3 공직자단

1) 공직자단의 개념

한센에 따르면, 데모스테네스(Demosthenes) 시대 아테네 정부에서 모든 중요한 결정은 민회와 입법위원회, 시민법정에서 내렸으나 그러한 결정을 준비하고 집행하는 역할을 맡는 공직자 조직으로서 hai archai(영어로 magistrates)를 들었다. 아리스토텔레스는 archai는 "잘 조직된 국가 공무원집단"으로서 여러 법률에 규정되는 공직자들이다.

한센에 따르면, archai의 어간 arche는 magistracy를 보유한 사람을 이른다. 대개 복수형을 사용해 공직자단(magistrates)이라고 표현하는데, 원래부터 민회나 시민법정과 같은 정부 부서를 구성하는 일단의 사람들을 집합적으로 나타낸다. 아리스토텔레스는 아테네 정부와 관련된 46개의 서로 다른 공직자단을 들어서 기술했는데, 그 가운데 가장 눈에 띄는 공직자단으로는 평의회를 들었다. 그에 따르면, 평의회는 민주적 도시국가에서 가장 중요한 공직자단이며, 다른 여러 법률에서 일반적인 용어로 그들을 magistrates 또는 councillors라고 표기했다. 아이스키네스(Aischines)는 그래서 평의회를 추첨으로써 선발해 구성한 공직자단의 하나로 간주했으며, 데모스테네스는 평의회, 시민법정의 6인위원회(thesmothetai), 그 외 기관들과 같이 추첨으로 선발하는 기관들을 동일하게 간주했다. 하지만 아테네의 여러 기록에서는 평의회와 공직자단을 구별하는데, 예컨대 정부기관을 네 가지, 즉 평의회, 민회, 시민법정, 그리고 공직자단으로 분류하는 경우이다.

2) 공직자단 구성의 원칙들

구성원 모두가 참석할 정치적 자유를 가지는 아테네 직접민주주의 관념에는 행정이란 활동은 가장 적합시키기 어려운 분야라고 지적한다. 그래서 아리스토텔레스조차 민주주의 본질적 원리를 말할 때 민회나 시민법정에 관해서는 거의 논급하지 않았으나 행정 활동을 수행하는 공직들을 맡는 일과 관련해서는 일일이 원칙을 다음과 같이 나열해서 명확하게 규정하려고 했다.

첫째, 모든 시민은 공직자 선출권과 공직자가 될 권리를 가진다.

둘째, 누구나 차례로 공직을 맡아야 한다.

셋째, 특별한 기능을 요하는 소수의 공직 외에는 모든 공직은 추첨을 통해 선발한다.

넷째, 공직자가 되는 데는 재산 요건이 적용되어서는 안 된다.

다섯째, 군사 활동과 관련된 공직 외에는 누구나 동일한 공직을 한 차례 이상 맡아서 안 된다.

여섯째, 공직의 수행 기간도 가능한 한 짧아야 한다.

일곱째, 모든 일은 민회가 결정해야 하고 공직자단은 결정하지 않는다.

여덟째, 공직자에게는 봉급을 지불해야 한다.

아홉째, 장기간 직무 수행이 관행이 된 공직은 그 권한이 제한되어야 하며, 추첨으로 선발해야 한다.

한센은 아리스토텔레스가 나열한 항목 외에 아테네 민주주의를 연구한 결과 확인된 두 가지 원칙을 덧붙이고 있는데, 하나는 공직자들이 수행하는 행정은 의사결정기관의 통제를 받아야 하는 것과 그 업무 수행 결과는 민회와 시민법정에 보고해 설명해야 한다는 점이고, 또 하나는 공직자들의 권한 행사는 개인 자격으로 하는 것이 아니라 집합적인 위원회 형태로 이루어져야 한다는 점이다(Hansen, 1999: 225-226).

3) 공직자단의 기능

앞의 내용을 통해 엿볼 수 있는 것은 아테네의 직접민주주의는 시민이 직접 참여해서 민회와 시민법정을 통해 핵심적인 정책을 직접 결정하지만, 그러한 결정을 준비하는 활동과 그러한 결정을 실행하는 활동은 설정한 원칙에 따라서 공직자단을 구성해서 집합적으로 수행했다는 사실, 그리고 그러한 공직은 시민이 직접 참여해 처리하는 것이 아니라 보수를 지급해 수행케 했고, 또 시민 참여가 이루어지는 핵심 기관의 통제와 감독을 받도록 했다는 사실을 알 수 있다. 그래서 아리스토텔레스는 "시민 모두가 모여서 결정을 내리는데 반해 공직자단은 그러한 결정을 위한 준비는 할지언정 직접 결정하는 일은 아무것도 없다"고 했다(Hansen, 1999: 228).

한센은 또 아테네 민주주의가 발달하면서 공직자단은 "다스리는 자"에서 "행정가"로 역할이 전환되고 권한도 축소되었다고 했다. 아테네에서 모든 정치적 의사결정은 누군가의 발의나 주도가 필요하지만, 그러한 역할은 자발적 시민(ho boulomenoi: the citizen volunteer)이 수행하고, 회의를 소집하고, 사무를 준비하고, 회의를 진행하며, 동의안을 표결에 부치고, 그러면서도 그들은 아무런 결정권을 소유하지 않는 일단의 공직자들이 시민의 발의를 매개한다. 정책결정권은 민회와 법안위원회, 시민법정에 참여하는 시민들에게 유보되어 있는 것이다. 물론 예외적으로 평의회와 그 주재공직자단이 민회와 법안위원회의 소집권을 가지고 있거나 평의회의 위원회가 시민법정에서 진행권을 행사하는 경우도 없는 것은 아니다(Hansen, 1999: 228).

오히려 공직자단의 중요한 기능은 정책을 결정하는 것이 정부의 유일한 일이 아니라 내려진 결정의 집행이 이루어져야 하고, 공직자단의 1차적 과제는 바로 정책의 집행이다. 그래서 크세노폰(Xenophon), 플라톤(Platon), 아리스토텔레스(Aristoteles) 등 셋 모두 공직자단의 가장 중요한 임무는 시민에게 질서를 유지시켜 주고, 젊은 이들에게는 공직자단에 복종을 선서케 하며, 또 공직자단은 정책 결정을 실행하는 것을 가르치고, 기소된 자에게 선고가 내리면 그것을 집행하는 것이라고 강조했다 (Hansen, 1999: 229).

4) 공직자의 선발

아테네 공직자단의 규모는 매년 500명의 평의원과 그 외 700명으로 모두 1,200명 정도였던 것으로 알려졌다. 그 대부분의 공직자는 단지 1년 동안 복무했고, 또 대부분 추첨으로 선발했다. 그 가운데 100명 정도만 선거로 뽑았다. 어떤 경우든 공직자가 되기 위해서는 30세 이상의 성인 남자로서 소속 deme에 등록되어 있어야 했으며, 또 추첨이나 선거에 스스로 후보가 되어 출석해야 했다. 그리고 선발된 시민은 누구나 청동 명패(bronze plaque)를 받았으며, 거기에는 이름, 아버지와 소속 deme, Gorgon의 머리가 새겨진 관인(官印)이 새겨져 있었다. 다음에 추첨 방식과 선거 방식에 관해 간략하게 소개하며, 그 외 평의원과 시민법정을 소개할 때 공직자 선발에 관해 소개할 것이다. 공직자 선발과 관련된 내용은 한센의 소개를 중심으로 살펴본다(Hansen, 1999: 229-237).

(1) 추첨에 의한 선발

추첨에 의한 공직자 선발은 국가의 핵심 공직자 아르콘(archons)[12]을 선발하는 경우와 평의원을 선발하는 경우, 그 외 공직자를 선발하는 경우의 세 가지로 구별된다.

첫째, 아르콘 선발은 두 차례의 추첨을 거쳐 선발했는데 첫 단계 추첨은 각 부족 단위로 그 회의에서 10명의 후보자를 가려내는 일이었다. 그러고 나면 2차 추첨은 중앙정부 수준에서 그 10명 가운데 1명을 아르콘으로 가려내었다. 이렇게 해서 각 부족에서 1명씩 모두 10명을 가린 다음 9명으로 9인위원회를 구성하고, 나머지 1

12) 9명의 핵심 공직자들을 지칭한다(Hansen, 1999: 386).

명은 9인위원회의 6인위원회 사무총장(secretary)이 되었다. 6인위원회는 시민법정의 소집을 요구하고 주재하는 역할을 담당했다(Hansen, 1999: 231; 406).

둘째, 그 외 공직자단 구성원의 추첨은 대개 중앙정부가 주도해 단일의 절차를 따라 실시했다. 이 영역의 공직자단 구성원은 대개 부족별로 1명씩 대표를 내는 경우로서 기관 단위로 추첨을 실시했으며, 과거에 특정한 공직자로 복무하지 않은 시민이 출마하도록 했다. 추첨은 새 해가 시작되기 전에 실시했으며, 추첨된 공직자 후보는 공직 시작에 앞서서 먼저 검증 절차를 거치도록 했다. 검증을 통해 취임이 거부되는 경우도 있으므로 그 대체 후보도 추첨으로 선발했다(Hansen, 1999: 231-232).

셋째, 평의회 의원의 선발은 추첨으로만 선발했는데, 이에 관해서는 평의회 구성에서 따로 다루었으므로 생략한다.

(2) 선거에 의한 선발

한센에 따르면, 장군들을 비롯해 100명 정도의 공직자단 구성원들은 추첨이 아니라 선거로써 뽑았다. 군사 분야 공직자들은 모두 청년기에 필요한 훈련을 거쳐야 했다. 선출직 공직자 가운데서도 특히 재정 분야 전문가들의 역할을 아테네 도시국가에서는 중요하게 간주했다. 선거는 모든 시민이 투표할 수 있었고, 또 누구든지 원칙상 선출될 수 있었으므로 민주주의에 배치되는 제도로 간주되지는 않았다. 그러나 아테네 역사를 통해 추첨과 선거의 병용제도는 일정한 정도까지 선출직 공직자들에게 권력이 집중되는 현상을 낳았다. 아테네는 원래 아르콘을 핵심 공직자로 삼아서 국가를 운용했는데, 기원전 487/6년까지는 그들도 선출직이었다. 그러나 이들 아르콘을 추첨으로 선발한 후부터 그 중요성이 감소했다.

공직자단 구성원은 민회에서 시민들의 거수를 통해 선출했다. 선거를 치르는 회의는 여섯 번째 달(the sixth prytany)의 좋지 않은 징조나 금기가 없는 가장 빠른 좋은 날을 골라서 갖되 그 다음 해 공직 취임을 앞두고 당선된 공직자에 대한 충분한 검증 작업을 할 수 있도록 시간 여유를 확보했다. 그리고 민회와 같이 회의 주재 공직자단에 의해 선거를 위한 회의가 소집되면 그것은 평의회의 심의 안건으로 다루었다. 그리고 선거에 나서려는 시민들은 선거 회의에 앞서 스스로를 알려서 홍보할 수 있었다(Hansen, 1999: 233-235).

4 민회

한센은 "아테네의 시민들(demos)이 민회(ekklesia)에서 만난다. demos는[13] 대체로 ekklesia와 동의어로 본다. 그리고 민회가 제정한 법률은 이 법률은 민회에 의해 결정되었다"로 시작한다(Hansen, 1999: 125)고 소개했다. 아테네 민주주의에서 가장 널리 알려진 정책 결정 기관으로서 민회에 관해 살펴본다.

1) 민회의 회의장: 프닉스

민회는 대개 아고라(Agora)[14]의 남서쪽 400미터 거리에 있는 작은 언덕배기 프닉스(Pnyx)[15]에서 열렸는데, 여기서 민회가 열리기 전까지는 아고라에서 열렸다. 그래서 프닉스는 민회의 상징이었으며 아테네 민주주의 그 자체로 간주되기도 했다. 한 희극 작가는 의인화해서 "프닉스의 사람들(Mr. Demos of Pnyx)"이라고 했으며, 아테네인들은 민회에 간다고 말하는 대신 "프닉스에 간다"고 말했을 정도로 상징성을 가졌다.

2) 민회 출석의 자격

민회의 출석권은 성인 남성으로서 139개 마을(deme)의 한 곳에 민회 출석권자로서 등록부(pinax ekklesiastikos)에 등록되고, "청년기의 임무"를 마친 20세 이상의 시민에게만 부여되었다. 여기서 청년기의 임무란 시민권의 자격에서 소개한 대로 아테네 시민은 18세부터 20세까지 군역을 이행해야 했으므로 대개 이러한 임무를 가리킨다. 민회의 출석권은 외국인, 여자, 어린이, 노예에게는 주어지지 않았다. 나아가 시민일지라도 그의 권한을 박탈당한 자도 출석이 허용되지 않았다. 그리고

---

13) 아테네 민주정치에서 demos는 다섯 가지 의미로 사용되었다. 즉, ① 아테네 전체 국민(the entire Athenian people=the Athenian state)이라는 의미, ② 평범한 사람들(the common people=the poor), ③ 민회(the people's assembly=ekklesia), ④국민의 통치(rule of the people=demokratia), ⑤ 자치단체(municipality=139개 deme의 하나)를 의미하는 말로 쓰였다(Hansen, 1999: 388).

14) 아고라는 아테네의 아크로폴리스(Akropolis)의 북쪽에 있는 널따란 열린 장소로 정치와 경제 활동의 중심지였다. 제5 지방구역(demos 5)의 구성원들이 해당 지역의 정치집회를 열거나 지방자치 규정을 토론하고 통과시키는 활동을 벌였던 장소이다.

15) 프닉스는 1930년대에 발굴되었다(Hansen, 1999: 128).

민회의 출석은 처음 6명으로 구성된 자격심사위원회(six lexiarchoi)가 관리하다가 데모스테네스 시대에 와서 평의회 안에 설치된 위원회로 그 기능이 이관되었으며, 그 위원회의 구성원은 10개 부족에서 3명씩 선정해 30명으로 늘렸다. 만약 무자격자가 민회에 출석하려다가 적발되면 체포되어 시민법정의 재판에 회부되며, 최고 사형까지 벌칙을 내릴 수 있었다. 외국인에게는 참관자의 자격만 주어졌다.

3) 민회 출석자의 수

한센(Hansen, 1999: 130-132)에 따르면, 민회의 결정은 원칙적으로 전체 아테네 시민의 결정으로 간주되었으나 실제로는 시민의 일부만 참석했다. 출석수당을 지급하기 전 민회의 출석에 관한 직접적 자료로는 펠로폰네소스 전쟁(Peloponnesosian War)과 관련된 민회 때 5천 명이 출석했다는 사실이 유일하다고 한센은 지적한다. 직접적인 기록 자료는 없지만, 4세기에 민회의 구체적인 결정 요건은 6천 명을 의결정족수로 삼아서 표결로써 결정한다고 규정한 예들이 있으며, 이러한 구체적 결정규칙은 공무원들이 투표자 수를 헤아리고 의결정족수가 충족되었는지를 확인할 수 있었다는 점이 드러난다. 그러나 특히 외국인의 귀화와 관련된 결정의 경우 두 차례의 민회를 통과해야 하고, 두 번째 회의의 의결정족수가 6천 명의 출석이었는데, 이러한 규정은 기원전 369/368년에 확인된 사실이다.

앞에서 소개한 바로서 아테네의 시민 수를 감안하면 6천 명이라는 의결정족수는 매우 큰 수치인데 아테네는 어떻게 의결정족수를 확보할 수 있었을까? 한센은 기원전 4세기부터 민회 출석에 대한 일당을 지급함으로써 출석이 촉진되는 바람직한 효과를 내었다고 본다. 그러므로 수당을 지급하기 전에는 의결정족수를 채우기가 쉽지 않았으나 그 이후 출석자 수는 크게 늘었다는 점이다. 기원전 5세기 민회의 회의장에 출석자를 안내하기 위해 사용했던 빨간색 로프[16]를 출석수당을 지급하기 시작한 뒤에는 민회의 장소가 만원이라는 사실을 알리는 로프로 사용하는 상황이 되었다. 즉, 선착순으로 도착한 의결정족수 6천 명만 입장해 출석수당을 받을 수 있었고, 그 외 시민은 비록 회의장에 왔더라도 입장이 거부되고 수당 지급도 받지 못했다는 것이다(Hansen, 1999: 131).

16) 출석수당을 지급하기 전인 기원전 5세기에는 출석을 강제하는 방법을 사용했다(Hansen, 1999: 150).

4) 회의의 소집

민회는 항상 주재공직자단(prytaneis: presiding officers)이 소집했다. 민회에서는 대개 아테네 시민들의 발의로써 안건 목록을 결정했으며, 민회의 소집을 바로 뒤에 소개하는 주재공직자단에 소집명령 형태로 전달한다. 대개는 평의회나 민회가 회의의 개최 일시와 안건을 결정하고, 민회가 열리기 4일 이상 앞서서 의제가 공표되어야 했다.

회의 소집과 관련된 소임은 복수로 구성된 위원단이 담당했다. 즉, 10개의 지방 구역(phyle 또는 tribe)은 50명의 위원들(councillors)을 두어서 이들이 500인회(Council of Five Hundred)에서 각 부족을 대표하는 대표단으로 삼았다. 50명으로 구성된 10개의 부족 대표단은 1년의 1/10(one prytany: 회의 기간)에 해당하는 기간 동안 500인회와 민회의 집행위원회 격으로 업무를 담당했다. 그리고 이들은 tholos라고 부르는 건물에서 소임 기간 동안 상시로 근무했으며, 이들이 소임 기간에 열리는 500인회와 민회를 주재했다. 그러다가 기원전 403/402년에 와서 500인회의 9명으로 구성된 위원회가 회의를 주재하는 일을 맡게 되었다(Hansen, 1999: 402-403).

5) 회의의 유형과 빈도

아리스토텔레스는 민회의 유형을 두 가지로 구분했는데, 하나는 각 회기에 한 차례씩 1년에 10회 열리는 민회로서 ekklesia kyria와 회기별로 3회, 1년에 30회 열리는 일상의 민회로서 plain ekklesia가 그것이다. 이러한 유형의 민회는 기원전 5세기부터 확인되는데, ekklesia kyria는 “핵심 회의”를 의미하는바, 그 개최 횟수가 확정되어 있다는 점에서 확인된다. 그러나 시간이 지날수록 회의의 빈도는 늘어나게 된 것으로 소개되는데, 아리스토텔레스의 기록으로 보아 한 회기에 3회의 회의는 부족해 4회로 회의가 늘어났다는 것이다(Hansen, 1999: 134).

민회의 회의는 아테네의 축제날과 또 그들이 특별히 금기시하는 날에는 회의를 열지 않았다. 그리고 회의는 하루 안에 종료되어야 했다. 아테네인들은 지독하게 논쟁적인데다 형식상 의결정족수로서 6천 명 모두 발언권을 가지고 있다는 점에서 회의는 아침에 시작되어 저녁까지 갔을 것이라고 생각하는 것은 어렵지 않다. 한센은 기원전 406년 두 회의 중 첫 회의에서 8명의 장군들에 대해 사형을 논의하는 회의였는데, 어두워서 출석자들의 거수한 손을 볼 수 없었다는 기록을 통해 온 종일 회의가 지속된 사례로 들었다. 그 회의가 열린 시기는 11월 초였는데, 그렇게 보면 11시간 넘도록 회의가 계속된 것이다. 그렇지만 현재의 스위스의 주민총회(Swiss Landsgemeinde)처럼 아테네의 민회도 수 시간 지속되거나 대개 하루의 중간쯤에 마쳤을 것이라고 짐작할 수 있다. 이렇게 민회가 끝나면 거의 공식적으로 평의회를 열어서 민회의 결정 사항을 정리하고 집행을 준비하는 후속 절차를 가졌다(Hansen, 1999: 136).

6) 회의의 진행

(1) 예비 회의

민회에서는 의장이 안건으로 상정한 의제에 한해 토론하고 결정하며, 의장은 평의회가 안건을 미리 심의해 법률안(a preliminary decree=a probouleuma or boules psephisma)으로 통과시킨 것이 아니면 안건으로 상정할 수 없다. 그래서 "미리 준비된 법률안 없이는 아무것도 하지 못한다"는 규칙은 아테네 민주주의의 기본 원칙이었던 것처럼 보인다. 여기서 법률안은 매우 구체적으로 다듬은 경우도 있고, 그냥 간단하게 구상해서 토론에 부쳐서 결정을 요구하는 경우도 있었다.

(2) 회의진행자: 의장

기원전 5세기 아테네 민회의 회의 진행자는 위원단(prytaneis)이고, 그 가운데서도 특히 위원단이 추첨으로 선발한 의장이다. 그러나 위와 같은 방식은 개편되어 기원전 403/2년~379/8년 동안 민회 진행의 의장직은 500인회 안의 9인위원회(a board of nine proedroi)와 위원 중에서 추첨으로 선출된 의장에게 넘겨졌다. 9인위원회 위원(proedroi)은 민회주재공직자단, 즉 해당 회기의 소임을 맡고 있는 위원 50명 외에 나머지 부족 대표단원 450명 가운데 1일의 업무를 위해 회의 당일 추첨에 의해 선임하고, 그들 가운데 1명은 의장으로 선임했다. 이렇게 민회의 주재 방식을 개편한 목적은 부패를 방지하기 위한 것으로 의장은 한낮 하루 동안의 회의진행을 맡는 일몰제로 하되 민회가 시작되기 직전에 추첨으로 선임했다. 민회 의장을 위와 같이 낮 동안 회의진행자로 선임하는 것은 밤 동안 뇌물을 받는 일을 방지하기 위한 것이었다(Hansen, 1999: 140-141).

(3) 개회

민회가 열리기 4일 전 안건이 공시되고, 회의 당일 몇 가지 상황이 전개된다. 민회에 참석하려는 아테네 도시가 아닌 교외지역 시민들은 꼭두새벽에 집을 나서야 했으며, 새벽부터 민회에 출석하려는 사람들의 행렬이 프닉스로 이어졌다. 한편 평의회는 의장을 선출하기 위한 간단한 회합을 갖는다. 평의회의 자격심사위원회(syllogeis tou demou)[17]의 감시 아래 시민들은 입구를 거쳐서 회의장으로 입장하며, 시민들은 이 때 자격심사위원회로부터 출석수당을 지급받을 때 제시할 토큰을 받게 된다. 시민들이 회의장에 착석하는 동안 돼지피를 프닉스 주변에 뿌려서 정화 의식을 진행했다. 그리고 민회의 시작을 선포했다. 개회식 다음에는 제1 의제에 대한 구체적인 토론 단계로 의장은 신청을 받아서 발언자를 지정하고 토론을 시작했다.

(4) 발언과 발언자 · 제안자

6천 명의 시민이 모인 자리에서 토론의 형태로 견해를 적절하게 교환한다는 것은 거의 불가능했다. 프닉스에서 토론의 길이는 다를지라도 일련의 연설 형식으로 이루어졌다. 연설은 즉흥적으로 이루어지거나 준비해 이루어졌으며, 후자의 경우 연설문을 갖추거나 갖추지 않고도 이루어졌다.

아테네에서는 독립적인 교육 과목으로서 수사학이 발달하면서 "민회에서의 연설 또는 지원하는 연설"은 "법정에서의 연설", "범그리스 축제에서의 연설"과 함께 잘 정립된 세 분야 수사학(修辭學) 가운데 하나가 되었다. 연설할 때 잘 알려진 네 부분으로서 도입→서술→논거의 제시→마무리는 그리스 수사학의 유산이다. 민회에서의 연설은 다른 연설과 좀 달라서 네 부분 가운데 서술 부분이 빠지고, 논거의 제시 부분에서는 발언자가 민회에서 통과시키고자 하는 동의안을 내놓는 형식이었다. 이 부분은 제안을 위한 도입 부분과 제안 내용, 그리고 제안의 타당성을 제시하는 부분으로 이루어진다. 물론 이러한 연설의 목적은 민회 출석자를 설득해 많은 사람이 찬성하도록 만드는 것이었다.

---

17) 10개 tribe가 각각 3명씩 선임해 30명으로 구성된 위원회임.

그렇지만 출석한 6천 명이 모두 듣고 투표하고자 하는 것이 아니므로 단지 소수의 출석자들이 연설하거나 동의안을 내게 된다. 역사가들은 민회에서 연설하거나 동의안을 내는 소수의 사람들을 "정치가(politicians)"라고 불렀고, 아테네인들은 그러한 정치인들을 달리 "연설가(speakers=rhetores)"라고 부르기도 했다. rhetor는 "사람들에게 연설하는 사람(he who speaks to the people)"이라는 뜻이다.[18] 민회에서 연설하는 자가 되기 위해서는 일반 시민이 갖추지 못한 연설 능력과 수사학 교육을 받아야 했다. 이것이 민회의 회의를 소수의 전문적인 연설가들이 지배한 이유이다. 그리고 민회에서의 연설은 연설가가 출석한 시민을 대상으로 행하는 일방통행 방식이었다. 다만 연설에 대해 반대파의 논박이나 고발은 가능했다.

민회에서 정치지도자들 외에도 많은 일반 시민들과 가끔 연설도 하고 동의안을 제안하는 위원들(councillors)도 있었다. 그런데, 한센에 따르면, 일반 시민으로서 제안자들에 관련된 자료들은 없다. 그 중요한 이유 중 하나는 통과된 많은 법률이 대개 평의회가 예비회의에서 논의하고 결정해 제안한 것이라는 점 때문이다. 즉, 아테네 시민 중 누군가가 민회에서 통과시키고자 하는 법률이 있으면 그는 평의회의 위원을 먼저 찾아서 그와 협력해야 했으며, 그 평의회 위원이 공식적으로 제안자 역할을 해서 평의회에 제안하고, 그 다음에 민회에 제안자가 되는 절차를 밟았다. 제안자들에 관한 자료들이 부족한 또 하나의 이유로서 만약 일반 시민이 제안자가 되어 그 제안에 대해 응답할 수 있는 능력을 가졌더라도, 그의 제안이 법률에 위반되는 경우 엄청난 벌금을 물어야 하거나 다른 시민의 이의 제기와 시민법정의 판결에 따라 전과자가 되어 버리기도 하기 때문에 대개 정치지도자들이 제안자 역할을 대신했다(Hansen, 1999: 145-146).

(5) 투표

한센에 따르면, 기원전 4세기 아테네에서는 두 가지 형식의 투표를 사용했다. 즉, 민회에서 사용한 거수에 의한 투표(cheirotonia)와 시민법정에서 청동기 조각 투표(psephophoria)가 그것이다. 그럼에도 불구하고 민회의 결정을 psephismata, 즉 민

---

18) rhetor는 "민회 또는 평의회, 시민법정, 또는 법안심사위원회(nomothetai)에서 제안을 하는 자"라는 의미로 쓰였는데, 그렇지만 이 말은 또한 "다른 사람의 제안에 대해 찬성하거나 지지하는 사람"이라는 의미로도 쓰였다. 또한 rhetor는 "ho politeuomenos, 즉 그의 시민으로서 권리를 적극적으로 사용하는 사람"이라는 말과 유사어이기도 하다(Hansen, 1999: 268).

회가 결정한 법률이라고 불렀고, 결정하는 과정 그 자체를 psephizesthai라고 불렀는데, 두 용어 모두 psephos, 즉 시민법정의 결정이나 민회일지라도 거수에 의한 투표가 아닌 방식을 사용하도록 규정된 결정에 사용하던 청동기 조각(small bronze dics)을 의미하는 pebble에서 유래했다. 민회의 투표는 평의회의 9인위원회가 주도했으며, 먼저 찬성(the ayes)을 묻고, 다음으로 반대(the noes)를 물어서 거수하게 했다. 그리고 민회의 투표에서는 기권도 가능했다. 투표의 결과는 신속하게 파악되었겠지만 6천 명의 출석자가 있는 투표를 어떻게 헤아렸는지 그 방법에 관한 기록은 없다. 다만 아리스토텔레스가 쓴 다른 글을 통해 간접적으로 추정할 수 있는 것은 9인위원회 위원들이 공간별로 투표 결과를 헤아렸을 것으로 본다. 물론 거수의 결과가 명백하지 않은 경우 다시 손을 들게 했다. 그리고 정확한 찬성과 반대를 헤아리기보다는 대개 어느 쪽이 다수인가를 판단하거나 측정했다고 보는 경향이다.

이렇게 투표 과정을 거쳐서 한 의제에 대한 결정이 이루어지고 나면 민회는 다음 안건의 순서로 넘어갔다. 대개 민회에서는 하루에 최소한 9개의 안건을 다루었고, 한 안건에 여러 법률안을 다룬 것으로 알려졌다. 이렇게 해서 그날의 안건들을 모두 처리하고 나면 의장은 폐회를 선언했다(Hansen, 1999: 147-150).

(6) 민회 권력의 제한

한센은 민회의 권력 제한은 두 가지 차원을 갖는다고 했다. 하나는 민회의 권력의 범위가 축소되어 시민의 권한이 감소하는 것이고 또 하나는 민회가 다룰 안건을 미리 평의회가 다루는 점과 민회가 내린 결정을 시민법정에서 뒤집을 수 있었다는 점이다. 한센에 따르면 민회의 권력 제한은 다음 7개 항목으로 요약할 수 있다(Hansen, 1999: 152).

첫째, 기원전 403/2년 성문화된 법률에 따라 민회의 입법권은 법안심사위원회(nomothetai)로 이관되고, 민회는 오로지 공직자 선출권과 특정한 정치적 기소에 대해 민회의 판단을 제시하는 권한, 조약의 비준과 같은 대외 정책의 결정을 비롯한 행정규칙 제정권만 행사했다.

둘째, 민회의 결정 내용은 법률에 합치해야 하며, 따라서 법률은 민회가 결정하는 규칙보다 상위의 규범적 타당성을 지녔다.

셋째, 민회는 또 4세기에 들어 그 전보다 재정에 관한 영향력도 훨씬 감소되었는데, 그 이유는 어떤 세입을 어느 부서의 재정으로 분할해서 배당할 것인지를 결정하는 규칙에 따라 민회는 그러한 틀 안에서 세입을 배분하는 결정만 할 수 있었기 때문이다.

넷째, 4세기 중반에 이를 무렵, 대개 355년에 민회는 정치적 사건에 대한 관할권을 내놓았고, 그 이후 모든 정치적 사건의 기소는 시민법정의 소관이 되었다.

다섯째, 민회에 상정되기 위해서는 모든 안건을 평의회가 심의하도록 했다.

여섯째, 민회의 모든 결정은 공적으로 시민법정에 기소할 수 있게 되었다.

일곱째, 공직자의 모든 선거는 평의회의 절차를 거쳐서 시민법정의 승인을 받아야 하고, 어떤 경우든 100명의 공직자만 선출하고 나머지 600명 이상의 공직자와 평의회 위원은 추첨으로 선임하게 되어 민회는 그러한 과정을 통제할 수 없었다.

민회는 이렇게 해서 중요한 기능을 내놓고 아테네 정부의 단지 부차적인 기관으로 격하되는 변화를 겪었다.

5 평의회(또는 500인회)

한센은 평의회(Boule)[19]를 아테네 민주주의에서 가장 중요한 공직자단이라고 했다. 한센은 또 아리스토텔레스의 주장을 빌려 평의회는 의사 결정의 기관인 민회의 집행기구 및 준비 기구이며, 아테네 민주주의에서 민회와 시민법정과 함께 가장 중요한 기관이라고 했다(Hansen, 1999: 246-247). 드라익스도 평의회가 미리 다루어서 민회에 제시하는 절차(probouleusis)를 기원전 5세기와 4세기 아테네 민주주의에서 정책 결정의 바탕이 되었다고 지적했다(De Laix, 1973: 145).

마넹(곽준혁 옮김, 2004: 33-35)도 보울(Boule)은 시민대표 평의회이며 심의회의이다. 의원은 연령 30세 이상의 시민 가운데 임기 1년으로 추첨을 통해 임명되었으며, 누구도 평생 두 번 이상 평의회의 의원이 될 수 없었다. 139개 지역(demos)에 일정 수의 평의회 의석이 인구에 비례해서 할당되었으며, 각 지역은 충원되어야

19) boule은 평의회(Council of Five Hundred)를 의미하기도 하지만 기원전 6세기에 사용하던 기관 Council of the Areopagos를 의미하기도 한다(Hansen, 1999: 387). 후자는 기원전 6세기에 아테네의 가장 중요한 정치제도였으나 기원전 462년 에피알테스(Ephialtes) 개혁 때 아테네 시민이 피해자인 살인사건을 주로 다루는 법정으로 바뀌었다(Hansen, 1999: 288).

할 숫자보다 더 많은 수의 후보를 지명했고, 각 지역에서는 지역 평의원 후보들을 두고 추첨이 이루어졌다. 앞에서도 소개된 대로 평의회는 처음 400인회로 출발해 500인회로 구성원 수가 늘어났다. 평의회의 의원들은 평의회가 개최되는 날 국가로부터 돈을 받았다고 했다.

1) 평의회의 구성과 추첨

평의원(bouleutai: councillar)은 30세 이상의 아테네 시민들 중에서 선발하며, 두 차례 또는 연속 2년 이상 그 공직에 선발될 수 없었다(De Laix, 1973: 148). 평의회의 구성 방식은 추첨에 의한 선임 방식(selection by lot)을 취했는데, 그 내용을 한센은 다음의 여섯 가지로 요약하고 있다(Hansen, 1999: 247-248).

첫째, 평의회에서의 대표성은 10개의 tribe가 아니라 139개 deme을 바탕으로 삼아서 확보했다.

둘째, 평의회 대표의 선임은 평의원 후보가 되려고 신청한 사람들(those who presented themselves) 중에서 이루어졌다. 139개 deme별로 평의회 위원의 후보를 내기 위한 회의를 가지며, 각 deme은 9명의 대표 후보를 낼 수 있었으며, 그러기 위해 최소 18명의 후보를 확보했다.

셋째, 후보로 나서겠다는 의사는 deme의 회의에서 표명하도록 했다.

넷째, 추첨은 한 곳에서 집중해 실시하되 개인을 입증하는 청동 명패(personal bronze plaques)를 이용했는데, 이는 곧 추첨 기기를 사용했다는 것을 의미한다.

다섯째, 추첨 인원은 500명을 넘어서 대체 인원까지 고려해 뽑았으며, 그렇게 해서 추첨이 되었더라도 부적격으로 거부되거나 임기 중 사망자 수까지 고려했다.

여섯째, 평의회는 항상 500명의 구성을 유지했으나 일부 작은 deme의 경우는 충분한 후보자를 확보하기 어려웠는데 이런 경우 같은 부족에 속하는 다른 deme으로 대표의 수를 넘겨 주었다.

2) 평의회의 권한

평의회의 법적 지위는 일종의 최고 권위, 엄밀하게 말하자면 통치권 또는 주권을 행사하는 기관이었다. 그리고 마넹에 따르면 평의회만의 몇 가지 권한[20]을 행

20) 마넹이 한센 등의 문헌을 통해 소개한 내용(곽준혁 옮김, 2004: 34)을 저자가 순서를 붙여 나열했다.

사했다.

첫째, 평의회만이 오로지 소속 의원을 기소할 수 있었다. 평의원을 기소해서 법정에 세울 것인지를 평의회에서 투표를 통해 결정했다. 한센도 평의회의 사법적 역할을 덧붙여 소개했는데, 반역죄를 범한 자의 기소나 방면을 결정하는 권한, 징세원의 기소권, 500드라크마(drachma)까지의 벌금 부과권, 특정 사건의 경우 사형 언도 및 집행권, 평의회는 또 공직자들의 직무 집행에 관한 조사 등 법정의 조치에 대한 통제권을 행사했다(Hansen, 1999: 257-258).

둘째, 평의회는 민회에서 토론할 의제를 준비했다. 즉, 평의회는 민회에서 어떤 논의들이 이루어져야 할지를 미리 토론했다. "민회가 의결한 법령의 절반 정도는 사실상 평의회가 제출한 법령을 비준한 것이고, 나머지 절반 정도는 민회에서 직접 만들어진 안건이었다. 의사 결정 과정에서 평의회의 중심적인 역할은 민회에 내어놓을 안건을 준비하는 권한이고, 또 시민들에게 안건을 내기 전에 그것을 미리 심사하는 권한이었다. 그렇지만, 평의회가 특정 법률안을 민회의 안건으로 제안하는 경우 민회가 그 법률안을 법안심사위원회(nomothetai)[21]로 하여금 미리 심사하도록 결정할 수도 있었다"(Hansen, 1999: 138-140; 256-257). 그리고 평의회는 민회에서 결정된 사안을 실행했다.

셋째, 평의회는 대외적인 업무에 좀 더 중요한 책임을 지고 있었다. 모든 외국 사절을 접견해 이들을 민회에 소개할 것인지를 결정했고, 이들과 사전 협상을 가져서 그 결과를 민회에 제출했다. 한센은 평의회가 행사한 재정권 외에도 매우 중요한 행정의 영역이 바로 외교 업무였다고 지적했다. 국가로서 아테네는 외국과 관련된 정책을 다룰 기관이 필요했고, 그 기능을 평의회가 수행하도록 했던 것이다(Hansen, 1999: 264-265).

넷째, 평의회는 해군과 해상 무역의 행정을 담당함으로써 중요한 군사적 기능도 수행했다. 한센은 부연해서 평의회는 군함의 건조와 관련된 업무, 함대의 장비 장착과 파견 업무를 담당했다. 그리고 해군이 보유한 모든 공공건물의 검사와 같은 일도 담당했다(Hansen, 1999: 259)고 했다.

---

21) 법안심사위원회는 6천 명의 배심원단(panel of 6,000 jurors) 가운데서 추첨으로 1,000명을 선발해 구성하며, 이들은 단 하루만 역할을 수행하는데, 그것은 법률안에 대한 토론을 듣고, 거수로써 그 법률안을 표결했다(Hansen, 1999: 399).

다섯째, 평의회는 재정 업무를 포함한 주요 공공 업무를 포괄적으로 감시하는 역할을 수행했고, 이런 점에서 다른 행정관에 대해 어느 정도 통제권을 행사했다. 한센은 평의회가 국가재산의 임대허가권을 행사했으며, 은광 채굴권의 임대허가권, 세금징수업 임대권 등을 행사했다(Hansen, 1999: 260-261)고 했다.

3) 평의회의 회의

물론 평의원으로 새로 선발된 이들은 누구나 그 해의 첫 회의에 앞서 선서를 행하고, 또 제물을 바치며 임기를 시작하는 의식을 가진 다음 회의에 참석하게 되었다. 평의회 회의는 공휴일과 징조가 불길한 날을 제외하고는 시 청사의 평의회 회의실(bouleuterion)[22]에서 연중 매일 열렸다(De Laix, 1973: 145-161). 평의회는 공휴일을 제외한 모든 날 회의가 소집되어야 했다. 공휴일인 연례적인 축제 때와 아마도 1년에 모두 35일 정도가 되는 "금기의 날(taboo days)"을 제외하고는 평의회가 열렸으며, 민회가 열린 날에는 대개 민회 후에 평의회를 가졌다. 그러므로 평의회는 1년 354일 가운데 275일 정도 회의를 가졌다고 본다(Hansen, 1999: 250-251).

드라익스에 따르면, 평의회의 소집은 법률에 따라 한 부족에서 선발된 평의회 50명의 회의주재 공무원단(prytaneis)의 임무였다. 그리고 평의회와 민회의 안건을 준비하는 것도 회의주재 공무원단의 업무였는데, 이러한 안건은 곧 평의회와 민회의 회의에서 질서 있게 토론하는 지침의 구실을 했다. 그럼에도 평의회의 회의주재 공무원단이 마련하지 않은 사안을 평의회에서 다루지 못하는 것은 아니었다. 그것은 각 평의원은 자유롭게 발언하는 권한을 지니고 있었고, 또 목록에 있는 의제를 다루고 나면 새로운 사안을 제의하는 특권을 지니고 있었기 때문이다. 물론 의장은 회의를 주재하며, 이론상 새로운 안건의 제안과 투표 회부 등을 거부할 수 있었으므로 새로운 안건의 도입은 절차를 따라야 했다(De Laix, 1973: 160-161).

평의회의 주재는 평의회 안의 9인위원회(board of nine proedroi) 업무이다. 위에 소개한 것처럼 평의회의 회의 주재는 50인위원회(prytaneis)의 권한이지만 회의를 실제로 진행하는 기구로서 9인위원회는 아테네 전체 500명의 평의회 의원 가운데 50인위원회에 포함되지 않은 나머지 9개 부족의 대표들인 450명의 평의원 가운데

22) 평의회의 상시적 회의 장소로서 아고라의 서쪽에, 그리고 회의주재 공직자단이 집무하는 원형 건물(Tholos) 사이에 있는 건물을 가리킨다(De Laix, 1973: 145; Hansen, 1999: 387).

서 회의 당일 아침에 추첨으로 각 부족별로 1명씩 9명을 선발해 구성한다. 그리고 이들 9명 가운데서 추첨으로 1명을 선임해 의장으로 삼는다(Hansen, 1999: 252-253).

평의회의 회의장에서는 평의원만이 제한 없이 발언하고 동의안을 낼 수 있었다. 그렇지 않은 이는 평의회에 들어가기 위해서는 50인위원회의 허가를 받아야 했다(De Laix, 1973: 161; Hansen, 1999: 253). 시민은 평의회 회의장 출입 허가를 요청할 수 있고, 외국인도 특별히 허가를 받아서 입장할 수는 있었다. 그리고 시민은 평의회 회의장에서 발언을 할 수 있었지만, 그 발언 내용이 동의안과 관련된다면 그것은 오로지 평의원의 이름을 빌려서 제안할 수 있었다. 그리고 평의회는 대개 거수로 표결했고, 그 결과는 수를 일일이 헤아리는 것이 아니라 추산했다(Hansen, 1999: 253).

6 시민법정과 배심원단

아테네 직접민주정에서 또 하나 핵심 기관은 배심원단(hèliastai)과 시민법정이다. 한센(Hansen, 1999: 181-183)에 따르면, 매년 30세 이상의 지원자 중에서 6천 명을 추첨했다. 이렇게 자신의 이름이 뽑힌 시민들은 배심원 선서(hèliastic)를 했다. 그 내용은 민회와 평의회의 법과 칙령에 따라 투표할 것이며, 법에 언급하지 않은 부분이라면 무엇이 정의로운가에 대한 그들 스스로의 판단에 따라 결정할 것이며, 피고와 기소자 모두에게 공명정대한 심리를 행하겠다는 내용이다. 이들이 이후 1년 동안 재판부를 구성한다. 이들은 민회를 구성하는 시민들보다 나이도 많고, 따라서 더 지혜롭고 더 경험이 많다고 추정되었기에 특별한 지위를 누렸다. 시민법정의 재판관과 배심원은 6천 명 배심원 가운데서 충원되었다. 즉, 매일 법정은 열렸고, 배심원단 중에서 원하는 사람들은 아침에 법정으로 나가게 된다. 그들 가운데서 그날 필요한 재판관이나 배심원을 추첨으로 뽑았다. 기원전 4세기에는 여러 법정이 동시에 열렸기 때문에 또 다른 추첨을 통해 각 재판관이 어느 법정에 들어갈지를 결정했다. 법정은 처리할 사안의 중요성에 따라 501명, 1001명, 1501명 혹은 더 많은 배심원으로 구성되었다. 그리고 배심원들도 매일 3오볼(obol)을 수당으로 받았다. 법정에 참석하는 사람의 대부분은 빈민층이나 노인들이었다.

많은 형사사건의 경우, 예컨대 살인사건은 일종의 심의기구인 아레오파고스(Areopagus)[23]에서 판결하는 등 시민법정 밖에서도 다루었다. 정치적인 재판이 시민법정의 대부분의 활동을 차지했다. 이런 재판은 일상적인 통치의 중요한 요소였다. 모든 시민은 민회에 제출된 안의 비합법성을 기소할 수 있었다. 기소는 명부에 기록된 사람, 즉 위반되는 안을 만든 사람을 대상으로 삼았다. 오직 최초의 발의자만이 기소 대상이 되었다. 그리고 민회에서 이미 채택된 법령이나 법률의 발의자도 비합법성 문제로 기소될 수 있었으며, 기소되면 즉시 그 효력이 정지된다. 따라서 비합법성에 대한 기소에 따라 민회가 통과시킨 모든 법안은 법정에서 재심사의 대상이 될 수 있었다. 법정의 결정은 비밀투표가 원칙이었으며, 법정 배심원 판사들이 기소자의 승소를 결정하면 민회에서 그 법안을 발의한 자는 벌금형을 받았다. 그렇지만 기소행위에는 위험 부담이 따랐는데, 기소자가 법정에서 판결이 나기 전에 고발을 철회하면 1.000드라크마(drachma)의 벌금형에 처해지고 다시는 기소를 하지 못하도록 했다. 또 법정에서 투표에 부친 결과 투표자의 1/5 이하의 표를 얻는 경우 기소자는 역시 1,000드라크마의 벌금을 물어야 했다. 어떤 경우든 법정에서 비합법성 기소의 문제를 다룸으로써 민회의 결정을 법정이 통제하는 효과를 가졌다.

7 추첨제도

아테네 직접민주주의에서 가장 두드러진 특징으로 꼽는다면 추첨(by lot)에 의한 공직자 선임제도와 관직의 순환제도이다. 이러한 관직의 순환제도는 "모든 시민이 교대로 참여할 수 있어야 한다는 것과 다스림을 받은 자가 교대로 다스린다는 것"을 정형화했고(Hansen, 1999: 313), 관직 순환제도의 전형적인 예로서 한 시민이 일생 동안 2회 이상 평의원이 될 수 없다는 규칙을 들 수 있다.

23) 아레오파고스는 아레스의 언덕이라는 뜻으로 아테네에 있던 대법정을 뜻한다. 아레오파고스는 원래 아테네 귀족회의의 이름이었다. 기원전 462년 에피알데스의 개혁 이후 귀족정 하에서 법의 옹호자로 국정 전반에 걸쳐 거대한 영향력을 행사했던 아레오파고스 평의회가 살인 등 예외적인 경우를 제외한 대부분의 재판권을 민회·500인회·시민법정 등에 이관했다(마넹 저, 곽준혁 옮김, 2004: 36 주 참고).

마넹에 따르면, “아테네 직접민주주의에서 직접성은 평의회나 법정이 곧 인민 그 자체라거나 인민과 동일시된다는 측면에서가 아니라 그 구성원들을 충원하는 추첨이라는 방법 때문이라는 것을 받아들이지 않으면 안 된다”고 주장했다. 마넹은 한때 역사가들이 아테네 민주정에서 사용한 추첨의 기원과 의미는 종교적인 것이라고 믿었는데, 그렇게 해석한 이로 드 쿨랑주(Fustel de Coulanges)와 글로츠(G. Glotz)를 들었다. 그 가운데서도 쿨랑주는 “고대 사람들에게 추첨은 우연이 아니었다. 그들에게 추첨은 신의 뜻이 계시된 것이었기 때문이다”라고 했다. 당시로서는 “추첨이 바로 민주주의적 선출 방법으로 묘사된 반면, 선거는 다소 과두정치나 귀족주의적인 것으로 나타난다는 것이다. 아리스토텔레스도 추첨을 통해 집정관을 지명하는 것은 민주적인 것이고, 선거에 의한 것은 과두제적이라는 것이다. 아리스토텔레스는 만약 민주적 제도와 과두적 제도를 종합한다면 더 나은 헌법을 만들 수 있다고 생각했다”(마넹 저, 곽준혁 옮김, 2004: 42-43)는 것이다.

그러나 마넹은 “아테네인들이 만든 민주정의 연결고리를 이해하기 위해 우리는 무엇보다 먼저 그리스 민주정치 문화의 주요한 면모인 관직 교체의 원칙을 살펴보아야 한다. 관직 교체를 통해 통치와 복종을 번갈아 하는 것은 좋은 정부를 얻기 위한 수단이기도 하다. 이 원칙은 이른바 민주적 정의(democratic justice)와 부합되는 정치적 결정을 만들어 내는 것을 목적으로 했다. 결과적으로 아테네 민주주의는 이론적으로뿐만 아니라 실제적으로도 교체의 원칙을 중심으로 조직되었다. 이 근본적인 원칙이 추첨에 의한 선발을 합리적인 해결책으로 만들었다. 게다가 충원되어야 할 자리의 숫자에 비해 시민의 숫자가 턱없이 작았기에 교체의 원칙은 선거보다 추첨을 더 선호할 만한 것으로 만들었다. 아테네인들은 선거 원칙과 교체 원칙의 잠재적 갈등을 인지하고 있었고, 그것이 바로 선거를 통해 선출된 행정관의 경우 연속해서 여러 번 동일한 관직을 갖는 것을 금지하지 않았던 이유이다. 금지는 오직 추첨에 의해 충원되는 행정관들에게만 적용되었다. 따라서 아테네 민주정에서 추첨을 통한 임명은 무엇보다도 교체에 우선순위를 둔 것이었다”(마넹 저, 곽준혁 옮김, 2004: 45-52)고 하여 아테네 추첨제도의 논거를 제시하고 있다. 마넹은 또 핀리(Finley, 1975)와 한센(Hansen, 1999: 81-85) 등이 추첨제도를 결과나 기회의 평등과 연관시키는 점을 비판적으로 지적한 다음, “추첨과 아테네인들의 자발성의 결합은 발언의 평등이라는 개념을 반영하며, 이것은 민주정의 정치문화가 갖고 있는 핵심 가치라고 단정하고, 따라서 추첨은 몇 가지의 근본적인 민주주의적 가치를 표현했다. 추첨이 관직 교체의 원칙에 잘 부합했던 것은 분명하다. 추첨은 아테네 민주주의 최고의 원칙인 이세고리아(Isegoria: 민회에서 발언할 수 있는 동등한 권리)와 유사한 결과를 낳았다. 추첨은 관직을 원하는 사람 누구에게나 소수의 시민이 통치 기능을 수행할 수 있는 동일한 확률을 보장했다. 민주주의자들은 선거는 그와 같은 평등을 보장할 수 없으리라는 직관을 가지고 있었다"고 결론지었다 (마넹 저, 곽준혁 옮김, 2004: 53-61).

지금으로부터 2400년 전에 아테네인들이 오늘날 우리가 논급하는 결과의 평등이나 기회의 평등을 정치(精緻)하게 논구해 추첨제도를 사용했으리라고 생각되지는 않지만, 관직의 점유 기회를 평생 2회로 제한하면서도 또 원하는 자리를 가질 기회를 신분이나 재산 등의 영향을 받는 가운데 이루어지는 선거가 아니라 추첨과 결합시켰고, 또한 그것을 통해 공평성을 얻어낸 그들의 지혜에는 감탄을 금할 수 없다. 사실 우리가 오늘날 국가의 대두와 선거권자의 확대 등으로 대표제 민주주의가 대세이지만 여기서 사용되는 선거라는 제도의 심각한 문제를 떠올린다면 추첨을 통한 관직 순환, 그리고 기회의 공평성 등은 참으로 신선하다고 하겠다.

제 3 절 아테네 민주주의의 의의

아테네 직접민주제는 그저 오래 전에 잠시 사용되었다가 사라진 그런 기록에 그치는 것인가? 그렇다면 이 책에서 아테네 민주주의에 지면을 낭비할 이유가 없을 것이다. 오히려 아테네 민주주의는 인류의 소중한 역사적 유산이 되어 오랜 시간이 흘렀음에도 불구하고 민주주의가 아예 시도되지도 못하거나 아니면 독재정치가 횡행하는 나라, 민주주의랍시고 형식만 갖춘 채 그 본질이나 실질을 채우지 못하고 있는 나라와 그 지도자들에게 아테네 민주주의는 말 없는 훈계가 된다고 생각한다. 앞에서 살펴본 내용을 바탕으로, 대개는 잘 알려진 내용이기는 하지만, 저자의 관점에서 기원전 아테네 민주주의의 의의를 정리해 보면 다음과 같다.

첫째, 지금으로부터 그렇게 오랜 시간 전에 아테네인들이 고도의 창의력을 발휘해 민주주의를 만들었다는 점이 놀랍다. 그 시기에 그들에게는 공동체의 일을 처리하는 방식을 선택하는 데 참조할 수 있는 기록도, 정립된 형식이나 정형도 존재하지 않는 상황 속에서 하나부터 열까지 모두 창안해 실험하며 매우 정교한 정치적 장치들을 고안해 내었다는 점 때문이다.

둘째, 아테네인들은 권력의 속성과 귀족정의 폐해를 매우 정확하게 판단하고 거의 한사코 자유롭고 평등하게 권리를 가진 시민들, 즉 demos에 의한 통치를 실현했다는 점에서 인류의 보편적 진운을 내다보는 통찰력을 본다. 아테네인들의 선택은 소크라테스(Socrates)나 플라톤과 같은 당대의 지식인들이자 오늘까지 그들의 공헌이 평가되는 이들의 비판도 무릅쓰고 귀족정을 폐기하고 민주주의를 채택해 실행했다는 점에서 놀랍기도 하다.[24] 그러한 선택의 과정은 아고라 등 열린 공간을 통해 주창하고 반대하는 열린 토론과 설득의 과정을 거쳤다는 점이 더욱 경이롭다.

셋째, 아테네인들이 민주주의 장치들을 매우 정교하게 고안해 사용했다는 점도 놀랍다. 그렇게도 오래전에 자유와 평등, 그리고 열린 토론, 공직자의 엄정한 책무와 같은 정치의 바탕 가치를 찾아내었고, 이것을 바탕으로 그들의 민주주의에 필요한 정교한 정치적 기관들을 조직했다. 그러한 예로는 민회와 평의회, 시민법정, 지방구역의 분할과 역할의 배열, 공직자단의 책무 등 이미 앞에서 소개한 내용을 통해서도 알 수 있다. 나아가 "아테네는 자유로운 시민의 지위를 토대로 그들은 네 가지 차원의 평등을 구현했다. 즉, 동등한 정치적 권리를 의미하는 isonomia, 정치적 집회에서 동등한 발언권을 의미하는 isegoria, 출생의 동등성을 의미하는 isogonia, 권력의 동등함을 의미하는 isokratia가 그것이다(Hansen, 1999: 81). 거기다가 공무에 복무한 공직자는 그가 임기 중에 쓴 공적 비용의 지출에 대한 회계감사가 종료되어서야 그의 복무가 끝난다는 점을 떠올리면 부정부패가 만연한 오늘의 정치와 행정은 그 때보다 오히려 퇴보한 것이 아닌가 싶을 정도이다.

넷째, 오늘날 대개 직접민주주의 대신 대표민주주의를 채택한 중요한 사유로서 인구나 국토 등의 크기를 든다. 맞는 말이기도 하다. 사실 면적도 넓고 인구 규모도 큰 나라가 직접민주주의를 국가 수준에서 적용하는 것은 무리일 수 있다. 그렇

---

24) 플라톤과 아리스토텔레스와 같은 이들은 다수에 의한 지배보다 소수에 의한 지배를 선호했으며, 그 당시 많은 그리스 도시국가들이 과두제 지배였으며, 결국 귀족들의 지배였다(Hansen, 1999: 296).

지만, 아테네가 시민 인구 3만 명, 전체 인구 10만 명 정도의 규모에서 창안되어 실험한 정치적 제도라는 점에서, 제도의 선택권을 가진 자들의 두려움만 극복된다면, 어느 나라든 지방자치에 직접민주제를 사용하는 것은 무리가 없다고 본다. 더구나 오늘날 인터넷 등을 활용하는 전자민주주의 시대에 진입한 마당에 유리한 조건도 없지 않다는 점에서 그러하다.

다섯째, 아테네 민주주의의 역사적 단절이 매우 안타깝다. 그래서 한센은 오늘날 "대개의 그리스인들은 모든 면에서 과거가 더 좋았고, 그래서 결국 그들이 발전하는 길은 미래로 나아가는 것이 아니라 과거로 돌아가는 것이라는 믿음"을 가졌다(Hansen, 1999: 296)고 지적할 정도이다. 비록 오늘날 직접민주제의 가치는 재조명되고 또 확산되는 추세이지만, 아테네 직접민주주의를 지속·발전시켰더라면 하는 아쉬움은 인류 전체가 회고하는 바가 아닐까. 그렇지만, 시간을 되돌리는 것은 불가능한데도, 오늘의 우리가 기원전 아테네의 직접민주제를 고찰하는 이유는 그들의 빛나는 과거사를 곱씹어서 그것으로부터 오늘의 제도를 개선하기 위한 교훈을 찾을 수 있다면 그것은 의미 있는 일이다. 그런 점에서, 또 이 책의 주제와 관련해 아테네 직접민주주의를 개관한 의미를 찾을 수 있을 것이다. 그것도 이 책이 다루는 주제가 직접민주주의를 실천하고 있는 지방정부라는 점에서 그 의미는 더 크다고 하겠다.

03 CHAPTER

현대의 직접민주제 정부론

지구상에는 오늘날에도 직접민주제 정부 형태를 채택해 사용하고 있는 곳으로 스위스의 주에 해당하는 캔턴(canton)과 지방정부 코뮌(commune), 그리고 미국 뉴잉글랜드 지역 매사추세츠, 코네티컷, 로드아일랜드, 뉴햄프셔, 메인, 버몬트 등 6개 주의 타운들이 있다. 스위스의 직접민주제 지방정부를 다룬 안성호(2005)는 포스달(Gregory A. Fossedal)의 문헌을 참고로 하여 캔턴과 코뮌뿐만 아니라 스위스 정치 체제 전반을 분권과 참여의 관점에서 다루었고, 이정옥(2008)은 카우프만(Bruno Kaufmann) 등의 문헌을 통해 스위스의 주민발의, 주민투표제에 관한 구체적 내용을 국내에 소개했다.

제 1 절 스위스 코뮌정부

연방제 국가 스위스는 1291년 우리(Uri), 슈비츠(Schwyz), 운터발덴(Unterwalden) 등 세 캔턴(canton)의 연합에서 비롯되어 1848년에는 26개 캔턴으로 구성되는 연방을 형성하고 헌법을 제정했다(Fossedal, 2002: 11). 그리고 캔턴 안에는 코뮌들(communes)이 자치단체로 존재하며 정부를 구성하고 있다. 그러므로 스위스는 코뮌-캔턴-연방의 3층제 정부를 지니고 있는 나라이다.

포스달은 코뮌과 캔턴을 접하지 않고, 또 가정주부가 파트타임으로 맡는 시장이나 경찰서장을 만나보지 않고는 스위스 민주주의를 이해할 수 없다고 했다. 그리고 특정한 캔턴과 그곳의 코뮌, 그리고 그곳의 코뮌을 이루고 있는 사람들을 만나보아야 스위스를 이해할 수 있다(Fossedal, 2002: 117)고 강조했다. 스위스는 연방정부 수준에서도 주민발의와 주민투표 등 직접민주제 장치를 많이 활용하는 나라이지만, 미국의 뉴잉글랜드 타운처럼 정부 형태로서 직접민주제를 활용하는 곳은 캔턴과 코뮌이다.

1 캔턴의 직접민주제: 란츠게마인데

안성호(2005: 70-80)에 따르면 캔턴의 주민총회는 란츠게마인데(Landsgemeinde)이다. 1230년부터 우리(Uri) 캔턴에는 란츠게마인데가 존재했다는 증거가 있다. 그리고 저그(Zug) 캔턴에는 1376년, 아펜젤(Appenzell) 캔턴에는 1378년, 글라루스(Glarus) 캔턴에는 1387년 란츠게마인데가 열린 기록이 있고, 그 외 슈비츠, 옵발덴(Obwalden), 니드발덴(Nidwalden), 우리 캔턴에는 14세기 초부터 주민총회 란츠게마인데가 정기적으로 개최되었다. 그러나 현재는 글라루스와 압펜젤 내곽(Inner Appenzell) 두 캔턴만 란츠게마인데를 운용하고 있다. 이들 캔턴에서는 1년에 한 번 4월의 마지막 일요일이나 5월의 첫 일요일에 주민총회를 개최한다.

란츠게마인데는 스위스 직접민주주의의 원형으로서 연방법과 법치국가 원리 및 캔턴 헌법에 부합하는 범위 안에서 사법권을 제외한 광범위한 입법권을 행사한다. 그러한 입법권에는 캔턴 헌법을 제정・개정하는 권한뿐만 아니라 헌법의 범위 안에서 법률을 제정・개정하고 조약을 비준하는 권한까지 포함한다. 따라서 란츠게마인데를 운영하는 캔턴에서는 란츠게마인데가 캔턴의회를 능가하는 최고의 입법기관이다. 란츠게마인데에 출석한 개인은 자유롭게 발의하고 토론하며 그 자리에서 직접 거수로 의사 결정에 참여한다. 무엇보다도 란츠게마인데에서는 개인의 발안권(individual initiative)이 광범위하게 인정된다. 예컨대, 옵발덴 캔턴 헌법 제63조는 유권자 500명이 캔턴 헌법의 전면 개정이나 부분 개정을 요구하는 발안을 제기할 수 있으며, 각 유권자가 "법률 또는 란츠게마인데의 권한에 속하는 재정(財

政) 결정의 제정·개정·폐지를 요구하는" 발의할 권리를 가진다고 규정하고 있다. 심지어, 글라루스 캔턴과 압펜젤 내곽 캔턴에서는 단 한 명의 유권자가 캔턴 헌법의 전면 또는 부분 개정도 발의할 수 있다.

2 코뮌의 직접민주제

스위스의 지방자치단체(municipality)를 프랑스어권에서는 communes, 독일어권에서는 gemeinden, 이태리어권에서는 comuni, 로마어권(Romansh)에서는 vischnancas라고 각각 표현한다. 대개 코뮌이 통용되는 경향이다.

스위스에는 현재 코뮌이 2,596개 있다. 그 가운데 인구가 가장 작은 코뮌은 티치노(Ticino) 캔턴의 코리포(Corippo)로 인구가 불과 12명이며, 발아이스 캔턴의 마르티스베르크(Martisberg)는 19명, 그라우뷘덴 캔턴의 물렌스(Mulegns)의 인구는 29명이다. 그리고 인구가 큰 자치단체는 취리히로서 376,990명, 제네바 188,234명, 바젤 164,516명으로 스위스의 3대 도시에 든다(http://en.wikipedia.org/wiki/Municipalities_of_Switzerland).

안성호(2005: 81-103)에 따르면, 스위스 코뮌의 4/5는 주민총회를[1] 운영하며, 인구가 작은 코뮌정부는 주민총회가 의결기관 역할을 하고, 행정기관으로는 주민들이 직접 선출해 구성하는 행정위원회가 있다. 행정위원들은 대개 무보수 명예직이며 시간제 근무를 한다. 그러나 인구 규모가 큰 코뮌에서는 주민이 직선하는 의원으로 구성하는 코뮌의회를 설치해 정책을 결정하고, 그들이 결정한 정책 가운데 중요한 것은 반드시 주민투표에 부치게 했으며, 그 외에도 임의적으로 주민투표를 발의해 사용할 수 있도록 해서 준(準)직접민주주의형을 취하고 있다. 작은 코뮌처럼 여기서도 행정위원회가 집행기관이다.

스위스는 특이하게도 코뮌의 주민은 당연히 캔턴 주민이 되고 스위스 국민이 된다. 그러므로 코뮌 주민총회에서는 주민권을 신청한 외국인의 수용 여부를 결정하

1) 스위스 주민총회를 독일어권에서는 Gemeindeversammlung이라 부르고, 프리부르크와 주라 캔턴에서는 Assemlee Communale, 보 캔턴에서는 Counseil General로 부르는 등 명칭이 다양하다(안성호, 2005: 96).

는 안건들이 자주 등장한다(Fossedal, 2002: 117-119).

주민총회에는 18세 이상의 자치단체 주민이 출석하며, 일부 캔턴의 코뮌에서는 주민총회 출석을 주민의 의무로 간주해 불참자에게 소액의 벌금을 물리기도 한다. 그리고 일정 수의 유권자는 의제를 선정해 코뮌총회의 개최를 요구할 수 있다. 바젤, 프리부르크, 솔로돈 캔턴의 경우는 캔턴정부가 특이하게 코뮌 주민총회의 소집권을 가지고 있는 경우이다. 역시 코뮌 주민총회에서는 한 명의 유권자가 주민발안권을 행사할 수 있으며, 주민총회가 열리기 전에 코뮌정부에 안건을 제출할 수도 있다.

제 2 절 뉴잉글랜드 주민총회의 개념과 본질

1 개념

"타운미팅이란 공동체의 대부분 또는 전체 구성원이 출석해 직접 정책을 결정하는 직접민주주의 정부 형태"(Hephaesetus Books, 2012: 1) 또는 타운의 유권자 모두가 타운의 모든 업무에 관해 투표권을 행사하는 제도(Galvin, 2000: 23)이다. 이러한 내용을 참고해 뉴잉글랜드 주민총회(Open Town Meeting)의 개념을 정리하면, "뉴잉글랜드 각 주의 지방자치단체 타운에서 채택하고 있는 직접민주주의 정부 형태로서, 타운의 등록한 투표권자(registered voter) 주민들이 일정한 절차를 거쳐 소집된 주민회의에 출석해 법률과 예산 등 주요 정책을 직접 결정하는 타운정부 최고・최종의 의결기관"이라고 할 수 있다.

2 주민총회의 본질

주민총회의 본질은 "직접민주주의 정부 형태", "투표권자인 주민들이 직접 정책을 결정하는 지방정부의 절차", "타운정부 최고·최종 결정기관"이라는 세 가지 요소를 들 수 있다.

1) 정부 형태로서 주민총회

정부 형태는 대표민주제 정부와 직접민주제 정부로 대별하는 것은 잘 알려진 사실이다. 대표민주제냐 직접민주제냐에 따라 참여자의 역할 구조가 크게 달라진다. 대표민주제 정부에서 참여자의 역할 구조를 보면, 유권자는 대표를 선출하는 간접적 역할에 그치고 대표들이 정부기관 안의 의결기관과 집행기관의 직위를 점유하여 맡겨진 역할을 수행한다.

미국에는 지방정부의 형태가 네 가지이다. 즉, 시장-의회형(mayor-council form), 의회-매니저형(council-manager form), 위원회형(commission form), 주민총회형(town-meeting form)이다. 이 책의 주제로 다루는 주민총회형을 제외하고는 모두 대표제 정부 형태이다.

카셀라(William N. Cassella, Jr.)는 미국의 지방정부 형태의 건강성(soundness)은 선거제도가 단순하고 효과적인가, 그리고 의결기관이 유권자를 제대로 대변하고 공정하게 대응하는가에 달려 있다(Kemp, 1999: 29)고 했다. 이러한 지적의 내용은 모두 대표제 지방정부의 경우에 해당한다. 선거란 대표를 뽑는 핵심 장치를 가리키고, 선거로써 뽑힌 의원들로서 구성되는 의결기관의 대표성과 공정성, 대응성 여부가 지방정부의 건강성을 결정하는 요소 가운데 하나라고 지적하고 있기 때문이다.

오늘날 대표제 지방정부의 문제는 '정부실패'라는 용어로써 극명하게 드러난다. 털럭과 그 동료들(Gordon Tullock, Athur Seldon, Gordon L. Brady)은 공공선택을 다루는 책 『정부실패(*Government Failure*)』(2002)에서 투표의 역설(voting paradoxes), 대표들의 야합(logrolling), 지대추구 비용(the cost of rent seeking), 관료제의 병리 등을 정부실패의 핵심적 요인으로 꼽았다. 즉, 대표를 잘못 뽑거나(선거의 문제) 대표들이 직무 수행에 성공적이지 못한 점이 정부의 성공적 작동을 가로막는 요인이라는 것이다. 그리고 오늘날 주민발의, 주민투표, 주민소환과 같은 직접민주제 장치들의 사용이 늘어나는 경향은 대표제의 문제를 바로잡기 위한 것이다(김영기, 2006; 2011).

그러나 주민총회를 채택하고 있는 정부 형태에서는 지방정부의 건강성에 영향을 미치는 의결기관으로서 지방의회가 필요 없고, 따라서 선거도 필요 없다. 직접민주제 정부에서 역할 구조를 보면, 뉴잉글랜드 타운과 스위스의 코뮌에는 주민총회가 의회의 역할을 대신한다. 다시 말하자면, 직접민주제 정부에서는 대표들로써 의결기관을 구성하는 대신 유권자들이 직접 출석해 그 기능을 수행한다. 대부분의 뉴잉글랜드 타운에서는 지방의회가 존재하지 않는 대신 유권자들이 직접 주민총회에 출석해 집합적 회의체를 구성해 의결기관처럼 타운의 예산을 비롯해 중요한 정책을 직접 결정하는 구조이다. 주민총회를 의결기관으로 사용하는 뉴잉글랜드 타운정부에서는 선거도 최소한으로 사용하고, 유권자가 직접 정책을 결정하기 때문에 대표제로 인한 여러 가지 문제를 해소하는 정부 형태이다.

여기서 특히 지적할 것은 주민발의 · 주민투표 · 주민소환제는 유권자의 직접 참여라는 점에서 동일하지만 대표제 정부 형태 안에서 그 문제를 교정하는 수단으로 쓰기 때문에 의결기관을 전적으로 대행하는 타운미팅이나 스위스 주민총회와 다르다는 점이다.

2) 유권자의 직접 참여와 결정

뉴잉글랜드 타운미팅은 보편적으로 미국 유권자에게 부과하는 요건으로서 국적, 연령, 거주 요건 외에 오로지 스스로의 의사에 따라 유권자로 등록하는 절차를 거치면 누구에게나 주민총회에 출석할 자격과 권리를 부여한다.

뉴잉글랜드 주민총회는 민주주의의 본질적 요소로서 "국민에 의한 통치(by the people)"를 보장하므로 "다수의 지배(rule by the demos[2] 또는 rule by the many)"를 그대로 직접 보여 준다(Lancaster & Roberts, 2004: 37). 이러한 뉴잉글랜드 타운의 주민총회는 유권자들이 직접 참여해 정책을 결정한다는 점에서 흔히 대표제정부에서 보편적으로 나타나는 주민 의사의 왜곡 등 문제가 발생하지 않으므로 한층 더 완성도가 높은 민주제도라고 할 수 있다.

부연하여 지적할 것은 주민발의 · 주민투표 · 주민소환도 유권자들이 직접 참여한다는 점은 주민총회와 공통점이지만 이들은 대표제의 틀 안에서 대표들이 잘못

---

2) democracy는 demos+kratos의 합성어이고, demos는 애초 그리스어로 "촌락", "마을"을 의미하다가 후에 "다수"라는 의미가 부가되었다. 제2장 각주 13)을 참고할 것.

결정하거나, 대표들이 무능, 무책임, 배임 등 잘못을 저지르는 경우에 한정해 직접 참여한다는 점에서 차이가 있다(김영기, 2006: 55-83; 2011: 31-35).

3) 최고 · 최종 결정기관

뉴잉글랜드 타운정부에서도 집행위원회(board of selectmen)를 중심으로 공무원, 행정부서 등을 비롯한 집행기관이 있지만, 주민총회는 궁극적으로 주권재민을 구현하는 최종 · 최고의 장치로서 힘을 가진다. 그것은 비록 주민대표들로써 이루어지는 주민총회, 즉 대표제 타운미팅에서 결정한 정책일지라도 유권자들의 총의로 그 결정을 부결할 수 있는 권한을 부여하고 있다(Zimmerman, 1999: 149-154)는 점에서 확인된다. 거기다가 타운의 자치헌장에는 "타운의 의결권은 타운의 등록된 유권자가 참여하는 주민총회가 행사한다"고 규정하고 또 "…주민총회는 타운의 모든 권한과 모든 책무 이행의 근거가 된다"고 명료하게 규정하고 있다(롱메도 타운 자치헌장 제2장 제2-1조와 제2-6조). 그러므로 타운정부 안에서 이루어지는 최고, 최종의 정책결정기관이 주민총회이다.

3 타운정부의 특성

1620년 이후 400년의 시간을 거쳐서 오늘에도 뉴잉글랜드 사람들의 사랑을 받으며 활용되는 제도가 타운미팅이다. 이는 메이플라워 협약문에 담은 자유와 평등의 민주적 가치와 정치 양식을 실현한 플리머스 타운미팅이라는 제도는 그들 당대 정치공동체의 양식으로 창안된 것이다. 메이플라워 협약에 기초한 타운미팅은 거기서 그치지 않고 미국 독립선언서를 기초하는 데 바탕을 제공하고 또 플리머스에서 번진 타운제도는 연방주의의 기원을 이루어서 마침내 오늘날 미국 민주주의로 이어졌다. 바로 제도의 경로의존성이다. 미국 민주주의 출발점과도 같은 타운정부의 특성을 정리하면 다음과 같다.

첫째, 정책 결정과 집행의 분리 현상이다. 아테네 직접민주주의에서도 정책 결정은 민회와 시민법정이 내리고 공직자단이 정책 결정을 준비하거나 결정된 정책의 집행을 담당했다. 이러한 역할 분담은 현대에 와서도 크게 달라지지 않았다. 직접민주제 정부 형태를 취하고 있는 매사추세츠 타운미팅도 정치와 행정의 모든 과정과 내용을 유권자 주민의 직접적 참여로써 결정하고 또 유권자의 손으로 수행하는 것은 아니다. 문헌을 통해서나 또 필자가 2000년 현지에서 참여 관찰한 매사추세츠 주 타운미팅은 등록한 유권자들에게 완전히 개방되고, 거기서 집행위원들(selectmen 또는 selectpersons)[3]을 포함한 타운정부의 각 부서에서 제출한 예산안 또는 정책안을 상정하고, 자유로운 토론을 거쳐 유권자들이 결정할 때 직접 참정이 실현될 뿐 타운 업무의 집행은 선출되거나 임명된 공직자들이 행정기관을 구성해 수행한다.

둘째, 주민총회를 의결기관으로 삼는 직접민주제이다. 타운정부는 의결기관과 집행기관으로 크게 나누어 기능을 배분하는 점은 대개의 지방정부들과 같으나 주민총회를 의결기관으로 삼아 직접 참여를 실현하고 있다는 점이 가장 두드러진 특징이다. 거기다가 주민총회뿐만 아니라 타운정부에서는 대표제의 보완장치로서 주민발의와 주민투표, 주민소환까지 제도화시켰다는 점에서 스위스와 함께 세계에서 직접 참여가 가장 확장된 지방정부라고 할 수 있다. 특히 주민총회는 주권자 공동체가 바로 자치단체의 최고, 최상위 정부기관이라는 점에서 그 위상은 대표제 지방정부의 그것과 확실하게 다르다.

셋째, 주권재민(主權在民)의 실현이다. 토크빌이 지적한 대로 뉴잉글랜드 타운정부에서 주민총회는 단순한 의결기관에 그치는 것이 아니라 주권재민이 현실 정치와 행정에서 실현되고 있다는 점이 또 하나의 두드러진 특성이다. 국가 수준에서 주권재민은 관념 속의 그림이거나 추상적인 개념에 그칠 수 있지만 뉴잉글랜드 타운정부에서 주민총회장은 곧 주권재민 현상이 생생하게 작동하는 현장이라는 점을 간과할 수 없다.

넷째, 무보수명예직 공직자를 폭넓게 활용하고 있다는 점이다. 롱메도(Longmeadow) 타운의 경우 임명직으로 구성하는 24개 집행기관 위원회 위원들은 모두 보수를 받지 않고 봉사하고 있으며, 보안관, 장의위원(Burial Agent), 동물검사관(Animal Inspector), 유치장 감시관(Keeper of Lockups)도 무보수로 일한다(2013 Annual Reports). 그럼에도 불구하고 타운행정의 책임성이 낮아지거나 대충하는

3) selectmen이라는 용어를 원래 사용했으나 남녀 성차별적 용어라는 점에서 중립적인 selectpersons라는 말을 주로 사용하는 경향이다.

일은 드물다. 그것은 제도적으로 무책임성과 불성실한 직무 수행에 대해 주민소환제를 비롯해 통제장치가 마련되어 있다는 점도 있지만, 그 보다 더 중요한 요소는 지역사회를 위해 봉사하는 것을 고상한 책임으로 여기는 노블레스 오블리즈 때문이라고 본다.

다섯째, 최근의 타운정부에서 집행기관의 구성에서 변화가 엿보인다. 롱메도 타운의 예에서 2004년 자치헌장을 채택하면서 종래의 타운행정관(Town Administrator)을 없애고 새로운 공직으로 타운 매니저(Town Manager)를 신설했다. 타운 매니저는 비록 집행위원회가 임명하는 공직이지만 행정 지식과 경험을 가진 전문가를 그 임명 요건으로 삼아서 그에게 상당한 범위의 조직권과 인사권을 부여해 실질적인 행정책임자로 삼는다. 타운의 집행기관인 집행위원회가 타운 매니저를 임명한다는 점에서는 의회-매니저형과 약간 다르지만, 전문행정가를 통해 행정의 효율성과 대응성, 통합성을 높이기를 기대하며 주민을 위한 행정 서비스를 개선하려는 점에서 의회-매니저형 지방정부 형태를 수렴하는 인상을 준다.

앞에서 "직접민주주의"를 실행하고 있는 "뉴잉글랜드 타운정부"의 연관 개념으로서 아테네 직접민주주의와 뉴잉글랜드 타운정부의 개념과 본질, 특성 등을 살펴보았다. 그러므로 이 책의 나머지 부분에서 세세하게 다룰 내용을 이해하기 위한 준비를 마친 셈이다. 이제 제2편에서 뉴잉글랜드 타운정부의 초기 생성과 전개 및 전파 과정을 소개하고, 제3편에서는 그러한 역사적 경로와 필요한 변화를 거쳐서 오늘날 시행되고 있는 타운정부의 실제를 소개한다.

제 2 편

뉴잉글랜드 지방자치제도의 역사적 전개

제 4 장 필그림의 이주와 정착 과정
제 5 장 자치제도의 기원: 메이플라워 협약
제 6 장 식민지와 타운의 확산
제 7 장 식민 시대의 타운제도

04 CHAPTER 필그림의 이주와 정착 과정

영국인의 아메리카 이주는 경제적 목적으로 한 남부 이주자들[1)]과 종교적 자유를 주목적으로 삼은 북부 이주자들[2)]로 나눈다. 북부 이주자들은 또 1620년 플리머스에 이주한 순례자들(Pilgrims)[3)] 또는 분리주의자들(Separatists)과 1630년 케임브리지, 보스턴에 정착한 청교도들(Puritans)이 있다. 다음에 영국의 종교 대립과 필그림 일행[4)]의 이주와 정착 과정 등을 살펴본다.

제 1 절 종교 대립

영국에서 종교적 갈등이 생긴 것은 여섯 차례의 결혼과 이혼을 거듭한 헨리 8세

1) 뉴잉글랜드 이주자들이 종교적 이유로 이주했다면, 남부 이주자들은 "황금을 좇는 모험가들로서 1607년 5월 초에 오늘의 버지니아 주 체서피크 만(Chesapeake Bay)에 도착해 국왕의 이름을 따서 붙인 제임스(James) 강을 거슬러 올라 제임스타운(Jamestown)을 세웠다"(앙드레 모로아 저, 신용석 옮김, 1982: 35-36). 종교적으로 이들은 국교파였고, 경제적 어려움을 겪는 하류층 부류였다(Taylor, 2001: 159).

2) 1607년 처음으로 오늘날 메인 주 케네벡(Kennebec) 강 입구 포프햄(Popham)에 이주를 시도했으나 정착이 지속되지 못했다(Teele, 1985: 5; Zimmerman, 1999: 15-24).

3) 이들의 지도자 중 한 명인 브래퍼드(William Bradford)가 훗날 남긴 기록에 그들 스스로 순례자들(Pilgrims)이라고 부르기 시작했다(Stratton, 1986: 19). pilgrim이라는 말은 항상 떠도는 사람(a people who are almost always on the move)이라는 뜻이다(Philbrick, 2006: 3). 미국에서 소문자로 시작되는 pilgrims는 선지 순례자 등을 가리키는 보통명사이고, 대문자로 시작되는 Pilgrims는 1620년 플리머스에 정착한 필그림과 일부 국교도, 선원 등을 가리킬 때 사용한다(Fradin, 2007: 39).

때(Whitcraft, 2008: 4-5)로 알려졌다. 교황이 그의 이혼을 승인하지 않자 헨리는 1534년 국교(Church of England 또는 Anglican Church)를 설립해 국왕 자신이 수장(首長)이 되었다. 국왕이 캔터베리 주교를 임명했으며, 캔터베리 주교는 지역별로 그 아래 직위의 교직자를 임명했다. 그리하여 영국에는 성경 해석과 설교 등 지역의 모든 종교적 활동을 교직자만이 전적으로 주관하는 정교일체(政教一體)의 매우 엄격한 계층제[5]를 갖추었다.

당시 영국 안에서 존재하던 종파적 스펙트럼을 보면 가장 오른 쪽 극단에 로마 가톨릭 추종자들이 있고, 그 다음에 영국 국교파가 있었으며, 이어서 장로교도들(Presbyterians), 국교를 지지하지는 않으면서도 교단 분리까지는 시도하지 않는 종파(Non-separating Congregationalists), 그리고 로마 가톨릭의 반대편의 극단에 급진파 신도들(Radicals)이 있었다. 이들 급진파 신도들은 국교로부터 이탈해 교회까지 새로 세웠으므로 분리주의자들(Congregational Separatists)이라고도 불리었다. 위의 종파들 가운데 장로교도들과 독립교회주의자들, 즉 분리주의자들까지 묶어서 청교도로 분류한다(Teele, 1985: 93).

"분리주의자들은 국왕이 수장이 되는 영국 교회는 그리스도의 참된 교회가 아니라고 단정하는 사람들이었다(Philbrick, 2006). 청교도들(Puritans)은 신도 개개인이 영적으로 신과 교통하며 성령이 충만한 종교 생활을 할 수 있기를 기대했다(Taylor, 2001: 161). 이들은 "영국의 종교를 청결(또는 순결)하게 만들기(to purify the Church of England)"를 주창했기 때문에 붙여진 이름이다.

왕위를 이어받은 "헨리의 딸 엘리자베스 여왕은 모든 영국인이 교회의 일요일 예배에 참석하도록 정하고, 1개월 이상 출석하지 않거나 국교가 아닌 교회에 출석한 자는 감옥에 가두었으며, 교회 출석을 3개월 이상 하지 않는 경우는 국외로 추방하도록 했다"(Schmidt, 1999: 2). 이렇게 되자 영국인들 가운데 일부는 국왕과 주교의 지배 체제와 종교적 활동의 제약에 더욱 불만을 품게 되었다(Taylor, 2001: 161: Teele, 1985: 5).

영국의 종교적 분리주의자들은 대개 영국 북부 지방, 요크셔(Yorkshire)의 오스

---

4) 필그림 일행이라고 표현한 것은 플리머스 정착민들 속에 필그림과 국교파에 속하는 자들로서 필그림이 이방인들(Strangers)이라고 불렀던 사람들, 그리고 일부 선원까지 망라하기 때문이다.

5) 국왕이 캔터베리 주교를 임명하며, 그 아래 2명의 대주교를 임명하고, 다시 26명의 주교를 임명하며, 전국에 8,600명의 지역 교직자(parish clergy)를 임명했다(Taylor, 2001: 160).

터필드(Austerfield), 노팅엄셔(Nottinghamshire) 거주자들이었다. 이들 가운데 브류스터(William Brewster), 브래퍼드(William Bradford),[6] 스미스(John Smith) 목사와 그 신도들은 국교(Anglican Church)와 별개로 1606년 그들만의 교단을 설립했고, 비밀리에 따로 예배도 보았다.[7] 이들은 초기교회(first Christian churches)의 양식을 지향하며 신의 말씀과 뜻, 그리고 인간의 양심에 따르는 예배의 자유를 추구했다.

분리주의자들의 행동은 1607년 초 국교파의 눈에 띄어 사건이 벌어졌다. 이들에게 종교적 불복종 판정이 내려지고 벌금이 부과되었다. 그리고 분리주의자들의 지도자로서 체포령이 떨어진 브류스터는 도주하는 신분이 되었다(Schmidt, 1999: 17). 그리고 나머지 사람들도 감시가 심해지고 신변의 위험이 커졌다(Schmidt, 1999: 12; Whitcraft, 2008: 4-5; Philbrick, 2006).

제 2 절 네덜란드 이주

그래서 브류스터와 브래퍼드 등 영국의 분리주의자들은 처음, 네덜란드의 암스테르담을 거쳐 레이덴(Leiden)으로 이주했다. 이렇게 분리주의자들은 영국에서의 삶을 포기하고 종교적 자유를 찾아 온갖 어려움을 겪으며[8] 네덜란드로 이주했으나, 그들은 또 다른 문제로 어려움을 겪게 되었다.

영국의 국교를 개혁하려는 사람들은 모국의 땅, 삶, 그리고 모든 친구를 두고 떠나야 하는 상황을 맞게 되었고, 이들에게는 큰 희생이었으며, 많은 이의 걱정을 샀

---

6) 브래퍼드는 당시 열 여섯 살 소년이었지만 브류스터와 교분을 쌓았고, 함께 네덜란드로 이주했으며, 청년기에는 다시 새로운 땅 뉴잉글랜드로 이주하는 과정에 중심 인물로 부각되었다. 그는 곧 플리머스 식민청장이 되었고, 필그림 일행의 이주와 식민청의 운영, 그리고 이주자들의 삶을 기록으로 남겨서 매우 소중한 연구 자료가 되고 있다.

7) 이렇게 영국 국교의 교회에 출석하지 않고 따로 그들의 교단을 따로 세우고 교회에서 예배를 보았기 때문에 이들을 후에 분리주의자들(Separatists)이라고 불렀다.

8) 브래퍼드에 따르면, 종교적 신념 때문에 고향의 모든 것들을 포기했지만, 당시 공식적으로 출국이 어려웠고, 비밀리에 배를 타고 이주하는 방법이 주로 사용되었는데, 상당수의 이주자들이 뱃꾼들에게 사기를 당하거나 돈을 떼이고 고발당하여 다시 송환되어 감옥에 가는 숱한 어려움을 겪어야 했다(Philbrick, 2006).

다. 파젯(Harold Paget)에 따르면 이들은 미지의 나라로 가서, 새로운 말을 배워야 했고, 낯선 생활 양식에 적응해야 했으며, 죽는 것 못지않게 불행한 일을 겪었다(Paget, 2006).

영국의 농촌 출신인 이들에게 네덜란드 레이덴의 산업사회는 익숙하지 않았다(http://en.wikipedia.org/wiki/Mayflower). 레이덴에서 이들은 직조공, 빗 제조공, 모자 제조공, 실 제조공, 벽 쌓는 직공, 목수, 빵집 종업원, 바느질꾼 등으로 살아야 했다(Schmidt, 1999: 33). 브래퍼드의 기록에 따르면, "계속되는 중노동에도 불구하고 박한 임금 등으로 생활이 곤궁했기 때문에 더 이상 영국의 분리주의자들이 네덜란드로 이주하려고 하지 않았으며, 그 가운데 일부는 차라리 감옥행을 택하려고 했을 정도였다"(Stratton, 1986: 18-19; Johnson, 2006: 55). 또 필브릭에 따르면, "이들은 과중한 노동으로 건강을 해치기 일쑤였다. 거기다가 그들의 자녀들은 네덜란드인으로 동화되고 있었다"(Philbrick, 2006). 그런 가운데 브류스터가 1617년 공동체 소식지에 게재하고 1619년에 출간한 저서 *Perth Assembly*의 내용 때문에 자극받은 영국의 국왕 제임스(King James)는 다시 그를 체포하도록 명령을 내렸고, 브류스터는 네덜란드에서도 다시 도주해야 하는 신분이 되었다. 즉, 영국의 국왕과 주교는 이들을 체포하기 위해 분리주의자들이 옮겨 살던 네덜란드의 레이덴까지 관리들을 파견했을 정도로 집요한 추적과 박해를 가했다.

결국 네덜란드의 레이덴에 살고 있던 분리주의자들은 또 다른 이주를 선택해야 하는 상황을 맞았다. 그래서 브래퍼드는 훗날의 기록을 통해 "자신들이 네덜란드에서 뉴잉글랜드로 이주하게 된 사유로서 첫째, 고된 노동과 저임금에 의한 생활고와 둘째, 분리주의자 공동체 원로들이 나이가 들면서 신념을 위한 육체적 투쟁도 힘들어지는 가운데 결국 종교적 공동체가 외부적 위험을 겪느니 좀 더 안전하고 자유로운 곳으로 미리 이동하는 것이 유리하다는 판단과 셋째, 그들의 자녀가 자라서 네덜란드 병사로 입대하는 등 네덜란드 사람으로 변하거나 또 부모의 관점에서 자녀들이 악의 유혹을 받으며 영혼이 타락하는 현상으로부터 지켜내고 싶다는 점과 넷째, 그들끼리 신의 왕국을 세우고 싶었기 때문이다"(Johnson, 2006: 53-58; Jameson, 1908: 44-49)라고 기록했다.

제 3 절 뉴잉글랜드 이주

1 신대륙 이주의 결정

네덜란드 레이덴에서 분리주의자들은 그 당시 뉴잉글랜드를 소개하는 스미스(John Smith)의 책자 『뉴잉글랜드 소개(*Description of New England*)』를 읽었고(Hakim, 1999: 52), 그래서 그들은 새로운 이주지로 아메리카를 떠올렸다. 아메리카 이주에 관해서는 찬성과 반대 등 많은 논란을 겪었지만, 브류스터를 비롯한 분리주의자 공동체의 지도자들은 아메리카 지역 이주를 위한 의지가 강했다(Schmidt, 1999: 28). 또 당시 30대의 중견 지도자로 부각된 브래퍼드를 비롯해 진취적이고 도전적인 사람들은 현재 머물고 있는 곳에서 견뎌야 하는 고난보다는 새로운 곳으로 이주해 도전하는 데에 가치를 부여했다(Stratton, 1986: 19).

그러나 분리주의자들이 뉴잉글랜드로 이주하기 위해서는 국왕이 부여하는 특허장(charter 또는 patent)이 필요했다. 브류스터는 런던의 버지니아 식민공사(Virginia Company in London)[9] 지도자 샌디스 경(Sir Edwin Sandys)에게 편지를 썼다. 샌디스 경은 브류스터의 고향 스크루비 영주의 아들이었는데 그는 식민지 개척에 관심이 많았고 또 분리주의자들에게 동정적인 인사로서 1617년부터 친면을 가지고 있었다.

"17세기 초 유럽 각국은 앞다투어 식민지 확보에 나서자 재정이 넉넉하지 못하

---

9) 16세기 말부터 17세기 초 대개 당시 스페인, 프랑스, 네덜란드 등 유럽 국가들이 식민지를 넓히기 위해 경쟁하고 있었다. 영국은 다소 늦게 식민지 개척에 눈을 돌렸다. 국왕 제임스가 식민지 개척을 위해 설립한 왕립회사였다(Raum, 2013: 13). 이것은 회사 형태이지만 왕권을 인정하며 국왕과 국가를 위해 조세를 납부하며 식민지에서 필요한 질서를 유지하는 왕의 권력을 대행한다는 점에서 식민공사는 일종의 관청 기능도 가졌다. 덧붙여 지적할 수 있는 것은 식민공사의 자금 부족 등으로 식민지를 포기하는 경우 왕의 직할 식민지로 변경하는데 이런 경우는 명백하게 왕을 대신하는 총독과 그 수하들을 식민지에 파견한다. 여기에서는 colony, plantation, corporation, company라는 용어로 표기되는 "식민지 현지의 실체"를 '식민청'으로 해석한다. 그러므로 식민공사는 국왕 등이 설립하여 그 근거지를 영국에 두고 있는 기관을 가리키고, 식민청은 식민지 현지에서 이주민들이 세운 자치적 기관을 가리킨다.

던 영국 정부는 북아메리카에 식민지를 세우는 데 런던지역 부자들과 플리머스 지역 부자들이 투자할 수 있는 기회를 주었는데, 버지니아 식민공사는 그런 회사 가운데 하나였다"(Philbrick, 2006: 18-19). 버지니아 식민공사는 1607년 "국왕으로부터 아메리카의 북위 41도까지 식민지 개척을 위한 특허장을 받았고, 버지니아 식민지를 재정적으로 후원하고 있었다"(Sherwood, 1982: 141). 브류스터는 네덜란드 분리주의자 동료인 카버(John Carver)와 쿠시먼(Robert Cushman)을 연락책으로 삼아서 샌디스 경과 연락을 주고받았다(Johnson, 2006: 97).

국왕의 특허장을 받으려는 브류스터 일행의 노력은 샌디스 경뿐만 아니라 국무대신 논턴(Sir Robert Naunton) 경을 통해 국왕 제임스에게도 전해졌다. 그러나 이들을 눈엣가시로 여기던 국왕은 "특허장이 없더라도 조용하게 신대륙으로 떠난다면 추적해 괴롭히지는 않을 것이다"(Schmidt, 1999: 44)라는 언질을 주었을 뿐이다.

브류스터 등 분리주의자들은 이주 대상 지역으로 이곳저곳을 고려하다가 버지니아 식민공사 관할권이 미치는 오늘날 뉴욕의 허드슨 강 입구를 떠올렸다(Schmidt, 1999: 40-43; Jameson, 1908: 49-51). 이들은 마침내 1620년 2월 2일 버지니아 식민공사로부터 브류스터 등 분리주의자들의 아메리카 이주에 돈을 투자하기로 한 투자자 대표 피어스(John Peirce)의 명의로 허드슨 강(Hudson River) 입구를 정착지로 지정한 특허장(the patent)을 받았다(Stratton, 1986: 141).

그러나 정작 브류스터 등 분리주의자들에게는 이주와 정착에 필요한 재정을 확보하는 것이 관건이 되었다. 그들은 식민지 개척에 대한 영국 내의 투자자들을 물색했고, 웨스턴(Thomas Weston)을 통해 투자자들의 수익을 위해 이주민들이 7년간 매일 일해 갚는다는 조건으로 약정해 70명의 투자자들(Merchant Adventurers)을 확보했고, 이들이 브류스터 등의 이주에 필요한 7천 파운드를 투자했다(Sherwood, 1982: 157-158).[10] 분리주의자들은 이렇게 하여 가까스로 이주에 필요한 재정을 확

10) 국왕 제임스의 명으로 설립한 버지니아 식민공사(Virginia Company, 런던식민회사[London Company]의 새 이름)는 일종의 주식회사(stock company)로서 귀족, 기사, 신사, 상인, 일반 시민까지 돈을 투자해 참여할 수 있었다(Hakim, 1999: 37). 피어스 등 투자자들과 필그림 일행 간의 협약 내용은 "① 16세 이상의 이주자는 결정된 조건에 따라 7년간 일하는 경우 10파운드의 투자자로 간주하고, ② 자력으로 이주하는 자는 20파운드 투자로 간주해 두 배로 배당하며, ③ 7년 노동이 이루어지면 이주를 위해 투자자들이 부담한 재정적 부채를 청산한 것으로 간주하며, ④ 신대륙에 도착하면 고기잡이에 쓸 배나 보트를 만들 사람을 고르고, 나머지는 육지에서 집을 짓고, 식물을 재배하며, 식민지를 위해 가장 유용한

보했다.

2 메이플라워 호 승선자들

처음 브류스터 등 분리주의자들은 두 척의 배를 이용해서 대서양을 건널 계획이었다. 그래서 메이플라워 호(Mayflower)에 90명, 스피드웰 호(Speedwell)에 30명이 승선했다. 분리주의자들의 지도자로는 로빈슨(Paster John Robinson) 목사를 비롯해 브류스터(William Brewster) 장로, 브래퍼드(William Bradford),[11] 카버(John Carver) 등이 함께했다(http://en.wikipedia.org/wiki/Mayflower).

그러나 스피드웰 호의 고장과 수리 등 우여곡절을 거치면서 결국 메이플라워 호만 출범하게 되었고, 최종 승선자는 102명으로 줄었다. 이 가운데 종교적 이주자들(Saints)은 41명이었고, 그 나머지는 분리주의자들이 이방인(Strangers)이라고 불렀던 사람과 선원들이었다. 여기서 이방인은 런던의 투자자들(Merchant Adventurers)이 식민지 개척에 필요한 노동력으로 간주해 신대륙 이주를 권장한 사람들이며 대개 투자자의 친척이나 주변 사람들이었다(Raum, 2012: 14). 그런 이방인들 가운데는 10명은 계약상의 하인들(indentured servants)이었고, 한 명의 직업군인, 한 명의 양동이 만드는 기술자, 계약에 의해 21세가 될 때까지 보수 없이 일해야 하는 4명의 어린이, 그리고 금방 범행이 탄로난 살인범 1명도 포함되어 있었다(Hakim, 1999: 53). 이방인들 가운데는 직업군인으로서 정착지 방어 등 치안을 담당하기 위해 분리주의자들이 채용한 군인 출신 스탠디시(Myles Standish)와 투자자

상품을 생산하며, ⑤ 7년이 지나면 자본과 이익과 주택, 토지, 상품과 가축 등은 투자자와 이주민들 간에 공평하게 분배하며, ⑥ 이후에 식민지에 오는 이들은 7년 후에 그들이 일한 시간에 비례해 이익 배분을 허용하고, ⑦ 아내와 어린이, 하인을 대동하는 16세 이상의 이주민은 우대할 것이며, 10세에서 16세 미만의 가족 2명을 1인의 몫으로 간주하여 운송과 토지 배분에 반영하고, ⑧ 10세 이하의 이주자는 배당하지 않으며, ⑨ 7년 안에 사망하는 자는 그들이 식민지에서 활동한 시간에 비례해 배당하고, ⑩ 앞에 거론한 모든 이주자는 육류, 음료, 의류, 그리고 재화를 공동으로 사용한다"는 등 10개 조건이다(Johnson, 2006: 77-78; Stratton, 1908: 66-67; Philbrick, 2006).

11) 브래퍼드(William Bradford)는 당시 30살의 직조근로자(corduroy worker)였는데, 플리머스 식민청에서 금세 리더십을 발휘하기 시작했다. 훗날 『플리머스 식민지(*Of Plymouth Plantation*)』라는 책을 썼으며, 그의 이 책은 17세기 미국에 관한 기록으로서 가장 위대한 저술로 평가받고 있다(Philbrick, 2006).

들이 메이플라워 호의 항해와 식민청의 청장으로 임명한 마틴(Christopher Martin)도 포함되어 있었다(http://en.wikipedia.org/wiki/Mayflower).

3 대서양 횡단

메이플라워 호에 승선한 102명의 이주자와 선원들은 1620년 9월 6일 영국의 플리머스(Plymouth) 항을 떠났다(Zimmerman, 1967: 2; Hakim, 1999: 53). 대서양 횡단 중 강한 바람이 불면 필그림 일행은 이방인들이 신을 제대로 믿지 않은 탓이라 여겼고, 이방인들은 또 필그림 일행이 영국 국교를 이탈해 신이 심판을 내린 탓이라 원망하며 서로 갈등을 겪기도 했다. 그러나 이들은 66일 간의 항해 끝에 마침내 대서양을 건넜고, 그 해 11월 9일 신대륙의 해안에 도착했다. 그러나 계절풍의 영향으로 메이플라워 호는 애초의 항로를 300마일이나 벗어났고(Whitcraft, 2008: 13-14), 오늘의 매사추세츠 주 Cape Cod 해안에 이르렀다.

Cape Cod 해안에 도착한 메이플라워 호 탑승자들은 그곳이 버지니아 식민공사로부터 정착지로 지정받은 땅이 아니라는 사실을 금방 알게 되었다. 필그림 지도자들과 이방인들, 그리고 선장 존스(Master Jones)를 비롯한 탑승자들은 애초 예정된 그들의 행선지로 계속 항해할 것인지를 두고 고민에 빠졌다. 긴 항해로 인해 탑승자들과 선원들의 건강 상태가 매우 심각했기 때문이다. 그럼에도 불구하고 일단 "순례자들, 이방인들, 선장과 선원들은 합의에 따라"(Sloan, 2005: 38-39) 애초의 예정지 허드슨 강 입구[12]를 향해 반 나절 가까이 남쪽으로 항해하다가 조류의 흐름 등으로 인해 이내 위험한 상황에 빠지고 말았다. 그것은 스미스(John Smith)가 1614년에 그린 지도가 애초에 부정확하기도 했고 또 그간 크게 달라진 자연 조건 때문이다. Cape Cod 해안은 수심이 얕았고, 또 거대한 파도에 의해 길게 모래사장(sandbar)이 형성되었다가 또 사라지는 등 변화가 큰 곳이었기 때문이다. 이들은 거의 하루 종일 바다의 악조건과 씨름한 끝에 겨우 위험을 벗어날 수 있었다.

12) 오늘날 뉴욕 주의 롱아일랜드(Long Island) 주변으로 알려져 있으며, 그 당시 지도에는 버지니아의 접경으로 그려져 있었다(Johnson, 2006: 109 각주 104).

4 플리머스 정착의 결정

필그림의 지도자들과 존스 선장 등은 고심 끝에 뉴잉글랜드의 케이프 항(현재의 Provincetown Harbor)에 입항하기로 결단을 내렸다(Philbrick, 2006; Johnson, 2006: 110-111). 생필품이 바닥나기 전에 선원들은 영국으로 돌아가기를 바랐기 때문이고(Sloan, 2005: 39), 탑승자들의 건강 상태, 거기다 정확한 해도가 없는 상황에서 항해는 위험하다고 판단했기 때문이다. 그러나 이방인들은 애초 지정된 곳을 벗어나면 그들은 자유권을 행사하겠다며 반발했다(Philbrick, 2006: 39-40).

이렇게 되자 필그림 지도자들은 이방인들의 반발을 해소하면서 필그림 일행의 종교적 이상과 투자자들의 이윤도 함께 실현할 수 있는 식민지를 개척하려면 상생의 정치공동체가 반드시 필요하다고 판단했다. 그래서 필그림 일행은 상륙하기 직전 1620년 11월 11일 토요일 오전 메이플라워 호 선상에서 협약문서를 작성해 자율적 의사에 따라 서명하도록 했다. 이것이 바로 그 유명한 메이플라워 협약문(Mayflower Compact)이다. 그 내용과 채택 배경, 그리고 이에 대한 평가 등은 다음 제5장에서 자세하게 다루기로 한다.

협약문서에 서명한 다음 필그림 일행은 민병대장 스탠디시의 지휘 아래 정착지를 탐색했다. 계절은 이미 11월 초, 초겨울에 들어섰다. 브래퍼드는 그의 기록을 통해 "환영하는 친구도 없고, 긴 항해를 통해 지칠 대로 지친 몸을 쉬게 할 숙소도 없다. 또한 집도 없고, 도움을 청할 곳도 없다"고 당시의 절박한 상황에 관해 기록했다. 그들은 길이 10미터 남짓의 조각배를 내려서 16명의 무장인력을 태우고 민병대장 스탠디시의 지휘에 따라 처음으로 해안에 상륙했고, 모래 언덕을 오르내리며 지형을 살폈다. 그리고 다시 메이플라워 호로 돌아와서 밤을 보냈다(Philbrick, 2006). 그들은 11월 12일 일요일 선상에서 예배를 보았고, 11월 13일 월요일에 다시 해안에 상륙해 작은 연못을 발견해 오랜만에 목욕과 세탁을 할 수 있었으나[13] 정착지로는 부적합하다고 판단했다.

필그림 일행은 정착지 탐험 중 인디언과 조우했으나 그들은 필그림 일행을 피해

13) 그 이후 뉴잉글랜드에서는 수 세대 동안 월요일을 세탁의 날(wash day)로 삼는 전통이 생겼다(Philbrick, 2006).

다녔다. 그곳 인디언들은 원래 여름에는 해안 가까이에서 살고, 겨울에는 내륙에서 살기 때문이기도 했고, 또 백인들이 퍼뜨린 전염병에 극도의 공포감을 느끼고 있었기 때문이다. 인디언들은 백인들이 퍼뜨린 천연두(smallpox)로 해안의 어떤 인디언 마을은 95%의 주민이 사망하는 등 7만 명에 이르던 인디언 수가 1만 2천 명으로 격감했을 정도로 피해를 입었기 때문이다(Robinson, 2011: 27).

정착지를 물색하던 탐험대는 마침내 12월 12일 화요일 메이플라워 호가 입항할 수 있는 곳을 찾았고, 12월 21일 처음으로 그곳에 상륙했다. 필그림 일행은 이곳을 영국의 출항지 이름을 따서 플리머스(Plymouth)[14]라고 불렀다(Hakim, 1999: 54). 그곳에는 인디언들이 거주했던 흔적도 보였다. 그들은 12월 25일 성탄절 밤을 그곳에서 지낸 다음, 26일 일할 인력 20명을 남기고 나머지는 배로 돌아갔다. 28일(목)에는 언덕에 대포를 설치할 장소도 만들었다. 그들은 또 의논 끝에 공동건물(common house)을 포함해 독신자 수와 가족 동반자 등을 감안해 19채의 건물을 짓기로 결정했다. 그리고 타운의 거주와 방어를 감안해 민병대장 스탠디시가 전체적 설계를 담당했으며, 안전을 위해 건물을 두 줄로 배치했다. 그러나 그들은 그 해에 겨우 일곱 채의 집과 네 채의 공동건물을 지을 수 있었을 뿐이다(Philbrick, 2006: 83-85). 이렇게 해서 필그림 일행의 플리머스 정착은 시작되었고, 그들은 나름대로 온갖 어려움을 겪으며 모든 것이 낯설고 험한 조건들 속에서 생존 투쟁을 이어가야 했다.

제 4 절 플리머스 타운의 정착 과정

여기서 필그림 일행의 플리머스 항 상륙과 정착 과정을 간추려 중요한 요소들을 정리해 보기로 한다. 그들의 정착 과정을 통해 뉴잉글랜드 다른 식민지와 타운들이 설립되는 과정 또는 유형을 엿볼 수 있기 때문이다. 그것은 이주할 수 있는 권한과 정착할 토지 등의 조건을 기술한 법률 문서인 특허장 확보 → 현지에서의 토

14) Plymouth는 1600년대에 Plimouth, Plymoth, Plimoth, 그리고 그냥 Plim 등 다양하게 표기되었다(Raum, 2012: 25).

지 확보→재정의 확보→상호간의 약속을 담은 협약 문서 채택과 기관의 구성→정착을 위한 활동→종교 생활 유지 등으로 이루어지므로 다음에 차례로 살펴본다. 물론 위와 같은 요소들 외에 일상 생활과 관련된 내용도 있으나 생략한다.

1 특허장 확보

제3절에서 살펴본 대로 필그림 일행은 런던 투자자 70명을 확보해 그들로부터 7천 파운드의 투자금을 받았고, 1620년 2월 2일 투자자 대표 피어스 명의로 받은 특허장에는 버지니아 식민지[15] 북부 허드슨 강 입구를 정착할 땅으로 지정받았다. 특허장은 식민지 개척 시대에 반드시 등장하는 용어로서 기본적으로 이해가 필요하므로 소개하고 넘어가기로 한다.

1) 특허장의 개념

특허장은 compact, combination, covenant, charter, patent 등 다양하게 표현된다.[16] 러츠(Donald S. Lutz)는 합의(agreement)[17]와 관련된 범주의 용어로서 covenant, compact, contract, charter, patent, combination 등을 소개하고 있다(Lutz, 1988: 13-49). 그에 따르면, contract는 특정한 내용에 관해 상호적인 책무를 지는 합의로서 비교적 소수의 사람이 관련된다.

한편 compact는 성질상 상시적인 상호간 합의나 이해(understanding)로서 법률 그 자체는 아니지만 그와 유사한 효력을 갖는 합의 또는 전체 공동체 또는 공동체 간의 합의이다. 그래서 러츠는 협약이란 오늘날 우리가 공동체(community)라고 인

15) 식민지와 식민청을 이 책에서는 구별한다. 식민지는 식민한 토지와 사람, 식민한 곳에 설립한 관청이나 기관을 포괄하는 개념이고, 식민청은 앞의 각주 9)에서 소개한 대로이며, 여기에는 정치와 행정 등과 관련된 권력 현상이 내포되어 있다.

16) 와이어(David A. Weir)에 따르면, 뉴잉글랜드에서 각 타운을 총괄하는 중심기관(central governing authority), 즉 식민청이 생기기 전인 1600년대 초반에는 combination과 compact를 사용해 타운을 설립했고, 중심기관이 설치된 후에는 patent나 의회(General Court)가 제정한 legislative statutes에 의해 타운이 설립되었다(Weir, 2005: 75).

17) 여기서 합의는 공식적·정치적 의미에서 행동의 경로, 상호적인 이해, 또는 공동의 책무 등에 관해 둘 이상의 당사자들 간에 조정해 준비하는 것을 가리킨다(Lutz, 1988: 19).

식할 수 있는 어떤 것을 창설하는 합의이고, 또 계약이 상대적으로 구체적이라면 협약은 포괄적인 의미라고 덧붙였다.

그 다음으로 covenant는 영국에서 두 가지 의미를 갖는데, 하나는 국왕의 공인 아래 법적 타당성을 갖는 공식적 합의를 가리키고, 또 하나는 신과 관련된 합의로서 종교적 공동체를 설립할 때 신을 증거자로 삼는 합의이다. 둘 다 그 본질은 맹세나 서약(an oath)이다. 어떻든 두 경우 모두 매우 높은 권위에 따르는 합의이다. 그래서 신과 국왕과 관련된 협약은 종교협약과 시민협약이 된다.

또한 combination은 둘 이상의 실체를 하나로 결합시키는 현상을 가리키며, 이것은 agreement, compact 등과 흔히 맞바꾸어 사용되었다. 필그림 일행 41명이 메이플라워 호에서 서약한 문서도 처음에는 combination이라고 했으나 그 후 어느 때부터 compact로 불리었고, 지금은 모두 Mayflower Compact로 호칭한다는 점에서 교호적 사용의 예가 되기도 한다.

그리고 patent는 필그림 일행이 버지니아 식민공사로부터 피어스 명의로 받은 특허장의 명칭이다. patent는 대개 권한을 가진 통치자 또는 개인이 주체가 되어 발행하는 공적인 문서라는 의미를 가지고 있다. 이것은 공적인 기록에 계약을 규정할 수 있고, 특정한 일이 이루어지도록 명령하거나 권한을 부여할 수 있으며, 권한, 특전, 특권, 재산, 또는 직위를 부여할 수도 있다. 그러므로 patent는 특정한 어떤 것의 독점 또는 전매 등을 의미하기도 한다. 그리고 이것은 권한을 가진 어떤 주체가 작성하는 것이라는 점에서 법률이나 명령과 관련되기도 한다. 이것의 가장 큰 특징은 계약과 달리 상호적인 의무를 반드시 의미하지는 않는다는 점이다.

끝으로 charter는 파피루스 잎을 의미하는 라틴어에서 유래하는 말로서, 어떤 기록이나 문서를 의미한다. 흔히 이러한 법률적 문서나 행위는 한 통의 문서로 작성되어 특허장, 회합(session), 계약, 그리고 여타의 조치로 확정 또는 비준된다. charter는 또 통치자나 의회가 어떤 구성원 전체, 어떤 계층, 또는 지정된 개인들에게 특권을 부여하거나 그것을 확인하는 법률문서이다. charter는 특권(privilege), 면책(immunity), 또는 공식적으로 인정된 권리 등과 맞바꾸어 사용될 수 있다. 그러므로 특허장을 받았다(something was chartered)고 말하는 것은 어떤 것이 설립되었고, 특권이 주어지거나 보호될 것이라는 점을 의미한다.

한편 와이어는 시민협약(a civil covenant)은 지방정부나 식민청을 설치하는 일과 관련된 문서이며, 특허장(charter 또는 patent)은 우월한 권한의 당사자가 하위의 당사자에게 일정한 책임, 특전, 권한, 공직 등을 부여하는 문서(Weir, 2005: 26)라고 소개하며 두 가지를 구별했다. 그는 또 patent는 charter와 유사하지만 대개 "특정한 한 가지의 특전, 권한, 공직에 관련된 문서를 가리킨다"(Weir, 2005: 26)며 둘을 구별했다. 이렇게 볼 때, 시민협약은 협약의 참여자 간에 지위나 권한의 차이를 전제하지 않는데 반해 특허장은 당사자 간에 권한이나 지위의 차이를 전제한다. 즉, 특허장은 그것을 부여하는 지위에 있는 당사자가 우월하고, 그것을 받는 당사자는 아래의 지위에 놓이는 경우이다.

2) 특허장의 요소들

이러한 특허장은 몇 가지 핵심 요소를 포함하는데, 러츠는 식민지 개척과 관련된 charter나 patent는 대개 특허의 수여자, 특허의 수혜자, 특허 부여의 근거, 특허의 내용, 특허의 사용권 또는 배타적 사용권, 특허의 관리 방법, 특허에 대한 제한의 설정, 두 당사자의 상호적 의무 등 여덟 가지 요소가 포함되어 있다(Lutz, 1988: 35-37)고 했다.

첫째, 특허장을 부여하는 당사자에 관한 부분이다. 즉, 해당 특허장을 부여하는 자가 누구이며, 어떤 권한의 근거를 바탕으로 특허장을 부여한 것인가를 나타내는 부분이다.

둘째, 특허의 수혜자에 관한 부분으로서 대개 특허의 수여자와 함께, 그리고 유사하게 표현되는 경향을 보인다. 즉, 특허의 수여자와 수혜자 두 당사자를 함께 적시하는 것이다.

셋째, 특허를 부여하는 사유나 창설되는 어떤 실체의 존재 배경 등을 표현하는 부분이다. 그러므로 대개 이 부분에서는 식민지를 설치하는 경우 그 사명 등을 명기한다.

넷째, 특허의 내용에 관한 부분이다. 예컨대 식민지의 설치와 관련된 특허라면 위도나 경도, 강 등을 경계로 삼아 설치 구역 등을 설정하는 경우이다.

다섯째, 특허의 수혜자의 배타적 권리에 관한 부분이다. 필그림 일행이 식민지 개척을 위해 해당 지역에서 모피의 거래권과 어업권 등을 지정받은 부분을 예로 들 수 있다.

여섯째, 특허를 관리하는 방법에 관한 부분이다. 식민지와 관련된 특허의 이 부분에서는 대개 현지의 지방정부 설치와 운영, 범죄의 처리 등에 관한 내용을 규정한다.

일곱째, 이 부분은 여섯째 부분과 밀접하게 관련된 내용으로서 경제적 생산물에 관한 공유의 방법, 특허의 수여자가 수혜자를 통제하는 방법 등을 규정한다.

여덟째, 이 부분은 또 일곱째 부분과 식별하기 어려울 정도로 유사한데, 두 당사자의 상호적 의무, 특허의 제한 방법 등이 주로 규정된다.

3) 특허장의 재발급

필그림 일행은 기후 조건, 부정확한 해도(海圖) 등의 영향으로 지정된 곳에 이르지 못하고 오늘의 매사추세츠 주 Cape Cod에 도착했고, 이렇게 해서 필그림 일행에 의한 뉴잉글랜드 식민지의 역사가 시작되었다는 점은 이미 소개한 대로이다. 그러나 필그림 일행이 버지니아 식민청 보호권 밖의 엉뚱한 곳 플리머스에 자리를 잡으면서 그들이 출국할 때 받은 특허장은 효력을 발휘할 수 없었다. 그래서 뒤에 논급할 메이플라워 협약을 채택해서 당면한 문제를 수습해야 하는 상황을 맞았던 것이다.

필그림 일행이 맞은 이러한 경과는 1621년 4월 5일 귀국길에 오른 메이플라워호를 통해 버지니아 식민공사와 투자자들에게 메이플라워 협약의 사본과 함께 전달되었다. 버지니아 식민공사는 다시 피어스 명의로 제2차 특허장을 1621년 6월 1일자로 재발급했다. 이 특허장은 필그림 일행이 채택한 메이플라워 협약의 내용과 플리머스 일대를 정착지로 지정해 식민지 개척을 추인한 법률 문서였음은 물론이다.

2 토지의 확보

필그림 일행에게는 국왕이나 국왕의 특허장을 가진 식민공사가 식민할 토지를 지정해 주었지만, 부실한 지도 등으로 인해 국왕이나 그 대행기관이 동일한 토지에 플리머스 식민지와 매사추세츠만 식민지처럼 이중 지정하는 문제도 생겼고, 현지에서는 또 그곳에 이미 오랜 기간 정착해 살고 있던 인디언의 토지권도 고려해야 했다.

일단 식민청 정부가 설치되고 나면, 그 관내에 다른 정착촌 즉 타운을 설립하기 위해서는 이주자들이 경작하기 위한 토지가 필요한 것은 당연하고, 그런 경우 식민청이 확보한 토지를 분양받거나 아니면 인디언들과 전쟁을 거쳐 빼앗을 땅에 이주하거나, 땅을 확보한 다음 식민청에 타운 설립 허가를 받았는데, 어떤 경우든 이주할 토지가 확보되어야 하는 것은 당연하다.

3 재정의 확보

무릇 인간의 삶에는 비용이 따르고, 필그림 일행의 이주도 예외가 될 수 없었다. 그들은 특허장을 얻고도 이주와 현지 도착 후 정착하는 데 필요한 물자 공급 등 필요한 비용을 충당하기 위해 70명의 투자자로부터 7천 파운드를 투자받아 비용을 확보했고, 16세에서 60세 사이 필그림 일행의 남자는 7년 간 노동의 형태로 10파운드 투자자로 간주되었다.

필그림 일행은 현지에 도착해 먹거리가 부족하자 인디언들이 묻어둔 옥수수를 훔치듯 가져다 먹는 등 많은 고생했으며, 또 필요한 연장과 가구도 절대적으로 부족한 상태였기 때문에 투자자들의 추가 지원을 받거나 아니면 현지에서 자급자족해야 했다. 그러므로 언제, 어디서 타운을 설립하든 필요한 비용의 확보와 관리는 필수적 조건이다.

4 협약의 채택

자칭 필그림(Pilgrims) 또는 성자들(Saints)과 이들이 이방인들(Strangers)이라 지칭한 사람들, 그리고 아예 그곳에 정착하기로 결심한 소수의 선원들(crews) 등 세 부류의 사람들이 플리머스에 왔다. 특히 종교적으로 다른 성향의 이방인들은 일행 중 다수를 점하고 있는 필그림에 대해 대립적 감정 내지 소외감을 가졌던 것으로 보인다. "대서양 횡단 중에 일기가 불순하면 필그림은 이방인들 때문이라고 탓하고, 이방인들은 그들대로 필그림을 원망했다"(Schmidt, 1999: 65)는 점에서 드러난다. 이런 소외감에다 애초에 받은 특허장은 무효가 되어 이방인들이 가졌던바, 식민지에 도착하면 토지 소유자가 될 수 있다는 기대도 사라지게 되었으며, 그들 전체를 통할할 법적 기관(여기서는 버지니아 식민청)도 없는 상황은 이방인들이 수용하기에 큰 부담이 되었을 것이다. 이러한 대립 내지 갈등의 상황을 지혜롭게 돌파해 무사히 정착해 살아남고, 식민지를 건설하며, 나아가 그들 공동체의 복지를 실현하기 위해서는 서로 결합하고 다짐하는 서약이 필요했던 것이고 이것이 곧 메이플라워 협약이다.

그런데 필그림 일행의 상호 자율적 합의에 의한 협약 또는 서약의 채택은 1629년 세일럼(Salem)의 어업촌 정착민들이 교회 설립 때 그대로 모방해 따랐으며, 그 이후 타운을 설립할 때는 어느 곳에서든 다양한 내용과 형태로 협약서를 채택했다(Weir, 2005). 이렇게 해서 뉴잉글랜드의 타운 설립에는 거의 관행으로 협약의 채택이 이루어졌다고 본다.

5 공동의 정착 활동

필그림 일행은 메이플라워 협약을 채택한 이후 마침내 플리머스를 정착지로 확정한 다음, 상륙하자마자 마을의 방어를 위한 구상에 따라 공동주택과 혹한을 견뎌 살아남기 위한 주거시설 마련에 착수했다. 또한 그들은 먹거리 문제도 해결해야 했으며, 그들의 생존에 필요한 모든 일을 공동의 노력으로 처리했다. 거기다가 그들은 또 투자자들의 이윤을 생성하기 위해 어업과 모피의 생산 등을 서둘러야 했다. 또 한편으로는 인디언들과의 관계, 즉 외교 활동까지 곁들여 수행해야 했다. 그러므로 초기 이주자들은 그야말로 고립무원의 낯선 곳에서 생존을 위한 공동 노력은 반드시 필요하게 되었고, 그것을 바로 commonwealth[18]라고 할 수 있다.

---

18) 중세의 영어에 기원을 둔 common(공통의, 일반의)과 wealth(부, 재)가 결합한 말로서 공동선이나 일반 이익 또는 공공복지를 의미했다(네이버 지식백과, 21세기 정치학대사전, 한국사전연구사). 매사추세츠는 주의 공식 명칭이 Commonwealth of Massachusetts이다.

6 종교 활동

필그림은 종교적 자유를 생명만큼이나 갈구해 두 차례나 목숨을 건 모험을 결행한 사람들이다. 그런 만큼 플리머스에 상륙하고도 크리스마스 예배를 그곳에서 보았고, 그 이후 주일예배 등 종교 집회는 어김없이 이루어졌다. 초기에는 필그림은 공동 집회장이 없었으므로 옥외 예배를 드려야 했다. 초기 플리머스 타운에는 식민청 기능과 타운 기능, 그리고 종교 기능이 결합되어 있는 상태였다. 점차 타운이 늘어나기는 했지만 타운의 정치와 행정과 종교 활동은 한동안 거의 분리되지 않은 모습도 보였다. 즉, 교회의 서기(clerk)가 타운의 서기를 겸하는 일은 흔했으며, 또 교인이 아니면 타운회의에 참석이 허용되지 않았을 정도(Teele, 1985: 49)로 타운은 정치공동체이면서 종교공동체였다. 그러나 시간이 지나면서 곧 타운의 중심에 공동회관을 마련해 그곳을 예배당을 겸한 타운회의장으로 사용하기 시작했고, 이러한 타운의 배치도는 대부분의 뉴잉글랜드 타운으로 전파되었다. 이처럼 정치와 종교의 일체 현상을 두고 매사추세츠만 식민지(Massachusetts Bay Colony)를 신의 이름으로 교직자들이 다스리는 정부, 즉 신정 체제(theocracy)라고 부르기도 했다(Hakim, 1999: 61).

제 5 절 인디언과의 관계

필그림 일행이 보기에 "물이 있고, 들판은 비어 있으며, 좋은 항구도 있어서 모든 것이 좋아보였던 그곳은 플리머스 항이었다. 이곳은 인디언 포터컷(Pawtuket)족이 살았던 곳인데 천연두가 휩쓸고 간 뒤 비어 있던 땅으로 질병에 대한 공포 때문에 어느 인디언 부족도 그곳에 들어와 살 엄두를 내지 못하던 곳이었다"(Schmidt, 1999: 79-82). 필그림 일행은 "최근 인디언 부족이 거주한 흔적이 없었고, 그래서 신이 그들에게 내린 축복이라고 여겼다"(Philbrick, 2006: 79). 그런 땅에 필그림 일행은 자리를 잡았다.

필그림을 만나면 숨거나 멀리서 지켜보던 인디언들이었으나 1621년 3월 16일 한 인디언이 필그림의 회의장으로 걸어와 서툰 영어로 말을 걸었다. 그는 현재의 메인 주에 있는 페마퀴드 포인트(Pemaquid Point)에서 온 사모셋(Samoset)[19]이었다. 그는 플리머스 지역과 나라간셋(Narragansett)에 사는 인디언 부족 왐파노아그(Wampanoag tribe)와 그 추장 마사소잇(Massasoit) 등 많은 도움이 되는 정보들을 필그림 일행에게 알려 주었다(Philbrick, 2006: 92-95; Schmidt, 1999: 89-91). 그뿐만 아니라 사모셋은 5일 후인 3월 22일 스콴토(Squanto)[20]를 비롯한 다른 인디언 4명과 함께 브래퍼드 일행을 방문했다. 그들은 장어와 약간의 가죽을 필그림 일행과 거래할 목적으로 가져왔다. 그리고 추장 마사소잇과 그 동생 콴데퀴나(Quan-dequina)도 가까이에 와 있다고 알려 주면서 스콴토는 필그림 일행이 그들을 만나도록 요청했다. 윈슬로(Edward Winslow)가 식민청장 카버의 사절로서 그들을 만났으며, 호의의 표시로 칼, 술, 약간의 비스켓을 주었으며, 의례적으로 영국 국왕의 사랑과 평화의 메시지를 전했다(Philbrick, 2006: 97).

그 이후 사모셋과 스콴토는 그야말로 필그림 일행에게는 신이 보낸 축복이 되었다. 그들은 필그림 일행에게 물고기 잡는 법을 비롯해 옥수수를 재배하는 방법[21]을 가르쳐 주었을 뿐만 아니라 인디언과 관련된 정보도 제공했다. 그들은 또 필그림 일행과 인디언 부족 간의 통역사 역할, 평화의 전령사 역할도 맡았다. 특히 스콴토는 왐파노아그 부족의 추장 마사소잇과 필그림 일행 간의 연락책이 되어 평화협정을 맺는 데 중요한 역할을 수행했다(Schmidt, 1999: 90-95).

실제로 필그림 일행과 마사소잇 추장은 6개 항의 평화조약을 합의해 체결했다. 이 평화협정은 그 이후 마사소잇 추장이 살아 있는 동안 지켜졌다. 그리고 이 평화협정을 맺은 이후 필그림 일행은 왐파노아그 부족과의 우호적인 관계를 만들었으나 "왐파노아그 부족과 적대 관계로서 매사추세츠 인근 로드아일랜드에서 가장 규모가 크고"(Bremer, 2003: 191), 마사소잇의 부족보다 더 강력한 나라간셋 부족과는

---

19) 사모셋은 자기 부족이 사는 곳에 고기잡이나 모피거래를 위해 대서양을 건너온 유럽인들로부터 간단한 영어를 배운 것으로 알려졌다(Hakim, 1999: 55).

20) 스콴토는 선원들에 의해 납치되어 영국의 런던으로 끌려갔고, 거기서 그곳 상인들과 잘 지내다가 다시 돌아왔으며 그래서 영어가 상당히 능숙했다(Hakim, 1999: 55).

21) 인디언들은 지천으로 있는 장어 등 물고기를 잡아서 척박한 토지에 거름으로 사용해 옥수수를 재배했는데, 이러한 방법을 필그림 일행에게 알려 주었다(Philbrick, 2006: 101).

관계가 악화되었다. 결국 필그림 일행은 온갖 고생을 겪으며 정착촌 주변에 800미터 둘레에 2.4미터 높이의 목책을 세워야 했다(Philbrick, 2006: 126-127).

그럼에도 불구하고 필그림 일행은, 비록 그곳의 모든 인디언 부족과 평화협정을 맺은 것은 아니지만, 일단 가장 가까이에 있는 인디언 부족의 위협과 불안으로부터 벗어나 정착을 위한 본연의 활동에 집중할 수 있었다. 또 인디언들과 모피 거래를 터서 영국에 있는 투자자들의 이윤을 확보하는 길도 마련했다(Philbrick, 2006: 100-101). 슈미트(Gary D. Schmidt)는 “인디언 부족과의 관계를 맺는 데 연락책이 되고 또 고기잡이와 옥수수 재배 등을 가르쳐 준 스콴토가 아니었다면 필그림 일행은 생존하기 어려웠을 것”(Schmidt, 1999: 93-94)이라고 지적했다.

05
CHAPTER

지방자치제도의 기원: 메이플라워 협약

하킴(Joy Hakim)은 메이플라워 협약을 미국 역사상 가장 위대한 문서 가운데 하나라고 지적했고(Hakim, 1999: 54), 필브릭(Nathaniel Philbrick)은 미국의 독립선언문, 미국 헌법과 비견할 수 있다고 평가했으며(Philbrick, 2006), 월시(John E. Walsh)는 미국에서 최초로 표현된 민주주의(Walsh, 1971)라고 평가했다. 러츠(Donald S. Lutz)는 미국의 헌법정신(constitutionalism)이 charter에서 비롯되었고, 이것은 또 플리머스 합의(Plymouth Agreement), 즉 메이플라워 협약에 바탕을 두어서 1636년 11월 15일~16일에 만든 필그림 법령(Pilgrim Code of Law)에서 비롯되었다(Lutz, 1988: 27)고 주장했다. 먼저 메이플라워 협약의 내용을 살펴보고, 이어서 이 협약에 대한 미국의 역사가나 정치학자들의 평가를 살펴보기로 한다.

제 1 절 메이플라워 협약문의 내용

1 메이플라워 협약문의 전거

역사학자들에 따르면, 메이플라워 협약의 원본은 협약서 서명 후에 식민청장

(governor)으로 선출된 카버(John Carver)가 소유하게 되었고, 그가 후임자에게 전달했을 것으로 추정한다. 그러나 그 원본은 결국 사라져서 지금까지 찾지 못하고 있다. 그러나 그 복사본이 1621년 4월 메이플라워 호를 타고 영국으로 귀국한 선장과 선원들에 의해 런던의 버지니아 식민공사에 전달되었고, 그 다음해에 팸플릿 형태로 출간되었다(Walsh, 1971: 47).

또 메이플라워 협약은 윈슬로(Edward Winslow)가 런던에 전하고 1622년에 출간한 팸플릿 *Mourt's Relation*[1]판, 1646년에 브래퍼드가 남긴 기록물 『플리머스 식민지(*Of Plymouth Plantation*)』에 포함된 내용, 1669년 브래퍼드의 조카 모튼(Nathaniel Morton)이 쓴 것 등 세 개의 복사본이 17세기에 존재해 오늘에 전한다. 메이플라워 협약의 각 버전은 철자, 대문자와 쉼표의 사용 등에서 조금씩 차이를 드러내기도 한다(http:// en.wikipedia.org/wiki/Mayflower_Compact).

현재는 대체로 1622년에 출간한 *Mourt's Relation*판의 내용이 많이 인용된다. 이 책에서는 브래퍼드가 남긴 기록물 『플리머스 식민지』(Johnson, 2006: 126-127) 등을 참조했다. 다음에 메이플라워 협약[2]의 중심 내용(Schmidt, 1999: 67-68; Johnson, 2006: 126-127; Jameson, 1908: 107; 토크빌 저, 박지동 옮김, 1983: 46-47)을 소개하고, 이 내용을 상세하게 살펴보기로 한다.

---

1) 윈슬로가 대부분의 내용을 쓴 것으로 알려진 이 책의 원래 제목은 『*A Relation or Journal of the beginning and Proceedings of the English Plantation Setled at Plimouth in New England*』였다. 1796년 한 역사가가 줄여서 『*Mourt's Relation: A Journal of the Pilgrims at Plymouth*』라고 했다(Raum, 2013: 5-6). 이후에는 『필그림의 플리머스 식민지 기록』으로 표기한다. 책의 원래 제목은 당시 기록된 철자법을 따른 것이다.

2) 그 원문은 다음과 같다(Johnson, 2006: 126-127; Jameson, 1908: 106-107; Random House, 1981: 83-84). "In the Name of God, Amen. We whose names are underwritten, the loyal subjects of our dread Sovereign Lord King James, by the Grace of God of Great Britain, France, and Ireland King, Defender of the Faith, etc. having undertaken, for the Glory of God and advancement of the Christian Faith and Honour of the King and Country, a Voyage to plant the First Colony in the Northern Parts of Virginia, do by these presents solemnly and mutually in the presence of God and one of another, Covenant and Combine ourselves together into a Civil Body Politics, for our better ordering and preservation and furtherance of the ends aforesaid; and by virtue hereof to enact, constitute and frame such just and equal Laws, Ordinances, Acts, Constitutions and Offices, from time to time, as shall be thought most meet and convenient for the general good of the Colony, unto which we promise all due submission and obeidence. In witness whereof we have hereunder subscribed our names at Cape Cod, the 11th of November, in the year of the rein of our Sovereign Lord King James, of England, France and Ireland and the eighteenth, and of Scotland and the fifty-fourth. Anno Domini 1620."

2 메이플라워 협약의 형식

하느님의 이름으로 아멘.

우리의 두려운[3] 군주 제임스 국왕 폐하의 충성스러운 신민인 우리들은 신을 찬미하고 기독교 신앙을 증진하며 우리의 국왕 폐하와 조국을 영광되게 하기 위해 버지니아 북부 지방에 첫 식민지를 세우기 위해 항해를 했다. 그리고 더 나은 질서 생활[4]과 생존 및 위에서 말한 목적들을 더욱 신장하기 위해, 신 앞에서 또한 서로의 면전에서 이 협약서에 따라 엄숙하게, 그리고 상호간에 서약하고 일치단결하여 시민공동체를 이룬다. 또한 이 서약에 의거해, 때에 따라 식민지의 전체적 복리를 위해 가장 적당하고 편리하다고 생각되는 정당하고 평등한 법률・법령・제도・기관들을 제정・조직・편성[5]하며, 그 모든 제도에 대해 우리 모두는 마땅히 복종할 것을 서약한다(이하 생략).

와이어(David A. Weir)에 따르면, 종교에서 서약이나 협약은 대개 서문으로 시작해 그 다음에 서약의 목적을 서술하고, 또 서약에서는 하늘과 땅의 증거자를 거명한다. 그런 다음 신을 수용하며, 종교에서의 교직자를 거명해 증거자와 함께 서약한 이들이 항상 지켜보게 된다는 점을 적시하고, 그 다음 교회의 구성원들이 수용하고 서로 복종을 다짐하는 순서를 따른다(Weir, 2005: 230). 메이플라워 협약도 종교적 서약의 형식을 원용한 점에서 그 큰 틀을 따랐다고 보겠으나 한편으로 보면 이것은 시민협약이기도 하므로 완벽하게 종교 서약의 틀을 따를 필요는 없었다.

3) 여기서 사용한 단어 dread는 대개 두려움, 숭배 등을 의미하는데, 필그림 일행은 왕에게 분노를 표현하지 않으려고 했기 때문에 그들 스스로를 국왕의 신민으로 공손하게 묘사했을 뿐 왕을 두려워한 것은 아니라고 보며, 그들은 종교적 박해 때문에 왕을 좋아하지 않았다는 것이 좀 더 정확한 의미라고 해석한다. 그래서 필그림 일행은 맨 먼저 신의 영광을 언급했고, 왕과 국가는 세 번째로 언급했다고 해석한다(Schechter, 1990: 22).

4) 더 나은 질서 생활(better ordering)은 더 나은 법률과 질서를 의미한다(Schechter, 1990: 23).

5) frame은 편성(codification)이라는 의미로, ordinances는 법령이라는 의미로 사용했다(Schechter, 1990: 23).

3 메이플라워 협약의 주요 내용

다음에 협약의 주요 내용을 문장이나 의미에 따라 구분하고 정리해서 소개한다.

1) 제목에 담긴 의미

먼저, 제목으로 사용한 단어를 정확하게 알고 그 의미를 이해할 필요가 있다. 메이플라워 협약의 영문 명칭이 현재는 거의 모든 문헌에 Mayflower Compact라고 표현되고 있으나 처음에는 Mayflower Combination이라고 표기했던 것으로 알려졌다.[6] 브래퍼드는 그가 남긴 책 『플리머스 식민지(*Of Plymouth Plantation*)』에 협약에 관해 서술하면서 "나는 잠시 시간을 돌려서 해안에 상륙하기 전에 이주민들이 작성했고, 이곳에 이주민들의 정부를 처음으로 세우게 된 a combination으로 시작하려고 한다"(Johnson, 2006: 125; Jameson, 2005: 106; Random House, 1981: 83: Adamant Media, 2005: 105)라고 썼다는 점에서 확인된다.

Combination의 사전적 의미는 "knitting together", 즉 "결합시키다"라는 뜻이다. 당시에는 combination을 compact와 유사한 의미로 사용했다(Raum, 2012: 18). 그러므로 메이플라워 협약을 작성할 당시에 필그림 일행과 이방인들뿐만 아니라 그곳에 정착하기로 결심한 일부 선원 등 세 집단을 서로 결합시킨다는 의미가 담겨 있다.

2) 신을 찬미하며 신이 증거자가 되는 협약

메이플라워 협약은 "하느님의 이름으로 아멘"과 "우리들은 신을 찬미하고 기독교 신앙을 증진하며", "신 앞에서… 이 협약서에 의해 엄숙하게… 서약하고…"에서 보듯 신과 관련된 내용을 거듭해서 표현하고 있다.

로드(Arthur Lord)는 "필그림 일행의 메이플라워 협약은 정치적인 합의이지만 어법상 종교적 서약의 양식을 따르고 있는바, 교회 서약의 아이디어를 적절하게

6) 처음에는 the Plymouth Combination 또는 the combination이라고 표현했으나 1793년 뉴욕시의 어떤 역사가가 처음으로 필그림 일행의 이 협약서를 다루면서 the Mayflower Compact라고 새로운 명칭을 부여한 것으로 알려졌다(Lutz, 1990: 17; Schechter, 1990).

사용했다"(Lord, 1920: 283-284)고 했다. 와이어에 따르면, 이런 종류의 서약은 신약과 구약에도 자주 나타나는데(Weir, 2005: 221), 브류스터와 카버, 브래퍼드 등 필그림 지도자들이 교회 서약의 형식을 원용해 협약문을 작성한 것은 그들은 이미 네덜란드에서 서약을 통해 그들만의 교회를 세웠던 경험도 공유하고 있는데다 로빈슨 목사가 필그림 일행이 영국을 떠나기 전에 보낸 편지에 쓴 조언[7]도 참고한 것이라고 보았다.

한편 섹터(Stephen L. Schechter)는 "합의서를 만들 때 신(god)을 중요한 한 당사자로 내세우거나 합의의 목적에 함축시키는 경우에 대개 covenant라는 용어를 사용한다"(Schechter, 1990: 6)고 밝혔다.[8] 그러므로 메이플라워 협약처럼 종교적 서약의 형식을 원용했을 뿐만 아니라 협약의 내용에도 신을 중요한 당사자 내지 증거자(witness)로 삼은 것은 그들이 애초에 종교적 자유를 지향해 이주를 결심했다는 점에서 당연한 것이다. 그래서 메이플라워 협약은 이런 점에서 covenant의 하나로 분류한다.

3) 시민공동체의 미래상 설정

필그림 일행은 "신을 찬미하며 질서를 갖춘 시민공동체"라는 표현을 사용했다. 그들은 바로 앞의 2)에서 기술한 대로 "신을 찬미하고"라는 표현과 "더 나은 질서 생활을 위해…" 또 "위에 말한 목적들을 더욱 신장하기 위해", "일치단결해 시민공동체를 이룩한다"고 협약문에 썼다.

"삶에서 종교는 인간의 영적 문제를 해결하기 위한 수단"(오강남, 2012: 6)이다. 그런데도 필그림은 그들의 종교적 자유를 삶의 수단이 되는 재산은 물론 때로는 생명의 가치를 넘어서는 가치로 인식하고 있음을 이미 두 차례 이주를 결정할 때 보여 주었다. 오히려 그들은 생명과 대등하거나 그 이상의 지고한 가치를 종교적

---

7) 로빈슨 목사는 영국을 출발하기 전 환송하는 편지의 끝부분에 "a body politik", "civil government", "office of government", "obedience in their lawful administration" 등 메이플라워 협약에 담긴 용어들을 구사하며 새로운 정착지에서 필요한 일들을 적고 있다(Admant Media Corporation, 2005: 84-86; Random House, 1981: 55-58; Jameson, 2005: 84-87; Heath, 1963, Mourt's Relation, 12-13).

8) 섹터는 또 공적인 합의의 하나로서 charter도 있는데, 이것은 법률상 특정한 권리를 부여하거나 법률의 집행을 면제(또는 공제)하는 합의 또는 특정한 실체에 법인격을 부여하는 합의를 가리키며, 이것은 patent라고도 한다(Schechter, 1990: 6). 그러나 본문에서 소개한 대로 charter와 patent는 미세한 차이가 있다고 본다.

신념에 부여했다고 생각된다.

메이플라워 탑승자들은 또 조화롭게 질서를 갖춘 시민공동체에 도달할 것을 천명하고 있다. 그들은 신을 찬미하는 삶에 그치지 않고 영적인 삶과 함께 궁극적으로 세속의 사회상은 시민이 주체가 되어 이루는 질서와 조화의 세속적인 공동체를 지향해 실현하고자 했다.

여기서 주목해야 할 점은 그들이 종교적 신념을 그토록 강하게 가졌고, 그래서 그 고난을 무릅쓰고 대서양을 건넜음에도 불구하고 정치와 종교를 분리하는 공동체상을 천명한 것이다. "로빈슨 목사와 브류스터 등 필그림 지도층은 정착지에서 따로 시민공동체와 시민정부의 구성을 염두에 두고 있었다"(Random House, 1981: 57). 그들은 영국에서 국왕을 수장으로 하는 정교 통합 체제의 피해자였다는 점에서 정교 분리를 더 엄정하게 지향했을 것이라고 추측된다. 그래서 식민청의 의회는 후에 타운과 교회의 분리, 즉 정교 분리를 법으로 정했다(Teele, 1985: 109).[9] 이들은 또 "질서 있는" 시민공동체를 강조했는데, 그들이 기대하며 실현하고자 했던 질서는 기존의 지배-피지배의 질서가 아니라 "정당하고 평등한" 질서였다.

4) 목적의 제시: 생존 · 식민지 건설 · 전체 복리의 실현

필그림 일행은 협약에 "버지니아 북부지방에 첫 식민지를 세우기 위해 항해…", "생존을 위해", "식민지의 전체적 복리를 위해"라는 표현을 사용해 그들이 온갖 어려움을 무릅쓰고 대서양을 건너서 전혀 낯선 땅에 온 목적을 밝히고 있다. 이러한 목적의 실현은 또 앞에서 살펴본 바, 또 다음에 살펴보는 대로 미래상을 구체적으로 실현하는 후속 단계로서 의미를 가진다.

먼저, 그들은 "첫 식민지를 세우는 것"을 이주민 모두의 가장 핵심적인 목표로 제시했다. 사실 그들은 국교의 박해를 벗어나 각자가 하느님 앞으로 나아가는 종교적 삶을 갈구한 나머지 고국의 모든 것을 버리고 떠돌이의 삶을 선택한 것부터

9) 이 부분은 다른 해석도 있다. 하킴(Joy Hakim)은 필그림과 퓨리턴의 식민지 설립과 정치, 행정, 종교 등을 theocracy, 즉 신정 체제(神政體制)라는 표현을 사용했다(Hakim, 1999: 61). 또한 윌리엄스(Roger Williams) 등은 매사추세츠만 식민청 관계자들과 종교적 관점이 다르다는 이유로 박해를 받았고, 체포 및 영국 송환령이 내리자 도망쳐서 오늘의 로드아일랜드에 새로운 식민지를 세우게 된 점을 감안할 때, 특히 매사추세츠만 식민지에 정착한 청교도들의 경우, 초기 한동안 정교 분리는 이루어지지 않았다고 본다.

범상한 결단이 아니다. 그런 만큼 정착이 실패하면 그들이 포기한 모든 가치를 멸실시키는 결과가 될 것이므로 그들이 식민지의 성공적 건립을 가장 우선적 가치로 삼은 것은 당연한 것이다.

그들은 또 자신들이 그곳에서 살아남는 것을 매우 중요한 목표로 삼을 수밖에 없었다. 사실 그들이 도착한 시기는 이미 겨울이었으며, 메이플라워 호에 싣고 온 식량도 거의 바닥을 드러낸 상황이었고, 작은 배를 타고 66일 간의 길고 험난한 항해를 거치면서 모두 기진맥진한 상태였으므로 혹한의 낯선 자연 조건 속에서 그들이 온전하게 살아남는 것을 목표로 삼는 것은 너무 당연한 일이다. 그러나 유감스럽게도 플리머스에 정착촌을 건설하는 동안 1620년 12월에 6명이 죽었고, 1621년 1월에 8명이 죽었으며, 2월에 17명이 죽었고, 3월에 13명이 죽었다. 메이플라워 호는 180톤 정도의 범선으로 공간이 좁았고, 특히 이주자들이 탄 데크(deck)는 낮은 층으로 더욱 조건이 나빴기 때문이다(Johnson, 2006: 128 각주 116).

협약은 또 "식민지 전체 복리를 위해"라는 표현을 통해 공동체주의를 중요하게 표방하고 있다. 사실 그들은 종교적 신념을 공유한 것은 물론이려니와 네덜란드와 뉴잉글랜드 이주를 결행하는 과정에서 고국과의 결별, 사회적 지위와 재산 등 거의 모든 가치들을 포기할 때 따르는 고통까지 공유함으로써 동병상련의 정서를 강화시켰을 것이다. 그런 만큼 각 개인의 가치도 소중하지만 또 공동운명체로서 전체의 가치를 존중하는 것도 자연스럽게 생각에 배어들었을 것이다. 더구나 그들은 투자자들과 협약을 통해 이주비용을 확보한 대가로 7년 동안 공동으로 그들의 노동과 그 생산물을 바치기로 약정한 터였으므로 그 책무를 다하기 위해서라도 공동체의 가치와 공동의 노력을 강조하지 않을 수 없는 상황이었다.

지금까지의 내용을 통해 생각할 수 있는 것은 메이플라워 호 탑승자들이 그들의 삶에서 영적으로는 각 개인이 성경을 읽고 신과 교통하는 신앙의 자유를 누리고, 세속의 삶은 서로가 정당하고 평등한 지위를 향유하며 질서와 조화를 이루는 시민공동체를 실현함으로써 한번 실현되면 종결되는 목표로서가 아니라 연속되고 확장되는 목표를 설정하고 함께 지속적으로 노력해야 한다는 점을 명시적으로 표현한 것이라고 하겠다.

5) 민주적 자치정부의 구성

협약에는 "서로의 면전에서 이 협약서에 따라 엄숙하게, 그리고 상호간에 서약하고… 또한 그 서약에 의거해, 때에 따라 식민지의 전체적 복리를 위해 가장 적당하고 편리하다고 생각되는 정당하고 평등한 법률・법령・제도・기관들을 제정・조직・편성하며"라는 표현을 사용했다. 후세의 많은 역사가들이 빠뜨리지 않고 지적하는 메이플라워 협약의 가치 또는 평가적 견해가 집중되는 부분이 여기이다. "메이플라워 협약서는 필그림의 지도자가 기초한 다음 메이플라워 호의 선실에 탑승자들이 모인 가운데 그 내용을 낭독했으며, 그런 다음 그 내용을 수긍하고 따르는 이들은 서명대로 나와서 스스로 서명하는 기회를 가졌다. 협약서에는 41명이 서명했으며, 그 가운데 37명은 분리주의자들이었고, 4명은 이방인들이었다. 또한 서명자 가운데는 개인에게 고용된 3명, 그리고 계약제 하인(indentured servant)도 4명이 서명에 참여한 것으로 기록되어 있다. 서명 자격이 있었는데도 서명에 불참한 이들은 그 당시 오랜 항해로 건강이 극도로 악화되어 거동이 어려운 이들이었다"(Walsh, 1971: 36).

각자가 상호간의 면전에서 서약하고 서명하는 절차를 가짐으로써 역사가들이 지적하는 바로서 자발적 동의와 참여에 의한 협약이 이루어졌다는 점에서 어떤 학자는 루소(Jean-Jacques Rousseau)가 훗날 쓴 『사회계약론』이 메이플라워 협약의 서명 때 이미 구현되었다고 지적했다. 신천지에서 이렇게 41명과 그 가족들로써 단일의 정치공동체(a body politik)가 탄생한 것이다. 그러므로 당시 유럽은 절대군주가 막무가내로 국가를 전적으로 소유하고 지배하던 시대인데도 필그림 일행은 그들의 공동체를 "자발적 동의와 참여에 기초한 사회(voluntary consent-based society)"로 전환시켜 질적으로 전혀 다른 새로운 사회적 실체를 창조한 것이다. 그래서 애덤스(Charles F. Adams)는 41명의 서명자로 이루어진 공동체를 국가의 탄생으로 보기도 한다. 즉, "메이플라워 협약은 구성원 모두가 만장일치로, 또 개인이 자발적으로 동의해 국가로 전환될 결사체를 창설했다는 점에서 인간의 역사에서 사회적인 협약과 정부 체제의 유일한 사례"(Sargent, 1988: 243-244 재인용)라고 했다.

엘라자르(Daniel J. Elazar)에 따르면, "정치 영역에서 협약은 정부의 틀(frame of

government)을 포함하는 헌법의 제정을 통해 제도화될 수 있는 관계들을 수립한다"(Allen, 1998: 3 재인용). 실제로 메이플라워 협약은 순서상 자발적 동의로써 시민공동체의 창설을 천명한 다음, 이어서 법령과 공직 및 그 담당자를 요소로 포함하는 정부 구성의 틀을 적시했다. 즉, 그 이후 "가장 편리하고 적당한 때에 공동체의 존속과 번영을 위해 필요한 도구로서 가장 적당하고 편리하다고 생각되는 정당하며 평등한 법률·법령·제도·기관들을 제정·조직·편성한다"는 내용이 그것이다. 그래서 슈미트는 "필그림 일행은 협약을 통해 누구나 평등했고, 누구나 중요한 서명자였으며, 모두가 동등한 책임을 졌다"(Schmidt, 1999: 66)고 지적했다. 필그림 일행은 이렇게 평등과 자유의 정치공동체를 창안한 것이다.

정치적 측면에서 메이플라워 협약을 연구한 여러 학자들이 중요하게 평가하는 요소로서, 또 민주·자치정부의 핵심 가치로서 특히 "정당하고 평등한 법률·법령·제도·기관들"은 협약이나 헌장을 통해 타운을 설립하는 절차와 함께 뉴잉글랜드 각 식민청 정부와 타운정부의 설립 정신과 절차로 전파·전승되었고, 결국 독립선언서에 "모든 인간은 평등하게 창조되었음은 자명한 진리"로 전승·인용되었으며, 헌법 정신으로도 계승되어 현재 미국 민주주의의 근간을 이루었다(Tocqueville, 1969; Allen, 1998; Sargent, 1988; Lord, 1920)고 본다. 그래서 밴크로프트(George Bancroft)는 필그림 일행이 메이플라워 협약에 서명을 한 사건은 바로 "국민에 의한 헌법적 자유의 실현이요 인간성의 회복이며, 또 공공선을 위한 평등법(equal laws)에 바탕을 둔 정부의 창설"(Langdon, Jr, 1963: 513)이라고 규정한 것이다.

절대군주 시대에, 또 매우 계층적이고 불평등한 신분제 사회구조를 유지하던 때(Wrightson, 1982: 17)에 필그림 일행이 이 협약에 명시적으로 평등을 천명함으로써 자유의 선결 조건을 확보했다는 것은 매우 중요한 가치를 갖는다. 즉, 그들은 영국의 정치적 자유가 강조되었던 명예혁명(1688)보다 68년이나 앞서는 1620년에 이미 평등과 자유를 천명하고 실천한 것이다.

6) 책무의 서약

협약의 후반부에는 "그 모든 제도에 대해 우리 모두는 마땅히 복종할 것을 서약한다"고 다짐했다. 협약의 서약자들은 서약한 내용의 실행은 물론 그들 스스로 창안한 제도, 즉 그곳에서의 삶을 통해 필요하다고 간주한 상호작용의 규칙에 복종함으로써 책무를 다할 것을 이렇게 다짐한 것이다. 이는 곧 "스스로 생각하고, 스스로 결정하고, 그 결과에 대해 스스로 책임지는 자율적 민주시민"의 덕목을 떠올리게 한다.

7) 국왕에 충성

이 부분, "우리의 두려운 군주 제임스 국왕 폐하의 충성스런 신민인 우리들은… 우리의 국왕 폐하와 조국을 영광되게 하기 위해"는 일부 역사가들의 비판을 받았다. 사전트(Mark L. Sargent)는 특허장에 지정한 곳과 전혀 엉뚱한 낯선 땅에 정착하게 되었던 데다 종교적으로는 국왕과 아무런 문제가 없었고, 그래서 국왕에게 충성심을 가진 이방인들이 불만을 제기하는 상황을 진정시켜 수습하기 위해서는 선택의 여지가 없었다(Sargent, 1988: 235-6)고 필그림 일행의 선택을 옹호한다. 먼저, 특허장에 지정한 장소를 벗어났으므로 그들은 버지니아 식민청의 관할 밖에 놓인 어려운 상황 외에도 그들은 영국에 있는 투자자들의 부가적 지원이 필요한 상황이었다. 즉, 메이플라워 호가 영국으로 돌아가 회사에 그들의 정착과 관련된 사항을 보고하고, 회사는 부가적인 지원 조치를 하도록 약정되어 있었다. 더구나 버지니아 식민공사는 국왕의 식민지 개척 의도에 따라 설립되었으므로 회사 또한 국왕의 권한 아래 놓여 있었다. 이런 조건 속에서 이주자들은 특허장을 다시 얻어야 한다고 생각했기 때문에 충성 서약을 했다고 본다.[10]

그러므로 메이플라워 협약이란 "메이플라워 호에 동승해 대서양을 횡단한 순례자와 이방인, 일부 선원들이 함께 식민지를 개척하려는 공동의 목적을 위해 동등한 지위와 권한을 가지고 하나의 정치공동체를 창설하고, 필요한 질서를 창안해 유지하며, 법률 등을 제정하고, 공직자 선출을 통해 정부기관을 구성하며, 그 법률과 정부에 복종할 것을 신(神)을 증거자로 삼아 자발적으로 서약해 작성한 합의 문서"라고 할 수 있다.

---

10) 실제로 메이플라워 호가 영국으로 돌아갈 때 협약의 사본이 전해졌고, 그들의 상황은 보고되었기 때문에 메이플라워 협약은 추인되었으며, 1621년 6월 1일자로 다시 피어스(John Pierce)의 이름으로 식민지 운영의 자치권 등을 포함한 제2차 특허장을 받았다(Stratton, 1986: 21, 141).

제 2 절 메이플라워 협약의 채택 요인

필그림 일행으로 하여금 이처럼 역사적으로 중요한 문서로 평가받는 메이플라워 협약을 만들어 실천하게 만들 수 있었던 요인들은 무엇인가? 이에 관해서는 미국의 연구자들이 산발적으로 견해를 제시했을 뿐 갈래를 지어서 체계적으로 정리한 사례는 보이지 않는다. 따라서 다음에 필그림 일행이 플리머스 타운에서 정치, 사회, 경제, 문화를 담아내는 자치제도의 근간을 담은 메이플라워 협약을 생성케 한 영향 요인들을 정리해 보고자 한다.

필그림 일행의 뉴잉글랜드 이주와 정착 등에 관한 문헌 고찰을 통해 필자는 다음과 같은 요인들이 메이플라워 협약의 채택에 영향을 미친 것으로 식별할 수 있었다. 즉, 필그림이 당시에 처한 상황적 요인, 신대륙의 자연적 조건, 종교적 요인, 정치적 요인, 리더십 요인 등이다. 다음에 그러한 영향 요인에 관해 구체적으로 살펴보기로 한다.

1 상황적 요인

메이플라워 호가 버지니아 식민공사로부터 받은 특허장에 기재된 버지니아 북부, 허드슨 강 입구에 정확하게 도착했더라면 어떤 상황이 전개되었을까? 그랬다면 이주민들은, 와이어가 지적한 대로 세부적인 일처리를 위한 일부 결정과 절차를 더 갖추어야 했겠지만(Weir, 2005: 75), 대개 버지니아 식민청의 통할을 받으며 타운을 이루고, 토지를 분양받아서 자신들의 생존과 투자자들을 위한 공동의 생산적 활동, 즉 모피 수집, 고기잡이 등에 종사했을 것이다.

그러나 메이플라워 호는 예정된 항로를 300 마일이나 벗어난 Cape Cod에 도착함으로써 예정과는 전혀 다른 상황을 맞았다. 즉, 그들이 확보한 특허장은 법적 효력을 상실한 결과가 되었고(Random House, 1981: 83), 또 버지니아 식민청 관할권 밖에 있어 영국의 보호를 받을 수도 없었다. 그러므로 토지를 분양받을 수 있으리라는 기대도 사라졌다. 그런 사유로 인해 필그림과 이방인 간에 대립까지 생겼다. 필그림의 지도자 브래퍼드(William Bradford)의 기록을 인용해 와이어는 "투자자 측에서 메이플라워 호의 이주민 단장(governor)으로 지명한 마틴(Christopher Martin)을 비롯해 이방인들은 Cape Cod 해안은 특허장(patent)에 지정한 버지니아 식민청의 관할지역이 아니기 때문에 토지를 보유하려던 그들의 기대가 사라졌고, 버지니아 식민청은 그들에게 보호막이 되지 못했으며, 또 새로운 정착지는 필그림이 주도하게 될 것이므로 그들의 엄격한 종교적 지향으로 인해 국교파인 이방인들에게 관용적이지 않을 것이라고 생각했다. 따라서 그곳에 정착하려는 필그림 지도자와 선장의 시도에 저항하면서 플리머스 해안에 상륙할 경우 그들은 통제권을 행사할 수 있는 당국이 사라졌으므로 자유를 행사하겠다고 주장했다"(Weir, 2005: 83)는 것이다. 게다가 그들이 도착한 곳은 영국으로부터 대서양을 격해 있었기 때문에 그 물리적 거리 또는 원격적 요소도 작용했다고 본다. 즉, 그들은 대서양을 건너는 데 약 2개월이 소요되었으므로 왕복 거리는 더 많은 시간이 소요되는 만큼 새로운 특허장을 받기까지는 자율적으로 결정하고 집행하는 조치가 필요했던 것이다.

"자유를 주장하는 이방인들의 불만족과 불복종적 언동, 버지니아 식민공사가 아무런 조치도 취할 수 없는 상황에서 집단의 통제력을 갖추기 위해 분리주의자들의 지도자들이 중심이 되어 상륙 직전에 작성한 문서가 메이플라워 협약"(Jameson, 1908: 106; Random House, 1981: 83)이라는 주장을 통해 필그림 일행이 맞은 상황적 요인이 메이플라워 협약문의 채택에 영향을 미친 요인으로 간주하는 것은 매우 자연스럽다. 하킴도 "배를 함께 탄 필그림과 종교적 사유가 아니라 모험과 도전 또는 영국 사회에서의 곤경을 벗어나려고 배를 탄 사람들은 착륙에 앞서 신천지에서 더불어 살기 위해 규칙, 법률, 그리고 지도자 등이 필요했다"(Hakim, 1999: 54)고 지적함으로써 필그림 일행이 맞은 당시의 상황이 협약의 채택으로 이어졌다는 점을 적시했다.

2 자연적 조건

매사추세츠(Massachusetts)라는 명칭은 원래 인디언 언어로 "large hill place",

즉 큰 언덕이 많은 곳이라는 뜻이다(Dye & MacManus, 2009: 30). 필그림 일행이 Cape Cod에 도착한 때는 11월로 이미 그 때는 겨울에 접어든 시기였다. 그러므로 그 당시 심한 계절풍으로 인해 항로를 이탈할 정도로 거친 바다와 산이 많은 땅은 그들의 정착에 큰 영향을 미치는 자연적 조건이었다. 바다의 어족 자원은 풍부했던 것으로 보이지만,[11] 테일러(Alan Taylor)는 1600년대 뉴잉글랜드 이주민들이 겪어야 했던 자연 조건을 "건강한 환경 조건 외에는 숲이 울창하며, 초지는 별로 없고, 경사가 가파르며, 돌이 많은 땅, 겨울에는 춥고 여름에는 더운 기후, 밤에는 여우들이 울어대는 곳으로 풍요로움과 거리가 멀었다"(Taylor, 2001: 159)라고 기술했을 정도였다.

그러므로 도착 초기 혹한의 계절에 혹독한 자연 조건을 극복하고 살아남는 것이 1차적 과제였으며, 그들의 정착을 성공시키는 목표는 2차적인 과제였다. 그런 혹독한 자연 조건 속에서 먹거리도 인디언들이 남겨둔 옥수수 등을 도둑질하듯 가져다가 배를 채워야 했던 만큼 그들이 지정된 곳이 아니라는 이유로 자유 행동을 선택했더라면 더더욱 살아남기 어려웠을 것이라는 점은 그들 누구나 공감할 수밖에 없었을 것이다. 그래서 필그림 지도자들과 이방인들은 공멸을 피하기 위해 대립하고 분열되기보다는 함께 뜻을 모아 협동과 협업을 지향했고, 그 방편은 메이플라워 협약이라는 대타협이었다고 보겠다. 필그림 일행이 "엄혹한 추위 속에 한 채의 가옥도 갖지 못한데다 식량은 바닥나고 일행은 분리주의자들과 이방인들, 그리고 선원 등 세 집단으로 나뉜 다급한 조건 속에 놓여 있었다"(Weir, 2005: 84)는 지적을 통해서도 필그림 일행이 함께 대처해야 할 기후 조건 등을 짐작할 수 있다.

---

11) Cape Cod이라는 이름에 대구(cod)라는 고기 이름이 들어 있는데서 알 수 있는 것처럼, "브레레튼(John Brereton)은 몇 시간 만에 배를 가득 채워서 어쩔 수 없이 고기를 다시 바다에 던졌다"고 했으며, 또 "우드(William Wood)는 강물은 회귀하는 고기를 밟고 다닐 정도였다"(Cronon, 2003: 22)고 밝혔을 만큼 해산물이 풍부했다. 그래서 플리머스 상륙 바로 다음해부터 "인디언 사모셋(Samoset)과 스콴토(Squanto) 등이 필그림 일행에게 옥수수 심는 법, 덫으로 동물 잡는 법, 바다에서 고기를 잡거나 해산물을 채취해 거름으로 사용하는 법 등을 가르쳐 주었다"(Whichcraft, 2008: 26; Brooks, 2005: 25-31; Walsh, 1971: 38-46). 풍부한 해산물은 이주 초기 그들의 생존율을 높이는 데 도움을 주었던 것으로 알려졌다.

3 종교적 요인

메이플라워 협약이 신을 증거자로 삼아서 작성된 서약이라는 점은 이미 소개했다. 이런 형태로 협약문을 작성하게 된 배경에 대해 여러 논자들은 공통적으로 종교적 관행과 분리주의자들의 경험을 든다. 와이어는 "메이플라워 협약은 종교적 서약의 형식을 원용하고 있다. 서약은 신약과 구약을 통해 자주 나타나고 있으며 필그림 지도자들은 네덜란드에서 서약을 통해 교회를 세웠던 경험도 있었다. 그리고 로빈슨 목사가 그들에게 보낸 편지를 통해 조언을 했으므로 이를 참고해[12] 메이플라워 협약을 작성한 것"(Weir, 2005: 221)이라고 한다. 슈미트도 "로빈슨 목사가 필그림과 이방인들이 함께 만약의 위험에 맞서 단일의 정치공동체를 만들어야 한다고 충고한 내용을 브래퍼드가 기억했음에 틀림없다"(Schmidt, 1999: 65-66)고 지적했다. 그러므로 필그림 일행은 성경에 있는 서약의 형식을 빌려 네덜란드에서 그들의 교회를 세울 때 사용한 경험이 있었고, 거기다가 로빈슨 목사가 떠올려 준 새로운 정착지에서의 조언을 종합해 새로운 상황 속에서 서로 이해를 조정하고 타협과 절충을 통해 1620년 11월 21일 메이플라워 협약을 기초했고, 자발적으로 동의해 서명을 완료했다고 하겠다.

4 정치적 요인

메이플라워 협약의 가치를 결정하는 요인들로서 정치적 요소는 식민지 현지 정부의 자율성 범위와 구성원들 간의 평등과 자유, 그리고 영국의 법적 전통 등을 주목할 필요가 있다. 먼저, 플리머스는 영국으로부터 3천 마일이나 떨어진 곳이었고, 필그림 일행이 출항해서 그곳에 도착하는 데 66일이 걸렸다. 애초부터 식민지 당국에 상당한 자율성을 부여할 수밖에 없었다. 그래서 1621년에 버지니아 식민공사로부터 투자자 대표 피어스(John Peirce)의 명의로 발급된 특허장에는 "정착지에 교회와 학교, 그리고 병원을 세우는 일들을 비롯해 식민지를 통치하기 위해 법령

12) 앞의 각주 7) 참조.

을 제정하는 자유를 부여하는 조항을 두었다"(Stratton, 1986: 141). 그러므로 플리머스 식민청은 지리적 조건으로 인해 국왕의 엄격한 통제가 불가능한 만큼 일정한 권한의 이양이 이루어질 수밖에 없었다. 와이어는 "1620년 국왕은 특허장을 통해 뉴잉글랜드 식민회사의 이사회에 정부 구성에 관한 자유를 부여했으므로 현지 식민정부 형태뿐만 아니라 영국법에 저촉하지 않는 범위에서 필요한 법률의 제정권도 부여한 것"(Weir, 2005: 32)이라고 밝혔다. 영국 국왕과 식민회사는 멀리 떨어져 있는 식민청을 긴밀하게 통제할 수 없었던 만큼 어느 정도 자율성을 부여하는 것은 필연이었고, 필그림 일행도 그런 자율성을 누릴 수 있었다고 본다.

필그림 일행은 또 영국 사회에서 대개 중류 이하 계층(Taylor, 2001: 159; Hakim, 1999: 53)으로서 그들이 믿고 싶은 것을 믿는 종교적 자유를 얻고자 뉴잉글랜드 이주를 결심한 것이다(Hakim, 1999: 53). "종교는 신이 인간에게 평등한 능력과 자유의 역량을 부여했다"(Allen, 1998: 4)고 믿었다. 토크빌도 이러한 점을 간파했는바, "… 유럽인들의 모든 식민지들은 완전한 민주주의 요인들－그 전개 과정은 아니더라도－을 품고 있었다. 두 가지 원인 때문에 이런 결과를 낳았다. 모국을 떠나는 이주민들은 일반적으로 서로 간에 우월 의식을 전혀 갖고 있지 않았다고 말할 수 있을 것이다. … 그들은 아메리카의 토양에서 함께 모이자 귀족도, 평민도 없는, 부자도 가난한 자도 없다고까지 말할 수 있을 특이한 사회 현상을 즉각 나타낸다"(토크빌 저, 박지동 옮김, 1983: 43-45)고 했다.

필그림 일행은 부당한 종교적 통제에 맞서는 집단적 의지가 형성되어 있었던 만큼 자유롭게 그들의 의지가 반영되는 자율적이고, 또 서로 간에 우월 의식보다는 대등하면서도 동류 이자 동료 의식을 함께 가진 정치공동체를 지향하는 것은 자연스러웠다고 본다. 이렇게 해서 신분상의 차이보다 종교적 동질성을 우선시하는 그들의 성향은 곧 평등하고 자유롭게 참여해 서명하는 방식을 담은 메이플라워 협약을 채택케 했다고 본다. 그뿐만 아니라 플리머스 정착 후 그들의 타운 생활을 통해 평등과 자유는 지속되었고, 이러한 가치들이 그들의 정치와 사회, 경제적 상호작용의 규칙, 즉 제도로 정립된 것은 자연스러운 현상이었다고 할 수 있다. 그러므로 플리머스에 세워진 필그림 공동체는 정치적으로 자유와 평등의 바탕가치 위에 함께 참여해 협약문에 서명하고, 공직자를 선출하며, 또 공동체의 일들을 함께 출석해 결정하고 그것을 공직자가 집행하는 정말 당시로서는 유례가 없는 민주적 정치제도를 창안해 실천한 것이다.

5 리더십 요인

어느 공동체에서나 지도자의 역량은 그 공동체의 성공과 실패에 중요한 요인이라는 점은 주지의 사실이다. 리더십은 공동체의 비전과 목표를 제시하고, 소통을 통해 구성원들을 설득하고, 동기를 부여해 목표 실현을 위한 집합적 노력을 견인하는 역량이라고 하겠다. 메이플라워 호 이주민들이 플리머스 정착에 성공하는 과정에도 역시 리더십 요인이 매우 중요한 영향을 미쳤다.

필그림 지도자로는 브류스터(William Brewster) 장로, 브래퍼드(William Bradford), 카버(John Carver), 스탠디시(Myles Standish),[13][14] 로빈슨(John Robinson) 목사, 윈슬로(Edward Winslow) 등을 들 수 있다.[15] 이들은 분리주의자들이 영국에서 교단을 분리해 교회를 창설하고, 또 두 차례 이주를 결정하는 과정에서 매우 중요한 역할을 수행했다. 여기서는 브류스터와 브래퍼드, 초대 식민청장 카버, 로빈슨 목사를 중심으로 살펴본다.

1) 브류스터

영국에서 분리주의자들의 교단이 생기는 과정부터 플리머스 이주, 그리고 그 후에도 브류스터의 역할은 크고 중요했다고 기록되어 있다(Anderson, 2004; Sherwood, 1982; Jameson, 2005; Johnson, 2006). 앤더슨(Robert C. Anderson)에 따르면, "브류스터는 스크루비 분리주의 교회의 핵심 인사였다"(Anderson, 2004: 66). 또 셔우드는 "브류스터가 플리머스 정착지를 형성하고 발전시키는 데 이주민들 중 가

13) 스탠디시는 열린 마음과 정직함을 소유한 사람이었고, 또 목적을 위해 성실한 사람으로 평가받았다(Winsor, 1849: 48). 한편 애봇(John S. C. Abbott)은 스탠디시를 개척의 영웅이며 고상한 사람으로 평가했다(Abbott, 1872: 서문).

14) 스탠디시는 함께 이주한 사람들로부터 행동 성향이 강하고 또 다혈질의 성격을 가졌으면서도 정직하고 성실한 사람으로 평가받았다(Winsor, 1849: 49).

15) 스탠디시를 제외한 이들은 분리주의자였다. 이들은 플리머스에 정착한 이후 브류스터는 종교활동의 지도적 역할을 담당했고, 브래퍼드, 윈슬로 등의 식민청 정치와 행정, 인디언 관계 등을 담당함으로써 종교 영역과 정치 영역을 분리했다(Raum, 2013; 29).

장 중요한 인물 가운데 하나였다"(Sherwood, 1982: 11)고 평가했다.

실제로 "브류스터는 스크루비에서 요크 대주교가 소유하는 장원 관리인의 아들로 태어났고, 열네 살에 케임브리지대학에 입학했으나 졸업 전에 외교관이며 정치가의 비서로서 경험을 가졌다." 그리고 스크루비 교회에서 개혁 성향의 로빈슨 목사를 만나 함께 비밀 종교집회를 가졌다. 그는 분리주의자들과 함께 1608년 네덜란드로 이주했고, 거기서 그는 장로로 선출되었다. 거기서 출간이 금지된 서적들을 출간함으로써 영국 국왕은 브류스터 체포령을 내렸다. 그는 다시 여러 사유를 종합적으로 판단해 로빈슨 목사, 브래퍼드 등과 함께 뉴잉글랜드 이주를 주도했으며, 플리머스 정착의 결정과 교회 설립 등 특히 종교적 영역에서 로빈슨 목사와 함께 핵심적 역할을 계속했다(Sherwood, 2004; Johnson, 2006).

특기할 점은 브류스터가 상당히 나이가 어린 브래퍼드를 만나 멘토 역할도 하면서 때로는 교단의 선택과 결정이 필요한 중요한 상황에서 그와 함께 토론하고 고민하고 결정했으며, 이들의 관계는 플리머스 이주 이후까지 지속되었는데, 이런 점에서 브류스터의 격의(隔意)를 고집하지 않는 인품을 엿볼 수 있다.

2) 브래퍼드

존슨(Caleb H. Johnson, 2006: 79-90)에 따르면, 브래퍼드는 브류스터와 함께 스크루비 인근 오스터필드(Austerfield) 출신이다. "1590년 영국의 오크셔(Yorkshire)의 오스터필드에서 태어난 브래퍼드는 한 살 때 아버지를 여의었으며, 3년 뒤 어머니가 재혼하면서 그는 할아버지에게 보내졌으나 그마저 2년 뒤에 죽어서 다시 양아버지에게 입양되었으나 이제 그 어머니마저 죽었다"(the Modern Library, 1981: vii). 이렇게 브래퍼드는 7세 때 부모를 모두 잃었고, 그를 돌보던 외할아버지마저 12세 때 잃었기 때문에 결국 삼촌들이 브래퍼드를 돌보게 되었다. 그는 병약해 농사를 배우지도 못했고, 그래서 삼촌들의 농사일을 돕지도 못했다. 그는 독서에 몰입했으며 성경을 주로 읽었다. 그는 개혁주의 목사 클립턴(Richard Clyfton)이 집전하는 예배에 참석했다. 거기서 브래퍼드는 브류스터를 만났으며, 스스로 라틴어와 그리스어, 그리고 헤브루어를 공부하며 분리주의자들과 함께 했다.

브래퍼드는 열여덟 살 때 브류스터와 함께 네덜란드로 이주했고, 레이덴 분리주의자들이 신대륙 이주를 두고 선택의 기로에 섰을 때 브류스터와 함께 이주를 주장했으며, 결국 서른 살 때 뉴잉글랜드로 이주했다. 브래퍼드는 또 그들이 이주에 필요한 특허장은 확보했으나 필요한 비용을 마련하기 어렵게 되자 그의 집을 팔아서 비용에 충당할 정도였다(Philbrick, 2006: 399). 그의 이런 인성으로 인해 브래퍼드는 비록 분리주의자들과 이방인들 간에 이견이 생겼지만, 이것은 그들 간에 서로 평등하다는 생각을 가졌기 때문이라고 보았으며, 이 점은 정착지에서의 민주주의를 실현하는 데 중요한 요소로 간주했으므로 메이플라워 호를 함께 탄 이방인들의 존경을 받았다(Schmidt, 1999: 57). 그래서 브래퍼드는 초대 식민청장 카버가 사망하자 바로 그의 후임으로 선출되었고 재선을 거듭해 오랜 기간 식민청장으로 봉사하며 플리머스 식민지 건설을 실질적으로 주도했다.

3) 카버와 로빈슨 목사

메이플라워 호 탑승자들 가운데 "초대 식민청장으로 선출된 카버는 신앙심이 깊고, 겸손하며, 태도가 매우 정중한 성품의 신사였으며, 거기다 개인의 재산까지 레이덴의 교단과 신대륙 이주를 위해 투입했을 정도였다. 그의 이러한 인품은 식민지 투자자들과의 재정 관련 조건을 협의하는 과정에서도 좋은 영향을 미쳤다"(Philbrick, 2006: 768).

또 로빈슨 목사는 "분리주의자들이 영국에 머물 때나 데덜란드로 이주해 레이덴에 머물 때나 그는 분리주의자들을 위해, 분리주의자들은 로빈슨 목사를 위해 서로 보듬고 의지했으며, 또 많은 이들의 존경을 받았다. 그래서 마치 로마의 황제 마르쿠스 아우렐리우스와 로마 시민이 서로 의지하며 또 로마 시민들이 그를 존경했던 것에 비유될 정도였다(Dover Publication, 2006: 282). 또 로빈슨 목사는 정착지에 도착해서 필요한 일들을 조언하는 내용의 편지를 보냈고, 그의 조언들이 메이플라워 협약에 고스란히 담겼다는 점은 이미 소개했다.

지금까지 살펴본 메이플라워 호 탑승자들 중 일부 필그림 지도자들의 특성을 통해 알 수 있는 것은 원래 종교가 선의 가치를 표방해 실천하는 인간적 노력이며, 따라서 종교인으로서 애초 선한 목표를 지향했다는 점이다. 또 국왕이 지배하는 정교 일체의 종교가 시민을 강제하고 조세를 압출하며, 블응자를 겁박하는 일탈을 드러내자 필그림 지도자들은 개혁적 교단을 창단하고, 비전을 제시하며, 이와 함께 종교를 바탕으로 한 식민지 공동체의 비전과 목표를 제시하면서, 민주적이고 통합적인 리더십을 구사해 메이플라워 협약을 만들어 냄으로써 뉴잉글랜드 자치제는 물론 마침내 미국 민주주의의 바탕까지 다지는 역사적 역할을 수행한 것이다.

이 밖에도 필그림 일행의 플리머스 이주와 정착에는 많은 이들이 지도적 역할을 했고, 식민지 확산에 역할을 수행했으나 생략하기로 한다.

제 3 절 메이플라워 협약에 관한 평가

사전트(Sargent, 1988: 233-251)에 따르면, "한동안 메이플라워 협약은 토리류 역사가들(Tory historians)의 부정적 인식[16]과 평가를 받다가 독립전쟁 이후 윌슨(James Wilson)과 애덤스(John Quincy Adams) 등의 노력에 의해 제대로 된 평가를 하게 되었다." 그러므로 메이플라워 협약은 상당한 기간 정당한 평가를 받지 못했거나 오히려 와이어(David A. Weir)나 허바드(William Hubbard)가 폄하한 것처럼 메이플라워 협약이란 당시 플리머스 이주자들이 낯선 곳에서 생존을 도모하기 위해 그저 단순히 즉흥적으로 생각해 만든 서약이라고 낮추어 평가하는 푸대접도 받았다.[17]

그러나 오늘날 대부분의 연구자는 메이플라워 협약서를 미국의 독립선언서, 헌법과 함께 3대 역사적 문서로 평가하는 입장이다. 섹터는 "17세기 이후 미국인들은 작은 정착촌에서 시작해, 단순한 사건이 아니라 숙고와 선택(reflection and choice)을 통해 그들의 정치공동체를 만들고 가다듬었으며, 오늘날 미국의 건국은 협약을 중요하게 간주하는 이주민들이 수립한 식민지의 미션 등 최소한 다섯 가지

16) 허친슨(Thomas Hutchinson) 지사, 챌머스(George Chalmers) 등은 필그림들이 영국법을 우선 적용하면서 그것으로 해결할 수 없는 긴급한 사안이 생겼을 때 메이플라워 협약을 보충 수단으로 사용했다는 점과 국왕 제임스에 대한 충성의 표현 등을 들어 비판적으로 기술하고 있다. 그리고 허친슨과 마찬가지로 챌머스는 플리머스 상륙이 국가의 탄생이라고 보기 어려우며, 단순히 자발적 결사에 불과하다고 평가했다(Sargent, 1988: 238-239).

17) 와이어(David A. Weir)는 먼 장래를 고려해 숙고해서 만든 문서라기보다 필그림과 이방인들, 그리고 일부 선원들이 낯선 곳에서 살아남기 위한 방편으로 작성한 문서라고 지적했고(Weir, 2005: 84), 허바드는 메이플라워 협약은 그들이 도착한 새로운 땅에서 영국의 국왕으로부터 새로 헌장을 받을 때까지 그들 스스로의 필요를 충족할 단순한 수단으로 삼았다(Lord, 1920: 282)고 했다.

요소의[18] 심대한 영향을 받으며 큰 나라로 발전했다"(Schechter, 1990: 4)고 했다. 미국인들이 17세기 초 이후 소규모 식민지 정착촌처럼 작은 단위에서 거대한 국가에 이르기까지 우발적 사건이나 자연적 성장이 아니라 숙고와 선택에 의해(by reflection and choice) 정치사회를 구축하고 재구축해 왔다는 섹터의 지적은 옳다고 생각한다.

라움(Elizabeth Raum)은 또 메이플라워 협약의 내용을 간추려서 필그림 일행이 세 가지, 즉 공동체로서 함께 일하며, 법률을 제정하고 공직자를 선출하며, 정착지의 복지를 위해 공공회의를 갖기로 서약했다고 지적했다(Raum, 2012: 22). 또 로드(Arthur Lord)는 메이플라워 협약의 중요한 내용을 다음과 같은 세 가지로 적시했다(Lord, 1920: 283-284). 첫째, 시민의 정치공동체를 조직하는 것이며, 그 목적은 ① 구성원들의 더 나은 질서의 확보, ② 그러한 질서의 유지, ③ 신에게 영광을 돌리고 국왕과 국가의 영예를 위하며, ④ 식민지를 건설하는 것이다.

디쉬(Lisa Disch)는 메이플라워 협약에 대한 아렌트(Hanna Arendt)의 주장을 해석하면서,[19] 그 의미를 ① 낡은 세상(Old World)을 탈피하려는 새로운 시도였으며, ② 미국 혁명 등 정치사에 새로운 권력 원천의 토대를 제공하는 출발이 되었으며, ③ 합의에 의한 결정의 좋은 선례를 남겼다고 지적했다(Disch, 2011: 354). 그에 따라서 메이플라워 협약에 관해 부연하자면 다음과 같다.

첫째, 절대군주제 시대에 통용되던 종래의 사회와 권력 구조의 관행을 벗어난 새로운 시도였다. 와이어의 주장대로 "메이플라워 협약은 교회의 관행을 시민사회에 적용한 것"(Weir, 2005; Schmidt, 1999)이라는 점에 이론이 없다. 그들은 일찍 영국과 네덜란드에서 종교적 신념을 같이하는 회중(congregation)의 동의에 의해 교회의 설립을 결정하고, 신을 증거자로 삼아 상호 서약(covenant)을 작성해 채택하며, 선거로써 장로(elder)를 비롯한 교직자를 선출함으로써 교회정부(church government)를 구성한 것이다.

---

18) 섹터가 지적한 다섯 가지 요인이란 ① 협약서를 작성하고 식민지를 개척하려던 공동체 구성원들의 사명, ② 합리적 선택을 이루어낸 이들의 계몽주의적 방안, ③ 인민의 동의와 제한적인 정부라는 공화주의의 원칙, ④ 앵글로-아메리칸의 관습법 전통에서 비롯한 법의 지배 원칙, ⑤ 총괄적 정부와 그 구성원 정부들 간에 권력의 분산과 공유를 통해 조직되는 연방주의 원칙을 들었다(Schechter, 1990: 4).

19) 아렌트(Hannah Arendt)의 글에 대한 디시의 narrative, "How could Hannah Arendt glorify the American Revolution and revile the French? Placing On Revolution in the histography of the French and American Revolutions"(*European Journal of Political Theory*, 10-3, 2011)을 참고할 것.

브룩스(Philip Brooks)도 "필그림은 그들이 세웠던 교회를 새로운 정부의 모형으로 사용한 것이며, 그들은 협약에 기초한 정부를 통해 그들 스스로를 다스리고 교직자를 선출하듯 공직자를 선출했다"(Brooks, 2005: 17)고 밝히고 있다. 그러므로 플리머스 이주자들은 당시 절대군주가 정치와 종교를 지배하던 전통적인 방식이나 구조를 대신해 그들의 종교적 신념에 따라 영국과 네덜란드에서 그들의 교회를 따로 세워서 운영하던 관행적 경험을 떠올려 이방인과 선원들까지 포함하는 전혀 새로운 공동체의 정치와 종교, 사회, 그리고 경제적 문제를 해결하기 위한 방안으로 메이플라워 협약을 채택한 것으로 본다.

둘째, 플리머스 식민청 이주자들이 상호 서약을 통해 정치적 권위를 스스로 만들어 낸 획기적 선택으로 디쉬는 간주한다. 메이플라워 협약에 담은 내용대로 그들은 41명이 서명함으로써 그들 스스로 정치공동체(civil politik)의 주체요, 그들 모두를 총합하는 관념으로서 주권자가 되었고, 필요한 법규의 제정과 공직자 선거를 통한 정부의 구성을 천명하고, 서명이 완료되자 바로 카버(John Carver)를 식민청장(governor)으로 선출함으로써 민주적 정부 구성을 실천했다.

플리머스 타운형의 공동체 창설과 민주적 정부 구성은 플리머스 식민청 관내의 여타 타운 설립에는 물론, 로드아일랜드, 코네티컷 등 다른 식민청과 그 관내에 타운을 설립하는 데 표준이 되었다. 즉, 공동체 구성원들 간에 협약을 작성하는 방식은 1600년대에 플리머스 식민청과 타운으로부터 뉴잉글랜드 전역에 전파되어 표준화·일상화되었고, 따라서 각 타운의 기록에도 협약에 관한 내용이 흔히 등장하게 된 것이다. 와이어에 따르면, 1620년부터 1708년 기간에 뉴잉글랜드 지역에서는 compact나 combination이라는 이름의 시민 간 협약이 60개 사례, charter라는 이름의 협약이 16개 사례, patent라는 이름으로 32개, 기타 의회의 기록(legislative record)을 통해 15 사례가 확인될 정도이다(Weir, 2005: 74). 토크빌은 "협약제도(America's covenantal heritage)가 연방제적 자유라는 공공철학을 고양시켰고, 연방제의 원리는 식민 시대 뉴잉글랜드에서 정부와 정치적 결사를 수립하는 데 적용되었다"고 강조했다(Allen, 1998).

셋째, 메이플라워 협약은 서명자 명단에서 알 수 있듯이 강제되지 않은 자발적 동의의 결과물이다. 월시(John E. Walsh)도 "메이플라워 협약을 이 협약에 서명한 이들이 그들 스스로 하나의 정치 조직을 구성하고, 또 각자가 자발적으로 다수의 의사에 따를 것을 선언한 것”(Walsh, 1971: 32)이라고 지적했다. 와이어의 주장대로 플리머스 정착민들이 낯선 곳에서 분열상을 드러내는 상황을 수습하기 위해 메이플라워 협약을 작성했다고 하더라도, 그러한 당면한 분란을 제대로 수습할 수 있었다는 점, 그로부터 평등과 자유, 그리고 자율적 자치제도가 창안되었다는 점, 플리머스 타운이 전형이 되어 후속 타운 또는 식민청 설립에 복제·전승되었다는 점, 또 협약에 담긴 정신, 가치, 정부의 유형 등이 훗날 독립선언과 헌법 제정에 반영되었다는 점은 플리머스 정착민과 그들이 작성한 메이플라워 협약의 역사적 공로인 것이다.

토크빌만큼 미국의 종교와 정부의 수립에 관해 통찰력을 보여 준 외국의 학자가 드문데, 그의 메이플라워 협약에 대한 평가를 앨런(Allen, 1998: 1-2)을 통해 접할 수 있다. 토크빌은 뉴잉글랜드 이주자들이 “종교적 정신과 자유의 정신을 결합시켜 자율적 통제, 자율적 조직, 자율적 규칙과 관련된 제도들을 발전시켰다”는 것이다. 토크빌은 또 뉴잉글랜드 이주자들의 “청교도주의는 하나의 교리이기도 하지만 또 공화주의와도 부합되므로 그 반대자들의 강한 경각심을 불러일으켰다고 지적하면서 필그림 일행이 해안에 상륙하기 전 가장 먼저 한 일이 바로 종교적 교리와 정치적 이념을 담아서 협약서를 만든 것이라고 했다. 토크빌은 나아가 영국 식민지는 다른 유럽 국가의 식민지보다 공동체 내부 구성원들이 더 많은 자유와 정치적 자율성을 누렸으며, 그래서 공공사무에 주민이 참여하고, 자유로운 투표에 의해 세금을 결정하며, 정책결정자의 책임과 배심원제에 의한 재판 등으로 협약의 내용을 구체화시켰는데, 이것이 영국 식민지가 다른 나라 식민지보다 더 번성한 요인”(Mayer, 1969: 37-38)이라고 지적했다. 그러므로 뉴잉글랜드 이주자들의 종교적 신념이 그들을 분리주의자로 만들었고, 또 정치적으로도 자유의 정신을 갖게 만들었으며, Cape Cod 상륙을 앞두고 자율통제, 자율조직, 자율규칙을 담은 메이플라워 협약을 제정함으로써 뉴잉글랜드 자치제도의 표준과 정형을 수립했으며, 마침내 미국의 헌법 정신으로까지 구현되어 미국의 민주주의를 성공시켰다는 것이 토크빌의 주장이다.

프래딘(Dennis B. Fradin)에 따르면, 미국의 많은 역사학자는 미국의 독립선언서에 메이플라워 협약의 아이디어가 포함되어 있다고 주장한다. 메이플라워 협약과 독립선언서 간에는 약 200년의 시차가 있지만, 메이플라워 협약은 시간을 따라 연쇄반응(chain reaction)을 일으켰고, 드디어 독립선언으로까지 이어졌다고 역사학자들은 지적한다. 프래딘은 독립선언서에 천명한 "모든 인간은 평등하게 창조되었음은 자명한 진리"라는 말은 메이플라워 협약서의 "공정하고 평등한 법률"이라는 어귀의 연장과 확장이라고 보았다(Fradin, 2007: 34-37).

사전트(Mark L. Sargent)에 따르면, 윌슨은 "미국 헌법의 법률적 원리가 영국의 그것보다 우수하며, 그 연원을 추적하면 메이플라워 협약서에 이른다"고 했다. 그는 "미국인들이 주권자 인민의 이름으로 메이플라워 협약에 담긴 전통을 버리지 않고 오히려 초기 플리머스 정착민들의 정치공동체에 개선 사항을 부가함으로써 미국 헌법을 더욱 건강하게 만들었고, 정착민들이 겪는 곤경에 대한 영국 당국의 무관심에도 불구하고 메이플라워 협약을 만들어 그들은 새로운 환경에 적응하며 조응했는바, 영국인들의 관습법에 따라 법률을 수정하고 인권을 부활시켰으며, 이렇게 해서 영국 절대군주제의 그림자를 제거했다는 점에서 메이플라워 협약은 미국의 정부의 변천에서 큰 물 구비를 이루었다"는 것이다(Sargent, 1988: 233-251). 사전트는 또 오늘날 미국의 모든 교과서는 애덤스와 밴크로프트의 주장을 경청하며, 대부분의 미국인은 메이플라워 협약이 민주적 교회의 원리와 민주적 국가의 원리라는 두 가지 기본 원리를 전승해 주었다는 패링턴(Vernon Parrington)의 주장을 의심할 수 없다는 것을 알게 되었다(Sargent, 1988: 250-251)고 했다. 업햄(Charles W. Upham) 도 "앵글로 색슨식 자유와 계몽의 물결이 미국 전체로 전파된 출발점이 바로 메이플라워 협약과 플리머스 타운 정착"(Sargent, 1988: 248)이라고 했다. 밴크로프트(George Bancroft)는 또 "필그림은 메이플라워 호 선실에서 공동의 선을 위해 정착민들이 제정한 평등법을 바탕으로 정부를 구성해서 인간의 권리를 회복시켰다"(Sargent, 1988: 248)고도 찬사를 보냈다.

지금까지 메이플라워 협약서에 대한 여러 학자나 역사가들의 평가를 나열했는데, 메이플라워 협약은 플리머스 식민청 정부의 첫 공식 문서(http://en.wikipedia.org/-wiki/Mayflower)가 되었고, 거기에는 앞에서 소개한 평가와 해석이 담겨 있었다. 메이플라워 협약문은 여기에 그치지 않고 플리머스 식민지 구성원들의 상호작용과 기관의 구성 등 자율적 자치제도의 출발점이 되어 전승·전파되어 시간을 종단하고 공간적으로 확산되어 독립선언서와 미국의 헌법 제정에 영향을 미쳤으며, 오늘날 미국의 민주주의를 이루어 내었다는 점은 이론이 없다. 이런 점에서 "과거의 사건은 그 후의 사건에 영향을 미친다”(Mahoney, 2000: 29; 이윤호, 2008: 15; 유현종 · 이윤호, 2010: 111-136)거나 또는 “어떤 사건의 특이한 시작이 그 사건 전개의 연속적 계기를 좌우하고, 일정한 경로로 전개하는 것을 결정하는 성향”(김경동 외, 2009: 656-657)을 입증하는바, 제도의 경로의존성(path-dependency)을 적시하는 좋은 사례라고 본다.

06 CHAPTER 식민지와 타운의 확산

필그림 일행은 물론 퓨리턴들도 신대륙에서 초기의 정착 때 여러 요인으로 인해 어려움을 겪었다. "사실 플리머스 식민청과 타운 사람들은 처음에 가난한 경제생활을 겪었다"(Stratton, 1986: 207). 인디언과의 관계도 갈수록 어려워졌다. 그런데도 플리머스 식민청 관내에는 이주민이 늘어나고 또 1630년 퓨리턴이 이주하면서 영국인의 뉴잉글랜드 이주는 폭증했고, 그 외의 각 식민청 관내의 타운 수가 급격하게 늘어날 수밖에 없었다. 식민지와 타운의 확산 과정, 즉 뉴잉글랜드 지역에 타운 자치제도가 확산되는 과정을 다음에 살펴본다.

제 1 절 퓨리턴의 이주와 정착

1620년 필그림 일행의 플리머스 타운 정착 이후 10년이 지나는 동안 영국에는 남부 버지니아 식민청의 제임스타운과 북부의 플리머스 타운의 성공담이 널리 알려졌다. 그것은 플리머스 타운을 설립한 필그림 지도자 브래퍼드와 윈슬로의 책이 출판되었기 때문이다. 필그림 일행의 플리머스 이주와 퓨리턴(Puritans) 윈스럽(John Winthrop) 일행의 이주로 대이동의 막이 열렸다. 필그림 일행의 플리머스 이주 과정은 앞에서 소개했으므로 이제 브레머(Francis J. Bremer)가 정리한 퓨리턴의 핵심 지도자 윈스럽의 전기물을 통해 퓨리턴의 이주 과정을 살펴본다(Bremer, 2003: 67-184; 1995: 35-72). 필그림과 퓨티턴의 이주 확대에 따라 영국 식민지는 확산되고 그들의 거주지로서 타운자치가 늘어나는 요인이 된다.

윈스럽은 1588년 1월 12일 영국 박스퍼드(Boxford) 카운티의 에드워드스톤 타운에서 법률가이며 부유한 지주이자 상인의 아들로 태어났다. 그의 아버지는 장원 안에 법정을 운영했다. 그래서 윈스럽은 어릴 적부터 법률 서적들에 둘러싸여 법률적 토론 속에서 성장했다. 결국 그도 케임브리지대학에서 법률을 공부해 변호사가 되었고, 나중에 그로톤(Groton) 장원의 영주가 되었으며, 지역 법정의 치안판사가 되었다(Bremer, 2003).

영국은 1624년 찰스 1세가 국왕이 된 이래 여전히 국교에 반하는 분리주의자들은 물론 청교도들을 억압했다. 청교도들은 개개인이 영적으로 신과 교통하며 충만한 종교 생활을 할 수 있기를 기대하는 사람들로서 "영국의 종교를 청결(또는 순결)하게 만들기(to purify the Church of England)를 주창하는 사람들(Taylor, 2001: 161)이라는 점은 이미 소개했다. 국왕이 탄압을 가중시키자 1630년 퓨리턴 이주단의 지도자 윈스럽은 청교도의 일원으로서 해외 이주에 관심을 갖게 되었다. 그러나 청교도들의 네덜란드 이주는 국왕이 청교도들을 수용하는 네덜란드 당국을 압박하고 또 네덜란드와 거래하는 회사들조차 어려운 상황을 만들어서 압박했기 때문에 윈스럽 일행은 뉴잉글랜드로 눈을 돌리게 되었다.

그런데 그 전에 청교도로서 일찍부터 종교 갈등을 예견한 화이트(John White) 목사는 영국 서부지역 투자자들과 함께 뉴잉글랜드 해안의 어업기지 개발을 위해 1623년 도르체스터회사(Dorchester Company)를 설립했다. 그리고 1620년 왕의 특허장을 받은 뉴잉글랜드위원회(Council of New England)로부터 약식 특허(patent)를 받아서 1천 파운드를 투자해 1623년 어업기지를 설치했으나 도르체스터회사는 도산하고 말았다.

그럼에도 불구하고 화이트 목사는 해외 이주의 돌파구를 마련하기 위해 런던의 청교도 인사들과 함께 뉴잉글랜드 식민회사(New England Company)를 설립해 1628년에 다시 뉴잉글랜드위원회(Council of New England)로부터 메리맥 강(Merrimac River) 북부 3마일~찰스강(Charles River) 남부 3마일 사이의 토지권을 얻었다. 뉴잉글랜드회사는 그 해 엔디컷(John Endecott)을 지도자로 어업기지 선발대를 파견했다. 그리고 1629년 회사 이름을 매사추세츠만 식민회사(Massachusetts Bay Company)[1]로 바꾸었고, 3월 4일 드디어 국왕의 특허장을 받았다.

윈스럽은 지인들을 통해 매사추세츠만 식민회사와 간접적으로 관련을 맺어오다가 1629년 8월부터 본격적으로 참여하기 시작했다. 그는 뉴잉글랜드 이주의 필요성을 설득하는 문서를 기초하는 등 홍보대사 역할도 수행했다. 브레머에 따르면, 문서의 핵심 내용으로서 이주의 목표로 설정한 것은 ① 복음의 전파 ② 종교적 도피 ③ 영국 인구 증가의 완화 ⑤ 인플레 등 경제의 악화 ⑥ 옥스퍼드와 케임브리지 등 종교교육 기관의 부패 ⑦ 황무지의 개척 등 일곱 가지이다(Bremer, 2003: 157-159). 퓨리턴 지도자들은 윈스럽이 기초한 문서의 내용을 토대로 케임브리지 합의문(Cambridge Agreement)을 만들었고, 뉴잉글랜드 식민회사의 본사까지 뉴잉글랜드로 옮기면서 지도자들도 함께 이주하기로 결정하고 8월 26일 서명했다. 이러한 안은 매사추세츠만 식민회사로부터 8월 29일 승인받았다. 10월 20일 매사추세츠만 식민회사의 지도자들이 다시 모여 뉴잉글랜드 이주를 철회한 크래독(Mathew Craddock)을 대신해 윈스럽을 식민청장으로 선출했다(Bremer, 1995: 41).

1630년 4월 8일 아벨라 호(Arbella)를 기함으로 하여 11척의 배를 타고 식민청장 윈스럽과 부청장 더들리(Thomas Dudley) 일행 700 여 명[2]은 청교도들의 공동체(City upon a Hill)[3] 창설이라는 꿈을 가지고 영국을 떠났다. 그 당시 해외 이주를 시도하던 청교도들이 성경의 관점에서 "영국의 국왕을 자신들이 바라는 대로 예배를 볼 권리를 부정하며 노예화하려는 이집트의 압제자 파라오로 간주"(Johnson,

1) 앞에서 소개한 버지니아 식민공사와 달리 도르체스터회사, 뉴잉글랜 식민회사, 매사추세츠만 식민회사는 설립 주체가 국왕이나 정부가 아니라는 점에서 "공사"라는 용어를 사용하지 않았다. 거기다 매사추세츠만 식민회사는 식민지 관리도 회사 개념을 적용했다는 점도 감안해서 "회사"라는 용어를 사용했다.

2) 존슨의 문헌에는 윈스럽 일행이 900명이라고 썼다(Johnson, 2002: xxii).

3) 브레머는 종교적 공동체를 지칭하는 "the city upon a hill"은 성경의 마태복음 제5장 제14절과 15절의 "언덕 위에 세워진 마을은 가리어질 수 없나니… 촛대 위의 촛불은 집안의 모든 이에게 밝은 빛을 비추나니. 너희는 너희가 빛이 되어 사람들이 너희의 선행을 알게 하고 하늘에 계신 아버지를 영광되게 하라"라는 내용에서 따온 것이라고 했다(Bremer, 2003: 180-181). 이것은 청교도들이 그들에게 새로운 땅에서 이루고자 했던 공동체상이었다. 이 말이 청교도 공동체를 표상하는 말이 된 것은 윈스럽이 영국에서 출항 직전 사우샘프턴(Southampton) 집회에서 "성령이 충만한 남자와 여자들이 서로 존경과 사랑으로 단합하고, 함께 일함으로써 신의 뜻을 이루고, 마침내 the City on a Hill을 세우자"고 한 설교에서 인용한 것이 계기라고 알려졌다(Bremer, 2003: 183-184). 존슨은 또 윈스럽이 식민청장이 되어 보스턴 일대를 "올리브 동산(the Mount of Olives)", 박애의 공동체(A Model of Christian Cahrity)를 만들고자 했다(Johnson, 2002: 33)고 밝혔다.

2002: 33)할 정도였다.

이들은 1630년 6월 12일 세일럼(Salem)에 도착했다. 1628년 선발대로 와 있던 엔디컷 일행의 마중을 받았다. 윈스럽 일행은 대규모 이주자들이 정착할 곳으로는 세일럼이 적합하지 않다는 사실을 알고 오늘의 보스턴으로 자리를 옮겼다. 이들은 이주자 전원이 한 곳에 자리를 잡기보다는 전략적으로 찰스강 둑과 해안 쪽으로 분산해 정착을 시도했고 윈스럽은 보스턴에 그의 집을 지었다. 그리고 식민청은 청사 소재지를 보스턴으로 결정했다. 이어서 식민청은 청장 윈스럽에게는 오늘날 빌레리카(Billerica) 타운이 설립된 지역의 토지를, 부청장 더들리에게 베드퍼드(Bedford) 타운이 설립된 지역의 토지를 분양해 주었다. 또 일행 중 샐톤스톨(Richard Saltonstall) 경과 필립스(George Phillips) 목사는 오늘날 워터타운(Watertown)에, 핀천(William Pynchon) 이사는 럭스버리(Roxbury)에 각각 자리를 잡았다.

윈스럽 일행은 당분간 찰스타운의 나무 밑에서 예배를 보는 등 주로 야외에서 예배를 드렸다. 윈스럽과 더들리, 존슨(Isaac Johnson) 등이 주도하는 가운데 교회의 설립을 위한 서약을 기초하고 서명했다. 그들의 서약은 물론 신의 법도를 따를 것과 신도들 간에 사랑과 존경을 다함으로써 신의 은총을 받자는 내용이었다. 다른 이주민들도 함께 서명했다. 그리고 교직자로서 노웰(Increase Nowell)을 장로로 선출했고, 아스핀월(William Aspinwall)과 게이거(William Gager)를 deacon으로 선출했으며, 윌슨(John Wilson)을 교사로 선출했다(Bremer, 2003: 192-193).

영국에서부터 식민청장으로 선출된 윈스럽과 부청장 더들리 등은 식민청 정부의 구성과 활동에 나섰다. 존슨에 따르면, 왕의 특허장은 식민지를 식민청장과 부청장, 매년 선출되는 18명의 이사들(assistants)로[4] 구성되는 이사회가 다스리도록 규정했다. 즉, 18명 이하의 이사들이 매년 회의를 열어서 청장과 부청장을 선출하고, 이사회는 매월 한 차례 열도록 규정했다. 대서양을 건너기 전 이미 영국에서 윈스럽은 매사추세츠만 식민회사 12명의 이사진 가운데 한 명으로서 식민청장에 선출되었고, 그리고 더들리는 부청장에 선출되어 있었다. 나머지 10명으로써 식민청의 첫 이사회를 구성했다. 당시 그들만이 자유민(freeman)[5]으로서 투표권이 있었다.

4) 여기서는 이사라고 옮겼는데, 그 이유는 와이어(Weir, 2005)의 지적대로 초기 청교도들은 토지회사 개념과 관공서 개념이 통합된 의사 결정기관으로 운영했기 때문이다.

5) 식민지에는 세 가지 구성원 집단이 있었다. 첫째, 자유민으로서 유권자 집단을 구성하는데 이들에게는 헌장과 헌장에 기초해 제정된 법률에 의해 자격과 권한이 부여되며 이들에게는 투표권과 공직담당권이

위와 같은 규정에도 불구하고 매사추세츠만 식민청 정부는 이들을 중심으로 한 10명 남짓한 인사들이 모든 공직을 차지했다. 이주자 수가 1630년 1천 명, 1631년에 2천 명, 10년간 26,000명으로 폭증했으나 1635년 2명의 이사만 추가했을 뿐 인원의 증가나 교체 없이 14명이 50년간 식민청의 대표권을 독점했다. 그러다가 급기야 불만을 가진 일부 이주민들이 특허장의 내용을 공개하도록 요구했으나 식민청 이사회는 이를 거부함으로써 말썽이 되기도 했다(Johnson, 2002: 35-36).

제 2 절 필그림과 청교도의 차이점

앞에 소개한 내용을 보면 필그림 일행의 플리머스 이주와 청교도의 보스턴 일대 이주는 상당한 차이점이 있다는 것을 알 수 있다. 두 부류 간에는 종교적 성향, 사회경제적 지위, 이주 규모, 특허장의 격, 권한의 차이, 계약 조건, 시차 요인, 그리고 이러한 요소들이 결합된 총체적 조건 등에서 크게 달랐다. 저자 나름대로 읽은 자료들을 바탕으로 다음에 그 차이점을 정리해 보기로 한다.

첫째, 필그림과 청교도의 종교적 성향은 급진과 온건으로 표현될 수 있다. 털리는 양자를 포괄적으로 청교도로 분류하지만(Teele, 1985: 93), 구체적으로 보면 다르다. 즉, 필그림은 영국 국교의 문제를 지적하고 따로 교단을 구성하고 교회를 세울 만큼 강한 실천지향성을 보였다. 그러나 청교도는, 국교의 개선을 기대하기는 했지만, 실천지향성은 상대적으로 낮았다. 이러한 차이는 이주의 과정에서 더 많은 차이점을 만들어 내는바, 다음에 살펴보게 된다.

둘째, 두 집단 간 사회경제적 지위도 차이가 있다. 필그림은 사회적 지위가 중·하류층으로 분류된다면 청교도는 중상류층으로 분류된다. 애초부터 필그림 일행의 사회경제적 지위를 보면 브류스터를 제외하고는 대부분 직접 농사를 짓던 사람들

주어진다. 그러나 이들은 교회의 교인이나 타운 거주민에 비해 소수에 불과했다. 둘째, 교회 조직의 구성원으로서 이것은 교회의 서약과 예배에 참여하는 남자, 여자, 어린이, 또 백인과 흑인, 인디언까지 망라한다. 셋째, inhabitants라고 호칭하는 구성원으로서 이들은 해당 타운의 토지 소유자들로서 반드시 그 타운 교회의 구성원일 필요는 없었다(Adams, Goodell, Chamberlain, & Channing, 1892: 34).

이었다(Sherwood, 1982: 13-18; Phibrick, 2006, Johnson, 2006: 79-98). 이에 반해서 청교도들은 합자회사를 설립해 경제 활동을 할 정도로 지주나 런던의 부유층 상인들이었다(Bremer, 2003: 67-87; Bremer, 1995: 37-47). 그리고 필그림은 브류스터가 케임브리지대학을 졸업했을 정도이나 윈스럽 일행은 대부분 학력도 높았고 따라서 변호사, 기업가 등 사회적 지위도 높았다.

셋째, 필그림 일행과 윈스럽 일행의 이주민 수가 크게 달랐다. 필그림 일행이 메이플라워 호에 탑승한 인원은 102명이었는데 반해 윈스럽 일행은 11척의 배에 최소한 7백 명에 이르렀다. 그런 만큼 윈스럽 일행은 보스턴, 세일럼, 워터타운, 럭스버리 등 동시다발적으로 타운을 설립해 식민지를 빠르게 확대시킬 수 있었다.

넷째, 필그림 일행과 윈스럽 일행의 이주 조건도 판이하게 달랐다. 필그림 일행은 브류스터가 지인에게 소개장을 넣어서 간접적으로 약식 특허장(Patent)을 겨우 받았는데 반해 윈스럽 일행은 뉴잉글랜드 지역 식민지로서는 처음으로 국왕의 정식 특허장(Royal Charter)을 받았다. 앞에서도 지적한 대로 필그림 일행은 브류스터에게 두 차례나 체포령이 내렸을 정도로 국왕의 눈엣가시였다. 그러므로 국왕의 정식 특허장은 전혀 기대할 수 없는 입장이었다. 그러나 윈스럽 일행은 상대적으로 온건한 종교적 성향과 영국 내에서 그들의 높은 사회경제적 지위 등이 영향을 미치는 가운데 매사추세츠만 식민회사가 뉴잉글랜드 지역에서 최초로 국왕의 특허장을 받은 것이다. 이것은 뉴잉글랜드 전체 식민지 연합에서 그 위상이 달라지게 만든 요인이 되었다. 다른 이유도 있겠지만, 플리머스와 특허장의 격이 다른데다 그 인적 구성과 인구 규모 등 차이점이 결국 훗날 매사추세츠만 식민청 중심으로 플리머스 식민청을 통합하게 만든 요인의 하나라고 본다.

다섯째, 식민청 정부의 권한 차이를 들 수 있다. 플리머스 식민청은 버지니아 식민회사의 약식 특허장을 받은데다 런던에 머물고 있는 투자자들의 의결권에 종속되다시피 했다. 이에 반해 윈스럽 일행은 출국 전에 매사추세츠만 식민회사의 주식을 매입해 뉴잉글랜드로 이주했을 뿐만 아니라 회사의 본부도 뉴잉글랜드 현지에 두도록 결정했다. 윈스럽 일행은 회사 간부들이 식민청 정부의 청장, 부청장, 이사회의 이사직 등을 50년 간 독점적으로 행사한 사실을 보면 그 권한의 차이를 확연하게 알 수 있다.

여섯째, 필그림 일행은 경제력이 빈약해 특허를 받고도 이주비를 댈 수 없었기 때문에 따로 투자자들을 찾아야 했다. 그리고 투자자들과 필그림 일행 간의 계약에 의해 7년 간 공동 생활을 하며 공동으로 생산해 그 생산물을 투자자들의 이윤으로 되돌려 갚아야 했다. 필그림 일행은 사실 7년간 노동을 제공할 것을 약속하고 이주한 사람들로서 마치 계약제 하인들의 처지와 유사했다. 이에 반해 윈스럽 일행은 직접 투자자들이며 자기 소유 회사의 간부들이었으므로 필그림 일행과 윈스럽 일행은 모든 활동의 자율성에서 매우 큰 차이가 있었다.

여섯째, 필그림 일행과 윈스럽 일행의 뉴잉글랜드 이주는 10년의 시차가 있다. 필그림 일행이 한겨울에 도착해 엄혹한 기후 조건을 극복해야 했고, 사전 지식이나 정보도 절대적으로 부족한 가운데 인디언들과의 관계도 처음으로 설정해야 했으며, 생존에 필요한 모든 조건을 스스로 해결해야 했다. 그야말로 개척자의 역할을 수행했다. 이에 반해 윈스럽 일행은 브래퍼드가 집필한 『플러머스 식민지』와 윈슬로가 집필한 『필그림의 플러머스 식민지 기록: *Mourt's Relation*』이라는 문헌을 통해 판단에 필요한 현지 정보를 활용할 수 있었고, 또 어업기지 건설을 위해 파견한 엔디컷 등 선발대를 통해서도 도착과 함께 환영과 안내를 받을 수 있었다. 그러므로 브레머는 "1628년에 매사추세츠만 식민회사가 설립되기 전에 윈스럽 일행이 1630년 그곳에 도착했을 때는 인디언 부족과의 이런 저런 문제를 겪지 않아도 되었다"(Bremer, 2003: 146-149)고 지적했다. 따라서 윈스럽 일행은 현지에 도착한 후에도 큰 위험 부담 없이 의사 결정에 필요한 정확한 지식과 정보를 확보할 수 있었고, 또 부가적으로 필요한 정보도 좀 더 쉽게 얻어낼 수 있었다고 하겠다.

일곱째, 두 집단 간에는 여러 요인의 차이점들이 결합되어 총체적 조건의 차이도 매우 컸다. 필그림 일행은 생면부지의 땅에서 모든 상황을 그들 스스로 부딪쳐 겪고, 분석하고, 또 종합한 다음 구성원들의 총의로 문제 해결을 위한 의사 결정을 내려야 했다. 그야말로 필그림 일행은 모든 어려운 조건을 함께 맞이하고 극복해야 하는 공동운명체였다. 이에 반해 윈스럽 일행은 왕으로부터 직접 받은 특허장에 의해 권한을 받았고, 그런 가운데 회사 개념의 식민청 정부를 구성해 권력을 소수가 독점적으로 행사하며 의사 결정을 내릴 수 있었다. 그러므로 필그림 일행이 전적으로 불모지를 개척하는 입장이었다면, 윈스럽 일행은 필그림 일행에 비해 상당히 잘 닦여져 있는 길을 걸으면 되는 상황이었다고 하겠다.

여덟째, 필그림 일행과 윈스럽 일행이 수립한 식민지 정부의 성격도 달랐다. 필그림 일행은 자기 노동력을 10파운드의 투자로 간주하는 소액 투자자들로서, 서로 대등한 입장이었다. 이러한 그들은 의외의 상황을 극복하고 공동운명체의 복지와 성공을 공동으로 개척해 나가야 했다. 필그림 일행의 플리머스 식민청은 평등과 자유 등 민주적 가치를 훨씬 충실하게 천명하고 실천했으며, 오늘날 민주적인 타운제도의 진정한 기원이 되었다고 할 수 있다. 이에 반해 윈스럽 일행은 소수의 회사 간부들에 의한 대표권 독점 아래 식민청 권한과 토지 소유 등에 우선권을 행사했으므로, 급기야 함께 대서양을 건넌 나머지의 이주민들이 윈스럽 일행이 영국에서 국왕으로부터 받은 특허장 내용을 공개하도록 요구했고, 식민청 이사회는 그들의 요구를 거부하는 갈등도 발생했다. 그래서 일부 연구자는 윈스럽 일행의 식민청 정부를 과두제라고 표현했다(Johnson, 2002: 36).

제 3 절 타운 설립의 확대

1 플리머스 식민지의 이주민 증가

1620년 필그림 일행의 플리머스 이주 후 두 번째 이민선 포춘 호(Fortune)는 1621년 11월 9일 쿠시먼(Robert Cushman)을 포함해 36명을 태우고 플리머스에 도착했다(Johnson, 2006: 144; Stratton, 1986: 25-27). 필브릭은 포춘 호의 도착과 관련된 내용들을 기술하고 있는데, 브류스터 장로의 장남 조나단, 윈슬로의 동생 존, 그리고 프렌스(Thomas Prence), 영국 투자자들과의 연락책을 맡았던 쿠시먼도 탑승하고 있었다. 그 외 다수의 이방인도 포함되어 있었다. 이렇게 해서 플리머스 타운에는 남자가 66명이 되었고, 여자의 수는 16명에 불과했다. 이렇게 포춘 호의 탑승자들이 합류하자 당장 가장 큰 문제는 식량 부족이었다. 영국의 투자자들이 포춘 호에 식량을 실어 보내지 않았기 때문이다. 그간 배정하던 양을 절반으로 줄이면 앞으로 6개월을 견딜 수 있는 분량이었다. 또 하나의 문제는 부족한 숙소 공간이었다. 그래서 플리머스 정착민들은 독신자들을 위한 기숙주택을 지어서 문제를 해결하기로 했다(Philbrick, 2006: 123-125).

또 다른 이민선 파라곤 호(Paragon)는 1622년 10월 67명의 새 이주민들을 태우고 플리머스에 도착했다. 그리하여 1624년에는 반경 1.5마일의 플리머스 타운에 180명이 머물고 있었다. 그리고 10년 뒤 보스턴 일원에 청교도 일행이 매사추세츠만 식민지를 세울 때는 플리머스 식민지 인구는 약 1천 명 정도로 불어나 있었다. 그리고 이들은 플리머스뿐만 아니라 덕스버리(Duxbury), 시튜에이트(Scituate), 반스터블(Barnstable), 샌드위치(Sandwich), 야머스(Yarmouth) 등의 타운으로 분산되어 살고 있었다. 이렇게 해서 브래퍼드는 플리머스가 마치 자녀들을 출산해 성장시키기 위해 힘들게 애쓰다가 연로해진 어머니(ancient mother) 같다고 비유했다(Philbrick, 2006: 185). 그 시기 플리머스 한 타운에 약 500명의 이주민이 살고 있었다(Taylor, 2001: 165).

2 매사추세츠만 식민지의 이주민 증가

1630년 3월 20일 윈스럽 일행이 선단의 기함 아벨라 호(Arbella)[6]에 탑승함으로써 출항 준비가 끝났다. 윈스럽 일행은 3월 23일 매사추세츠만 식민회사의 최종 이사회를 선상에서 개최했다. 이들은 뉴잉글랜드로 이주하지 않기로 결정한 험프리(John Humpry)를 대신해 더들리(Thomas Dudley)를 식민청의 부청장으로 선정했다. 그리고 드디어 3월 29일 출항했다(Bremer, 2003: 188).

브레머의 서술에 따르면, "윈스럽 일행은 6월 6일 육지를 보았고, 항해는 끝났다. 그리고 6월 12일에는 오늘의 보스턴 북쪽 세일럼 항에 입항했다. 그리고 어업기지를 개척하기 위해 1629년에 와 있던 엔디컷(John Endicott) 일행이 이날 아벨라 호의 윈스럽 일행을 방문했고, 식사에 초대했다. 윈스럽 일행은 어업기지 정착민 가운데 80여 명이 바로 앞의 겨울에 죽었다는 충격적 소식을 접했으며, 그들의 고용인 180명은 윈스럽 일행에게 식량을 간청할 정도로 안 좋은 상황을 알게 되었다.

---

6) 원래 이 배의 이름은 독수리 호(Eagle)였으나 이주민으로서 함께 탑승해 출산한 아이삭(Issac Johnson)의 아내 아벨라(Arbella)를 기념해 그 이름을 바꾸었다. 아벨라 호는 350톤의 배로서 필그림 일행이 탓던 메이플라워 호가 180톤에 불과했다는 점을 생각하면 거의 배나 큰 규모였다(Bremer, 2003: 188).

윈스럽 일행에게 세일럼은 최종 정착지가 될 수 없었다. 그래서 그들은 동쪽 해안지대를 중심으로 정착지를 물색했다. 샐톤스탈(Richard Saltonstall) 이사[7]와 필립스(George Phillips) 목사는 워터타운(Watertown)에, 핀천(William Pynchon) 이사는 럭스버리(Roxbury)에 자리를 잡았다. 이 밖에도 윈스럽 일행은 찰스타운(Charlestown), 메드퍼드(Medford), 린(Lynn) 등을 비롯해 여러 곳으로 분산해 자리를 잡았다. 윈스럽은 9월 말 보스턴(Boston)에 정착했다. 그리고 보스턴은 10월 말까지 이주민이 약 150명에 이르렀다(Bremer, 2003: 191-193).

윈스럽 일행의 보스턴 이주 이후 이른바 영국인의 대이동(Great Migration)이 시작되었다(Taylor, 2001: 164-169). 1630년대에만 14,000명의 영국인이 뉴잉글랜드로 이주했다. 존슨(Claudia D. Johnson)에 따르면, "1643년까지 매사추세츠만 식민지 관내에는 영국 이주민이 2만 명에 이르렀다"(Johnson, 2002: xi-xii). 그뿐만 아니라 영국인들에게 뉴잉글랜드는 이주지역으로 인기가 있어서 1700년대 이곳의 인구는 9만 1천 명으로 불어나 남부 체사피크(Chesapeake)의 8만 5천 명보다 많았고 서인도제도의 3만 3천 명보다 훨씬 많았다(Taylor, 2001: 170).

3 코네티컷 식민지

플리머스와 매사추세츠만 식민지 외에 영국인들은 잇따라 식민지를 세우게 되었다. 브레머는 코네티컷과 뉴헤이븐, 그리고 로드아일랜드 식민지의 설치에 관해 기술하고 있다(Bremer, 1995: 73-85).

먼저 매사추세츠만 식민지의 1630년 뉴타운 정착민들이 코네티컷 강 계곡(Connecticut River Valley)으로 이주하려는 계획을 세웠다. 뉴타운의 토지가 건조하고 모래가 많아서 농장을 일구기가 어렵다고 판단했기 때문이다. 그런데다 1632년 영국의 콜체스터(Colchester)와 브레인트리(Braintree)에서 새로 도착한 이주민들은 영국에 있을 때 후커(Thomas Hooker) 목사의 설교를 들었었고, 그와 스톤

7) 원문은 assistants라고 표현하고 있는데, 초기에 이 용어는 대개 의회의 의원을 지칭하지만, 매사추세츠만 식민청의 경우는 회사처럼 10명 안팎의 이사들로 지도층을 구성해 50년 가까이 운영했으므로 이사라는 명칭을 사용했다. 시민대표들로 식민청이 구성되기까지는 매사추세츠만 식민청의 assistants는 이사라고 적는다.

(Samuel Stone)이 도착하자 이들은 함께 교회를 결성했다. 그들 역시 뉴타운의 토지가 부족하다고 생각했다. 마침 도르체스터(Dorchester) 타운의 주민들도 유사한 문제를 겪고 있었으므로 두 타운의 주민들이 함께 비옥한 곳으로 알려진 코네티컷 강 계곡으로 이주할 계획을 매사추세츠만 식민청에 제시했다. 이렇게 해서 워터타운(Watertown)과 도르체스터(Dorchester), 그리고 뉴타운(Newtown)의 주민들이 코네티컷 강 계곡의 웨더스필드(Wethersfield)와 윈저(Winsor), 그리고 하트퍼드(Hartford) 타운을 각각 설립했다.

타운의 설립 이후 코네티컷 계곡의 정착민들은 곧 식민청 설립의 절차를 좇았다. 후커 목사 일행은 이미 당시에 코네티컷 강 입구에 세이브룩(Saybrook) 항을 개설하고 있던 윈스럽 2세(John Winthrop Jr.: 매사추세츠만 식민청장의 아들)와 매사추세츠만 식민청 이사들을 만났으며, 그 결과 1636년부터 다음해까지 12개월 간 새로운 식민지를 관리하기 위해 8명으로 구성된 위원회를 만들었다. 코네티컷 계곡 식민지관리위원회는 윈드럽 2세가 위원장을 맡았으나 그는 회의에 거의 출석하지 않았다. 부위원장 러들로(Roger Ludlow)가 실질적으로 회의를 주관했다. 이런 상황은 곧 코네티컷 식민지를 매사추세츠만 식민청으로부터 독립적인 공동체로 만드는 요인이 되었다. 그리고 1년 후 그들은 코네티컷의 이사회를 구성하기 위해 대표들을 선출했다. 매사추세츠 식민청으로부터 코네티컷 식민청으로의 권한 이전은 페코트 전쟁(Pequot War)[8]으로 인해 촉진되었다.

그러나 여기에 덧붙여 지적할 부분은 후커 목사의 생각은 매사추세츠만 식민청과 달리 "코네티컷 식민청의 권한은 자유민들의 동의에 따른다"는 것이었다. 이러한 생각을 바탕으로 정부를 구성하기 위한 기반 작업을 헤인스(John Haynes), 홉킨스(Edward Hopkins)가 수행하고 러들로 식민청장 예정자가 최종적으로 확인했다. 신에 대한 서약으로부터 시작해 "… 코네티컷 강 유역에 함께 거주하는 윈저, 하트퍼드, 그리고 웨더스필드 세 타운의 토지권자(Inhabitants)와 거주자(Residents)들은 신의 뜻에 따라 질서 있고 품위 있는 정부를 세우고, 우리들의 일을 질서에 따라 처리하고자…"라는 언사로 시작하는 협약문(Schechter, 1990: 29)을 만들었다. 이 협약문이 바로 미국 연방제의 기원으로 지칭되는 그 유명한 "코네티컷 기본법

---

8) 1637년 당시 원주민이던 인디언 페코트(Pequot) 부족과 코네티컷 강 계곡에 정착촌을 세우고 있던 이주민들 사이에 벌어진 최초의 전쟁이다.

(the Fundamental Orders of Connecticut)"이고, 1639년 1월 14일에 채택되었다.

1636년 말 코네티컷에는 800명의 남녀와 어린이들이 처음으로 이주한 후 1642년에는 그 수가 2천 명으로 늘어났고, 1654년에는 3,200명이 거주하는 식민지가 되었다. 이렇게 보면, 코네티컷 식민청 관내에서는 인구가 보스턴처럼 폭발적으로 증가한 곳은 아니었다.

4 뉴헤이븐 식민지

뉴헤이븐(New Haven)은 오늘날 코네티컷 주 제2의 도시이지만, 17세기 중반에는 별도의 식민청의 소재지였고 또 청교도의 종교적 공동체의 모범이 되었던 곳이다. 뉴헤이븐 식민지는 런던의 성 스테픈 교회(St. Stephen's Church)의 신도들과 개신교를 지향한 이 교회 목사 데이븐포트(John Davenport)와 이튼(Theophilus Eaton)에 의해 설립되었다.

국교파인 라우드(William Laud)가 런던의 대주교가 되자 데이븐포트 목사는 어려움에 처했다. 그는 잠시 네덜란드로 피신했다가 1635년 비밀리에 영국으로 귀국했다가 그의 유년 시절 친구 이튼과 함께 뉴잉글랜드 이주단을 구성해 1637년 보스턴에 도착했다. 처음에는 매사추세츠만 식민지 이주민들이 그들에게 보스턴 정착을 권유했으나 성 스테픈 교회의 재정적 후원자들은 데이븐포트와 이튼에게 독자적인 식민청 설치를 원했으므로 1638년 3월 이들은 보스턴을 떠나 4월에 퀴니피악(Quinnipiac: 1640년 뉴헤이븐으로 개칭)에 도착했다. 이들은 인디언으로부터 토지를 매입했다. 뉴헤이븐 이주자들은 식민청장과 4명의 부청장을 두는 등 식민청 정부형태를 갖추었다.

1643년 뉴잉글랜드 연합(New England Confederation)을 결성할 때 뉴헤이븐 식민청도 초청받아 독립적인 식민청으로서 인정을 받았다. 그리고 초기에는 플리머스처럼 단일의 뉴헤이븐 타운을 근거로 식민청을 세웠으므로 사실상 단일의 타운 정부에 불과했으나 그 후 뉴헤이븐 식민청이 주도해 인근에 타운들을 설립하며 식민청 관할구역을 넓혀 나갔다. 그리고 1643년 10월에는 관내 타운들과 함께 뉴헤이븐 법령에 관한 합의(New Haven Fundamental Agreement)를 만들어 법적 체제도 갖춤으로써 명실공히 식민청 정부를 이루었다. 그리고 뉴헤이븐 식민청은 뉴헤이븐 타운을 비롯해 밀퍼드(Milford), 길퍼드(Guilford), 스탬퍼드(Stamford), 그리니치(Greenwich), 사우스올드(Southold), 사우샘프턴(Southampton), 이스트햄프턴(East Hampton), 오이스터만(Oyster Bay), 헌팅턴(Huntington) 등의 타운들을 망라해 그 구역이 확대되었다.

5 로드아일랜드 식민지

코네티컷과 뉴헤이븐 식민지가 매사추세츠만 식민지와 자매 관계라면 로드아일랜드 식민지는 상당히 다른 배경을 가지고 설립되었다. 매사추세츠만 식민지는 청교도들이 종교적 공동체를 창설할 목적으로 세운 곳이라는 점은 이미 소개한 바 있다. 따라서 그들은 종교적 신념이 다른 이주민을 용인하지 않는 양상을 보였다. 하킴(Joy Hakim)은 청교도들은 국교파들의 종교적 배타성 때문에 영국에서 쫓겨난 집단이면서도 "남이 너에게 베풀기를 기대하는 대로 남에게 행하라"라는 황금률을 그들은 외면했다(Hakim, 1991: 68-70)고 지적했다.

로드아일랜드 식민지 설립자 윌리엄스(Roger Williams)는 청교도 교직자로서 순수한 종교공동체를 찾아서 매사추세츠에 왔으나 그는 자신이 하는 대로 남이 반드시 따라 해야 한다고 생각하지 않았다. 그는 기독교의 이름으로 사람을 죽이거나 벌하는 것은 죄악이라고 생각했다. 윌리엄스는 교인이라면 교회에 "세금"이 아니라 "헌금"을 내어야 한다고 생각했다. 그리고 누구나 남의 신념을 존중해야 한다고 생각했다.

그러나 17세기 매사추세츠에서는 윌리엄스와 같은 이런 생각은 수용될 수 없었다. 거기다가 윌리엄스는 종교적 신념 때문에 다른 사람을 기소하는 것은 틀렸다는 내용을 담은 책 *The Bloody Tenet*을 출간했다. 그러자 윈스럽 식민청장의 측근인 코튼(John Cotton)은 이러한 윌리엄스의 생각을 반박하고 비판하는 내용의 책 *The Bloody Tenet Washed and Made White*을 출간했을 만큼 서로 신념의 대립이 커졌다. 거기다가 윌리엄스는 인디언으로부터 땅을 빼앗아서도 안 된다는 내용, 즉 영국의 국왕은 그에게 속하지도 않는 영토에 식민지를 건설하기 위해 특허장을 부여할 권한이 없다는 내용의 설교까지 했다. 이 일을 계기로 매사추세츠만 식민청과 윌리엄스 간 대립은 극에 달했고, 마침내 윈스럽 등은 윌리엄스를 체포해 영국으로 송환하기로 결정했다.

"윌리엄스는 1636년 1월 체포를 피하기 위해 아픈 몸을 이끌고 눈보라 속을 헤쳐서 인디언 나라간셋 부족(Narraganset Indians)의 땅으로 피신했다. 인디언들은 윌리엄스를 피신시키고 목숨을 구해 주었다. 윌리엄스도 인디언들이 그를 사랑한 것처럼 그도 인디언들을 사랑하는 법을 배웠다. 그리고 그는 인디언들로부터 땅을 사서 프로비던스(Providence)라는 정착지를 만들었다. 윌리엄스는 일상의 업무는 다수에 의한 결정을 수용할 것을 결의하는 내용의 시민협약을 기초하여 채택했다"(Bremer, 1995: 80). 그리고 매사추세츠만 식민지를 비롯해 가톨릭 신자나 퀘이커(Quaker) 교도, 유대교인, 심지어 무신론자 등 많은 이주민이 로드아일랜드로 몰려들었고, 윌리엄스는 이들을 모두 받아들였다. 이어서 코딩턴(William Coddington) 일행이 윌리엄스의 도움을 받아 인디언으로부터 토지를 매입해 정착지를 만들었으며, 이것이 포트머스(Portmouth)이다. 로드아일랜드 식민지 관내에는 다시 코딩턴에 의해 뉴포트(Newport) 타운이 설립되었고, 포터컷(Pawtucket), 워윅(Warwick) 등의 타운이 차례로 설립되어 모두 다섯 개의 타운이 식민청 관내에 설치되었다.

매사추세츠만 식민청 지도자들은 이러한 로드아일랜드를 종교적 이단자들의 집합소라고 비판했지만 정작 윌리엄스는 "각자가 자신의 마음을 따르고 그의 종교를 선택하는 것은 곧 양심의 자유(freedom of conscience)"로 간주했다. 나아가 윌리엄스는 정치 영역의 식민청이 교회와 결합되어서는 안 된다고 믿었으며, 따라서 정교 분리를 주창했다. 즉, 각자는 교회에 출석하도록 강요당해서는 안 되고 특정한 종교를 믿도록 강요당해서도 안 된다고 강조했으며, 예배의 강요는 바로 신의 코를 마비시키는 일(to stink God's nostrils)이라고 비판했다.

이렇게 속속 정착 타운이 설립되자 1643년 윌리엄스는 영국을 방문해 의회로부터 정식으로 프로비던스 식민지를 승인하는 특허장을 받아 법적 정당성까지 확보했다. 이것이 오늘의 로드아일랜드 주이다.

6 동북 지방의 식민지

브레머에 따르면, 보스턴 북부의 여타 지역들이 빠르게 매사추세츠만 식민지 구역으로 흡수되었다. 그러나 사실은 윈스럽 일행보다 먼저 1622년 버지니아 식민공사의 뉴잉글랜드 위원회는 조지스 경(Sir Ferdinando Gorges)과 메이슨 대위(Captain John Mason)에게 메리맥 강과 케네벡 강 사이의 토지에 관해 특허장을 주었다. 이들 둘이 그 토지를 갈라서 관리하게 되었다. 조지스 경의 관리지역은 오늘날의 메인 주가 되었고, 메이슨 대위가 관리하던 지역은 뉴햄프셔 주가 되었다. 그리고 1643년 이후 40년 간 뉴햄프셔 주의 토지는 매사추세츠만 식민청 관할구역으로 편입되는 등 우여곡절을 겪기도 했다. 당시로는 미국 각 주의 관할이 확정되기 전이었으므로 관할권의 중복 획정과 이동은 피하기 어려웠으나 좀 더 중요한 사실은 이러한 지역에 영국인들의 이주가 계속 이루어졌고, 따라서 타운의 설립이 속속 이루어졌다는 점이다.

제 4 절 타운 설립의 모형

1 타운 설립의 핵심 요소와 절차

마틴(John F. Martin)에 따르면, 식민청 관내에서 한 타운이 설립되기 위해서는 많은 일이 필요한데, 타운의 입지를 선택해야 하고, 식민청 의회의 허가를 받아야 하며, 인디언으로부터 토지를 구입하거나 식민청의 토지 사용 허가를 받아야 하고, 정착민들도 확보해야 한다. 거기다가 타운을 설립할 구역을 측량하고, 그 결과를 식민청 의회에 보고하면 의회가 수용하고 승인하는 절차도 필요했다. 또한 토지구획－주택지, 경작지, 산림지, 목장, 소택지 등 활용 구상－도 이루어져야 했다. 그리고 도로에 관한 계획도 마련되어야 하고, 강이 있으면 다리도 놓아야 했다. 위와 같은 모든 일은 정착민들이 그들의 토지를 택해 새로운 생활을 시작하기 전에 완료되어야 했다(Martin, 1991: 9).

플리머스 타운과 식민청이 설립되는 과정을 보면 다음과 같은 요소와 절차들이 엿보인다. 첫째, 특허장(charter 또는 patent)의 확보이다. 필그림 일행은 버지니아 식민공사로부터 patent를 받았고, 윈스럽 일행은 royal charter를 받았다.

그러나 식민청의 권한이 정립된 후에는 이주민들이 국왕으로부터 특허장을 받았듯이 현지의 상위 권력을 가진 정부라고 할 수 있는 식민청으로부터 타운 설립과 관련된 charter를 받았다.

둘째, 이주민 또는 정착민의 확보이다. 사실은 특허장보다 뜻을 같이하는 사람의 요소가 더 우선이다. 필그림 일행은 영국에서 네덜란드로, 또 네덜란드에서 뉴잉글랜드로 고난을 함께하며 뜻을 같이하는 사람들이었다는 점에서도 알 수 있다. 또한 윈스럽 일행이 신대륙으로 이주한 것도 국왕 등의 청교도 핍박이 그 원인이다.

셋째, 재정의 확보이다. 필그림 일행이 이주를 결정하고 특허장을 확보하자 런던의 투자자들을 통해 이주에 필요한 비용을 마련한 것이다. 필요한 비용의 확보는 언제, 어디서나 중요한 요소이다.

넷째, 토지의 확보이다. 필그림 일행이든 윈스럽 일행이든 특허장에는 이들이 식민지를 세울 토지를 왕이 지정해 주었다. 그러나 이것은 로드아일랜드 식민지 설립자 윌리엄스가 지적한 대로 애초에 국왕에게 속하지도 않는 토지에 권한도 없는 국왕의 권한 행사에 불과하다(Hakim, 1991: 69). 그래서 영국 이주민들은 결국 현지에서 인디언의 토지를 무단 점유하거나 윌리엄스나 카딩턴처럼 인디언의 땅을 사서 토지를 확보했다. 그러나 필그림 일행은 인디언이 살았던 빈 땅에 무혈 입성함으로써 토지를 확보했다는 점은 이미 지적한 바 있다.

그러나 플리머스 식민청과 매사추세츠만 식민청은 개인이 인디언으로부터 토지를 매입하는 것을 금하고 식민청만이 토지 확보 권한을 행사했고, 그래서 타운을 설립하려는 정착민들에게 식민청이 토지권을 분배했다.

다섯째, 필그림 일행의 메이플라워 협약처럼 이주민들이 스스로 동의해 채택하는 시민협약을 만들어 자치공동체를 구현했다. 필그림 일행은 여러 악조건 속에서 필그림, 이방인, 현지 정착을 결정한 선원들 등 세 집단 간 분열은 공멸임을 인식하고 하나의 공동체를 결성해 그들의 복지를 실현하려면 서로 간의 면전에서 서약하고 복종하는 것이 최선의 길임을 알고, 메이플라워 협약을 채택했다. 그러나 매사추세츠만 식민청의 윈스럽 일행과 그 이후 타운 설립의 사례를 보면, 토지기업의 투자자들이 개발 이익을 노리는 타운 설립과 회사에 의한 타운 관리로 달라지는 시기가 도래하기도 했다. 이러한 내용은 뒤에 따로 소개된다.

여섯째, 정부의 구성이다. 필그림 일행은 협약을 채택한 그 자리에서 카버를 식민청장으로 선출하고 그를 도울 사람을 1명 선출했다. 이는 바로 공적인 일을 처리하기 위한 기구 또는 정부를 구성한 것이다.

일곱째, 필그림 일행의 이주는 애초 종교적 자유를 위한 결행이었으므로 항해 중 선상에서도, 해안에 상륙했을 때도 예배 의식을 가졌다. 모든 삶에는 신의 임재와 인도가 있음을 그들은 믿었다. 그래서 그들은 교회의 설립과 출석을 중요한 요소로 고려했다. 그러므로 거의 정교일체의 타운 공동체를 만들었다고 해도 과언이 아니다.

위의 요소들과 절차는 일정한 유형으로 정립되었고, 이것은 뉴잉글랜드의 다른 타운의 설립 때 계속적으로 복제되었다는 점이다. 이러한 타운 설립의 모형, 즉 요소와 절차에 관해 식민청 초기 타운의 설립 사례 등을 참고해 좀 더 상세하게 살펴본다.

2 타운 설립의 모형

특허장의 확보, 이주민의 확보, 재정의 확보, 토지의 확보, 협약의 채택, 정부의 구성, 교회의 설립과 종교 생활 등을 타운 설립의 핵심 요소로 적시했는데, 대개 이러한 절차를 따랐지만 반드시 정해진 절차를 따라야 하는 것은 아니었다. 식민지와 식민지 관내 타운 설립에서 약간의 차이는 확인되기 때문이다. 식민지 관내에 타운을 설립하는 경우에는 식민청에 특허장을 신청하거나 타운 설립을 신청하는 절차가 타운정부의 구성에 앞서 이루어지는 경향을 보였다.

1) 특허장의 확보

특허장(charter 또는 patent)은 우월한 권한을 가진 한 당사자(예: 국왕이나 영주)

가 하위의 당사자에게 일정한 책임, 특전, 권한, 공직 등을 부여하는 공식적이고 법률적인 문서를 가리킨다.[9] 타운 설립과 관련된 특허장은 두 가지로 나누어 볼 수 있다. 하나는 영국의 국왕이 식민지 개척의 주체에게 수여하는 것이고, 또 하나는 식민지 현지에서 정착촌이 확산되면서 설치된 현지 식민청이 타운 설립의 주체에게 수여하는 것이 그것이다. 여기서는 국왕의 특허장을 중심으로 살펴본다.

영국 국왕이 부여하는 특허장도 두 가지 유형이 있다. 하나는 필그림 일행이 받은 것처럼 국왕이 버지니아 식민공사와 같이 식민사업을 위해 설립한 회사에 부여한 특허장을 근거로 식민공사가 투자자 대표 피어스(John Peirce)에게 부여하고 이것을 필그림 일행에게 재발급하는 유형이다. charter는 국왕이 부여하기도 하지만, 국왕의 특허장을 받은 식민공사의 대표가 일단의 이주민들에게 2차로 특허를 부여할 수 있었으며, 필그림 일행은 왕의 특허장을 받은 버지니아 식민공사로부터 특허장(patent)[10]를 세 차례 받은 것(Stratton, 1986: 393-403)이 그것이다. 세 차례의 특허장을 받은 것은 그 조건에 일정한 기간이 지나면 갱신하도록 규정하고 있었기 때문이다.

와이어의 지적을 다시 참고할 필요가 있다. 그에 따르면, 영국과 뉴잉글랜드 식민청의 관계는 한동안 우월한 지위의 영국 정부와 열등한 지위의 식민청 간의 관계였다. 따라서 양자의 관계를 나타내는 용어로는 charter 또는 patent라는 일련의 협약서(covenant)를 사용했다(Weir, 2005: 25). 필그림 일행이 받은 patent는, “약식 특허장(miniature of charter)”으로 당시 식민지 개척을 위해 명망가와 재력가들이 투자해 설립한 회사가 영국의 국왕의 특허장(Royal Charter)을 받아서 다시 이 회사가 필그림 일행의 이주비용을 부담한 런던의 투자자들, 즉 피어스 등에게 일정한 권한과 책무를 부여한 것이다. 브래퍼드에게 부여한 세 번째 특허장의 중요한 내용을 보면, 의례적으로 국왕에 대한 충성, 국왕이 수여자라는 점을 나타낸 후 특허를 받는 당사자들을 나열했고, 토지는 북위 40도에서 48도까지, 바다에서 바다까지로 한다는 점을 명시하고 그 토지의 분배와 승계, 어업, 광물 채광 등 수익권과 특허장 수여자와 수혜자 간의 수익의 배분, 식민지의 질서를 위한 법규, 그리고 관

9) 특허장 개념에 관해서는 제4장 제4절에서 상세하게 다루었으므로 참고할 것.

10) 필그림 일행을 위해 투자자들의 대표로서 피어스(John Peirce)가 받은 patent 원본은 발견하지 못했으며, 1621년 6월 1일자로 재차 피어스에게 발급한 patent와 1629/30년 1월 13일자로 플리머스 식민청장 브래퍼드 이름으로 발급한 patent의 내용은 기록으로 남아 있다. Stratton, 1986: 393-403을 참고할 것.

인 사용권 등은 신은 은총으로 국왕이 수여한다는 내용으로 이루어져 있다(Staratton, 1986: 399-403).

영국 국왕이 부여하는 또 하나의 특허장은 윈드럽 등 매사추세츠만 식민회사에 직접 부여한 유형이다. 윈스럽 일행은, 필그림 일행의 특허장과 달리, 국왕이 직접 매사추세츠만 식민회사에 특허장(royal charter)을 수여했다는 점은 이미 앞에서 지적했다.

국왕이 발급한 특허장을 근거로 국왕이 지정한 식민지 현지에 도착해 이주민들이 정착을 시작하고 또 식민청 정부를 구성해 공공 권력을 확립한 후에는 새로운 정착촌 또는 타운을 설립할 때는 식민청의 허가로써 공식적 권한을 얻는 절차가 따랐다. 이에 관해서는 이 절 뒤에서 소개한다.

2) 이주민의 확보

이주민 또는 정착민을 확보하는 방법에는 두 가지가 있었다. 그것은 필그림 일행과 윈스럽 일행처럼 영국에서 뉴잉글랜드로 이주하는 집단을 확보하는 경우와 현지 식민청 관내에서 타운을 설립할 때 필요한 정착민을 확보하는 경우가 그것이다. 앞의 경우는 종교적 신념을 공유하며 국왕과 주교로부터의 핍박을 피해 국외 이주를 결행한 사람들이었다. 그럼에도 불구하고 필그림 일행은 그들 외에도 정착촌의 노동력으로서 해외 이주민을 모집할 필요가 있었다. 윈스럽 일행도 역시 적극적 모집을 통해 해외 이주민을 모집했다.

그러나 후자의 경우는 일단 뉴잉글랜드에 도착한 사람들로서 정착할 토지나 기회를 찾는 경우에 해당한다. 이들도 두 부류를 이루는데, 하나는 이주비용을 자신의 경제력으로 해결한 이주민들이고 또 하나는 이주비용을 부담할 능력이 없어서 일단 경제력이 있는 사람이 이주비용을 부담하는 조건으로 일정 기간 비용 부담자에게 노동력을 제공하기로 계약한 사람들(indentured servant)이다. 후자는 계약된 노동 기간을 채우고 나면 식민청에 계약의 만료를 확인해 자유민의 신분을 신청해 승인을 받으면 자유민이 된다.

어느 경우이든 새로 타운이 설립되기 위해서는 토지와 그곳에 정착해 살게 될 사람들이 반드시 필요한 것은 두말 할 필요도 없다. 식민지 개척의 초기에 플리머스 등 극소수의 경우를 제외하고는 매사추세츠만 식민청을 설립해 운용하는 과정도 그러하거니와 그 관내의 타운 설립의 사례를 보면, 대개 식민청의 고위층이나 부유층이 토지를 매입해 마치 기업의 주주 모임을 형성하듯 공동 투자자를 모집한 다음에 그 토지에 정착할 사람들을 모집했다. 그러므로 여러 가지 조건을 감안해 정착지로서 불리한 곳에 타운을 설립할 때는 지주들이 정착민에게 일부의 정착 비용을 지급한 사례도 있다.

3) 재정의 확보

필그림 일행이 버지니아 식민공사로부터 특허장을 받고도 이주에 필요한 비용을 확보하기 위해 런던지역 투자자 70여 명을 확보해 7년간 노동을 제공하는 조건으로 이주비용을 해결한 사례는 이미 소개했다. 식민지 개척에 나선 영국의 식민공사들은 식민지 노동력으로 이주민들이 필요한 상황이었으므로 재정의 수요와 공급의 시장이 형성되어 있었다.

이들 외에도 영국에서는 자신의 경작지를 갖지 못한 계층의 사람들이 토지 소유 등의 기대를 가지고 이주하기로 결심했으나 비용을 해결하지 못하는 사람들이 많았으므로 앞에서 소개한 대로 이들은 자신의 노동을 제공하는 조건으로 계약을 맺고 뉴잉글랜드에 도착해 정해진 기간 계약제 하인으로 살았다. 이들은 또 신분상 자유민이 되었더라도 경제력이 취약했으므로 1차 이주비용 외에 토지의 확보와 생활비용 등이 2차적으로 필요했다. 토지의 경우는 대개 식민청 관내 부유층이나 정치인들은 그들이 소유한 대단위 토지에서 이윤을 창출할 목적으로 타운설립에 참여할 노동력을 구해 정착시키는 방법을 활용했던 것으로 알려졌다. 바로 다음에 그러한 토지 이용에 관한 내용을 소개한다.

4) 토지의 확보

(1) 이주 초기 토지의 확보

아메리카 신대륙을 비롯해 세계 각국의 영토를 식민지로 만들려는 유럽 각국의 국왕들은 식민 활동에 나서는 식민공사 등의 주체에게 무슨 근거로 식민할 토지를 멋대로 선을 그어 할양했는지는 모르겠으나 대개 특허장에는 식민할 땅을 지정해 주었다. 그러나 대개는 우월한 무력의 힘으로 제압해 강제로 땅을 빼앗거나 원주민들을 속여서 땅을 가로채는 수법들이 사용되었다는 것은 잘 알려진 역사적 사실이다.

필그림 일행의 플리머스 상륙과 토지의 확보는 그야말로 무혈입성이었다. 그들의 무혈입성은 인디언 특유의 떠도는 삶과 유럽인들이 옮긴 전염병 때문에 가능한 일이었다. 먼저, 인디언의 토지에 대한 관념은 유럽인들과 전혀 달랐다. 크로난(William Cronon)에 따르면, "인디언들은 토지의 다양한 조건들을 활용하며 필요한 최소한의 도구만 등짐처럼 걸머지고 이동하는 삶을 살았으므로 그들은 재산을 따로 만들 필요가 없었다. 농사를 지으며 살던 남부 뉴잉글랜드 인디언들일지라도 그들은 이동할 필요가 있을 때는 수확한 농산물 등을 땅에 묻어 저장해 두었다가 다음에 돌아와 꺼내어 사용했다.[11] 채집과 사냥으로 사는 북부 뉴잉글랜드 인디언들이야 더욱 이동성이 높을 수밖에 없었다.

그러나 유럽인들은 인디언들의 그러한 문화를 전혀 이해하지 못했고, 그들은 오히려 그들의 가치 기준을 가지고 인디언들이 토지 가치를 1/4도 활용하지 못하고 있으며, … 토지의 조건을 개선하지도 못하는바 이것은 인디언들이 게으른 탓이라고 비판했다"(Cronon, 2003: 54-55). 그러므로 인디언들은 유럽인들과 토지 소유 관념이 전혀 달랐다(Teele, 1985: 7; Robinson, 2011: 26). 즉, 인디언들은 땅 자체를 소유하는 것이 아니라 주어진 땅에서 생산되는 그 생산물을 소유하는 관념을 지니고 살았던 것이다.

다음, 유럽인들이 퍼뜨린 천연두 등 전염병으로 인디언들은 심대한 타격을 입었다(Hakim, 1991: 34). 어떤 인디언 부족은 천연두가 만연해 부족 사람의 95%가 사망했고, 뉴잉글랜드의 전체 인디언 수가 약 7만 명에 이르던 것이 유럽인들이 퍼뜨린 천연두를 비롯해 전염병으로 인해 1600년대 초반 1만 2천 명으로 급감했다(Robinson, 2011: 27). 필그림 일행이 플리머스에 상륙했을 때에도 수많은 해골이 그대로 버려져 있었다는 사실을 브래퍼드가 비망록에 적었을 정도였다(Random House, 1981: 96-97). 그러므로 인디언들은 전염병을 우려해 백인들의 출몰을 두려워했고, 거기다가 여름에는 해안 쪽에 거주하다가 겨울에는 내륙으로 이동해서 살았기 때문에 필그림 일행은 인디언들이 비워둔 땅을 쉽게 점유할 수 있었던 것이다.

11) 필그림 일행이 1620년 겨울에 Cape Cod 해안에 도착해 정착지를 탐색할 때 그들은 인디언들이 묻어둔 옥수수 등을 가져다가 먹거리로 이용하며 살아남을 수 있었다(Philbrick, 2006: 78-92).

필그림 일행은 일단 인디언들이 비워 둔 땅에 상륙해 그들의 영국 출항지 항구 이름 플리머스(Plymouth)라는 지명을 붙이고 그곳에 정착을 시작했다. 특히 필그림 일행은 그들에게 우호적인 인디언 부족을 만나면서 매우 쉽게(?) 정착할 수 있었다. 즉, 1621년 3월 16일 인디언 청년 사모셋(Samoset)이 필그림 일행의 정착지를 스스로 찾아왔고, 며칠 후 그가 또 다른 인디언 청년 스콴토(Squanto)를 데리고 왔다. 필그림 일행은 이들을 통해 1621년 3월 22일 인디언 포카노켓 부족(Pokanokets)의 추장 마사소잇(Massasoit Qusamequin)과 7개 항으로 된 평화조약(Peace Treaty)을 체결할 수 있게 되었으며, 따라서 필그림 일행이 인디언이 살던 땅을 점유하면서 토지 확보가 이루어졌고, 다음으로 평화조약을 통해 안전이 확보되었다. 포카노켓 인디언과의 평화적 관계는 1675년 마사소잇의 둘째 아들 필립(Philip)을 중심으로 한 인디언 부족 연맹과 식민지 연합 간에 전쟁이 일어날 때까지 지속되었고, 포카노켓 부족은 이주민들과 좋은 관계를 유지했으므로 이주민들의 정착과 성장, 발전이 가능했다(Philbrick, 2006).

그러나 근본적으로 토지에 관한 관념이 다른 필그림 일행은 포카노켓 부족으로부터 필요한 땅을 속속 매입했다. 여기서 매입이라고 표현했지만, 실은 유럽 문명을 처음으로 접하던 인디언에게 구슬, 나이프, 거울, 코트, 도끼 등을 주고 땅을 얻었다. 실제로 1642년 11월 오늘날 레호보스(Rehoboth) 타운 지역의 땅을 살 때 플리머스 식민청은 한 바스켓의 구슬을 추장 마사소잇에게 주었고, 그는 매우 만족해 했다(Philbrick, 2006: 171)는 것이다. 그리고 플리머스 식민청은 국왕으로부터 모피 거래권을 독점적으로 부여받았으므로 그 생산성을 높이기 위해 활과 화살로 동물을 잡던 인디언들에게 총을 팔았고, 그들은 더 많은 모피를 수집해 상품화할 수 있었다.

토지에 관한 유럽식 경제적 관점을 가진 필그림 일행과 1630년 윈스럽 일행, 이른바 청교도들은 1640년대 까지 그 수가 2만 5천 명에 이르고(Teele, 1985: 88), 토지의 수요는 급격하게 증가했다. 왕의 폭정을 피하고, 토지를 갖기 위해, 또는 종교적 이유로 이주한 영국인들(Teele, 1985: 43)은 이렇게 해서 토지 소유욕을 충족시켰다. 이렇게 확보된 토지는 식민지 부유층 또는 지도층에 의해 매입 또는 할당되었으며, 이들은 토지권을 이용해 타운의 설립을 주도해 막대한 개발 이익을 독점할 수 있었다. 실제로 인디언들로부터 헐값으로 땅을 매입한 식민청은 500%의 이윤을 남기고 분양한 사실이 기록으로 남아 있다(Philbrick, 2006: 171). 이렇게 해서 영국의 뉴잉글랜드 식민지 확대정책과 함께 토지 확대는 가속적으로 이루어졌다.

한편 필그림 1세대와 마사소잇 추장이 사망한 후 그 후대들 간에는 갈등 요인이 늘어났다. 영국인 이주자들은 이제 현지 조건에 적응되어 인디언의 도움이 더 이상 필요하지 않게 되었고 인디언들에게 갖는 고마운 마음도 줄었다. 또 인디언보다 수적으로도 우세하다는 상황 조건의 변화는 인디언과의 이해 관계 조정을 불필요하거나 어렵게 만들었다. 예컨대, 플리머스 식민청은 마사소잇 추장의 큰 아들이자 당시 추장이던 알렉산더가 로드아일랜드 식민청에 토지를 판 것을 문제 삼아 플리머스로 알렉산더를 소환했고, 플리머스와 그의 인디언 마을을 오고가는 도중에 알렉산더가 죽게 되자 후임 추장이 된 그 동생 필립은 백인들에게 적대감을 가지고 여러 인디언 부족들을 규합했으며, 인디언들은 무장하는 데 필요한 총을 구입하기 위해 넓은 땅을 또 헐값에 파는 악순환이 이어졌다(Philbrick, 2006: 218-219).

(2) 다른 타운들의 토지 확보

토지를 통해 개발 이익을 추구하는 타운 설립과 개발 이익의 독점 현상은 마틴(John Frederick Martin)이 아주 상세하게 다루고 있는데(Martin, 1991), 다음에 몇몇 사례를 소개한다.

마틴에 따르면, "1600년대에 설립된 뉴잉글랜드 타운의 경우 대개 기업형 토지소유자 조직이 타운 설립을 주도했고, 이들은 토지소유자 조직은 물론 타운미팅에서조차 주민들을 배제했다(Martin, 1991: 3-4). 타운의 설립은 토지의 매입과 측량 등 비용 부담 능력이 있는 자로서 자본주들(proprietors)이 일종의 토지회사(land corporation)를 설립한 다음 토지를 소유하고 거주할 수 있는 자들(inhabitants)을 선정했다. 그들이 타운의 협약(covenant)도 기초했고, 토지의 측량과 토지의 용도 설계까지 마친 다음, 이러한 구상을 토대로 식민청 의회에 타운 설립을 신청하는 절차를 따랐다. 그러면 식민청 의회가 이것을 심사해 승인 여부를 결정하는 절차였다. 그러므로 식민지의 유력자들, 즉 부자, 명망가, 정치인, 인디언과의 협상을 벌이거나 군인들이 인디언과 협상을 통해 토지를 확보하는 방법으로 타운 설립을 주도했다. 타운을 설립하는 일은 경제력도 약하고 식민청 정부에 연줄도 없는 일반 이주민들이 해내기 어려운 일이었기 때문이다.

특히 정치가들은 식민청 이사회에서 타운 설립의 업무를 처리하는 과정에 직·간접으로 관여했다. 이들은 타운 설립을 다루는 위원회의 심의위원이거나 타운 설립을 감독하는 직무를 담당하면서 타운 설립 업무를 호의적으로 처리하도록 도와주는 대신 그 타운에서 토지를 보상처럼 받기도 했다. 그러므로 타운은 토지 투자자들이 이윤을 추구하며 사적으로 관리하는 기업의 성격을 띠고 있었으며, 토지권을 갖지 못하고 임대해 농사를 지으며 거주하는, 이른바 비지주 주민들(non-proprietor)은 토지를 매입할 수조차 없었고, 타운미팅에 출석할 기회조차 갖지 못했다. 토지기업이 타운의 공적인 업무도 처리했다. 이렇게 보면, 뉴잉글랜드 타운은 필그림의 플리머스 타운 외에는 윈스럽 일행의 경우에서 보듯 17세기 말까지 독과점 기업처럼 권력과 이윤을 다루었다는 점에서 후세의 찬사가 무색할 정도였다.

그런데도 불구하고 역사가들이 타운의 토지제도에 공동체성을 갖추고 있었다고 주장하는 것은 토지회사 주주(shareholders)들 간의 공동체성을 타운 전체의 공동체성으로 오해한 것이다. 주주들만의 평등을 중심으로 타운민주주의를 규정한 것이라고 마틴은 비판적으로 지적했다(Martin, 1991: 3-4). 그러므로 토크빌이 극찬했던 뉴잉글랜드 타운제도는 17세기 동안 플리머스를 비롯한 극소수의 타운[12] 외에는 주민의 평등한 참여가 보장된 타운민주주의가 아니라 "소수의 재산가, 명망가들에 의한, 그들만의 이윤을 위한, 그들에 의한 타운자치"였다는 역사적 사실을 부인할 수 없다. 17세기 후반부 뉴잉글랜드 타운은 부유층이나 명망가들에 의해 토지 이윤을 추구하는 도구로 전락해 소수자가 주도 내지 지배하는 정치체로 변질되었다. 결국 토지회사 주주들로써 이루어진 이권집단에 의해 관리되던 뉴잉글랜드 타운은 안팎의 저항과 비판에 부딪칠 수밖에 없었다.

마틴에 따르면, 타운에 거주하면서도 토지를 갖지 못한 정착민이 계속 늘어나면서 타운 거주자들이 조세상의 불이익을 겪게 되자 불평을 제기하기 시작했다. 거기다가 식민청과 타운 외부의 인사로서 영국 국왕의 특사 자격으로 뉴잉글랜드 토지제도를 검토한 앤드로스 경(Edmund Andros)과 랜돌프 경(Edward Randolph)이

---

12) 플리머스 타운의 경우는 런던의 투자자들이 이주비용을 부담하는 가운데 16세 이상의 필그림 일행은 정착민이자 소액 투자자였다. 따라서 정착 과정에서 이들은 동등한 주권의 보유자로 볼 수 있으므로 평등한 참여가 보장될 수 있었다.

뉴잉글랜드 타운의 토지를 관리하는 제도는 영국법에도 전례가 없는 불법이라고 강하게 비판했을 정도이다. 이렇게 되자 토지를 살 수도 없고, 타운회의에 참여하는 길도 봉쇄되었던 타운 거주자들의 불평과 문제 제기는 힘을 얻었다. 결국 1685년 플리머스 식민청과 매사추세츠만 식민청은 법률을 제정해 타운에 거주하지 않는 지주들(proprietors)의 토지소유권을 제한했고, 타운 내 토지 소유는 식민청에 등록하도록 규정함으로써 타운의 공적 업무를 이들이 관리하지 못하게 했다. 결국 이들은 사적 기구로서 지주회의(proprietorship)를 따로 구성함으로써 주민의 공적 기구인 타운과 분리되었다(Martin, 1991: 258-259).

5) 타운 설립을 위한 특허장 신청

타운을 설립할 토지가 확보되고, 또 협약이 채택된 후에는 타운을 인가할 권한을 가진 기관(현지 식민청)에 타운 설립 의사를 제출하고, 식민청 내부적 과정을 거쳐 승인받는 절차를 따랐다. 타운 설립 청구와 심사 및 승인은 신청이 접수된 후 특허장을 발급해 타운 설립이 종료될 때까지 필요한 일들은 타운 설립 청구자들과 식민청 담당 부서 간에 오고가며 처리되었다.

매사추세만 식민지의 콩코드(Concord) 타운처럼 특정한 지역의 주민들이 식민청이 소유하고 있는 토지를 분양해 주도록 신청해서 그 토지를 중심으로 타운을 세우는 경우(Teele, 1985)도 있고, 스프링필드(Springfield)처럼 식민지에서 토지를 통해 이윤을 추구하던 핀천(John Pynchon)과 홀리오크(Elizur Holyoke) 등이 인디언으로부터 땅을 매입해 그 땅의 개간을 위해 타운 설립을 청구한 경우도 있다. 또 워체스터(Worcester) 타운처럼 아예 식민청의 관계자 구킨(Daniel Gookin)이 식민청의 지원 아래 식민청 소유의 토지를 임대받아서 타운을 설립하는(Martin, 1991: 23-28) 등 다양한 사례들이 있다. 그래서 사례에 따라 타운 설립 추진 과정이 길어지기거나 단축되는 가운데 식민청과의 관련 속에서 타운 설립 업무가 진행되었다. 마틴의 지적대로 타운 설립은 돈도 많이 들고 또 입지 결정, 타운 설립 청구, 측량과 타운의 토지 이용 계획의 수립, 정착민의 확보 등 복잡한 과정을 거치며(Martin, 1991: 9-10), 이러한 과정에 타운 설립 추진자들과 식민청 간에는 상호작용이 이루어지게 된다.

타운 설립을 위한 청구를 접수한 식민청은 의회에서 청구안을 토대로 심의 절차를 가져서 특허장(charter)을 부여하거나 아니면 타운의 설립과 관련된 특별법을 제정해서 타운 설립을 허가했다. 그러므로 타운 설립 청구서를 접수한 식민청의 의회 안에 설치된 해당 위원회가 타운 설립 과정을 긴밀하게 감독하고 심사하게 된다. 식민청의 심사 과정을 거쳐 최종 승인하는 헌장에는 대개 "특허장을 허가하는 당사자, 헌장을 신청하는 당사자, 헌장 허가의 사유에 관한 진술, 허가되는 헌장 내용의 진술, 그 헌장에 의해 허용된 인가나 배타적 권리, 헌장 내용의 관리와 실행 방법, 헌장에 의한 특정한 제한이나 한계의 설정, 헌장 수여자와 청구자의 상호 의무 등 8개 사항이 포함된다"(Lutz, 1988: 35-37).[13][14]

여기서 덧붙여 지적할 것은 앞에서도 소개한 바와 같이 식민지 개척의 초기에는 식민청 자체의 절차도 정형화가 되지 못한데다 타운의 설립과 관련된 업무는 더욱 일반화되지 못했다. 그러나 식민청의 기본 정책은 식민지 확대에 비중을 두었으므로 타운 설립을 청구한 쪽의 자율성이 비교적 높았고, 절차도 다소 신축성이 있었을 것이라고 생각된다. 그러나 식민청 권한이 확립되고 또 행정이 안정된 후에는 법적 절차로 정형화되었을 것이며, 그래서 식민청이 상위의 우월한 당사자로서 권한행사를 강화하고 좀 더 세밀한 절차를 정립해 적용하게 되었을 것이라고 생각된다. 그렇게 시간이 흘러 오늘날의 타운 설립 절차로 정형화되었다고 본다.

---

13) 영국에서는 자치도시에 부여된 헌장상의 권리와 특전(rights and privileges)이란 본래 왕의 것을 빌려준 것(rented)이라고 해석한다. 그러한 권리와 특전으로는 ① 관인을 가질 권리, ② 1년 단위로 구성원들에 의해 시장(bailiff)을 선출할 권리, ③ 12명의 대의원과 시장으로 공의회(common council)를 구성할 권리, ④ 시장과 대의원은 법률을 제정하며, 벌금을 부과하고, 죄인을 감옥에 가두는 등의 집무를 행할 공의회의 건물을 구입할 권리, ⑤ 법률을 공부한 1인의 기록관을 시장과 대의원들이 선출할 권리, ⑥ 매년 1인의 서기(clerk)를 선출할 권리, ⑦ 선거를 실시할 권리(대외에 자치단체를 대표할 시장과 대의원 중 의장을 선정), ⑧ 시장, 의장, 기록관은 치안판사로서 사형 언도나 수족을 절단하는 언도를 제외한 형을 언도하는 권리, ⑨ 법정을 설치하는 권리, ⑩ 매주 월요일과 목요일에 시장을 개설하는 권리, ⑪ 3년마다 한 번씩 박람회를 개최하는 권리, ⑫ 감옥을 설치해 운용하는 권리, ⑬ 장원을 매입해 소유하고 임대하는 권리, ⑭ 왕의 칙서를 공람시키는 권리, ⑮ 1년에 1파운드를 지급하면 31년간 헌장의 유효성을 유지하는 권리 등이다(Powell, 1963: 25-27).

14) 자치단체의 헌장은 국가의 헌법과 본질적으로 유사한 것으로 간주되는데, 섹터(Schechter, 1990: 7-9)는 헌법에 담겨지는 핵심 내용으로 ① 시민공동체의 창설, ② 정부의 창설, ③ 결사체 원칙의 수립, ④ 정부제도의 얼개 설정, ⑤ 대표 방식과 동의 방식의 결정, ⑥ 공직의 편성, ⑦ 정부 권력의 범위 설정, ⑧ 정부 관계의 설정, ⑨ 비준과 수정 절차의 명시 등을 적시했다. 그러므로 국가의 헌법이나 타운의 설립과 관련된 헌장 또는 협약은 위와 같은 핵심 내용들을 포함하는 것이라고 보면 될 것이다.

6) 협약의 채택

엘라자르(Daniel J. Elazar)에 따르면, compact는 covenant, contract와 더불어 세 가지 형식의 합의(agreement)를 의미하는데 이들 모두 자발성이 그 바탕이다(Allen, 1998: 3 재인용). 앨런에 따르면, "covenant는 어떤 초월적인 높은 권위가 거증하는 가운데 특정한 목적을 위해 상호 맹세하거나 약속함으로써 자발적 동의에 기초하여 성립하는 합의를 가리킨다. 그리고 covenant와 compact는 동의어이지만 후자는 대개 정치를 비롯한 세속적 관계에서, 초월적 권위의 관여나 거증이 아니라, 자발적 동의를 바탕으로 한 상호 서약을 통해 이루어지는 합의"이다(Allen, 1998: 3 재인용).

(1) 타운 설립과 시민협약의 의의

타운의 창설을 위한 합의를 만들어 내는 일은 매우 중요한 일이요 절차이다. 타운의 설립은 여럿이 한 공동체(a people)를 만드는 일이요 주권자(sovereign)를 창설하는 일(Lutz, 1988: 47)이기 때문이다.[15] 뉴잉글랜드의 타운을 설립하는 과정은 식민청의 특허장(charter)에 근거하되 타운 거주자들은 한 공동체를 형성하는 절차로서 협약을 채택했다. 타운 설립과 관련된 협약의 사례를 중심으로 소개한다.

타운 설립에 관한 합의로서 협약은 여러 형태가 있고, 그 표현하는 용어도 다양하다. 그래서 파월(Sumner C. Powell)은 "뉴잉글랜드 타운의 기원은 다양하고 또 특성도 다양하다"(Powell, 1963: 139)고 했다. 그렇더라도 뉴잉글랜드 타운의 설립 과정은 모든 타운이 대개 유사한 절차나 내용을 따랐다는 것 또한 사실이다.

브레머는 "1628년 매사추세츠의 세일럼 정착지에서 히긴슨(Francis Higginson)과 스켈턴(Samuel Skelton)이 교단을 세울 때 문서로 된 협약을 채택하고, 또 스켈턴은 목사로, 히긴슨을 교사로 선출한 것은 바로 필그림 일행이 세운 플리머스 식민청을 본뜬 것"(Bremer, 2003: 166)이라고 지적했다. "세일럼 교단과 교회의 설립은 또 그 이후 뉴잉글랜드 지역의 교단과 교회 설립의 기본 전형으로 간주되었다"(Bremer, 1995: 57). 그러므로 필그림 일행의 메이플라워 협약은 뉴잉글랜드 지

15) 러츠는 플리머스 식민청이 the Pilgrim Code of Laws, 코네티컷 식민청이 코네티컷 기본법(the Fundamental Orders of Connecticut)과 같은 거의 헌법 형태의 charter를 제정함으로써 단일의 인적 공동체(a people)를 창설하고, 시민권(citizenship)을 규정하는 등 미국 헌법의 기원을 이루었다고 밝혔다(Lutz, 1988: 35-49).

역의 타운과 교단 및 교회 설립의 전형은 물론 타운자치제도의 전형까지 제시했다고 본다.

러츠(Donald S. Lutz)에 따르면 "식민 시대 미국인들은 정치적 협약과 헌법을 지역공동체, 교회, 식민지 설치를 위한 문서로 사용하는 관습을 지니고 있었다"(Schechter, 1990: 138). 이러한 관습은 와이어의 지적대로 "뉴잉글랜드 이주자들은 성경과 프로테스탄트 개혁적 신학에 뿌리를 두고 있는 협약을 통해 신과 인간은 수직적 관계를 설정하고 그 이웃과 교인들은 수평적 관계를 설정하고 살았다"(Weir, 2005: 221). 따라서 타운 설립자들은 수평적 관계를 바탕으로 협약, 즉 합의를 통해 서로 동질감과 연대감, 책임감을 느끼게 되었다. 그리고 성경과 영국의 사회적 관행에 바탕을 둔 개인 간의 합의, 그것에 바탕을 둔 공동체의 형성을 통해 개인과 공동체의 책무를 확인했다. 그러면서 그들에게 주어지는 다양한 어려운 조건들에 대처하는 관습이 생성되었다고 볼 수 있다.

타운을 설립할 때 협약을 나타내는 용어들로는 주로 covenant, combination 등을 사용했고, 스프링필드 타운은 "articles of association"이라는 표현을 사용하기도 했다. 또 워윅타운은 "town orders"라는 표현을 사용했으며, 이 밖에 "the Orders and Agreements"[16]라는 표현도 사용되었다(Martin, 1991: 139-141). 협약은 일찍 성서에도 자주 등장하는 용어였으며, 로드(Arthur Lord)는 "필그림의 메이플라워 협약은 정치적인 합의이지만 어법상 종교적 서약의 양식을 따르고 있는바, 교회 서약의 아이디어를 적절하게 사용한 것"(Lord, 1920: 283-284)이라고 했다. 와이어도 이런 종류의 서약은 신약과 구약에 자주 나타난다(Weir, 2005: 221)고 확인한 바 있다.

(2) 시민협약의 사례 · 유형 · 변천

와이어는 필그림 일행이 메이플라워 협약을 채택한 것은 그들이 맞이한 상황에 맞추어 영국의 관습법(common law)을 적용한 것이라고 지적한다(Weir, 2005: 27). 그 이후 플리머스 식민청 관내에 다른 타운을 설립할 때도 참여자들이 협약문을 작성해 표시하는 방식의 관행이 되어 확산되었다. 이것은 그 후 다른 식민청 관내의 타운 설립 과정에서도 복제되었다(Fradin, 2007: 34).

---

16) 그 당시의 철자법을 그대로 인용함.

먼저, 1636년 매사추세츠만 식민청 관내에 설립된 데드햄(Dedham) 타운의 시민 협약을 로크리지(Kenneth A. Lockridge, 1985: 3-36)의 문헌을 통해 소개한다. 데드햄 타운의 사례를 살펴보게 된 이유는 플리머스 식민청 관내 타운은 플리머스 타운의 협약을 소개한 바 있기 때문이고 또 설립 연도도 플리머스 식민청 관내의 덕스버리(Duxbury) 타운과 같은 해로서 이주 초기인 1636년이기 때문이다.

1635년 영국의 북부 요크셔(Yorkshire) 지방에서 이주한 중산층 계층의 청교도들로 알레인(Edward Alleyne), 에버라드(John Everard), 그레이(John Gray), 엘리스(John Ellis) 등 40가구의 사람들이 매사추세츠만 식민청의 이사회에 데드햄 타운의 설립을 신청했다. 이들은 토지사용권(grant of land)을 신청하면서 4년간 면세와 군역 면제도 요청했다. 타운 설립 신청을 접수한 이사회는 보스턴 일대의 인구밀도를 완화하기 위해 내륙 쪽에 타운의 설립을 기대하던 때였으므로 청원자들이 신청한 콘텐트먼트(Contentment)라는 타운 이름 대신 데드햄이라는 이름을 권고했을 뿐 대부분의 내용은 신청한 그대로 수용해 타운 설립을 승인했다. 데드햄 타운의 설립자들이 작성한 협약은 다음과 같이 5개 조항의 내용으로 구성되어 있다.

> 첫째, 여기 이름을 쓴 우리는 전능하신 신께 외포와 경배를 바치며, 우리는 신의 완벽한 규칙대로 한 가지 진리를 서로 그리고 각자에게 공언하고 실천해 영속적인 사랑을 다할 것을 약속하노라.
>
> 둘째, 우리는 반드시 우리와 상반되는 마음을 가진 이들이 가까이 하지 못하게 할 것이며, 우리들과 한 마음을 가지고 있거나 그럴만한 이들만 받아들일 것이며, 우리는 또 온화한 정신의 소유자들과 평화롭게 대화하며 살아갈 것을 진정 알거나 알게 될 것이며, 예수 그리스도를 알고 믿는데서 우리는 각자 교화할 것이며, 서로 격려해 서로의 선함과 참된 평화를 구해 만사를 안강케 하리라.
>
> 셋째, 우리 타운에서 언제든지 서로 간에 이견이 생길 수 있을 것이며, 이런 때 각자는 그러한 모든 이견을 드러내어 타운 내의 다른 이들에게 알리고, 지체 없이 충분히 조화롭게 결정할 것이다.
>
> 넷째, 타운의 모든 주민은 토지를 갖게 되며, 그가 소유하고 있는 바에 따라 부과되는 비용을 부담할 것이며, 우리는 또 동료애를 깊게 하고 넓히는 것과 함께 우리 타운을 사랑이 넘치고 안락한 사회로 만들기 위해 이 시간 이후에 현재 또는 미래에 결정될 질서에 따를 것이며, 특히 신을 경외하고 그의 품 안에서 우리는 넘치는 사랑을 누리기를 기

원한다.

다섯째, 우리는 우리의 진정한 의사가 좀 더 잘 나타나도록 하기 위해 타운의 일원으로 승인된 각자는 각자의 이름을 밝히고 자신과 자신이 그랬던 것처럼 그의 후손들도 동일한 책무를 지도록 할 것이다.

한편 포츠머스 타운의 협약을 보면 다음과 같다.

여기 이름을 적은 우리는 신(Jehovah)의 임재 속에 엄숙하게 우리 스스로를 한 공동체로 만들어서 왕 중의 왕이신 우리 주 예수 그리스도의 도움 속에 우리 자신, 우리의 삶, 우리의 재산 등 만사를 그의 처분에 따를 것이며, 그가 우리에게 내리신 완벽하고 또 절대적인 법에 따를 것이고, 그의 진리의 말씀에 따를 것이며, 그의 판단과 인도에 따를 것이노라(19명의 참여자 서명).

이 밖에도 플리머스 식민청 관내의 스완지(Swansea) 타운은 당시 민병대장 윌렛(Thomas Willett)이 주도해 타운을 설립한 경우로 그가 식민청에 타운 설립을 신청했다. 그가 단 세 개 항의 협약문을 기초해서 타운미팅을 통해 서명함으로써 채택했다(Weir, 2005: 120-123).

첫째, 성향이 나쁜 사람은 주민(inhabitants)으로나 임시 거주자(sojourner)로 받아들이지 않는다.
둘째, 이견을 가지고 악행을 행하는 사람은 주민으로 허용하지 않는다.
셋째, 우리 타운에 부담을 주게 될 사람은 받아들이지 않는다.

이 밖에도 로드아일랜드 식민청의 이스트 그리니치(East Greenwich) 타운의 협약(Weir, 2005: 126-130)처럼 헌법 수준으로 장문의 협약서를 세세하게 규정해 작성하는 경우도 있으나 여기서는 생략한다.

7) 정부의 구성

인간 사회에서 먹고 사는 일 다음으로 공동체의 의사를 결집·조정하는 일로서 정치는 필수적 현상이고, 정치를 통해 이루어진 결정을 실행하는 정부의 구성 역시 필수적 현상이다. 1620년 필그림 일행이 메이플라워 협약을 채택하고 바로 그 자리에서 식민청장으로 카버(John Carver)와 1명의 assistant를 선출한 것이 바로 정부의 구성 사례이다.

타운 설립을 청구한 후 그 심사 과정을 거쳐 헌장이 부여되면 해당 타운의 유권자들은 공직자들을 선출하고 공직의 배열에 따라 타운정부를 구성하게 된다. 가장 가시적으로는 타운정부에 공직자들이 등장해 공적으로 필요한 일들을 처리하는 것이다.

그런데 짐머만(Joseph F. Zimmerman)은 타운정부 공직자의 등장에 관해 "처음부터 타운의 구성원들이 참여해 필요한 일들을 토론해 처리했는데, 대개 특정한 공직자를 선출하지도 않았고, 제도화되지도 않았으며, 비공식적인 방식이었고, 상존하는 조직도 없었고, 집회도 빈도가 일정하지 않았으며, 집회의 구체적 역할도 정해진 것이 없었다"(Zimmerman, 1999: 18-19)고 지적했다.

실제로 매사추세츠 주의 케임브리지 타운의 기록, 즉 회의록을 보면 1632년 1월 7일부터 1634년 5월 5일 회의가 이루어지기까지 어떤 공직의 명칭도 기록되지 않았다.[17] 그러다가 1634년 6월 2일 회의 기록에 처음으로 보안관(Constable)이라는 공직 이름이 나타났다. 그러나 오늘날 남아 있는 타운의 기록은 회의 결과를 누군가가 기록해 남겼기 때문에 존재하는 것이라는 점에서 기록관(Recorder)이라는 명칭은 없었더라도 그 역할을 이미 존재했다는 것을 알 수 있다. 짐머만은 매사추세츠만 식민청이 1630년 9월 28일 세일럼(Salem) 타운의 보안관을 임명했으며, 이어서 찰스(Charles), 럭스버리(Roxbery), 워터스톤(Watertown) 등의 보안관을 차례로 임명했다고 밝혔다(Zimmerman, 1999: 21). 그러나 보안관은 식민청이 임명한 공직이므로 당시 타운의 유권자가 직접 선출하는 공직은 아니다.

식민지 초기 타운의 기록들을 보면 가장 일반적으로 확인되는 타운 공직자는 selectmen이다. 이 공직은 townsmen, sevensmen, twelvemen 등 다양한 이름으로 부르다가 지금의 selectmen으로 통일되었다. 그리고 초기 타운의 공직으로는 울타리 검사관(fence reviewer), 떠돌이 가축 돌보기(pound keepers), 돼지목동(hog reeves), 도로측량관(surveyors of highway), 관인관리관(sealers), 서기(clerk), 종치기(bell

17) Cambridge, The Records of the Town of Cambridge, Massachusetts 1630-1703.

ringer) 등이 기록에 나타난다(Cambridge, 1945; Webster, 1945: 28-29; 토크빌 저, 박지동 옮김, 1983: 75). 타운 설립의 인가를 받기 전이나 받은 후에 타운에서는 회의를 진행하기 위해 의장(moderator)의 역할도 필요하므로 선정했을 것이다. 뉴잉글랜드 타운의 공직은 시간이 흐르면서 공직의 종류 등이 변화해 오늘에 이르렀다.

8) 교회의 설립과 종교 생활

종교적 자유를 갈구하고 이상적 종교공동체를 세우기 위해 대서양을 건넌 필그림과 청교도들이 가장 중요하게 하는 일 가운데 하나는 예배를 보고, 또 그것을 위한 공간으로서 교회를 세우는 것이었다. 필그림은 아예 따로 교단을 분리해 교회까지 세웠기 때문에 국왕과 국교단의 박해를 받았고, 해외 이주를 택했으므로 종교적 신념이 얼마나 강고한가를 보여 준다. 그리고 매사추세츠만 식민청 지도자 윈스럽 일행은 "매사추세츠를 이상형 종교공동체(City upon a Hill)로 만들고자 했다"(Taylor, 2001: 167-168; Bremer, 1995: 55)는 점은 이미 소개한 바 있다.

교회를 세우는 일은 교회 주역(pillars of the church)들을 중심으로 새로운 교단을 구성해서 추진했다(Johnson, 2002: 17). 그리고 뉴잉글랜드 이주민들이 교회를 세울 때도 먼저 서약문을 작성하고, 그 서약문에 동참하고자 하는 교인들의 서명을 받고, 그것을 토대로 교단을 세우고, 목사 등 교회의 교직자를 초청하거나 선출해 교회정부(church government)를 구성하는 절차를 따랐다.

매사추세츠만 식민청이 개설되기 바로 전인 1629년 세일럼 타운의 정착민들은 따로 그들의 교회를 설립하기 위해 협약문(covenant)을 작성했다.

> 우리는 신과 서약하고 또 우리끼리 서로 서약하노라. 우리는 신의 임재 하에 우리들을 결합시키며, 신의 법도에 따라 걷고, 신께서 우리에게 진리와 축복을 드러내며 즐거워할 방식대로 살고자 한다(Bremer, 1995: 56-57).

세일럼 타운에 교회를 세울 때 서약을 사용한 사례는 1630년 윈스럽 일행이 도착해 찰스타운(Charlestown)과 워터타운(Watertown)에 교회를 세울 때도 선례가 되었다(Bremer, 2003: 197-198).

서약은 필그림이나 청교도들에게만 특유한 것이 아니라 신과 아담 간의 서약이나 아브라함과 신 사이의 서약처럼 성경에 자주 등장하는 것이다. 틸(John W. Teele)은 1650년대에서 1670년대까지 뉴잉글랜드 이주민들은 서약에 개인 차원, 공동체 차원, 교회 차원의 서약을 포함시켰다(Teele, 1985: 96-98). 그리고 이러한 서약을 통해 개인, 공동체 또는 사회, 그리고 교회는 서약의 축복과 서약에 의한 책무와 실천 방도를 알게 되며, 신은 서약을 통해 삶의 방식을 제시하고, 서약자는 서약에서 요구한 바를 책무로 받아들여야 한다고 보았다. 그래서 청교도들은 개인 차원에서 이루는 성공을 곧 신에 의한 구원의 신호로 간주했다.

한편 공동체 차원에서 협약은 헌법을 통해 실현되며, 그래서 헌법은 법률 차원과 신성 차원을 함께 갖는다고 간주했다. 이러한 협약을 통해 청교도들이 도덕률을 어기는 것은 곧 시민법을 어기는 것이며, 시민법을 어기는 것은 곧 신의 법도를 어기는 것이라고 간주했다. 이렇게 해서 17세기 뉴잉글랜드 식민지 중에서 로드아일랜드를 제외한 모든 식민지는 법률에 정해 모든 사람이 교회의 예배에 출석하도록 강제했다(Weir, 2005: 137). 그러므로 뉴잉글랜드 지역에서 타운마다 교회의 설립은 거의 선택이 아니라 필수적인 절차였다. 실제로 매사추세츠만 식민청은 서드버리(Sudbury) 타운의 설립을 승인하면서 "20가구 또는 30가구가 중심이 되어 목사를 초빙해 3년 내에 지정된 토지에 타운을 세우라"고 규정하기도 했다(Powell, 1963: 133).

그러나 뉴잉글랜드 이주민들이 타운과 식민청을 세우면 따라서 거의 어김없이 교회를 세우는 것으로 알았지만, 타운의 설립과 교회를 세우는 일은 반드시 동시적으로 이루어진 것은 아니었다는 사실은 놀랍다. 마틴(Martin, 1991: 144-148)에 따르면, 뉴잉글랜드 이주민들은 대개 타운을 세울 때 먼저 토지 업무를 관장하는 기업으로서 토지회사(land corporation)를 세우고, 그 다음 정착민을 모으고, 그 다음 교회를 세우는 경향이었다. 마틴이 조사 대상으로 삼은 53개 타운의 경우, 타운 설립과 동시에 교회를 세운 타운은 53개 가운데 1/4인 12개에 불과했고, 나머지 41개는 교회 설립이 1년 이상 늦었다. 이렇게 타운 설립과 교회 설립에 시차가 생기는 이유로 마틴은 경제적 요인을 들었다. 즉, 교회를 짓고, 목사를 초청하고, 또 그 가족들의 생계를 책임지는 것은 타운의 설립 초기 주민들에게는 상당한 경제적 부담이 되었을 것이기 때문이다. 그리고 매사추세츠만 식민청이 법률로 교회 출석을 규정했지만, 사실은 적은 수의 주민만 교회의 구성원이었던 것으로 밝혀졌다

(Johnson, 2002: 19)는 사실도 상당히 놀라운 일이다.

여기서 특기할 점은 마틴이 조사한 바로서 매사추세츠만 식민지의 우드스톡(Woodstock), 플리머스 식민지 관내의 스완지(Swansea), 애틀버러스(Attleborouth), 코네티컷 식민지의 워터버리(Waterbury), 로드아일랜드 식민지의 웨스털리(Westerly)처럼 타운 설립을 위한 협약에 종교적 목적은 아예 넣지 않은 경우도 있었다는 것이다. 그것은 타운이 종교적 공동체라는 당연한 전제 때문인지는 알 수 없다.

그런데 뉴잉글랜드 타운에 세워진 교회는 그 안에서 특히 예배를 볼 때 사회계층을 분명하게 드러낸 것으로 보인다. 존슨에 따르면, "교회 안에는 부자들의 예배석은 대개 크고 원주로 장식이 되어 있었다. 다른 예배석은 그저 일반적인 긴 의자들을 놓았다. 그리고 자리의 배정은 타운 집행위원들의 투표로써 사회적 위상에 따라 이루어졌고, 자리를 이탈하여 다른 자리에 앉는 경우 쫓아내거나 벌금을 물게 했다. 특이하게도 매사추세츠만 식민청 관내 하들리(Hadley) 타운의 교회에서는 128개의 예배석을 1년에 3실링을 받고 임대했다. 또 좀 큰 다른 교회는 맨 앞의 교탁 주변은 교회 설립자, 판사, 또는 교회에 40실링을 낸 기부자들이 앉고, 그 다음 열은 연 30실링, 맨 마지막 열은 연 9실링을 기부한 교인들이 앉았다"(Johnson, 2002: 21-22).

제 5 절 식민 시대 타운의 법적 기초

동서고금을 막론하고 무릇 인간 공동체에는 법규가 필요하다. 17세기 영국에서 종교적 이유로 핍박받은 필그림 일행을 포함한 청교도들의 뉴잉글랜드도 예외가 될 수 없었다. 그들이 영국을 떠날 때조차 국왕의 이름으로 작성한 법률 문서, 즉 특허장 또는 헌장을 지녀야 했다.

식민지 개척을 위한 이주민들의 현지 생활에 필요한 규범은 국왕의 특허장에 세세히 규정할 수 없다. 그러므로 국왕의 특허장은 필요한 요소들의 대강을 규정했고, 헌장에 근거해 현지에서의 정부 구성 등 필요한 규범을 제정할 수 있는 자율성을 일정하게 부여했다. 특히 필그림 일행은 예정된 곳이 아닌 플리머스를 정착지로 삼으면서 국왕의 특허장은 그 효력을 잃은 상황을 돌파하기 위해 협약을 만들었고, 그것에 기초해 초기에 타운의 질서를 구했다.

이처럼 식민지는 국왕이 수여한 특허장의 내용과 이것에 바탕을 두고 현지의 식민청이 만든 협약이나 법규 등 두 가지 법규에 따라 운영되었다. 그래서 러츠는 왕의 헌장이 일종의 상위법 역할을 수행했고, 헌장 수여자가 동의할 수 있는 범위에서 헌장을 받은 식민청 당국은 그들에게 필요한 모든 집합적 결정을 내릴 수 있었다(Lutz, 1988: 38)고 지적했다. 그러므로 뉴잉글랜드 식민지에서의 법률 편제는 영국 국왕의 헌장이 상위법이 되고 그 범위 안에서 협약을 비롯해 식민청이 필요한 법규를 제정해 적용했으며, 그 범위 안에서 타운은 또 그곳에 필요한 규범을 만들어 적용했다.

그러나 여기에서는 뉴잉글랜드 타운제도와 관련해 국왕의 헌장과 협약, 그리고 식민청 정부가 제정한 법률 편제를 개관하고, 오늘날 타운의 법적 근거와 관련된 법률 편제는 따로 뒤에서 살펴보게 될 것이다.

1 국왕의 특허장

러츠는 국왕의 헌장이 규정한 범위 안에서 현지 식민청 정부가 설립되고, 식민지 의회는 법률을 제정해 운용했다(Lutz, 1988: 50-166)고 했다. 식민지 설치의 법적 근거는 필그림 일행이 버지니아 식민공사로부터 받은 특허장으로서 피어스를 대표로 삼아 1620년에 발급받은 특허장과 필그림 일행이 플리머스를 정착지로 선택한 후 새로 1621년에 다시 피어스를 대표로 발급받은 특허장, 윈스럽 일행이 매사추세츠만 식민지를 위해 1630년 국왕으로부터 받은 특허장, 윌리엄스가 로드아일랜드 식민지를 위한 특허장, 코네티컷 식민지를 위한 특허장 등을 예로 들 수 있다.

2 시민협약

시민협약은 이미 살펴본 대로 메이플라워 협약처럼 영국 이주민들이 현지에서 공동체를 형성하고 질서 있는 정착 생활을 위한 규범의 제정과 정부의 구성 등을 내용으로 하여 서로 자발적 의사를 통해 복종을 약속한 서약문으로서 단체 생활의 규범이 되었다. 필그림 일행은 1620년 메이플라워 협약을 기초하고 채택해 그들의 플리머스 타운의 정착 생활의 규범으로 삼았고, 뉴잉글랜드 지역의 다른 식민청들이 이것을 본떠서 협약을 채택했으며, 결국 미국 헌법의 원형으로 간주되었다는 점은 이미 소개했다. 다음에 식민 시대 식민지 또는 타운의 규범 내지 법적 기초로서 시민협약과 식민지 정착이 진척되고 식민청 정부가 자리를 잡으면서 공적 규범의 제정 권한이 어떻게 달라지는지 살펴보기로 한다.

1) 시민협약의 분류와 변천

와이어가 조사한 바에 따르면, 1620년부터 1708년까지 뉴잉글랜드 타운에서 사용된 101개의 시민협약을 확인할 수 있었는데, 네 가지 형태, 즉 combination, compact, charter, legislative record, patent로 분류된다. 협약 유형에 관한 자료를 소개하면 <표 6-1>과 같다(Martin, 2005: 74 표 1 인용).

표 6-1 뉴잉글랜드 시민협약의 시대별 유형

시대별	Combination/ Compact	Charter	Legislative Record	Patent
1620~1640	20	0	2	0
1641~1660	18	6	1	3
1661~1680	18	8	1	12
1681~1700	2	1	11	12
1700~1708	2	1	0	5
계	60	16	15	32

<표 6-1>에서 알 수 있는 것은 식민지 초기에는 플리머스 타운처럼 combination이나 compact라는 용어를 사용해 정착민들끼리 스스로 협약을 작성해 타운 생활의 목표를 합의하고 또 공식적 질서의 근거로 삼았다는 점이다. 그러다가 식민지 개척이 안정기로 들어서면서 설립되는 타운들은 식민청이 승인하는 charter나 patent라는 공식적 법률 문서의 형식을 통해 권한을 확보하거나 아예 식

민청 의회가 결정한 특별법 형태의 절차를 통해 타운이 행사할 수 있는 권한을 확보했다는 것을 알 수 있다(Martin, 2005: 73-135).

2) 협약 당사자 및 유형의 변천

뉴잉글랜드 지역 타운의 설립 과정은 시간이 흐르면서 상당히 중요한 변화를 보인다. 이것은 그들의 모국인 영국과 식민청 간 관계의 변화, 그리고 식민지 상황의 변화에 따라 나타난 것으로 보인다. 먼저, 필그림 일행의 경우 국왕에 대한 충성과 영국인으로서 긍지 등을 표현하는 내용을 메이플라워 협약에 담기는 했으나, 그것은 그들과 협약을 맺은 런던의 버지니아 식민공사와의 관계, 그리고 식민공사에 식민지 개척권을 부여한 국왕과의 관계를 완전히 단절할 수 없는 상황을 고려한 것일 뿐, 그들은 국왕이나 국왕의 기관이 존재하지 않는 낯선 땅에 도착해 스스로의 공동체를 만들고 질서를 세우는 등 정착 생활의 틀은 매우 자율적으로 선택하고 실천했다.

그러나 윈스럽 일행이 설립한 매사추세츠만 식민지 현지 정부로서 식민청은 국왕의 통제로부터 상당한 자율성을 누렸다. 와이어는 "이런 상황 속에서 각 타운은 그 입지 조건과 이주민의 성향 등을 반영해 타운협약도 다양성을 드러내게 된 것"(Weir, 2005: 125)이라고 지적했다.

그 다음, 플리머스 식민지, 매사추세츠만 식민지, 코네티컷 식민지, 뉴헤이븐 식민지 등 각 식민지는 그 관할의 중심이 되는 현지의 통치기관(central governing body)으로서 식민청을 구성해 자리를 잡으면서 각 식민청은 국왕 외에 식민지에 우월한 지위의 당사자가 되었다. 그래서 식민청이 타운 설립을 추진하는 이주민들, 즉 하위의 당사자에게 특정한 권한과 책무를 부여하고 타운 설립자들은 그것을 수용하는 관계로 변화가 나타난 것이다. 메이플라워 협약을 통해 정치와 사회적 삶의 기틀을 정함으로써 자율성을 최대한으로 누릴 수 있었던 타운과 식민청은 플리머스 한 사례에 그쳤다고 볼 수 있다. 그러므로 위에 지적한 요인들이 결합되어 뉴잉글랜드 타운의 설립 과정은 상당한 변화를 겪게 되었다.

뉴잉글랜드 타운의 설립과 관련해 나타난 변화 가운데서도 시민협약의 변천 과정을 다시 와이어(Weir, 2005: 73-135)의 연구를 중심으로 소개한다. 그에 따르면, 시민협약의 사용은 두 가지 큰 흐름을 보여 주는바, 하나는 식민 초기에 타운 설립을 청구하는 이들의 자율적 동의에 의한 시민협약의 비중이 높았다가 1600년대 후반에는 식민청 정부가 부여하는 특허의 비중이 높아지는 경향이 그것이고, 또 하나는 시민협약의 참여 주체가 타운의 전체 주민이 아니라 극소수의 인사로 구성되는 위원회로 대체되는 경향이 다른 하나이다.

먼저, 뉴잉글랜드 지역에서 17세기 식민지 건설 초기에는 타운을 설립할 때 시민협약을 다양하게 사용했는데, 플리머스가 그랬던 것처럼 대개 타운 설립을 주도하는 이들이 모두가 동등하고 자율적으로 함께 참여해 타운의 비전이나 목적, 토지 배분과 질서, 책무 등에 관해 기술한 내용의 협약(combination)을 작성해 서명하는 방식을 사용했다. 그러다가 정착 초기를 지나 식민청의 공식 권한이 확립되면서 명칭도 상위의 권한을 가진 당사자로서 식민청과 하위의 당사자인 타운 간의 협약을 가리키는 charter, patent, 그리고 legislative record 등으로 바뀌었다. 또 협약의 참여자도 전체 주민이 아니라 타운의 의사를 대표하거나 대리하는 소수의 엘리트로 구성되는 위원회가 협약을 기초해 타운 설립 업무를 추진했다.

한 가지 특이한 경향으로서 식민지 초기에는 플리머스 식민청이나 매사추세츠 식민청 등 특정한 식민청에 속하지 않고 타운을 독자적으로 설립한 사례들이 프로비던스(1637), 포츠머스(1638), 사우샘프턴(1640) 등 17개나 되었다는 사실을 지적할 수 있다(Martin, 2005: 131-132; 298-303 부록 2).

러츠도 1639년 하트퍼드, 윈저, 웨더스필드 등 세 개의 타운이 이미 설립되어 있었고, 이들에 의해 코네티컷 식민청을 창설한 과정에서 미국 연방제의 기원을 찾기도 했다. 그리고 이 때 작성한 코네티컷 기본법(The Fundamental Orders of Connecticut)을 필그림 일행의 메이플라워 협약과 매우 유사한 문서로 간주한다(Schechter, 1990: 24-26). 러츠에 따르면, 당시 세 개의 타운이 참여해 식민청을 만든 후 각 타운정부를 유지하는 것은 물론 그 독립성을 유지함으로써 다른 타운이 참여할 기회를 보장하는 등 연방주의의 원리(priciple of federalism)를 담은 협약을 채택했고, 각 타운의 대표와 선출직 식민청장 등으로 식민청 정부를 구성했다. 러츠는 코네티컷 기본법을 통해 새로 코네티컷 주민(州民) 공동체가 창설되었으며, 코네티컷 주의 정부를 새로 창설했고, 종교와 평화와 질서, 자유에 대한 사랑, 평등, 다수에 의한 결정, 공동선 등으로 주민들이 공유하는 기본 가치 체계를 정립해서 그 바탕 위에 정치제도를 마련했으므로 이는 곧 헌법에 해당한다고 주장했다.

3 식민청 법률

러츠는 헌장과 협약을 통해 미국식 변종의 법률로서 주(州) 헌법이 만들어졌다고 지적한다. 즉, 헌장으로부터 법치주의(legalisms), 제한된 정부(limited government), 계약제도(contracts) 등을 채택하고 서약 또는 협약으로부터 공동체주의(communitarianism), 다수의 지배(majority rule), 국민 동의(popular consent)를 채택해 법률의 기틀로 삼았다는 것이다. 러츠는 식민지 이주민들이 작성한 두 협약과 두 헌장을 예시적으로 소개하고 있다. 이에 관해 다음에 소개한다.

1) 필그림의 법률(매사추세츠 식민청)

필그림의 법률(Pilgrim Code of Law)은 1636년 11월 15일 제정했다. 러츠의 논평을 주로 소개하면 다음과 같다(Lutz, 1988: 38-42). 필그림 일행은 국왕의 특허장이 명시적으로 그들에게 허용한 바에 따라 그들의 현지 정부를 고안해 운영했는데, 필그림의 법률은 그러한 여러 사례 중의 하나이다. 예컨대 식민지 의회(General Court or the general assembly)는 현지의 지방정부 설립을 허용하는 헌장의 조항에 직접적 근거를 두고 설립된 기관이며, 필그림 일행은 이 기관을 영국 본국 의회에 종속하는 것이 아니라 그와 동일한 기능을 하는 현지 기관으로 간주했다.

필그림의 법률은 헌장에 기초해 현지 정부로서 의회(General Court) 또는 총회(General Assembly of the Colony)와 식민청장과 7명의 의원들로서 이루어지는 기존의 의회(Courts of Assistants) 외에 식민지 전체를 위한 위원회를 구성하기 위해 8명을 증원시키는 방법을 규정하고 있다. 여기서 위원회는 식민지의 법률(laws), 규정(orders), 헌법(constitutions)[18] 등을 심사하고 편제를 만드는 역할을 담당하도록 규정했다. 그리고 필그림의 법률은 공직자의 선출과 회의, 공직자의 종류, 식민청장의 선서, 자유민의 선서, 보안관의 선서 등에 관해 규정하고 있다.

이 밖에도 1775년 대륙회의(Continental Congress)가 각 주의 헌법 제정을 제안

18) 러츠는 여기서 laws는 범죄와 시민간의 분쟁을 다루는 규범으로, orders는 범죄도 아니고 논란의 대상도 아닌, 그래서 화폐의 가치, 울타리의 높이, 주민의 권리 등을 다루는 규범으로, constitutions는 식민지 정치제도의 구상과 운영에 관련된 입법, 행정규정, 또는 관습의 실행 등과 관련된 규범으로 사용하고 있다(Lutz, 1988: 40).

했을 때도 매사추세츠 식민청은 코네티컷, 로드아일랜드 등의 식민청과 함께 그들의 기존의 헌장과 법률을 수정해 그들의 헌법으로 만들었다. 예컨대, 매사추세츠는 1636년의 필그림 법률 규정(the Pilgrim Code of Law), 1641년의 매사추세츠 자유 공동체 규정(the Massachusetts Body of Liberties), 1658년의 청교도 공동체 규정(the Puritan Laws and Liberties), 1691년의 매사추세츠 헌장(the Massachusetts Charter) 등을 통합하고 수정해 그들의 헌법을 제정했다.

2) 코네티컷 기본법

코네티컷 기본법(the Fundamental Orders of Connecticut)은 서문과 11개 절로 이루어져 있으며, 그 말미에는 식민청장의 취임선서문을 부가하고 있다. 이에 관해서도 러츠의 연구를 중심으로 소개하고자 한다(Lutz, 1988: 42-46; 1990: 24-35). 오늘의 코네티컷 주는 코네티컷 식민지와 뉴헤이븐 식민지를 통합해 이루어졌다. 그에 따르면, 코네티컷 식민지는 하트퍼드(Hartford), 윈저(Winsor), 웨더스필드(Wethersfield) 등 세 개의 타운으로 이루어졌고, 뉴헤이븐 식민지는 해안을 따라 뉴헤이븐(Newhaven), 길퍼드(Guilford), 밀퍼드(Milford), 스탬퍼드(Stamford), 브랜퍼드(Branford), 사우스올드(Southold)[19] 등의 타운을 포함하고 있었다.

러츠에 따르면, 코네티컷 기본법은 필그림의 법률보다 더 상세한 제도적 구조를 만들었다. 코네티컷 기본법을 협약으로 간주하는데, 당시 식민지 사람들은 이것을 combination 또는 confederation이라고 불렀다(Lutz, 1988: 42). 코네티컷 식민지 사람들은 자유와 청정한 종교적 복음에 따라 함께 살고자 했으며, 또한 현지에서의 규칙이 필요하다는 점도 인식했으므로 이 기본법을 제정한 것이다.

코네티컷 기본법에는 세 개 타운의 거주자들을 "a people"로 규정했다. 그럼에도 불구하고 이 법에 따라 각 타운은 각각의 협약을 지니고 있으며, 독립적인 실체로 존립했다. 그러므로 세 타운에 거주하는 이들은 해당 타운의 주민이면서 또한 코네티컷 식민지의 주민으로서 시민사회 또는 공동체를 만들어서 그들의 정치제도를 출범시킨 것이다.

그러므로 러츠에 따르면, 코네티컷 기본법은 ① 코네티컷의 주민이라는 새로운

19) 사우스올드는 오늘날 뉴욕 주의 롱아일랜드에 위치한 타운이다(Lutz, 1990: 24).

사람들(new people)을 만들고, ② 새로운 정부를 만들고, ③ 종교적이며 평화롭고 질서로우며, 자유를 사랑하는 사람들, 그리고 평등과 다수에 의한 결정과 공동선에 전념하는 사람들이 공유하는 가치 체계를 만들었으며, ④ 위와 같은 것들을 포함해 기본적인 정치제도로서 헌법을 만들었다고 본다(Lutz, 1990: 26). 러츠는 가장 기본적인 제도로서 confederation을 꼽았다. 물론 이 법에는 타운과 식민지 전체를 아우르는 정부 간에 권력을 나누어 규정하지는 않았지만 원래 그대로 유지되었고, 또 제10절에 규정한 대로 의회도 설치하도록 했다. 러츠는 코네티컷 기본법에 규정한 이런 내용을 바탕으로, 또 해밀턴(Alexander Hamilton)은 연방주의자의 논설 9에서 confederal과 federal을 동의어로 사용하는 예를 들어 코네티컷 기본법은 정확한 명칭만 부여하지 않았을 뿐 연방제 헌법이라고 주장했다(Lutz, 1988: 43).

코네티컷 기본법은 제도의 기본과 정부의 절차를 개괄하고 있는바, 의회를 General Court라고 부르고, 이 기관은 4월의 두 번째 목요일과 9월의 두 번째 목요일 등 1년에 두 차례 회의를 가지되 임시회의를 열 수 있으며, 9월 회의에서는 다음의 4월 회기에 선출할 식민청장과 집행위원들의 후보 명단을 내놓으며, 4월의 회의에서는 선거를 실시하고 그 다음에 법률을 심의했다.

코네티컷 기본법에 따르면, 의회는 식민청장, 6명의 집행위원(magistrates), 12명의 대의원(deputies)으로써 이루어지며, 의회의 구성에는 각 타운의 정치적 참여를 위한 통로를 마련하고 있다. 매년 봄 각 타운의 자유민을 포함한 모든 거주자는 선서를 행하고 그들의 대의원을 선출했다. 대의원 선출은 타운미팅에 대의원 후보로 자유민의 이름이 적힌 쪽지를 가져와 제출해서 이 가운데 득표 수가 가장 많은 4명이 대의원이 되도록 했다. 세 개 타운의 대의원들은 봄에 회의를 갖고, 거기서 임기 1년의 식민청장과 집행위원들을 선출했다. 이렇게 선출되어 구성된 의회는 코네티컷 식민지에 필요한 법률을 제정했으며, 대의원은 그들이 대표하는 타운으로 복귀하고 집행위원들은 남아서 식민청장의 직무를 자문 또는 보조했다(Lutz, 1988: 44; 1990: 26-27).

코네티컷 기본법에서 나타나는 타운과 식민청과의 관계를 보면, 앞에서 소개한 대로 타운은 그들의 정부를 계속 유지했으며, 자유민들로써 이루어지는 타운미팅은 시장을 선출하고 집행위원회(council of selectmen)를 선거로써 구성했으며, 시장은 식민청장처럼 타운에서 그 역할을 수행했다. 그리고 집행위원들은 식민청의 집행위원들과 동일한 기능을 타운에서 수행했다. 그리고 식민청 정부에서 타운 대표의 기능은 대의원들이 수행했다.

지금까지 필그림의 법률과 코네티컷 기본법을 개략적으로 살펴보았다. 그 내용을 통해 알 수 있듯이 각 식민청 의회는 영국의 판례법(common law)을 참조하고 국왕의 헌장을 상위법으로 삼으며, 식민지 현지에서 이주민들에게 필요한 구체적인 규범을 먼저 협약의 형태로 기초해 채택함으로써 종교적 이념과 식민지 공동체의 공동선을 가장 높은 목표로 설정했다. 그러한 목표를 실현하는 데 필요한 질서로서 정치제도를 창안했으며, 그 일환으로서 식민청 정부를 구성한 다음, 그 의회에서 구체적으로 필요한 기본법과 자치법규(by-laws)를 제정하고 시행했다. 특히 코네티컷 식민지와 그 정부는 코네티컷 기본법을 통해 필그림 일행도 미처 창안하지 못한 연방제 개념의 정치제도를 창안했고, 학자들에 의해 오늘날 연방국가 미국 헌법의 기원으로 평가받는다. 그리고 코네티컷 기본법은 오늘의 주정부에 해당하는 식민청 정부와 자율성이 높은 타운의 관계를 엿볼 수 있는 내용을 규정하고 있다.

4 타운의 법률 편제

이미 소개한 대로 플리머스 식민청이나 매사추세츠만 식민청의 경우는 국왕의 헌장에 근거해 해당 식민청 정부의 설립 및 주민 생활과 관련된 자치법을 만들고, 그것에 근거해 타운의 설립이 이루어졌다. 그런데 코네티컷 식민청과 뉴헤이븐 식민청의 경우는 이미 설립되어 있던 타운들이 연합해 식민청을 구성하는, 이른바 연방제 방식을 채택했다는 점에서 플리머스나 매사추세츠만 식민청의 경우와 상당한 차이가 있었지만, 결국은 국왕의 헌장-식민지 자치법-타운의 자치법으로 체계를 갖추게 되었다. 그러므로 식민지에서는 비록 시간차는 있었지만, 식민청이 정립한 법률에 근거해 타운의 설립과 운용이 이루어지게 되었다는 것이다. 이러한 사실은 앞서 소개한 마틴의 연구 결과에도 나타난다.

예컨대, 플리머스 식민지에서는 1636년 덕스버리(Duxbury) 타운이 설립되면서 식민청은 복수의 타운을 관리하게 되었고, 잇따라 타운들이 설립되면서 법적 근거를 설정해 관리 체계를 마련할 필요가 있었다. 그렇지만, 플리머스 식민청에서도 타운들이 설립되는 초기에는 플리머스 타운이 그랬던 것처럼 이주민들이 더 많은 땅을 찾아 플리머스를 벗어나 이주하고, 이주민들은 그들끼리 정착 생활에 필요한 공동규약으로서 협약을 만들어 채택해 살다가 식민청에 타운의 설립을 요청해 법률적 근거를 마련하는 방식을 따른 것으로 보인다. 이러한 추정의 근거는 와이어가 제시한 자료를 통해 확인되는바, 그는 1620년부터 1680년까지 조사 대상 타운 123개 타운 가운데 56개 타운들이 협약을 통해 타운을 설립하는 절차를 따랐으며, 1680년 이후에는 식민청의 특허장, 식민청 의회의 결정에 따라 타운이 설립되었다(Weir, 2005: 74 표 1)고 했다.

한편 윈스럽은 매사추세츠만 식민청의 청장으로서 부청장 더들리와 대립을 겪으면서도, 그가 자리를 잡은 보스턴을 식민청 소재지로 결정했고, 국왕의 특허장에 따라 식민청 이사들과 함께 필요한 현지 정부를 구성했으며, 또 필요한 법률을 제정했다. 이러한 법률을 통해 식민청 관내 여러 타운과의 관계를 규정하고 통할했다. 그러므로 "타운은 미국의 공법에서 주 정부의 정치적 부서처럼 간주되었고, 그래서 의회의 의지에 따라 창설되거나 폐지되었다. 그리고 타운은 의회가 제정하는 법률이나 헌장(charter)[20]에 근거해 설립되고, 이렇게 정치적 틀을 마련하고, 필요한 업무를 처리할 조항을 설정했다"(Mathews, 1914: 3-4).

그러나 코네티컷 식민지는 매사추세츠만 식민지의 경우와 상당히 달랐다. 왜냐하면, 이곳에서는 타운들이 먼저 설립된 후 이 타운들의 연합에 의해 식민청이 설립되었기 때문이다. 즉, 매사추세츠만 식민청 관내 워터스톤, 도르체스터, 뉴타운 등의 주민들이 1635년 무렵 코네티컷 강 계곡에 새로운 땅을 확보해 웨더스필드, 윈저, 하트퍼드를 각각 설립했고, 이들이 연합해 1639년에 코네티컷 식민지를 세웠다(Bremer, 1995: 74). 그러므로 당시 식민지 확대를 바라던 매사추세츠 식민청의 후원으로 코네티컷 계곡에 타운들이 설립된 후에 식민청으로 독립하는 절차를 거쳤던 것이다.

또한 뉴헤이븐 식민지는 영국 런던의 성스테픈(St. Stephen) 교회 지도자 데이븐포트(John Davenport), 이튼(Theophilus Eaton) 등이 런던 상인들의 후원을 받아서

20) 여기서 "charter는 특정한 자치단체가 그에 부여된 특전과 권한을 행사하고, 그 책무를 이행할 수 있도록 권한을 부여하는 법규"라고 할 수 있다.

1637년 뉴잉글랜드로 이주했고, 이들이 1638년 4월부터 인디언들로부터 퀴니피악(Quinnipiac, New Haven의 옛 이름) 일원의 토지를 매입해 정착한 데서 기원을 찾을 수 있다. 그 이후 이 일대에는 스탬퍼드, 밀퍼드, 길퍼드, 사우스올드 등의 타운을 설립되었고, 마침내 뉴헤이븐 식민지로 확대되었다. 마침내 이들 타운들의 연합으로서 뉴헤이븐 식민지는 1643년 뉴헤이븐 기본법(the New Haven Fundamental Agreement)을 만들어서 투표권과 공직담임권도 교회 소속의 자유민으로 제한하는 내용을 규정했다(Bremer, 1995: 78). 이런 사실을 토대로 코네티컷과 뉴헤이븐 식민지 설립을 러츠는 미국 연방제의 기원을 이루었다고 지적한 것이다. 그러므로 이곳에서는 식민청이라는 정부기관, 즉 공식적 권한기관이 생기기 전에 타운정부가 먼저 존재했다는 점에서 뉴잉글랜드 법률 편제의 상향적 생성을 엿볼 수 있게 된다.

그러나 뉴잉글랜드 어느 식민지이든 식민청이라는 상위의 권위를 가진 정부가 설립된 이후에는 설령 타운정부가 먼저 설립된 곳이라 하더라도 법률 편제의 틀은 식민지가 국왕의 헌장-현지인의 협약과 현지 정부의 자율성에 기초한 자치법규로 편성된 것처럼 식민지에서는 식민청이 상위의 정부가 되어 여기서 제정한 법규-타운의 자치법규로 편제가 이루어졌다. 특히 식민청 정부가 설립된 이후에는 더욱더 식민청 법규를 통해 타운 설립의 절차를 정형화했다. 그리고 나중에 식민지 연합을 형성하고, 또 주가 창설된 후에는 좀 더 명확하게 타운의 설립 근거를 주의 법규에서 구하게 되면서 법률 편제는 더욱 공고화되었다고 하겠다.

07 CHAPTER 식민 시대의 타운제도

필그림의 메이플라워 협약과 플리머스 식민청의 규약, 매사추세츠만 식민청의 헌장 어디에도 타운정부에 관해 규정한 바도 없고, 그 결과 타운정부의 설치나 운영에 준거로 삼을 것이 없었다(Zimmerman, 1967: 6). 그러나 뉴잉글랜드 이주민들은 메이플라워 협약에서 알 수 있는 것처럼 스스로 자치규약을 창안해 내었다. 그리고 이들은 웹스터(Clarence M. Webster)의 지적처럼 "… 한 지역에는 주민들의 사고와 행동을 틀 짓는 중심적인 기세(force)가 존재하며 … 그것은 주민들이 거주지로 삼는 땅의 새로움, 자연 조건이 부여하는 고난, 종교적 이념일 수도 있다. 주민이 사는 곳에는 인간의 행동양식(man's folkway)을 창안하는 지배적 세력이 존재하는 바, 뉴잉글랜드 지역에서는 그것이 타운이다. … 이러한 타운은 효율성을 확보해 주는 공동체 창설과 독자성이 뚜렷한 시민들의 결합이라는 두 가지 내적 요소를 조화시킨 결과물이다"(Zimmerman, 1945: 3). 뉴잉글랜드 타운의 기원과 그 제도화 과정을 살펴보기로 한다.

제 1 절 타운정부의 기원

1 타운의 공간적 구도

매사추세츠[1]의 토지 조건은 돌이 많고 땅이 얕아서 남부처럼 대규모 농장(plantation)을 조성하는 것이 어려웠으므로 자유민들이 스스로 경작할 수 있는 작은 규모의 농장을 일구었다.[2] 메이플라워 자치규약을 만든 이주민들은 "먼저 샘물이 있는 곳을 고른 다음 종교 생활을 위해 회의장과 타운 청사, 그리고 사회 활동 공간을 겸한 교회와 학교를 마을 공유지 한가운데에 세우고, 그 주변에 주거지를 만들고, 그 바깥쪽의 경작지를 개간함"으로써 그들이 영국에 두고 온 고향마을과 유사하게 가꾸었다(Hakim, 1999: 63). 인디언들과의 관계가 악화된 뒤에는 인디언 공격을 방어할 수 있는 곳이라는 조건도 이주민들이 그들의 타운 위치와 구도를 설정하는 데 영향을 미쳤다.

플리머스 식민청 의회(General Court)는 1635년 9월 2일 의회의 허가 없이는 마을 회의장으로부터 1.5마일 이상 떨어진 곳에 주거할 집을 짓지 못하도록 명령을 내렸다. 따라서 마을은 공유지와 회의장을 중심으로 상당히 밀집된 주거지대를 형성했으며, 각 가구별로 할당된 구역도 필요한 최소한의 규모였고, 개인의 구역에는 주택을 짓고 작은 부대건물을 세웠으며, 작은 정원을 만들었다. 그런 다음 각 가구는 자신의 토지구역의 경계를 따라 반드시 울타리 설치하도록 했으며, 타운에서는 울타리 검사관(fence viewer)이라는 직책까지 두어서 점검하도록 하고, 이를 어길 때는 3실링의 벌금을 물렸다(Zimmerman, 1999: 18; Hakim, 1999: 66). 대개 뉴잉글랜드 타운의 공간적 구도는 입지 조건에 따라 약간의 차이는 있을지라도 크게 다

---

1) 매사추세츠라는 이름도 인디언 부족의 말에서 유래하고 그 뜻은 "큰 언덕배기(large hill place)"일 정도로 산이 많은 것이 특징이다(Dye & MacManus, 2009: 30).

2) 저자가 2000년 뉴잉글랜드 타운미팅을 참여 관찰하기 위해 방문한 플리머스(Plymouth)와 올드 스터브리지 빌리지(Old Sturbridge Village)의 경우 meetinghouse를 겸한 교회가 마을 중심에 있고, 그 주변에 주거지역, 그 바깥에 자유민 농장(Freeman Farm) 등이 배치되어 있다.

르지 않고 유사한 형태를 유지했다는 점을 알 수 있다.

2 타운의 구성과 회의체의 기원

짐머만(Zimmerman, 1967; 1999), 존슨(Johnson, 2002) 등의 문헌을 중심으로 식민시대 타운미팅에 관해 살펴보기로 한다.

1) 타운의 구성원

짐머만에 따르면, 처음에 매사추세츠만 식민지의 타운은 어떤 법적 근거도 없는 비공식적인 자유민들의 주민회의(folkmoot)에 의해 다스려졌다. "주민회의에 참석해 발언하고 투표할 수 있는 주민은 교회의 교인이면서 반드시 토지를 가진 자였다"(Zimmerman, 2001: 168). 자유민(freeman)은 애초 영국에서 신천지로 출발할 당시 신분상으로 토지를 가지고 경작하던 yeoman 또는 freeman이었거나 신천지에 도착한 후에라도 식민청 의회(General Court)의 결정에 의해 자유민 신분을 획득한 이주민을 가리킨다. 물론 타운의 구성원으로는 여자와 어린이들, 그리고 계약직 하인(indentured servant) 등이 포함되어 있었지만, 타운회의 출석자는 철저하게 ① 교인으로서 ② 신분상 자유로운 ③ 성인 남자들만이 참석할 수 있고, 또 출석 의무를 지는 통치기구(governing body)였다(Zimmerman, 1999: 18-20; Hakim, 1999: 61).

타운의 구성원은 고정불변의 신분은 아니었던 것으로 보인다. 애초에 마을은 청교도라는 종교적 동일성이 확인된 이주민들로 구성되어 정주(settlement)가 이루어졌다. 일단 정주가 이루어지고 나서 그 마을을 떠나거나 새로 마을에 이주함으로써 구성원의 변동이 이루어지는 일도 자연스럽게 이루어졌다. 그러나 새로운 이주민의 수용은 타운회의의 심사를 거치는 등 일정한 조건과 절차를 요구했다는 것을 알 수 있다. 특히 타운은 낯선 자를 경계해 신고하는 체계를 갖추었으며, 새 이주민을 받아들이는 일은 반드시 타운회의를 거쳐서 이루어졌다. 특히 새로운 이주민으로 추천을 받거나 신청이 접수된 경우 타운회의에서는 소속된 교인인지 아닌지를 식민지의 교회연합체에 확인하는 절차도 있었다(Zimmerman, 1999: 18-19). 청교도들의 타운은 그들이 애초 종교적 신념에 따라 그들의 모국을 떠나 대양을 횡단해 신천지로 이주하는 모험을 감행했던 바이므로 타운의 구성원과 관련하여 종교적 요소를 중시한 것은 자연스러운 현상이다.

매사추세츠만 식민지에서 새로운 타운의 설립 과정은 럭스버리(Roxbury) 타운 주민들이 코네티컷 주의 우드스톡(Woodstock) 타운을 설립한 기록을 통해 엿볼 수 있다(Webster, 1945: 26-28).

> 애초 럭스버리 타운의 주민들은 그곳 이주자가 늘고 또 그들의 자녀들이 성장해 더 많은 토지가 필요했음에도 그들의 정주구역이 한정된 넓이로 인해 포화 상태에 이르자 새로운 타운을 개척하기로 했다. 새로운 타운으로 이주를 자원했거나 자원하지 않았더라도 일부 럭스버리 타운 주민들은 다른 이주자들이 겪었던 대로 적대적 인디언들의 공격, 혹독한 겨울나기, 극심한 노동의 고난을 극복하기 위해 세심하게 이주계획을 준비했다.
>
> 타운회의를 소집해 최소한 30명 이상의 주민이 공동으로 타운 개척에 참여하기로 결정하고, 이들에게 5년 후에 상환하는 조건으로 100파운드를 대부해 주기로 결정했다. 이 돈은 새 타운에서 회의장, 목사관, 방앗간, 교량 건설 등 공공기금으로 사용하도록 계획되었다. 럭스버리에 남게 될 주민들과 새 타운으로 이주할 주민들 대부분이 이 계획을 수용할 준비가 되었고, 새로운 땅을 찾는 작업에 나섰다.
>
> 럭스버리 타운의 집행위원회(selectmen)는 식민청 의회에 7평방 마일의 토지 구입권을 요청했다. 1683년 매사추세츠 식민청의 허가를 얻은 그들은 13명의 선발대가 새로운 땅을 찾아서 출발했고, 그 길은 크고 깊은 강을 4~5차례 건너야 할 정도로 매우 위험했다. 마침내 그들은 알맞은 토지를 발견했고, 세밀하게 점검을 했으며, 마침내 타운의 입지로 결정했다.
>
> 그리고 이들은 토지중개기관을 맡은 피치(James Fitch) 소령을 통해 토지 구입 협상을 가졌고, 1686년 8월 30가구의 이주민들은 럭스버리로부터 동남쪽 60마일, 하트퍼드(Hartford)로부터 남서쪽으로 40마일 떨어진 새 지역에 도착했다. 그곳은 언덕배기가 많고 나무도 많은 토지였으며, 냇물이 풍부했다.
>
> 이들 30가구는 사회적 지위나 부에서 약간의 차이가 있기도 했으나 전체적으로 동등한 조건에서 타운개척에 동참하여 집단적 동질성을 유지했다. 먼저 그들은 제재소를 설치했고, 주택을 지을 땅을 분양했으며, 10에이커는 추후 목사 초빙을 위해 남겨두었다. 전체 가구를 세 집단으로 나누어서 셋으로 구분한 지역을 차지하도록 구획했으며, 가구별 주거지로 10~20에이커씩 할당했다. 그 다음 목초지, 고지대, 산림도 분양했다. 이러

한 일들을 7명의 연장자들이 필요한 일을 신속하게 처리해 나갔다. 이들은 8월의 남은 기간과 9월, 10월에 걸쳐 임시 거처를 마련했고, 매 안식일에는 옥외 예배를 드렸다. 11월에는 첫 주택이 완공되었으며, 4년에 걸쳐 토지는 분양이 완료되었고, 펜스가 설치되었으며, 목초지도 조성되었고, 도로가 개설되었으며, 주택은 더 안락하게 꾸며졌다.

이렇게 해서 우드스톡(Woodstock) 타운이 조성되었고, 1690년 식민청 의회로부터 새로운 타운으로 승인되었다. 이제 이들에게는 새로운 타운의 법률적·정치적 조직을 갖추는 일이 남았으나 이들에게는 참고할 만한 뉴잉글랜드 타운의 많은 사례를 가지고 있었기 때문에 그것은 별로 힘든 일이 아니었다.

위와 같은 내용을 통해 영국 이주민들이 시간의 흐름에 따라 새로운 땅을 찾고, 거기에 새로운 타운을 세워서 식민지가 확대되고 타운이 확산되는 과정을 개략적으로 알 수 있게 된다. 즉, 이주민의 증가로 인한 토지 수요의 증가, 주민총회를 통한 새로운 타운 조성을 위한 결정과 재정의 확보, 식민청을 통한 행정절차, 토지의 매입, 타운 조성에 필요한 공동의 노력과 토지 분배, 종교 생활 등이 드러난다.

2) 타운미팅의 기원에 관한 논의

타운미팅의 기원에 관해서는 학자들이 70년 넘게 논쟁을 벌였을 정도로 설이 분분하다. 최근 슬리(John Sly)는 매사추세츠 주의 타운정부는 각각의 타운이 시행착오를 거쳐 발전해 온 것이라는 결론에 도달했으나, 17세기 뉴잉글랜드의 전형적인 타운의 개념은 역시 여러 기원으로부터 수용된 것이라고 했다(Powell, 1963: 1).

짐머만은 타운미팅의 기원에 관해서는 ① 원래 존재하던 것이라는 주장과 ② 앵글로 색슨의 tun에서 유래했다는 것과, 그리고 ③ 이주민들이 영국의 전통을 현지의 상황에 접합시킨 것이라는 세 가지 주장이 있다고 밝혔다. 첫 번째 주장은 필그림이 매사추세츠의 돌이 많은 해안지대에서 이러한 자연 조건을 감안해 그들 나름대로 정치제도로 창안한 것으로 보는 것이다. 그러나 이러한 주장에는 명백한 근거가 없는 것으로 평가된다. 두 번째 주장은 애덤스(Herbert B. Adams)의 주장으로서 타운제도는 게르만족에서 유래한 원형이 영국인들에게 전해져서 이들이 오랫동안 사용하던 것을 뉴잉글랜드로 가져와 사용케 되었다는 것이다. 세 번째 주장은 영국에서 건너 온 이주민들이 영국의 그것과 매우 유사한 패리시(parish) 형태를 뉴잉글랜드 지형에 맞게 조화시켰다는 것이다(Zimmerman, 1999: 23-24). 짐머만은 이와 같은 유래가 각각 어느 정도 설득력을 갖는 것으로 본다. 그렇지만 또 어느 주장도 전적으로 사실이라는 근거를 명확하게 제시하기는 어렵다.

한편 존슨 등은 뉴잉글랜드 타운미팅의 기원을 한 때 짧게나마 영국을 지배한 바이킹 등 북방계 부족의 회의체인 folkmoot와 앵글로 색슨족의 토지를 바탕으로 하는 계층적 권력 체제, 즉 shire-hundred나 riding-town, 또는 borough나 burg의 전통과 연관이 있다고 주장한다. 즉, town 또는 manor에는 법정(court)을 구성했는데, 여기서 manor는 기사가 지배하고, 기사는 토지 관계를 통해 그 산하의 free-man 또는 yeoman을 지배하는데, 이 법정은 그 지방의 행정 문제, 소송 업무, 자체 방어, 그리고 세금 징수 등의 문제를 자유민들이 참석해 발언하는 가운데 운영되었다. 또 자유민 마을의 지도자는 마을 사람들이 선출했다. 그러다가 청교도들이 뉴잉글랜드로 이주했을 때, 새로운 자연 조건 속에서 살아남아야 하는 절박한 상황을 맞아서 그들은 오랫동안 정신세계와 행동 양식에 내면화되어 있던 전통과 관습을 떠올려 창의적으로 적용하는 길 외에 다른 방도가 없었을 것이며, 또 이러한 조건을 함께 극복하는 길을 모색한 것이 타운미팅(Johnson et al., 2001: 163-167)이라고 보았다.

그럼에도 불구하고 존슨 등의 표현대로 "오늘 이 시간조차 제도로서 타운정부는 계속 진화하는 상태로서 제도적 완성도를 지향하는 단계에 있다"(Johnson et al., 2011: 169)고 하겠다.

3) 타운정부의 공직자 등장

(1) 타운 공직의 대두

짐머만에 따르면, 뉴잉글랜드 타운은 자유민 회의에서 마을의 토지의 분할, 교회의 건립, 목사의 채용, 새 이주민의 수용 여부 등 타운의 복지와 관련된 모든 일을 토론하고 결정했다. 타운의 집회에는 의무적으로 참석해야 했으며, 불참자에게는 벌금을 물렸다. 타운정부의 출발 초기에는 어떤 공직자도 선출하지 않았고, 제도화되지도 않았으며, 전적으로 비공식적인 방식이었다. 그리고 타운의 헌장도 없었으며, 상존하는 조직도 없었고, 집회도 그 수와 빈도가 일정하지 않았으며, 집회의 구체적 역할도 정해진 게 없었다(Zimmerman, 1999: 18-19).

실제로 매사추세츠 주의 케임브리지 타운(Town of Cambridge)의 기록을 보면

1632년 1월 7일부터 회의 날짜가 기록된 회의록에는 1634년 5월 5일 회의가 이루어질 때까지 어떤 공직의 명칭도 나타나지 않고 있다.[3] 드디어 1634년 6월 2일 타운회의의 기록에 처음으로 보안관(Constable)이라는 공직의 명칭이 나타났다. 물론 케임브리지 타운의 회의록을 작성한 이가 있기에 오늘날 그들의 회의 기록을 접할 수 있고, 회의 초기부터 비록 기록관(recorder)이라는 공직 이름은 없었더라도 역할은 존재했다는 사실을 알 수 있다. 이러한 기록관이라는 명칭이나 기록관의 역할을 담당하는 clerk도 초기의 회의록에는 나타나지 않는다.

짐머만에 따르면, 매사추세츠만 식민청의 공직 이름으로 처음 등장한 것은 보안관이라고 지적하고 있는데, 이러한 주장은 식민청 의회가 1630년 9월 28일 세일럼(Salem)과 도르체스터 타운의 보안관을 임명했고, 찰스, 럭스버리, 워터타운의 보안관은 1630년 10월 19일 임명했다는 기록을 통해 확인했다(Zimmerman, 1999: 21). 한편 1630년 윈스럽이 뉴잉글랜드로 이주하면서 기록한 메모 등을 토대로 초기 이주 생활과 관련된 내용을 기술한 브레머의 저서에도 1630년 8월 23일 소집된 식민청 이사회에서 청장 윈스럽이 회의의 진행을 맡았으며, 의회가 각 식민지(plantation)별로 보안관을 임명했다(Bremer, 2004: 196)는 사실이 나타나고 있다. 그러나 보안관은 타운정부가 임명한 공직자가 아니라 식민청이 임명한 공직자이다.

짐머만에 따르면, 타운정부에서 선임한 순수한 타운공직자는 집행위원(selectmen)이다. 1633년 10월 8일 도르체스터 타운의 회의록에 집행위원에 관해 언급하고 있다고 그는 밝혔다(Zimmerman, 1999: 21). 타운의 집행위원은 오늘날 selectmen으로 통일되어 있지만, 당시에는 다양한 명칭을 사용한 것으로 나타나는 바, 케임브리지 타운의 회의록에도 1635년 3월 5일 타운회의록에는 처음으로 townsmen이라고 표기했다가 그 뒤 sevenmen으로 표기하다가 또 때로는 twelvemen으로 표기했는데 selectmen이라는 용어가 처음 사용된 것은 1653년 1월 13일 회의록이다. 그 이후 1657년 7월 17일 회의록까지는 townsmen과 selectmen이 교호적으로 쓰이다가 그 이후에는 selectmen으로 통일되어 사용되고 있는 것을 알 수 있다(Cambridge, 1945). 이렇게 해서 타운에는 각종 타운 업무별 공직자들 즉, 울타리 검사관(fence viewers), 가축돌보기(pound keepers), 돼지돌보기(hog reeves), 도로측

3) Cambridge, The Records of the Town of Cambridge, Massachusetts 1630-1703을 필자가 검토한 바를 바탕으로 지적한다.

량사(surveyors of highway), 관인관리관(sealers), 서기(clerk), 종치기(bell ringer) 등이 타운의 일을 처리했다(Webster, 1945: 28-29). 그래서 19세기 뉴잉글랜드 타운 제도를 고찰한 토크빌은 타운정부 안의 주요 공직이 열아홉 개라고 지적했다(토크빌 저, 박지동 옮김, 1983: 75; Cambridge, 2001: 167).

(2) 1890년대 타운정부의 공직

매사추세츠 주 그린필드(Greenfield) 타운의 법무국장 데울프(Austin De Wolf)가 정리한 편람의 자료를 통해 그 당시 타운의 공직에 관한 자료를 소개한다(De Wolf, 1890: 68-84).

1890년대 당시 그린필드 타운의 공직자가 되기 위해서는 여러 가지 조건을 갖추어야 했다. 즉, 타운의 유산층 거주자(inhabitant)로서 미국 시민이며, 연령은 21세 이상이고, 영어로 헌법을 읽을 수 있고 그의 이름을 영어로 쓸 줄 알아야 한다는 조건과 함께 육체적 장애가 없어야 하고, 연령이 60세 미만이어야 하고 또 여자가 아닌 남성이어야 했고 당연히 유권자여야 했다. 이러한 조건을 갖춘 자는 타운의 공직자가 될 수 있었는데, 그 당시 선출하거나 임명하는 공직은 다음과 같다.

① 투표로써 선출하는 공직

주 법률의 규정에 따라 타운에서 투표를 통해 선출하는 타운 공직은 평가관(Assessors) *, 회계관(Auditors) *, 보건위원(Board of Health), 서기(Clerk) *, 징세관(Collector of Taxes) *, 투자기금위원(Commissioners od Sinking Fund), 보안관(Constable) *, 보건소장(Health Officer), 의장(Moderators), 구빈관(Overseers of the Poor) *, 도로위원(Road Commissioners) *, 집행위원(Selectmen) *, 교육위원(School Committee), 재무관(Treasurer) *, 공공도서관위원(Trustees of Public Library) 등이다.[4)]

② 주민총회에서 선임하는 공직

평가관 보, 말뚝과 후프의 선별인(Cullers of Staves and Hoops) *, 작업장 관리관, 울타리 검사관 *, 떠돌이 가축 관리관(Field Driver) *, 보리검사관 *, 연못 관리관, 검목관 *, 때로는 회의 진행할 의장, 때로는 구빈관, 공원위원, 출생 · 결혼 · 사

4) 공직 중에서 *는 취임에 앞서 선서를 해야 하는 공직임.

망 기록관*, 공중목욕탕 및 빨래터 관리관, 도로측량관*, 목재조사관* 등이다. 주민총회에서 선임하는 경우는 구두로 선출하거나 거수로 선출하는 방식들이 사용될 수 있는데 반해 반드시 투표용지를 사용해 선출하는 경우와 차이가 있다는 점을 유의할 필요가 있다.

③ 집행위원회가 임명하는 공직

공석 중일 때 임명하는 서기와 징세관, 보안관, 그리고 건설위원, 건설국장, 공석 중일 때 임명하는 울타리검사관, 공석 중인 떠돌이 가축 관리인, 화재감시관, 어족보호관, 산불감시인, 주류검사관(Gauger of Liquid Measures), 항구관리인, 항구관리인 보, 소방관(hose-men), 건초검사관*, 우유검사관*, 기름검사관*, 도축검사관*, 식초검사관*, 유치장 담당관*, 곡물검사관, 가죽검사관*, 경찰관, 보호관찰관, 철도경찰관*, 유권자등록관*, 증기선경찰관*, 저울담당관, 잣대 담당관, 증기선담당관, 어린이보호관, 거리보호관, 건초무게관리관, 공석중인 측량관, 경비원, 쇠고기무게 담당관*, 보일러와 기계 계량관*, 석탄계량관*, 수산물계량관*, 선박계량관* 등이다.

제 2 절 타운미팅의 제도적 형성

무릇 인간의 삶을 위해 창안하고 사용하는 모든 제도가 그러하듯 뉴잉글랜드 이 주민들이 만들어 사용하던 타운정부도 그들의 필요에 따라 창안되었고, 또 새롭게 가꾸고 다듬기도 하고, 또한 필요성이 사라지면 사용하던 것도 폐기해 오늘에 이르렀다. 존슨 등의 지적대로 "타운미팅 정부는 각 개인들의 삶이 처한 환경에 맞추어 효과적으로 사용할 수 있도록 수 세기에 걸쳐 시행착오를 거쳐 완성도를 높여온 것"(Johnson et al., 2001: 160)이므로 초기 타운미팅 이후 17세기와 18세기, 19세기를 거치는 동안 타운정부의 전개와 시행착오를 겪으며 변천된 내용을 "회기의 정착", "핵심 공직의 대두"를 중심으로 간략하게 개관한다.

1 회의장과 회의의 정착 과정

타운의 초기 단계에는 헌장도 없었고, 상존의 조직도 없었고, 회의의 시기나 횟수도 정해지지 않았으며, 업무도 특정하게 정해지지 않았기 때문에 당연히 제도화되지 않았으며, 그래서 완전히 비정형의 회의였다(Zimmerman, 1999: 19). 앞에서 우드스톡 타운의 건설 사례에서 살펴본 대로 타운의 입지가 결정되고, 구성원이 결정되며, 그런 다음 토지의 용도별 배분, 가구별 토지 분양, 타운의 건설과 관련된 일들의 추진 방법 등 타운 전체와 관련된 공적인 일을 누군가는 해야 했고, 그런 일은 또 교인이며, 성인 남자인 자격 있는 구성원들이 모여서 의논해 결정해야 했다. 타운 건립 초기라면 아마도 회의를 사람들이 함께 작업하는 현장에서 수시로 가져야 했을 것이나 그 단계를 지나 정착이 이루어진 단계에는 회기도 정하고 회의 장소를 정례화할 필요가 생겼을 것이라고 추정할 수 있다.

1) 타운 회의장

초기의 타운회의는 대개 큰 나무 밑에서 회의도 하고 예배도 보았던 사례는 이미 앞에서 소개했다. 그 이후 어느 정도 마을이 건립되는 과정에는 회의장을 예배 장소로 겸용하다가 종교와 정치행정이 분리되면서 타운회의장은 별도의 공간을 확보한 것으로 보인다. 일단 케임브리지 타운의 회의록에는 타운회의 장소를 기록하지 않았다(Cambridge, 1945).

존슨 등은 뉴잉글랜드 지역에서 타운을 설치할 때부터 옥외 또는 교회 건물이 지어진 곳에서는 교회에서 예배를 보았기 때문에 일요일에는 종교적 집회 후 대개 옥외 또는 교회에서 타운회의를 개최했다. 이러한 관행은 종교와 정치가 실질적으로 분리된 1833년까지 이어졌다고 했다. 이들에 따르면, 초기 교회는 엄격하게 단순화된 교회와 예배로 인해 교회에는 일체의 그림도, 동상도, 또는 어떤 상징물도 배척했기 때문에 세속적인 타운회의장과 종교적 집회장으로 겸용하는 데 아무런 장애가 없었다. 타운회의 때 의장(moderator)은 단상으로 나아가지 않고 앞자리에서 청중을 향해 일어서서 진행하고, 서기(clerk)는 청중석의 맨 앞부분 노약자나 귀가 어두운 교인들을 위해 지정한 자리에 의장과 마주보고 앉았다(Johnson et al.,

2001: 168).

2) 회의의 정례화

타운의 건설이 끝나고 정착 단계에 접어든 후에는 회의의 빈도도 줄어들고 또 날짜를 예측해 출석을 대비할 수 있도록 예고하게 되었을 것이라 추정한다. 기록상으로도 "뉴잉글랜드 여러 타운의 초기에는 집회가 주 단위로 열리다가 월 단위로 열리는 것으로 변했다"(Zimmerman, 1999: 19). 이러한 사실은 존슨 등의 논의를 통해서도 알 수 있는 바, "플리머스, 보스턴, 세일렘 그리고 글로체스터(Gloucester) 등 타운의 회의는 부정기적으로, 자주 열렸다. 그리고 때로는 매 주 월요일에 회의를 열었다"(Johnson et al., 2001: 167)고 했다.

타운 건설의 초기에는 가구별로 토지를 분양하는 일, 다른 구성원의 가축에 의해 타운에 일어난 일 등을 다루기 위해 자주, 그리고 부정기적으로 열리던 주민회의도 일단 타운의 정착과 함께 일상적인 마을의 일을 다루는 제도를 논의해 구비하게 된다. 이렇게 제도화가 이루어지고 나면 일처리의 패턴을 마을공동체가 갖게 되면서 회의의 빈도는 줄어들게 된다. 구성원 간에 자주 일어나며 되풀이되는 상호작용을 처리하는 효과적인 패턴이 제도이고, 제도는 일의 발생과 처리까지 모든 과정을 반복해 되풀이하지 않아도 되도록 만들어 주는 해결의 메커니즘이라는 점에서 시간과 노력의 절약 등 효율성을 기대할 수 있다.

실제로 타운회의의 기록도 이것을 입증하고 있다. 케임브리지 타운의 회의록을 보면, 회의의 빈도와 관련된 사실을 확인할 수 있다. 케임브리지 타운의 1630년부터 1703년까지 회의록을 보면, 첫 회의록에는 회의 날짜도 기록되어 있지 않으며 군데군데 글자가 사라진 상태이다. 그러다가 첫 회의 날짜가 기록된 것은 1632년 1월 7일이다. 역시 글자가 낡아 사라진 부분도 많으나 대개 주거구역에 주택이 다 지어질 때까지는 타운의 구역을 확대하지 않기로 합의하는 등 두 가지 합의 사항과 세 가지 타운의 지시 사항, 그리고 41가구에 각각 토지 분양 내용이 기록되었다. 그 다음 기록은 1632년 12월 24일 분이다. 여기서 중요한 것은 이날 회의에서 매월 두 번째 월요일에 타운의 회의장에서 회의를 갖기로 결정한 것이다. 그들은 오후에 타운의 종이 울리면 회의를 갖는다고 기록했다. 특이한 점은 이 회의록 끝부분에 기록자로 더들리(Thomas Dudly)[5]와 헤인스(John Haynes)[6] 등 이름을 남졌다는 점이다. 그러나 케임브리지 타운의 회의록은 매월 둘째 월요일에 회의를 갖기로 결정했음에도 불구하고 회의 기록이 남아 있지 않다는 것이다.

케임브리지 타운의 초기 회의 기록을 연도별로 정리하면 ① 부정기적 회의 시기, ② 월별 회의 시기, ③ 연도별 회의 시기가 확인되는데, 그 내용은 다음과 같다.

(1) 부정기적 회의 시기

회의 일이 기록되어 있지 않는데, 이것은 수시로 의논이 이루어졌다는 것을 의미한다.

(2) 월별 회의 시기

① 1633년 1월 5일, 2월 2일, 3월 2일, 8월 5일, 9월 2일, 10월 X일, 11월 4일, 12월 2일에 각각 회의를 가졌다. 회의는 모두 8차례 가졌다.
② 1634년 1월 5일, 2월 3일, 4월 7일, 5월 5일, 6월 2일, 7월 7일, 8월 4일, 9월 X일, 10월 4일, 11월 5일, 12월 5일에 각각 회의를 열어 모두 11차례 가졌다.
③ 1635년에는 1월 4일, 2월 8일, 3월에는 1일과 13일 두 차례 회의를 가졌고, 12월 7일 회의를 가져서 5차례로 전체적으로 회의 횟수가 줄었다.
④ 이처럼 월별 회의 시기는 약 10년 가까이 유지되었다.

(3) 연도별 회의 시기

위에 지적한 대로 월별 타운회의 방식을 상당 기간 유지하다가 1644년에 이르러 9월 11일에 타운미팅을 가진 다음 그 1년 뒤 1645년 9월 12일 다시 타운미팅이라는 이름으로 회의를 열어서 townsmen 5명과 보안관 2명, 도로검사관 2명, 토지 측량인 3명을 선출했다. 타운회의를 1년에 한 차례 개최하는 일이 반드시 지켜진 것은 아니지만 대개 연 1회 회의를 개최하는 원칙이 케임브리지 타운의 1630~1701년 회의록에는 지켜지고 있다.

지금까지 정리한 사실들을 통해 추정한 대로 마을을 건설하던 정착의 초기에는 교인으로서 토지를 소유한 자유민인 성인 남자들이 교회를 중심으로 타운 공동의 일을 처리하기 위해 수시로 만나고 의논하고 결정하던 양식에서 출발해 안정된 정

5) 더들리는 아벨라 호를 타고 식민청장 윈스럽과 함께 이주했고, 부청장이었다.
6) 헤인스 역시 윈스럽의 일행이었으며 후에 식민청장을 한 차례 역임했고, 그는 코네티컷 식민지로 옮겨서 7차나 식민청장직을 수행했다.

착 단계에 들어서면서 회의의 빈도를 줄이면서 정례적 총회를 통해 중요한 결정을 내리고, selectmen과 보안관 등 타운 사무의 영역별로 공직자를 선출해 이들에게 타운의 결정 사항을 집행시키는 양식을 시도해서 제도화시켰음을 알 수 있다.

2 타운의 주요 공직들

1630년부터 타운회의의 기록을 남기기 시작한 케임브리지 타운조차 회의의 참석자는 첫 회의록부터 이름을 기록했지만, 회의의 진행자에 대한 언급도 없고 또 회의의 기록자도 언급하지 않았다. 존슨 등에 따르면, 영국식의 공직 명칭에 따라 clerk, sheriff, bailiff, constable, hay warden, hog reeve, pound keeper, shepherd, cowkeeper, jurymen, surveyors of highways, fence viewers 등 공직담당자를 활용했다(Johnson et al., 2001: 167).

1) 보안관

앞에서도 소개한 대로 보안관(Johnson et al., Constable)은 식민청 임명직으로 타운에서 선출한 공직자가 아니었으나, 케임브리지 타운의 첫 회의록에 constable과 townsmen이 기록되어 있을 정도로 일찍부터 타운의 공직으로 등장했고, 지금까지 존속하는 타운의 공직이다(Cambridge, 1901: 1). 보안관은 타운의 치안을 담당하는 한편 타운의 회의에 관해 전달하는 일도 담당했으며, 오늘 날에도 주민총회의 공고는 보안관의 1차적인 임무로 간주되고 있다(Johnson et al., 2001: 40).

2) 회의진행자 또는 의장

당시 식민청 간부는 이주민들 가운데서도 비교적 사회적 신분도 높고 그래서 학력도 높은 사람들로 구성했으며, 타운은 교회를 중심으로 구성, 배치했던 만큼 교회와 종교적 권위를 지닌 목사가 중심이 되어 함께 모여서 마을의 공통 관심사나 필요한 일을 처리했을 것이라고 추정할 수 있다. 그런데, 뜻밖에도 회의진행자(Moderator)를 지칭하는 명칭은 1636년 프로비던스 식민지를 설립해 오늘 날 로드아일랜드 주의 출발을 이룬 윌리엄스 등의 회의 기록에 나타난다. 비록, 1856년 주의 총무성 장관이 초기 기록을 수집, 정리, 번역한 문헌이기는 하지만, 이 회의록에는 1636년 6월 4일 회의에서 진행자(M'd)[7]의 발언 내용까지 적시하고 있다.[8] 이러한 점을 근거로 하여 기록상으로 명시되지 않았을 뿐 언제, 이디서든 여럿의 모임에서 회의를 진행하는 역할이 존재할 수밖에 없었을 것이라고 추정하는 것은 틀리지 않는다.

존슨 등에 따르면, moderator라는 공직 명칭도 영국에서 사용하던 것으로 1573년 이후 타운회의를 진행하고 질서를 유지하는 사람에게 사용된 명칭이다. 초기에 회의진행자 moderator는 매 회의마다 그 회의 진행을 위해 선출하다가 1685년부터 타운의 회의를 진행하는 1년 임기의 의장으로 선출하기 시작했다(Johnson et al., 2001: 167). 케임브리지 타운의 회의 기록에는 1703년 7월 12일 moderator라는 용어가 등장했다(Cambridge, 1901: 348).

3) 집행위원

짐머만에 따르면, 타운에서 등장한 첫 선출직 타운 공직자는 집행위원(selectmen)이다. 매사추세츠 주의 도르체스터 타운은 1633년 10월 8일 회의록에서 집행위원에 관해 언급하고 있다(Zimmerman, 1999: 21). 케임브리지 타운은, 비록 이름은 다르지만, 회의록이 기록되는 첫 부분부터 집행위원 역할을 타운 업무에서 사용했다. 현재와 같은 selectmen으로 정착되기까지는 다양한 명칭이 사용되었는바, 케임브리지 타운 회의록 첫 회에 "townsmen"으로 기록되었고, 1634년 2월 3일 회의록에는 seven men이라는 명칭이 사용되었다. 그 이후 1635년 11월 23일 회의록에는 nyne men이라는 명칭으로 기록했고, 1635년 12월 7일 회의록에는 townsmen이라는 명칭이 다시 사용되었다. 또 1639년 10월 1일 회의록에는 다시 seven men이 사용되었으며, 이후 한동안 다시 townsmen이 사용되어 더 이상 다른 명칭은 등장하지 않았다.

그러다가 케임브리지 타운의 회의록에 selectmen이라는 명칭이 등장한 연도는

---

7) M'd라는 표기는 회의록에 쓰인 대로 옮긴 것임

8) 이 기록물 원본은 프로비던스 타운의 총무국에서 보관된 것으로 윌리엄스가 친구에게 보낸 편지, 그의 동료들이 간직하고 있던 메모 등을 취합해 정리한 것을 바틀렛(John R. Bartlett) 장관이 회의록을 간행할 때 포함시킨 것이라고 밝히고 있다(Bartlett, 1856: 12). 그러므로 윌리엄스 등이 moderator라는 현재의 명칭을 그 때 그대로 사용했는가를 확인해 주지는 못한다고 할 수 있다.

1653년 1월 13일 집행위원, 즉 selectmen 회의의 결과를 기록한 부분이다. 그러나 또 한동안 townsmen과 selectmen이 섞여서 사용되다가 selectmen으로 고정되는 경로를 따랐다. 짐머만에 따르면, 보스턴 타운의 회의록에는 selectmen이라는 용어가 1642년 1월 24일에 사용되었다(Zimmerman, 1999: 21). 집행위원은 타운회의에서 주민들이 법규를 제정하거나 정책을 결정하면 그것을 책임지고 집행하는 선출직 공직자이다.

4) 회의의 기록자

『회의 진행 규칙(*Town Meeting Time*)』(Johnson et al., 2001)에서는 타운미팅의 네 가지 필수 요소 가운데 하나로 회의 기록자(recorder 또는 clerk)를 꼽는다. 틸(John W. Teele)은 "교회의 오전 시간 광고(announcements)는 신문이 없던 당시에 중요한 특징 가운데 하나였으며… 서기(clerk)가 광고를 담당했으며, 교회의 서기는 타운의 서기 역할을 맡기도 했다(Teele, 1985: 48-49)고 밝히고 있다. 비교적 이주 초기부터 남겨진 타운의 기록에 clerk에 관한 타운 공직의 명칭은 공식화되지 않았으나, 케임브리지 타운의 회의록도, 또 로드아일랜드의 프로비던스 타운의 회의록도 모두 누군가가 기록했기 때문에 현재의 역사가나 타운미팅 연구자들이 그러한 사실 자료들을 근거로 해석하고 또 재해석해 지식으로 정리할 수 있다.

그러나 초기에는, 타운의 회의록은 기록되어 있을지언정, 기록자에 관한 명료한 역할과 명칭을 부여한 자료가 드물다. 케임브리지 타운은 처음 회의 내용의 기록 아래에 기록자의 이름만 따로 남기는 방식(Cambridge, 1901: 4)을 사용하다가 그 뒤 회의록 아래에 "town clerk William Spencer 기록"이 등장하고 있다. 프로비던스 회의록은 또 "recorder"라는 용어를 사용했다(Bartlett, 1856: 27). 다시 말하자면, 케임브리지 타운의 1630년에서 1703년까지 회의록에는 town clerk라는 명칭이 등장하지 않았다. 그러나 현재는 타운의 회의 및 투표 기록까지 town clerk의 업무이다.

제 3 편

현대의 타운정부론

제 8 장 타운제도의 변천: 시(市)와 대표제 주민회총회(RTM)

제 9 장 매사추세츠 타운정부론

제10장 다른 주의 타운정부론

제11장 타운미팅의 진행 규칙

08 CHAPTER

타운제도의 변천: 시(市)와 대표제 주민총회(RTM)

뉴잉글랜드 타운은 하나의 제도로서 탄생해 오랜 시간의 흐름에 따른 변천과 공간을 달리해 확산되면서 생기는 변천을 겪었다. 그러나 공간에 따른 변천은 "뉴잉글랜드 타운"이라는 용어가 말해 주듯 미국 동북부 6개 주, 즉 뉴잉글랜드 지역에서 보편적으로 존재하는 지방자치제도이지만, 그런 가운데 주별로 약간의 차이가 확인될 정도로 공간 요인에 따른 변화도 있다.

뉴잉글랜드 지역에서 타운미팅(town meeting)이 지방자치의 기본 유형으로 자리를 잡고 있지만, 여타 유형의 지방자치도 존재한다. 즉, 뉴잉글랜드 지역 여섯 개 주는 모두 시(city)라고 부르는 자치단체를 가지고 있다. 더구나 메인(Maine) 주의 경우는 특이하게도 플랜테이션(plantation)이라는 이름의 자치단체도 존재한다. 코네티컷 주는 타운 아래에 법인화된 버러(borough)를 운용하기도 하며, 버몬트(Vermont) 주에서는 빌리지(village)라는 명칭의 자치단체도 가지고 있다(Hephaestus Books, 2011: 26).

이 책의 주제가 직접민주제 타운미팅이므로 이에 관해서는 다음 장에서 중점적으로 살펴보기로 하며, 시(city)는 고찰의 대상이 아니나 타운제도의 변화를 이해한다는 점에서 최소한으로 살펴보며, 다음에 직접민주제의 요소와 대표제의 요소를 결합시킨 대표제 주민총회(representative town meeting: RTM)를 간추려 소개한다.

제 1 절 시(city): 대표제 지방정부

매사추세츠 주 법률에 따르면, 자치단체로서, E형 정부 형태[1]를 취한 경우를 제외하고, 시(city)는 최근의 연방 인구조사에서 인구 1만 5천 명 이상이 거주하는 일정한 시를 의미한다(제1편 제7장 제43조 제 128절). 시가 타운과 다른 점은 “정부 형태”에 있다. 즉, 시는 시장(mayor) 또는 매니저(city manager), 지방의회(city council) 또는 유사한 기관에 의해 통치되기 때문에 주민들의 회의체(citizen's assembly)가 통치기관의 하나로서 의결기관이 되는 타운미팅과 차이가 있다. 대부분의 뉴잉글랜드 시는 타운에서 출발했지만, 이들은 타운처럼 주민총회(town meeting)를 통치기구로 삼기에는 그 인구 규모가 너무 크기 때문에 정부 형태를 변경시켜서 지방자치를 목적으로 헌법이나 법률에 근거해 법인격을 부여받은 자치단체이다.

뉴잉글랜드 지역의 각 주에는 그 수에서 시는 타운(town)에 크게 못 미친다. 뉴잉글랜드 전체적으로 보면, 시는 겨우 5%에 불과할 정도로 적은 수이다. 그런 가운데서 뉴잉글랜드 지역의 매사추세츠, 코네티컷, 로드아일랜드 등 3개 주에서는 북부의 메인, 뉴햄프셔, 버몬트 등 3개 주보다 시가 더 많다. 뉴잉글랜드 6개 주 가운데 인구가 가장 많은 매사추세츠 주의 경우는 1820년 보스턴이 주 의회(General Court)의 승인을 얻어 처음으로 시로 명칭을 바꾸고 따라서 정부 형태도 변경했다. 그러나 정확하게 말하자면, 타운을 시로 변경할 때 인구 규모는 결정 요인이 되지 않는다. 그것은 현재도 뉴잉글랜드 각 주에 인근의 시보다 타운의 인구가 더 많은

1) 매사추세츠 주 법률 제1부 제7편 제43장 제1절은 City Charters와 관련해 정부 형태를 Plan A, Plan B, Plan C, Plan D, Plan E, Plan F까지 여섯 가지로 분류해 제시하고, 이 가운데 하나를 해당 자치단체 주민들이 청구해 투표로써 선택하도록 하고 있다. 그 내용을 보면, A형은 대선거구제로 선출되는 시장과 시의회로 구성되는 정부 형태, B형은 일부 대선거구와 일부 소선거구에서 선출하는 의원들로 의회를 구성하는 형태, C형은 시장과 commissioner로 구성되는 위원회(commission)를 갖는 형태, D형은 7명에서 9명 사이의 시의원들로 시의회를 구성하되 그 가운데 1명이 시장으로서 수장의 역할을 수행하며 또한 city manager라는 행정관을 두는 형태, E형은 7~9명의 의원들로 시의회를 구성하되 그중에서 1명을 자치단체의 수장이며 시장으로 선출하고 city manager라는 행정관을 두는데 시의원과 비례제를 통해 대선거구제로 선출하는 교육위원회로써 구성하는 형태, F형은 시장과 시의회로 시정부를 구성하되 시의원은 일부 대선거구제, 일부 소선거구제를 사용하는데 다만 시장과 시의원 후보는 정당의 예비선거에서 결정하는 형태이다.

예가 흔하다는 점에서도 확인된다. 그렇지만 또 남부 3개 주의 경우는 인구 요인이 북부 3개 주의 경우보다 더 중요하게 감안되는 경향을 보이는데, 특히 매사추세츠의 경우 시는 최소한 인구 1만 명 이상을 유지하고 있으며, 인구가 2만 명 미만인 시가 드물다는 점에서 그러하다. 그렇지만 북부 메인, 뉴햄프셔, 버몬트의 경우는 인구가 1만 이하의 시들이 상당히 많으며, 인구 5천 이하인 경우도 많다. 이러한 내용을 통해 알 수 있는 것은 시는 유권자가 선출한 대표인 공직자들이 정책 결정과 집행을 담당하는 이른바 대표제 정부 형태로서 타운미팅의 직접민주제와 명확하게 대비된다. 따라서 뉴잉글랜드 지역의 시는 그것이 비록 타운미팅에서 출발했다고 하더라도 직접민주제의 범주에서 완전히 벗어난 간접민주제도이다.

그러나 여기서 특히 지적할 것은 타운과 시 간에 명칭의 구별을 흐리게 하는 현상이 목격된다는 점이다. 20세기 초 이후 현재까지 경향을 보면, 정부 형태를 대표제로 바꾸고도 타운이라는 명칭을 그대로 사용하는 경우가 더러 있다. 매사추세츠에서 이가왐(Agawam), 아메스버리(Amesbury), 반스터블(Barnstable), 이스탬턴(Easthamton), 프린클린(Freanklin), 그린필드(Greenfield), 메수엔(Methuen), 파머(Palmer), 랜돌프(Randolph), 사우스브리지(Southbridge), 워터타운(Watertown) 등 14개 자치단체는 그들이 스스로 채택한 자치헌장(home rule charter)에 따라 시장-의회형(Mayor-Council)이나 의회-매니저형(Council-Manager)의 정부 형태를 채택했음에도, 또 주 정부의 총무성(Secretary of the Commonwealth)이 시로 분류하고 있는데도 그들 스스로는 타운이라고 표기하고 있다.

제 2 절 대표제 주민총회의 기원

1620년 필그림의 플리머스 정착 이후 뉴잉글랜드 지역 각 타운에서 적용되던 주민총회(Open Town Meeting)는 대개 그 원형이 유지되어 오늘에 이르고 있으나 크고 작은 변화는 피할 수 없었다. 그런 가운데 원형을 그대로 지닌 채 현재도 사용되는 타운정부 형태가 Open Town Meeting이라면, 비록 여전히 타운이라는 용어를 사용하더라도 직접민주제를 완전히 벗어난 자치정부 형태가 city government이다. 전자와 후자의 중간에 직접민주제의 요소와 대표민주제의 요소를 절충한 형태가 대표제 주민총회(Representative Town Meeting: RTM)[2)]이다. 현재 뉴잉글랜드 지역에는 매사추세츠의 42개 타운과 코네티컷의 7개 타운, 메인과 버몬트 주의 각각 1개 타운이 대표제 주민총회를 채택하고 있다.

제한적 주민총회(limited town meeting: LTM) 또는 대표제 주민총회(RTM)는 원래의 주민총회(Open Town Meeting: OPM)에다 대표제 기구의 특성을 결합시키려는 변종의 정치제도이다. 즉, 유권자들은 주민총회의 장소에 출석해 발언할 수 있는 비교적 많은 수의 선출된 대표들에게 의결권을 위임함으로써 주민투표를 대신하는 방식이다. 다음에 그 기원에 관해 소개한다.

짐머만은 다음과 같이 RTM의 기원을 소개하고 있다. "대표제 주민총회의 기원은 정확하지 않으나 1708년 보스턴의 경우, 적정한 리더나 공직자의 부재로 인해 자치법이 적절하게 집행되지 않는다는 집행위원회의 보고를 감안하면, 전통적 타운미팅 방식이 만족스럽게 작동하지 않은 것은 분명하다. … 집행위원회는 보스턴 타운의 법인화된 시로서 헌장을 기초할 위원회의 임명을 강조했다"고 소개했다(Zimmerman, 1999: 139-142). 따라서 "1708년 12월 27일 열린 주민총회에서는 투표를 실시해 위원회를 구성한 바 있는데, 그 다음해 3월 14일의 주민총회에서 그 위원회의 보고를 거부했다"고 밝혔다. 보스턴 타운의 이러한 기록으로 미루어 당시 주민총회는 적절하게 제 기능을 다하지 못한 것으로 추정된다.

보스턴 타운은 주민총회의 문제를 해결하기 위한 노력을 수차 시도했다. 1784년 5월 11일 보스턴 타운 유권자들은 주민총회에서 정부 형태의 변경 여부를 결정하기 위해 애덤스(Samuel Adams)를 위원장으로 하는 13인 위원회를 설치했다. 7월 4일에는 위원회가 두 가지 제안을 내놓았으나 7월 17일 부결시켰다. 또 1791년 12월 30일 주민총회에 21인 위원회를 구성하기로 했으며, 1792년 1월 13일 선거구를 설정하고 대표를 뽑아서 의회(Town Council)를 구성하는 제안을 내었으나 이 또한 1월 26일 주민투표에서 부결되었다.

1803년 5월 12일 보스턴 타운의 주민총회는 서포크 카운티(Suffolk County) 업무

---

2) representative town meeting은 이후의 본문에서 대표제 주민총회, RTM, 대표제 타운미팅 등 세 가지를 번갈아 사용한다.

를 처리하기 위한 회의에서 위원회 구성을 결정했으며, 12월 21일과 1804년 1월 2일 한 선거구 2명씩 위원들을 선출해 카운티와 보스턴 타운정부의 개선을 위한 연구위원회를 구성했다. 그리고 같은 해 2월 29일 주민총회에서 위원회의 보고를 청취했고, 정회 기간을 거쳐 4월 9일 열린 주민총회에서는 보고서 청취와 토론을 가졌다. 위원회의 보고서는 집행위원회와 선거구별로 2명을 선출해 타운의회를 구성하며, 이 기관이 그들의 판단에 따라 타운정부를 질서 있게 관리하기 위해 필요한 자치법, 조례와 규칙을 제정하는 권한을 행사하도록 건의했다.

또 1815년 10월 16일 주민총회에서도 보스턴을 시 정부의 형태를 거부하면서도 집행기관에는 총괄하는 공직자(Intendant)를 두는 방안을 강조했다. 그러나 보스턴에 시 정부를 구성하는 방안은 주 의회가 제정한 법률에 그 근거 조항이 없다는 이유로 주민총회에서 부결시켰다.

결국 1820년에 채택된 제2차 수정헌법에 따라 주 의회가 인구 12,000명 이상의 타운에 제한적 주민총회를 설치할 수 있도록 허용하는 조항을 두었고, 제한적 주민총회의 설치 여부를 결정할 목적으로 소집된 주민총회에서 다수 결정을 통해 채택할 수 있도록 했다. 그러나 주민총회의 변화를 위한 노력은 종결된 것이 아니었다. 한 차례 더 위원회의 설치-보고-거부를 거쳤고, 마침내 1820년 인구 43,000명의 보스턴은 유권자의 낮은 출석 때문에 어려움을 겪자 시 헌장(city charter)을 채택하면서 타운 형태의 정부를 포기했다.

매사추세츠 주에서 대표제 주민총회가 채택되는 과정은 1915년 브루클린(Brookline) 타운의 사례도 찾을 수 있다. 브루클린 타운의 경우, 여기서도 18세기 말부터 주민총회(Open Town Meeting: OTM)의 문제를 겪고 있었는데, 이 시기에 챈들러(Alfred D. Chandler)는 시 형태의 정부에 대한 대안으로서 대표제 주민총회(a representative town meeting: RTM)의 개념을 발전시켰다. 챈들러는 RTM의 채택을 위해서는 모든 유권자가 주민총회에 전적으로 참여할 수 있다는 것과 RTM은 풀뿌리 민주주의를 약화시킬 것이라는 강고한 믿음을 극복해야 했다. 나아가 RTM은 유권자의 무관심을 배가시킬 것이라는 우려도 불식시켜야 했다. 그러나 챈들러가 중심이 된 시민의 청원을 매사추세츠 주 의회에 접수시켰으며, 주 의회는 브루클린 타운의 주민총회에 RTM의 채택과 관련된 안건을 포함시킬 수 있도록 허용하는 법률을 제정했다. 이에 따라 브루클린 타운의 유권자들이 1915년

RTM을 채택하는 안을 찬성 3,191명 반대 1,180명으로 통과시켰다. 이렇게 해서 매사추세츠 주에서는 브루클린 타운이 대표제 주민총회를 채택한 타운의 대열에 합류했다. 1919년 11월 4일에는 워터스톤 타운도 주민투표를 거쳐 대표제 주민총회를 채택했다.

또 로드아일랜드 주의 뉴포트(Newport) 타운은 1915년 타운정부의 개편을 위해 RTM과 같은 195명으로 구성된 의회를 두는 내용의 시 헌장을 처음으로 채택한 것도 대표제 주민총회의 사례 중 하나로 볼 수 있다.

주민총회를 포기하고 대표제 주민총회를 채택한 논리는 네 가지로 요약할 수 있다. 그것은 ① 출석하는 유권자를 수용할 수 있는 회의장이 불비한 점, ② 많은 유권자들이 출석한 경우 회의 운영이 어려운 점, ③ 인구 규모가 큰 타운에서의 주민총회의 대표성이 떨어진다는 역설적 문제점, 그리고 ④ 주민총회의 대표들이 타운 문제를 더 잘 숙지하고, 그 결과 일반 유권자들보다 더 잘 준비하게 된다는 주장 등이다. 이러한 내용은 브라이언(Frank M. Bryan)에게서도 일부 확인되는데, 그는 타운 규모의 증가는 "① 주민총회에 참석하는 유권자 비율을 많이 감소시킨다는 점과 ② 타운 규모의 증가는 출석자를 증가시킬지언정 바로 이것이 참여하는 유권자의 비율은 감소시키는 점 때문에 실질적으로는 민주주의를 크게 저해한다"고 보았다(Bryan, 2004: 163). 이러한 주장이 제기된 배경은 결국 초기 이주와 정착 때의 타운과 달리 인구가 늘어나면서 새로운 조건을 생성시켰고, 문제를 낳아서 그 문제 해결의 새로운 방안이 필요하게 된 것이다.

제 3 절 대표제 주민총회의 채택과 선출 절차

1 대표제 주민총회 채택의 법적 절차

자치적 헌법 수정이 유권자들에 의해 비준된 1966년 이전에는 매사추세츠 헌법에서 의회가 제정한 법률(General Law)에 근거한 대표제 주민총회(RTM)의 채택은 허용되지 않았다. 1966년 이전까지는 대표제 주민총회를 채택하고자 하는 타운은 대표제 주민총회의 정부 형태에 기초하고 그 채택을 허용하는 특별법 제정을 의회에 청원할 수 있도록 주민총회에서 결정한 다음, 그에 따라 의회가 제정한 특별법에 근거해 시행하도록 결정하는 절차를 거쳤다. 즉, 주 의회의 특별위원회가 RTM을 검토한 다음 표준 RTM법안을 기초했으며, 이 법률안을 같은 해에 매사추세츠 의회가 통과시켰다. 그러한 표준 RTM법을 앨링턴(Arlington) 타운과 브루클린 타운에서 수용했다.

2 주민총회 대표의 지명과 선출

1) 선거구

표준 RTM법은 집행위원회로 하여금 타운에 선거구를 획정하는 근거 조항을 마련했으며, 특별법 및 타운 헌장은 집행위원 또는 여타의 공직을 위한 선거구 획정의 근거를 규정한다. 그리고 RTM 대표는, 정당제를 사용하는 몬터규(Montague) 타운을 제외하고는, 선거구 내의 등록된 유권자들 가운데서 비정당제로 선출된다. 주민총회 대표의 선출과 관련해 23개 타운과 관련된 특별법은 선거구별로 최소 대표 수와 최대 대표 수를 규정하고, 7개 타운과 관련된 특별법은 선거구의 최소 대표 수를 규정하고 있다. 그리고 프레이밍햄(Framingham) 타운과 러들로(Ludlow) 타운의 RTM 관련 특별법은 선거구의 수를 규정하고 있으며, 그 나머지 타운의 RTM 관련 특별법은 선거구 수에 관한 조항은 자치법(by-law)에 규정하도록 했다. 또한 26개 타운의 RTM 관련 특별법은 각 선거구별로 최소 대표의 수를 규정하고 있고, 13개 타운의 RTM 관련 특별법은 각 선거구별로 대개 동일한 유권자 수를 유지하도록 규정했다. 표준 RTM 특별법은 선거구의 수는 규정하지 않았으나 각 선거구는 최소한 400명의 유권자를 갖도록 규정했다. 짐머만은 대표제 주민총회의 경험상 분명한 점은 타운별로 선거구의 수와 선거구별 유권자의 수를 자치법에 규정하는 것이라고 지적했다. 또 RTM의 규모에 관한 내용을 규정하는 경우라면 선거구별 유권자의 수를 규정하는 것보다 주민총회에 참석할 대표의 수를 명백하게 규정하는 것이 바람직하다고 지적했다(Zimmerman, 1999: 145).

2) 대표의 선출과 임기 등

RTM 대표의 선출은 대개 3월에 실시하며, 선출하는 대표의 수는 50명에서 429명(Fairhaven 타운) 범위이며, 평균 240명이다. 이들은 보수를 받지 않는 명예직이다. 그리고 프레이밍햄과 소거스(Saugus) 타운처럼[3] 예외도 있으나, 임기는 대개 3년이며, 해마다 그 1/3을 선출한다.

RTM 대표의 선출은 두 가지로 나눌 수 있는바, 초선과 재선(re-election)이 그것이다. 초선의 경우에는 후보 추천서에 선거구 내의 유권자 가운데 정해진 수의 서명을 받게 되는데, 대부분의 타운에서는 서명자 수를 10명으로 설정하고 있으나 밀퍼드(Milford) 타운의 경우는 30명이다. 앞서 소개한 대로 몬터규 타운을 제외하고는 비정당제이다.

한편 재선을 희망하는 기존의 대표는 대부분의 타운에서 거의 자동으로 재선되는 경향이다. 즉, 기존의 RTM 대표는 자신의 재선에 출마하겠다는 의사를 적은 서류를 선거 30일 전에 타운의 총무국장에게 제출하면 된다. 그 외 대표는 자치법이 정한 선거일에 투표로써 선출된다.

제 4 절 대표제 주민총회의 운영

대표제 주민총회(RTM)는 그 명칭이 representative town meeting이라서 약간 혼란을 빚을 수 있으나 앞에서 살펴본 대로 등록한 유권자 전체에게 출석과 정책 결정권을 부여한 것이 아니라 50명에서 429명 사이의 유권자에게 총회에 출석해 정책을 결정하도록 권한을 부여한 점이 다를 뿐 운영은 주민총회(OTM)와 별반 다르지 않다. 그러므로 RTM에 출석한 대표들은 OTM에 출석한 유권자들이 행사하는 모든 권한을 행사한다. 다음에 RTM의 운영에 관해 소개한다.

---

3) 이들 타운은 2년 임기로 하며, 동시에 모든 RTM 대표를 선출한다(Zimmerman, 1999: 146).

1 직무담당 대표의 지명

RTM법은 각 타운에서 자치법에 규정해서 특정한 공직자를 주민총회에 참여할 직무 권한을 가진 대표로 지정할 수 있도록 권한을 부여한다. 또 표준 RTM법도 타운으로 하여금 직무 권한을 행사할 대표를 지명하도록 규정하고 있다.

직무 권한을 부여하는 대표들을 전혀 지정하지 않는 타운이 16개이고 러들로나 사우스 하들리(South Hadley) 타운처럼 직무담당 대표 24명을 지정하는 경우도 있다. 관례적으로 대개 RTM 법률은 해당 타운에 거주하는 주 의회 의원들에게 대표제 주민총회 대표로서 직무 권한을 부여하기도 한다. 이렇게 직무 권한을 부여해 핵심적인 타운 대표로 지정하는 것은 그들의 출석을 확실하게 확보하기 위한 것이다. 이렇게 보면 역시 대표제 주민총회도 출석자의 수를 확실하게 확보하는 문제를 겪고 있음을 알 수 있다.

2 대표제 주민총회의 운영

1) 선거구별 사전 회의

짐머만에 따르면, 대표제 주민총회(RTM)를 채택한 타운에서도 약 1/3 정도는 선거구별로 예비 주민총회(pre town-meeting meeting)를 갖는 것으로 조사되었다. 예비 주민총회에서는 해당 선거구의 대표들과 일반 유권자들이 함께 출석해 다가오는 주민총회의 안건들에 관해 토론한다. 이러한 사전 회의에는 대개 타운의 재정위원회의 위원들이 참석해 예산안에 대한 설명을 제공한다(Zimmerman, 1999: 149). 이러한 사전 회의의 중요한 목적은 일반 유권자이든 주민총회에 출석할 대표이든 타운의 주민들에게 정확한 판단에 필요한 정보나 지식을 제공해 정책 결정의 질을 높이기 위한 것이라고 하겠다.

2) RTM의 운영

RTM과 관련된 법률을 수용함으로써 타운은 "법률의 규정에 따라서 자치체에 귀속되어 현재 또는 추후 타운의 업무 처리에 적용할 수 있는 모든 권한을 가지며, 이 법률 조항에 따른 RTM 회의는 일반 유권자들에 의해 이루어진 주민총회(OTM)에서 행해진 바와 동일한 권능과 효과를 가진다"(Zimmerman, 1999: 149)고 본다.

RTM은 OTM과 동일한 방식으로 소집되고 진행된다. 집행위원들이 회의를 소집하고, 회의 개최 7일 전까지 회의 소집 공고를 결정한다. 그리고 타운의 총무국장이 회의 참석 대상자들에게 고지하고 보안관(constable)은 게시하거나 공고하는 일을 담당한다. 여기서도 의결정족수(quorum)가 규정되는데, 1915년 브루클린 타운이 과반수를 정족수로 설정한 이래 표준 RTM 법률은 거의 동일하게 의결정족수를 규정했다. RTM의 두 가지 특징은 회의 출석자 2/3의 표결에 의해 비밀투표를 사용할 수 있다는 점과 대표제 주민총회에서 결정했더라도 그에 대해 반대하는 주민투표(protest referendum)를 채택해 최종 정책결정권은 여전히 유권자 전체에게 귀속시키고 있다는 점이다(Zimmerman, 1999: 149-154).

RTM의 회의 진행 등은 OTM과 동일하고, 이에 관해서는 매사추세츠 타운미팅에서 다루었으므로 생략한다.

09 CHAPTER 매사추세츠 타운정부론

제도는 가족, 지역사회, 시장, 회사, 스포츠 리그, 교회, 민간협회, 정부 등 모든 수준의 인간 사회에서 반복적이고 구조화된 모든 상호작용을 조직하기 위해 인간이 사용하는 규범이다(Ostrom, 2005: 3). 간단히 말하자면 대개 한 사회 영역의 구성원들 간에 수용되는 상호작용의 규칙이라고 할 수 있다.

뉴잉글랜드 타운미팅은 그들의 오랜 시간에 걸친 삶을 통해 정치와 행정 영역에서 상호작용하는 규칙 내지 규범, 즉 제도로 기능했다. 타운미팅제도는 그들 공동체의 법률을 통해 공식적인 제도로 정립되어 사용되고 있으므로 여기서는 매사추세츠 주 헌법과 법률, 타운의 자치헌장과 자치법의 내용을 간추려 살펴본다. 이후에 타운의 자치헌장과 자치법이라고 쓰는 경우, 따로 특별히 지적해 밝히지 않는다면, 매사추세츠 주의 롱메도(Longmeadow) 타운의 자치헌장(Home Rule Charter)과 자치법(Town of Longmeadow By-Laws)을 가리킨다.

제 1 절 타운미팅의 법적 기초

매사추세츠 주에는, 2010년 통계조사 보고에 따르면, 312개의 타운(town)과 39개의 시(city)가 있다.[1] 이 가운데서 가장 오래된 타운은 1620년에 설립된 플리머스

이고, 가장 최근에 설립된 타운은 1920년에 설립된 이스트 브룩필드(East Brookfield)이다. 그리고 가장 오래된 시는 보스턴(1820년)이고 가장 최근에 설립된 시는 가드너(Gardner, 1923년)이다. 또 인구 규모를 기준으로 가장 작은 타운은 고스놀드(Gosnold)로 인구가 75명이며, 가장 큰 타운은 프레이밍햄(Framingham)으로 68,318명이다(매사추세츠 정부 홈페이지 자료).[2]

짐머만에 따르면 이 가운데 262개 타운은 주민총회(Open Town Meeting: OTM)를 채택하고 있고, 42개 타운은 대표제 주민총회(representative town meeting: RTM)를 채택하고 있으며, 5개 타운은 타운 매니저-의회형(town manager-council)을, 4개 타운은 시장-의회형(mayor-council)을 채택하고 있다(Zimmerman, 1999: 27). 여기서 특히 지적할 점은 매사추세츠 주의 자치단체들 가운데 이가왐(Agawam), 아메스버리(Amesbury), 워터타운(Watertown), 윈저(Winsor) 등 16개 자치단체는 시(city) 정부 형태, 즉 대표제 정부 형태를 채택하고 있지만 명칭은 여전히 타운을 사용하고 있다는 점이다. 저자가 주로 관심을 가지고 이 책에서 다루고자 하는 제도는 주민총회(OTM)를 채택하고 있는 262개의 타운정부이다.

매사추세츠의 타운제도는 주의 법률 편제에 근거하여 설립되고, 또 운용된다. 매사추세츠의 법률 편제는 헌법과 헌법에 근거해 제정된 법률(General Law), 법률에 근거해 지방자치단체가 기초해 주민투표로써 통과시킨 자치헌장(Home Rule Charter), 자치단체가 주민총회를 통해 제정한 자치법(by-laws), 조례와 규칙 등으로 편제를 이룬다.

1 헌법

매사추세츠 지방자치단체와 지방정부의 설치와 그 권능은 헌법 LXXXVIII장과 LXXXIX장에 근거해 규정한 제2조 1항 "지방자치정부의 자치권", 제2항 "자치헌장의 채택과 수정", 제3항 "청원에 의한 헌장 채택과 수정의 절차", 제4항 "지방의

1) 매사추세츠 주에서는 인구 12,000명 이상의 타운만 시(city)가 될 수 있다.
2) 2013년 6월 3일자 주 총무성 홈페이지 자료임

회에 의한 헌장 채택과 수정", 제5항 "채택 또는 수정한 헌장의 등록", 제6항 "시와 타운의 통치권", 제7항 "지방 권한의 제한", 제8항 "지방자치권에 대한 주 의회의 권한", 제9항 "지방자치권에 관한 기존 특별법의 효력" 등의 조항에 근거해 주 의회가 제정하는 법률과 지방자치단체의 의결기관인 시의 의회나 타운의 주민총회에서 제정된 자치법에 차례로 규정되고, 시행된다.

2 법률

먼저, 매사추세츠 법률 제1편에는 182개의 장(chapter)을 설치해 주 정부의 행정(Administration of the Government)에 관해 규정하고 있다. 이 가운데 제7장은 제39조부터 제49A조까지 자치단체(cities, towns, and district)의 업무에 관해 규정하고 있다. 또 제7장 제39조 자치정부(municipal government)에는 제1절부터 제24절까지 자치권의 배분, 공직의 종류, 선거, 자치단체장의 권한, 급여, 겸직 조항, 공직자의 해임, 회의, 주민총회의 정족수, 주민총회 의장의 직무와 권한, 예산위원회 등 각종 위원회에 관한 조항, 공청회(公聽會) 등에 관해 규정하고 있다. 특히 제40조는 제1절부터 제69절까지 모두 187개 조항에 걸쳐 시와 타운의 권한에 관해 규정하고 있다.

제7장에는 또 구역 설정과 개편, 지역계획, 자치단체의 산업 발전, 산업개발청의 설치, 지역 개발에 관련된 재정, 기술개발공사, 산업공단, 농업발전특구, 상하수도 위원회, 스마트성장구역, 공공부조에 의한 주택의 건립과 관리, 자치단체에 의한 벌금 부과와 징수, 시의 헌장(city charters), 자치헌장의 제정과 개정 절차, 자치재정, 자치단체의 기채, 공원의 설치와 운영, 출생·결혼·사망, 소방, 울타리 설치와 관리, 예비선거와 정당의 회합(caucus), 그리고 선거에 관한 규정을 다루었다.

제1편 제8장 제50조에 선거와 관련해 총괄해 다루고, 제51조는 유권자의 자격, 유권자 등록, 유권자의 임무 등을 규정했으며, 제54장에는 선거에 관한 규정, 제55조에는 선거운동 지출과 기부금, 제55A조에는 공정선거법 조항, 제56조에는 선거법 위반에 관한 규정 등을 규정하고 있다.

제1편 제9장 제58조는 조세에 관한 총괄 규정부터 제65C조까지 세원의 평가, 재

산의 분류, 지방세의 징수, 소득세의 부과와 징수, 개인의 임금 보고, 법인의 조세, 증여세, 연료세, 담배세, 숙박세(room occupancy excise), 부동산세 등을 규정하고 있다.

이 밖에도 매사추세츠 법률은 제1편 제10장에 공공 기록에 관한 조항을 규정하고, 제12장에는 교육에 관해 규정하고 있으며, 제13장에는 토지 수용에 관한 규정, 제14장에는 공공도로 및 건설에 관한 규정, 제16장에 공공보건, 공공복지, 제17장에 사법행정에 관한 규정, 제19장에 농업과 보전에 관한 규정, 제20장에 공공안전과 질서, 제21장에 노동과 산업, 제22장에 법인이나 회사의 설립 등에 관한 규정을 두고 있다.

주 법률 제1편 제7장 제39조 지방자치정부 관련 조항에는 타운정부의 가장 핵심 기관에 해당하는 주민총회에 관해 규정하고 있으며, 그 가운데 제9절의 내용에는 주민총회의 개최 시기를 결정하는 집행위원회의 권한, 공직자의 선거에 관한 내용, 제10절에는 주민총회의 공고와 안건의 청원 요건 등을 다루고, 제13절은 주민총회의 의결정족수, 제14절은 의장의 선출 관련 규정, 제15절에는 의장의 권한과 책무, 제17절은 회의장의 질서 유지 등에 관해 규정하고 있다.

주 법률 제1편 제7장 제40조 시와 타운의 권한과 책임 조항에는 제1절 "시와 타운의 본질과 요건", 제2절 "디스트릭트(district)의 본질과 요건"을 비롯해 "위 단체들의 소송과 당사자 권한", "자치단체의 재산권", "계약권", "자치정부의 단위", "정부 간의 계약"을 비롯해 "자연재난의 관리", 심지어 "제설작업의 책임", "자치정부 내 각종 위원회의 설치, "건물의 임대", "토지의 양도", "지방자치법의 제정", "지방정부의 요금 부과와 징수", "조례와 규칙의 공포", "물의 오염 관리", "급수 및 요금의 부과와 징수" 등을 규정하고 있다.

제1편 제7장 제41조 제1절에는 자치단체에서 선출해야 하는 공직으로서 총무국장(clerk), 재무국장(treasure), 1명 이상의 징세국장(collector), 3명 이상의 집행위원(selectmen), 1명 이상의 평가국장(assessor), 1명 이상의 회계국장(auditor), 1명 이상의 도로국장(highway surveyor), 1명 이상의 하수도위원(sewer commissioner), 검목관(tree warden), 1명 이상의 보안관(constable), 3명 이상의 교육위원, 3명 이상의 부평가국장(assistant assessor), 3명 이상의 보건위원, 그리고 자치법 조항이 규정하거나 주민총회의 결정으로 따로 정한 공직자를 선출한다고 규정했다.

제1편 제7장 제40조 G에는 기술공단 설치와 관리, 제40조 H에는 지역경제 발전 업무, 제40조 L에는 농업 지원, 제40조 T에는 공공 지원을 받는 주택 건설, 제40조 U에는 자치법규 위반에 관한 벌금, 제41조에는 용도구역 설정(zoning), 제41조에는 지역기획, 제42조에는 지역 개발, 제41조에는 지방정부 공직자 임기와 선거, 제42조에는 자치단체의 구역, 제43조에는 시(city)의 헌장, 제43조 A에는 대표제 주민총회 정부에 관한 표준규정, 제43조 B에는 자치헌장 제정의 절차, 제44조에는 자치재정, 제44조 A에는 채권 발행, 제44조 B에는 지역의 보전관리, 제45조에는 공원의 설치와 관리, 제46조에는 주민의 출생과 사망, 결혼 관리, 제48조에는 소방 업무, 제49조에는 울타리 설치와 관리 및 검사, 그리고 연못관리, 제50조에는 예비선거와 정당 회합과 선거에 관한 업무, 제51조에는 유권자의 자격 등, 제54조에는 선거, 제55조에는 선거에서 기부와 선거운동 관리, 제56조에는 선거법 위반의 관리, 제57조에는 선거구와 의원의 정수, 제58조 조세총칙, 제59조 지방세 과세를 위한 평가, 제60조 지방세의 징수, 제62조 소득세, 제63조 법인세, 제65조 조세의 승계, 제66조 공공 업무의 기록관리 등을 규정했다.

그리고 법률 제7I장 제69조부터 제78조 A까지는 교육과 관련된 조항들을 규정하고 있는데, 이 책에서는 교육행정에 초점을 둔 것이 아니므로 주의 교육 관련 규정은 더 이상 논급하지 않는다,

지금까지 개관한 매사추세츠 법률이 자치단체에서 시행되고 효력을 발생하기 위해서는 각 자치단체의 의결기관이 투표로써 결정해야 하고 또 자치단체의 헌장의 조항과 저촉되지 않아야 한다. 대개 주의 헌법과 헌법에 근거해 제정한 법률에 근거해서 각 자치단체의 자치헌장과 자치법이 제정되는데 자치법 조항과 자치헌장의 조항과 주 법률의 조항이 대립되는 경우에는 주 법률의 조항이 통제(control) 한다고 명시적으로 규정함으로써 그 우열 관계를 분명히 하고 있다. 거기다 자치헌장은 주의 법무장관의 승인을 받아서 시행되기 때문에 저촉되는 사례를 예방하는 장치가 하나 더 마련되어 있다. 이렇게 지방자치단체에 의해 수용된 법률의 조항도 그로부터 3년이 지나면 자치단체의 유권자들에 의해 발의되어 일정한 절차를 거치면 폐지될 수 있도록 규정하고 있다(매사추세츠 주 법률 제1부 제1편 제4장 제4절과 제4절A).

3 자치헌장

1) 자치헌장의 제도화

(1) 자치헌장의 법률적 근거

주의 법률은 제1편 제7장 제43B조에서 제1절부터 제20절까지 지방자치단체의 자치헌장(Home Rule Charter)과 관련된 내용을 규정함으로써 제도로서 자치헌장의 근거를 마련했다. 여기서는 자치헌장의 채택과 수정 절차, 자치헌장을 채택하거나 수정하기 위한 청원의 접수와 기각의 사유, 청원의 접수 이후 헌장위원회의 구성, 헌장 채택 여부를 결정하기 위한 주민투표까지의 절차, 그리고 헌장위원회의 위원 수와 지명과 선출, 헌장위원에 대한 수당 등 비용 처리, 공청회와 결과 보고, 법률적 검토와 인쇄 및 배포, 투표의 절차, 헌장 제정에 실패한 경우 재상정 절차, 그리고 헌장을 채택했을 경우 자치법규, 조례, 규칙 등 법령의 후속적 조치, 헌장의 시행, 공직자 선출 방식, 주 정부가 제정한 자치헌장 관련 특별법과의 관계 등을 규정하고 있다.

(2) 자치헌장 관련 법 조항의 내용

자치헌장 절차에 관한 주 법률의 규정을 간추리면 다음과 같다. 주 법률 제1편 제7장 제43B조 제1절은 제43B조의 명칭을 "자치헌장절차법(Home Rule Procedure Act)"이라고 규정했다. 그리고 제2절은 "모든 타운은 제43B조에 규정한 절차에 따라 그 자치헌장을 채택하거나 수정할 권한을 가진다"고 규정했다. 제3절은 "자치헌장의 제정이나 수정은 타운에 거주하는 등록 유권자 수의 최소한 15% 이상의 서명을 받아 청원함으로써 이루어진다. 청원을 위한 서명 용지는 타운의 총무국장이 구비한다. … 서명을 갖추어 청원이 접수되면 유권자등록위원회는 서명 내용을 심사해 집행위원회에 보고한다."

이어서 제4절은 "심사의 결과를 보고받은 집행위원회는 30일 내에 자치헌장 청원안과 함께 헌장위원회 위원의 선거를 위한 안건을 접수하며, 다음 정례 주민총회 때 실시되는 공직자 선거 때 투표를 실시하거나 안건으로 접수된 날로부터 60일 이내에 투표를 실시한다. 만약 자치헌장 청원안이 30일 안에 안건으로 접수되지 않으면 헌장위원의 선출안과 함께 자치헌장 청원안은 바로 뒤의 정례 공직자 선거일 또는 접수된 날로부터 90일 이내에 투표를 실시한다."

제5절은 "헌장위원회 위원의 후보로 지명되기 위해서는 인구 10만 이상인 자치단체에서는 200명의 서명, 인구 5만 명 이상 10만 명 미만인 자치단체에서는 100명, 인구 1만 2천 명 이상 5만 명 미만인 자치단체에서는 50명, 인구 6천 명 이상 1만 2천 명 미만인 자치단체에서는 25명, 인구 6천 명 미만인 자치단체에서는 10명의 서명을 필요로 한다. … 헌장위원 후보 지명을 위한 추천서는 투표일 전 25일을 마감일로 하며, 총무국에 접수한다."

제6절은 "헌장위원회 위원은 대선거구제 선거로 실시하며, 정당 소속과 관계없이 9명의 후보(등록 유권자여야 함)를 득표순으로 당선자로 결정한다. 헌장위원 선출 결과를 총무국장은 주택 및 지역개발국장에게 통지한다."

제7절은 "헌장위원 선거일로부터 10일 안에 총무국장은 9명의 위원들에게 첫 헌장위원 회의를 통지하고, 이 회의에서는 의장, 부의장, 총무를 선정해 총무국에 그 결과를 알린다. 그리고 헌장위원회는 선출된 날로부터 유권자의 투표에 부칠 헌장안을 제출할 때까지 30일간 존속하거나 헌장 안을 제출한 후 최종 보고안을 제출할 때까지 30일간 존속한다. 헌장위원에게는 보수를 지급하지 않으며, 규정에 맞게 지출된 비용만 지불한다."

제9절은 또 "헌장위원이 선출된 날로부터 45일 후에 헌장 안에 관해 공청회를 가지며, 16개월 안에 헌장에 관한 예비 보고 및 헌장 안을 유권자에게 제출하고, 타운 내의 신문에 게재하며, 총무국장은 충분한 부수의 헌장 안을 인쇄해 유권자들에게 배부한다. 헌장 안 사본 2부를 각각 주의 법무 장관과 주택 및 지역개발 장관에게 전달한다. 4주 안에 헌장위원회는 1~2차의 공청회를 가지며, 법무 장관은 접수 후 4주 안에 헌장 안과 헌법과 법률 조항 간에 저촉 여부를 심사해 필요한 경우 문서로 작성해 헌장위원회와 주택 및 지역개발 장관에게 전달한다. 헌장위원 선거일 후 18개월 안에 헌장위원회는 헌장에 관한 최종보고서를 집행위원회에 제출해야 하며, 이 때 헌장 안 전문과 그에 대한 설명문을 제출한다."

제11절은 "헌장 안을 접수한 집행위원회는 그로부터 첫 공직자 선거를 위한 정례 주민총회에서 유권자의 승인을 위한 절차로서 그로부터 최소한 2개월 내에 안건으로 제출해야 하며, 헌장위원회가 헌장의 채택을 권고하지 않는 경우에는 그러

하지 아니하다.

자치헌장의 채택을 위한 안건은 인쇄된 투표지를 사용하는 투표에 부치며, 이때 투표가 실시되기 35일 전까지 정해진 지침에 따라 작성된 헌장의 기본 조항과 요약문을 동봉해 찬성과 반대를 묻는 투표지 안을 총무국장에게 접수해야 한다. 그리고 투표일 최소 2주일 전에 등록된 유권자에게 송부되어야 한다. … 과반수의 찬성을 얻어 채택된 자치헌장은 헌장에 지정된 날로부터 효력을 발생한다."

매사추세츠 주의 법 편제를 볼 때, 자치헌장은 지방자치단체 정부의 전체적 구성에 관한 내용을 담고 있으며, 헌장에 규정한 내용을 타운이 제정하는 자치법에 규정하고 있다는 점에서 자치헌장은 자치법의 상위법으로서 그 기능을 수행하고 있다.

2) 롱메도 타운의 자치헌장

롱메도 타운은 위에 소개한 주 법률에 근거해 2004년 3월 9일 자치헌장을 제정하는 절차를 거쳤고, 2007년 6월 28일 한 차례 수정을 가해 오늘에 이르고 있다. 롱메도 타운은 자치헌장 규정에 따라 타운정부의 얼개를 구성했으며, 후속적으로 타운의 자치법에 구체화해서 규정한 대로 타운정부를 운용하고 있다. 다음에 롱메도 타운 자치헌장의 중요한 내용을 축약해 소개한다.

(1) 타운의 창설과 수권

자치헌장의 전문에 "우리 주민은 주민들에게 책임성, 효율성, 통합성, 대응성을 갖춘 방식으로 공공 서비스를 제공하고 또 타운의 유산과 자원을 증진시키는 통치기관(governing framework)을 창설하기 위해 헌장을 제정한다"고 밝혔다.

자치헌장 제1장 제1-1절은 "법률에 의해 설정된 타운구역 안에 살고 있는 주민들(inhabitants)은 롱메도 타운의 이름 아래 영속적으로 법인격을 지닌 단체이자 정치적 통합체를 이룬다"고 규정했다.

자치헌장 제1장 제1-3절은 "행정의 집행권은 집행위원회에 귀속시키고, 의결권은 주민총회에 귀속시킨다"고 규정했고, 자치헌장 제1장 제1-4절은 "이 헌장을 채택함으로써 롱메도 타운 주민의 의사와 목적한 바에 따라 매사추세츠 주 헌법과 법률에 보장하는 모든 권한은 이후에 구체적으로 또 개별적으로 열거된 각 권한과 함께 전적으로, 또 완전히 타운이 행사하도록 보장한다"고 밝혔다.

자치헌장은 또 제9장 제9-1절부터 제9-5절까지 경과 조항을 설치해 자치헌장 채택 이후 기존 법규의 효력, 공직의 직무 승계, 인사 승계, 기록과 재산의 승계 등을 다루었으며, 집행위원을 3명에서 5명으로 증원하는 내용을 규정하고 또 신분이 변경되는 공직자들을 열거하고 변경되는 내용도 규정했다. 이에 따르면, 종래에 선출직이던 총무・재정・징세국장, 평가위원, 공원 및 여가위원회 위원, 수도 및 하수처리위원회의 위원은 임명직으로 전환하며, 타운행정관(Town Administrator)은 그 직을 폐지한다고 규정하고, 증원된 집행위원회가 타운 매니저(Town Manager)를 임명한다고 규정했다.

(2) 타운정부의 구조

타운정부는 이미 알려진 대로 주민총회와 집행기관으로 구성되어 역할을 분담하고 있다. 여기서 주민총회는 타운정부 권력의 중추적 소재처로서 의결기관의 역할을 수행하며, 집행기관은 집행위원회와 집행위원회가 임명하는 타운 매니저를 비롯한 위원회(committee, board, commission), 그리고 타운 매니저가 임명해 구성하는 행정기관으로 구성된다.

① 의결기관: 주민총회

주민총회(Open Town Meeting)는 매사추세츠 헌법 Article LXXXIX의 제1절부터 제4절까지 지방정부의 자치권과 관련된 조항에 법적 근거를 두고 있다. 주 헌법 제1절은 "이 조항은 지역 주민들이 지방정부를 운용하는 것과 관련해 주민들의 관습과 전통적 자유를 거듭 천명하며, 지역의 사무에 관해 자치정부의 권한을 부여하고 보장하고자 하며, 이 조항에 근거해 의회(General Court)가 법률을 제정할 경우에 그 표준과 요건을 설정하는 데 목적이 있다"고 규정했다.

위 조항에서 지역주민들이 그 지역의 사무를 처리할 때의 오랜 관습과 전통적 자유를 거듭 확인하고 인정한다는 것은 곧 Open Town Meeting, 즉 주민총회를 가리키는 것이다. 그래서 헌법은 또 의회가 헌법의 취지를 살려서 자치제도의 표준을 세우고 요건을 설정하도록 권한을 부여했고, 이러한 내용은 이미 살펴본 대로 주 법률 PART I의 TITLE VII 제39조부터 제49A조까지 규정하고 있다.

그리고 역시 앞에서 살펴본 대로 제39조는 자치정부에 관한 조항으로서 제1절부터 제24절까지 주민총회를 비롯해 공직자의 종류와 선출 방법 등을 규정하고 있다. 특히 주민총회와 관련된 내용을 규정하고 있는 제9절은 수정헌법 Article LXXXIX 제2절, 제3절, 제4절에 근거해 제정되었다. 그리고 법률에서는 제9절부터 제18절까지 대부분의 내용을 주민총회와 이 회의를 진행하는 의장에 관련된 내용을 규정함으로써 주민총회에 핵심적 지위를 부여하고 역할을 기대하고 있음을 알 수 있다.

주민총회는 해당 타운별로 등록된 유권자들의 출석으로 이루어지는 집합체 또는 집합적 의결기관이다. 롱메도 타운의 자치헌장 제2장 제2-6절에는 "타운의 모든 권한은, 따로 법률이나 이 헌장에 규정된 경우를 제외하고는, 타운미팅에 귀속된다. 타운미팅은 타운의 모든 권한 행사의 근원이며, 타운에 부과된 모든 책무를 다하는 근원이 된다"고 규정함으로써 타운정부 내 그 위상을 가늠케 한다. 주민총회가 준비되고 또 진행되는 절차와 내용은 제4절에서 따로 살펴보기로 한다.

② 집행기관

집행기관은 선출된 위원으로 구성하는 집행위원회, 집행위원회가 임명하는 공직자와 부서로 구성된다. 자치헌장은 선출직 공직자로 집행위원, 교육위원, 기획위원, 의장, 주택위원, 그리고 법률이나 지방정부 간 협약에 의해 설치하는 위원회의 위원을 열거해 명시했으며, 집행위원회(Select Board), 교육위원회(School Committee), 의장(Moderator), 주택위원회(Housing Authority), 기획위원회(Planning Board)의 구성 방식, 임기, 권한과 책무 등에 관해 규정하고 있다.

자치헌장은 임명직으로 구성하는 위원회로서 역사보존위원회(Historic District Commission), 공원 및 여가위원회(Park and Recreation Commission), 평가위원회(Board of Assessors), 기타 위원회로서 자치법이나 주민총회의 결정, 또는 집행위원회나 교육위원회가 설치하는 위원회를 들고, 이러한 위원회는 설치권이 부여된 기관이 검토해서 설치하고 또 해산하도록 했다.

롱메도 타운의 경우 집행기관에 임명된 타운 매니저를 통해 행정의 효율성, 대응성 등을 높이려는 시도가 엿보인다. 롱메도 타운의 자치헌장이 제정되기 전의 유권자 편람(2000)에 소개된 타운정부 기구표에 타운 매니저 직위는 아예 없었다.

그러나 2004년 제정된 자치헌장에는 타운 매니저 직위에 관해 제5장 제5-1조부터 제5-5조까지 비교적 여러 조항에 걸쳐 세세하게 규정하고 있는데, 그 중요한 내용과 행정부서 등은 타운 자치법에 규정한 내용과 함께 제2절에서 의결기관인 주민총회와 집행기관으로 나누어서 구체적으로 살펴본다.

4 타운 자치법

매사추세츠 주 타운자치법에 관해서는 주 법률 PART I, TITLE VII, 제40장 제21절에 명시하고 있는바, "타운은 그 이름 아래 법률에 저촉되지 않는 범위에서 주민의 복지에 이바지한다고 간주되는 조례나 자치법을 제정할 수 있으며, 이러한 법규는 구역 내 모든 주민에게 적용된다"고 규정해 자치입법권을 부여했다. 나아가 이 조항은 타운 사무의 처리와 관련해 자치법에 규정할 수 있는 사항과 벌칙 등을 나열하고 있다.

롱메도 타운 자치법(Town of Longmeadow By-Laws)[3]을 통해 타운정부의 제도를 간추려 살펴보기로 한다. 뉴잉글랜드 타운제도의 가장 핵심이 되는 특징은 주민총회, 즉 직접민주제의 요소이므로 자치법규의 내용을 총괄해 전체적 얼개를 소개한 다음, 타운정부의 구성과 주민총회와 관련된 부분에 중점을 두고 소개한다.

타운자치법은 제1편 총칙(general provisions), 제2편 타운정부, 제3편 타운의 정치행정의 절차, 제4편 공공시설의 설치와 관리, 제5편 보건과 공공안전에 관한 규정, 제6편 공동체 질서 유지와 관리에 관한 규정 등을 담고 있는데, 여기서는 제1편 총칙의 내용을 중심으로 소개하고, 제2편 타운정부, 제3편 타운(정치행정)의 절차는 제2절 타운정부의 구조와 기능에서 살펴보기로 한다.

제1편 총칙에는 법규 명칭, 자치헌장의 제정과 수정, 용어의 정의, 규정의 해석과 관련된 내용들로서 상위법인 매사추세츠 법률(General Laws)과의 관계, 자치헌장과의 관계, 법규의 적용, 법규의 위반, 유보 조항 등을 규정하고 있다.

특히 2004년 5월 18일 주민투표를 통해 제정된 롱메도 타운의 자치헌장으로 인

3) by-laws란 주민총회에서 통과시켜 제정한 타운의 법률로서 마치 주 의회가 제정한 법률과 같은 효력을 가진다(Zimmerman, 1995: 51).

해 타운의 법 편제가 달라졌다. 타운의 자치헌장은 주 헌법 관련 조항과 법률 중 43B장 "자치헌장절차법"에 따라 제정된 것으로 타운의 통치기구의 틀로 삼을 것이며, 자치헌장의 내용을 참조해 타운자치법을 제정한 것이라고 명시했다. 그리고 이 타운자치법은 롱메도 타운의 주민총회에서 채택했고 또 주의 법무 장관의 승인을 얻었으므로 효력을 갖는다고 규정했다. 따라서 이 타운자치법을 어긴 경우에는 벌칙을 받게 되며, 1차 위반한 경우에는 벌금 25달러, 2차 위반과 그 이후 중복 위반한 경우에는 각각 벌금 100달러를 물게 된다.

다음으로 총칙에는 헌장의 정의와 헌장에 사용된 용어와 타운자치법에 사용된 용어는 동일한 의미로 사용된다는 점을 밝혔고, 부서(department)는 공직자, board, committee, commission을 포함하는 의미라는 점, officer는 타운 선거에서 선출된 사람과 부서의 장을 지칭한다고 했다. 또한 타운자치법에서 person은 법인과 법인격을 갖지 않은 기업체 등을 의미하는 용어라고 했다. 또 "타운의 투표"라고 하는 경우는 정족수를 갖춘 타운의 주민총회에 회부된 이슈에 대한 투표와 선거에서 자격을 가진 유권자들의 투표를 포함하는 의미로 사용하는 점을 적시했다. 그리고 자치법 조항과 자치헌장 조항이 상충될 때는 후자의 조항이 우선한다고 규정함으로써 타운자치법보다 상위법으로서 자치헌장의 지위를 명확히 했다. 또 자치법의 효력은 소급해 적용하지 않는다는 점도 명시했다.

제 2 절 타운정부의 구조와 기능

타운은 앞에서도 살펴본 대로 자치헌장에 정부의 틀을 설정하는 조항을 규정했을 뿐만 아니라 업무 영역별로 필요한 기관 구성의 방법과 역할의 대강을 제시했다. 그런 다음 타운자치법에 좀 더 구체적인 업무 영역별로 기관의 종류, 기관을 구성하는 방식, 그리고 권한과 책임을 규정했다.

자치헌장과 타운자치법에 따라 타운정부는 크게 의결기관과 집행기관으로 나누었고, 주권기관이면서 의결기관으로 주민총회를, 한편 집행기관으로는 선출직으로 구성하는 집행위원회를 비롯한 위원회, 그리고 집행위원회가 임명해 구성하는 행정부서(공직자로서 타운 매니저 또는 위원회), 행정수장으로서 지위를 부여한 타운 매니저가 임명해 구성하는 행정부서로 나누었다.

다음에 주 법률과 자치헌장에 규정한 내용을 토대로 타운정부의 의결기관으로서 주민총회와 집행기관의 구성 등을 살펴본다.

1 주민총회: 의결기관

1) 주 법률상의 주민총회

주 법률 제39조 제9절에는 "각 타운의 정례 주민총회는 2월, 3월, 4월, 5월 또는 6월에 개최하며, 여타 총회는 집행위원회가 요구하거나 자치헌장, 자치법이 규정하는 바에 따라 개최한다. 그럼에도 불구하고 주민총회의 개최 시기는 집행위원회의 결정에 따라 연기할 수 있다. 주민총회를 연기한 경우에도 6월 30일까지는 회의를 마쳐야 한다. 그리고 주민총회는 특별법, 자치헌장 또는 타운자치법에 따로 정한 경우를 제외하고는 타운의 구역 안에서 개최해야 하며, 공직자의 선거도 구역 안에서 실시해야 한다. 한편 유권자의 투표로써 결정하도록 되어 있는 주민총회나 선거를 실시하는 시간은 타운자치법에 규정할 수 있다"고 규정했다.

제10절에는 "모든 타운의 회의와 선거는 집행위원회의 권한 아래 주민총회, 정기 선거나 임시 선거가 실시되기 최소한 7일 전에 공고되어야 하며, 임시총회의 경우는 최소한 14일 전에 공고되어야 한다. 공고는 정해진 방법에 따라 공지할 책임을 지고 있는 보안관 또는 담당자에게 전달되어야 한다. 주민총회 공고에는 회의가 열리는 시간과 장소, 회의에서 다룰 안건이 명시되어야 한다. 집행위원회는 10명 이상의 등록된 유권자가 연명으로 요구한 모든 안건은 주민총회 공고에 포함시켜야 하며, 100명 이상의 등록 유권자 또는 전체 등록 유권자의 10% 이상이 연명으로 요구한 모든 안건은 임시총회 공고에 포함시켜야 한다. 이러한 회의는 유권자의 요구를 받은 날로부터 45일 이내에 개최해야 한다. 회의 개최와 관련된 유권자의 청원에는 유권자의 이름과 서명뿐만 아니라 거리 이름과 번지가 포함되지 않으면 기각된다. 집행위원회는 유권자의 회의 개최 청원서를 유권자등록위원회나

선거관리위원회에 제출해 심사를 진행하도록 한다"고 규정했다.

이 밖에도 제13절은 주민총회의 의사정족수를 타운자치법에 규정하도록 했으며, 제14절은 또 주민총회 등 회의를 진행할 의장의 선출 등에 관해 규정하고, 제15절에는 의장의 권한과 책무를, 그리고 제17절은 의장의 회의장 질서 유지에 관해 규정했다.

2) 자치헌장상의 주민총회

롱메도 타운의 자치헌장 제2장은 의결기관인 주민총회와 관련된 내용을 제2-1절부터 제2-10절까지 규정하고 있다.

제2-1절은 "타운의 의결권은 타운의 등록된 유권자가 출석하는 주민총회가 행사한다"고 규정했으며, 또 제2-6절에는 "타운의 모든 권한은 따로 법률이나 이 헌장에 규정한 것을 제외하고는 모두 주민총회에 속한다. 주민총회는 타운의 모든 권한과 모든 책무 이행의 근거가 된다"고 규정했다.

제2-2절에는 "제3-4절에 근거해 선출된 의장(moderator)이 주민총회의 모든 회의를 주재한다. 의장은 회의의 진행절차를 규율하며, 모든 의안을 결정하고, 모든 투표 결과를 선포하며, 주 헌법과 법률, 자치헌장, 타운자치법의 규정, 그 외 주민총회가 결정한 바에 따라 부가된 권한과 책무를 수행한다"고 규정했다.

제2-3절에는 "타운의 자치헌장은 유권자로 등록한 타운의 모든 유권자에게 개방된 주민총회가 의결권을 행사한다"고 규정했다. 이러한 주민총회는 선출된 의장이 주재하는 가운데 의사 진행, 의제의 순서, 표결 결과의 공표권을 행사하며, 나아가 주의 헌법과 법률, 그리고 자치헌장과 타운자치법 또는 여타 주민총회의 결정에 따라 의장에게 부여된 권한을 행사한다.

주민총회의 기록자 역할은 타운의 총무국장이 담당하며, 심의가 연기된 회의의 기록을 공지하고 의사 진행을 기록하며 주 법률, 자치헌장, 타운자치법, 또는 여타 주민총회가 결정한 바에 따라 그에게 부여된 책무도 수행한다. 이러한 기록들은 주의 공공 기록에 관한 법률이 정한 바에 따라 유권자들이 참조할 수 있도록 해야 하며, 나아가 인쇄된 형태나 웹사이트에서 열람할 수 있도록 해야 한다.

주민총회가 열리는 일시는 타운자치법에 규정하며, 임시총회는 집행위원회의 요구나 법률에 규정한 바에 따라 등록한 유권자의 청원, 또는 타운자치법이 따로 규정한 일시에 개최한다. 주민총회의 진행 절차는 『회의 진행 규칙(*Town Meeting Time*)』[4)]과 주민총회에서 채택된 규칙이나 절차에 따르도록 하고 있다. 그리고 타운에는 의장이 지명하는 7명의 유권자로 구성되는 회의규칙위원회를 두도록 하고, 여기서 주민총회 진행과 관련된 필요한 규칙들을 제안하도록 한다.

주민총회는 의결기관이므로 회의 일시와 여기서 다룰 안건을 회의일 14일 전에 공고해야 한다. 집행위원회나 주민청원에 의해 성립된 안건들은 총무국에 접수되며, 총무국장은 타운의 지정된 게시판에 사본을 게시하거나 따로 법률이 규정한 바에 따라 배포해야 한다. 이러한 공고는 타운의 웹사이트를 이용할 수도 있다.

주민총회에서 다루는 안건은 대개 타운의 재정과 관련되어 있으므로 의장의 소관 아래 재정위원회(Finance Committee)를 설치해 운용한다. 이 위원회의 위원은 의장과 위원회를 구성하는 그 시점의 재정위원장, 그리고 재정국장 등 3인으로 구성되는 위원회가 등록한 유권자 7명을 3년 임기로 임명한다. 재정위원회는 기금 준비, 장기 재정 기획, 재정정책 등에 관해 자문 기능을 수행한다.

이 책의 주제는 타운미팅(주민총회)이므로 주민총회에 관해서는 따로 절을 설정하여 좀 더 상세하게 살펴보게 된다.

2 타운정부의 집행기관

타운의 자치헌장 제3장은 선거제 공직, 제4장은 임명제 공직, 제5장은 타운 매니저의 임명・권한・책무, 제6장은 행정조직, 제7장은 재정 및 재정의 절차, 제8장은 총칙, 제9장은 경과 규정을 두고 있다.

선거제 공직은 집행위원, 의장, 교육위원, 기획위원, 주택위원 등이다. 이 가운데 의장은 주민총회를 주재하는 권한과 책임을 가진 공직자이므로 다음 절 주민총회 부분으로 옮겨서 소개한다. 선거제 집행기관으로는 타운의 집행권을 귀속시키고 있는 집행위원회와 교육위원회, 주택위원회, 기획위원회 등이 있다. 그리고 집행위원회는 타운 매니저를 임명하며(자치헌장 제3장 제3-2조 (c)), 자치헌장 제5장에 타

---

4) 매사추세츠 의장협의회(Massachusetts Moderator Association)가 출간한 회의 진행 편람이다. 저자는 『회의 진행 규칙(*Town Meeting Time*)』, 2001년판을 주로 참고했다.

운행정의 전문성, 효율성을 확보하기 위해 행정수장의 지위를 부여하며, 타운 매니저의 역할에 관해 상세하게 규정하고 있다.

한편 임명제 집행기관은 바로 앞에서 지적한 대로 집행위원회가 임명하는 타운 매니저를 비롯해 다수의 위원회와 타운 매니저가 임명권을 행사하는 행정부서 등이 있다.

1) 선거제 집행기관

(1) 집행위원회

① 집행위원직의 역사적 이해

selectmen이라는 용어는 유권자를 대신해 일하도록 선발된 사람들(select"ed" men)이라는 뜻이다. 집행위원회(board of selectmen)는 뉴잉글랜드 타운정부의 가장 핵심이 되는 "집행 또는 행정"기관이다. 그리고 집행위원은 대개 격년 또는 동시에 선출되는 3명에서 9명의 집행위원으로 구성된다. 3명으로 구성하는 경우가 가장 많다.

집행위원은 뉴잉글랜드 타운에서 일찍부터 사용되던 공직이다. 플리머스 타운에서도 이러한 기능이 가장 먼저 사용되었을 것이라고 추정되지만 기록을 접하지 못했을 뿐이다. 다음에 저자가 입수한 기록을 중심으로 집행위원에 관해 소개한다.

1635년 매사추세츠만 식민청으로부터 정착 허가를 받고, 1636년부터 정착을 시작한 데드햄(Dedham) 타운은 1639년 5월 3일 집회에서 "주민들이 일상적인 업무를 처리하기 위해 한꺼번에 자주 집회에 참석하는 것은 시간 낭비가 된다는 경험을 바탕으로 선출된 7명의 집행위원들에게 타운의 업무 처리를 10월 1일까지 맡게 한다"고 결정했다(Lockridge, 1985: 38).

1822년까지 타운정부를 운영하던 보스턴 타운의 집행위원을 보면, 처음에는 집행위원을 6개월 단위로 선출하다가 후에 1년 임기로 선출하게 되었다. 먼저 1634년 집행위원 명단을 보면, 청교도들의 이주를 이끌었던 윈스럽(John Winthrop)을 비롯해 12명이었으며, 1636년 기록에는 올리버(Thomas Oliver) 등 14명의 집행위원을 두었다. 그리고 1637년에는 올리버 등 12명, 1638년에는 올리버 등 13명, 1639년에는 다시 윈스럽과 올리버 등 13명으로 구성했다. 그러다가 1640년대 초반에 접어들면서 보스턴 타운의 집행위원회는 9명에서 13명 사이의 집행위원들로 구성하다가 1640년대 중반을 넘어서면서 1946년에는 7명으로 그 수를 줄이는 등 7명에서 9명을 넘나들다가 1700년대에는 7명으로 구성하는 경향이 지배적이었다.[5] 그러나 보스턴 타운은 1800년대 초에 다시 9명의 집행위원제도를 사용하다가 결국 1820년 타운정부 제도를 버리고 시정부로 제도를 변경했다(http://en.wikipedia.org/wiki/Boston_Board_of_Selectmen#1630s)는 점은 이미 소개했다.

위와 같이 진화를 거쳐 온 집행위원과 집행위원회는 현대 타운정부에서 주민총회는 의결기관, 집행위원회는 핵심 집행기관의 역할을 분담하고 있다. 일부 규모가 큰 타운에서는 집행위원회의 상당한 권한을 전일제로 근무하는 타운 매니저(town administrator or town manager)에게 위임하기도 한다. 코네티컷 주의 경우는 동료 집행위원들이 선출하는 수석 집행위원(first selectman)을 두어서 타운행정의 최고 책임자 역할을 부여하기도 하고 또 시장으로서의 역할을 수행케 한다. 매사추세츠 주에서는 동료 집행위원들이 선출하는 의장(chairman)이 집행위원 회의를 주재한다.

이렇게 보면, 뉴잉글랜드 타운은 정착 초기에 불참자에게는 벌금을 부과하는 등 출석을 독려하는 가운데 마을의 자유민들이 모두 모여 마을의 주요 문제를 의논해 결정하는 방식은 주민총회로, 자유민들을 대신하도록 뽑은 사람들(selected mem)을 통해 주민총회가 결정한 바를 집행하는 방식은 집행위원회로 제도화되었다고 본다. 다음에 롱메도 타운의 예를 통해 현대 타운정부에서 사용되고 있는 집행위원회에 관해 살펴본다.

② 집행위원회의 개괄적 역할

뜻밖인 것은 주 법률 PART I, TITLE VII에는 집행위원회의 구성과 권한, 책임 등에 관한 별도의 조항이 설정되어 있지 않다는 점이다. 다만, 제41조 제1절부터 제133절까지 여타의 타운 공직자나 위원회의 임명 절차와 권한과 책무 등을 규정하고 또 집행위원회를 임명권자로 명시하고 있지만, 정착 집행위원의 지위, 신분, 권한과 책무에 관한 조항은 없다. 오로지 제1절에 타운의 선출직 공직자로 나열만 하고 있을 뿐이다.

5) 초기 집행위원 등 공직자에 관해서는 타운미팅의 기원을 다루는 부분에서 이미 소개했다.

자치헌장 제3장 제3-2절 (b)는 "타운의 집행권은 집행위원회에 속한다"고 못 박아 규정했다. 위원회의 구성, 권한과 책무, 임명권, 정책 역할, 인·허가권으로 나누어 규정하고 있다. 타운자치법 제2편 제200장에는 집행위원회의 집행권 귀속과 함께 2004년 12월 1일 이후 집행위원회가 상하수도위원회(Water and Sewer Commission)의 역할도 겸하도록 규정해 집행위원회의 기능을 확대시켰다는 점이 눈에 띈다.

가. 집행위원회의 구성과 임기

타운에 집행위원회를 두며, 3년 임기의 집행위원 5명으로 구성하며, 임기의 형평성을 고려해 선출 시기를 배열하고, 매년 새 집행위원을 선출한다. 집행위원은 선출된 공직 가운데 유일하게 1년에 수당으로 2013년 현재 금액으로 1,110달러에서 2,000달러를 받는다.

나. 집행위원회의 권한과 책임

타운의 집행권은 집행위원회에 속한다. 집행위원회는 이 헌장에 의해 타운 매니저에게 주어진 권한과 책무를 제외하고, 주의 헌법과 법률에 의해 주어진 권한과 책무를 행사하며, 이 헌장과 타운자치법, 그리고 달리 주민총회의 투표에 의해 부여된 권한과 책무를 부가적으로 행사한다. 집행위원회는 상하수도위원회를 겸한다. 집행위원회는 타운정부가 집행할 법규와 질서를 기초하고(cause) 또 공식적인 모든 활동의 기록을 만든다. 집행위원회의 공식적 책무를 돕기 위해 집행위원회는 제5장에 규정한 바에 따라 타운 매니저를 임명한다.

다. 집행위원회의 임명권

집행위원회는 타운 매니저, 법무국장, 특무국장(special counsel), 노동국장, 유권자위원회(총무국장이 아님), 그리고 선거관리관들, 주 공직자에 의해 임명되는 공무원을 제외하고 자치헌장이나 타운자치법이 규정한 바에 따로 그 선임 방법이 규정되지 않은 복수의 임명직 위원들로 구성되는 기관의 구성원을 임명한다. 집행위원회의 임명권 가운데 가장 핵심은 타운 매니저를 임명하는 권한이라고 할 수 있다.

라. 집행위원회의 정책 역할

집행위원회는 타운의 주된 정책기관이며, 장기적인 타운의 운영계획이나 시설을 기획하고, 집행위원회가 임명한 공직자를 감독하며, 예산 집행의 적합성 여부를 점검한다.

마. 집행위원회의 인허가권

집행위원회는 타운의 인허가기관이 되며, 주 법률에 따라 총무국장이 발하는 경우를 제외한 여타 인허가를 발급하는 권한을 가지며, 이러한 인허가와 관련된 규정이나 규칙을 제정하며 공익을 위해 필요한 경우 인허가의 조건이나 규제를 설정하며, 모든 인허가와 관련된 법규를 집행한다.

③ 집행위원회의 구체적 역할

롱메도 타운 자치법 제2편(타운정부) 제200장(집행위원회) 제2-201조부터 2-211조까지 집행위원회(select board)의 권한과 구성원, 임기, 직무 제한, 회의, 집행위원회가 임명하는 타운 매니저, 정기 집행위원회 보고서, 정기 타운 보고서, 행정조직과 인사 등과 관련된 내용을 비교적 자세하게 규정하고 있다.

가. 집행위원회의 집행권은 자치헌장이 규정한 바에 따라 집행위원회에 속한다. 헌장의 규정에 따라 2004년 12월 1일을 기해 집행위원회는 상하수도위원회 직무를 겸하며, 각 집행위원은 그 위원이 된다.

나. 집행위원회의 각 위원은 타운의 선거에서 선출된다.

다. 집행위원의 임기는 3년(2004년 10월 5일 실시된 임시 선거에서 선출된 위원에 관해 헌장이 따로 규정한 것을 제외하고)이며, 그의 후임자가 선출되어 요건을 갖출 때까지이다.

라. 집행위원의 공석이 생긴 경우에는 매사추세츠 법률 제41장 제10조의 규정에 따라 충원한다.[6)]

마. 집행위원은 자치법규가 규정한 경우를 제외하고는 집행위원회의 임명에 의한 타운의 다른 공직을 맡을 수 없다.

바. 타운의 정기 선거가 실시된 후 15일 이내에 선출된 집행위원은 회의를 열어서 집행위원회를 구성한다.

사. 집행위원회는 헌장의 규정에 따라 타운 매니저를 임명한다. 타운 매니저는

---

6) 주 법률 제10조는 "집행위원의 공석이 생긴 경우, 남은 집행위원들이나 등록된 유권자 100명 이상의 연서 또는 등록된 유권자 20% 이상의 연서로써 다음 정기선거 100일 이상의 잔여 일자에 공석이 된 집행위원의 임시선거를 실시하도록 요구할 수 있다"고 규정하고 있다.

헌장에 규정된 권한을 행사해 임무를 수행한다.

아. 집행위원회는 다음을 준비해 이를 연례보고서에 포함시킨다.

(a) 집행위원회의 가능한 한 상세한 지출 내용

(b) 연간 집행위원회 활동의 명료하고 상세한 활동의 설명

자. 집행위원회는 한 권으로 된 타운의 연례보고서를 작성해 발간한다. 연례보고서에는 다음 사항을 포함한다.

(a) 타운 매니저, 타운의 각 부서장, 각종 위원회의 위원장의 연례보고(집행위원회가 타운의 재정국장의 보고서에 반영되는 각 부서장, 각종 위원회 위원장의 연례보고서 내용으로서 인쇄에서 누락된 경우는 제외한다)

(b) 선출된 타운 부서장의 봉급과 보수 또는 두 가지 모두를 포함한 모든 명단

(c) 각종 위원회의 조직과 그 구성원의 임기 만료일

(d) 타운매니저, 부서의 장, 교장, 소방서장과 경찰서장(학교, 소방, 경찰부서장과 여타 부서 인력의 봉급과 급여는 그 총액을 표시하는 것은 제외한다)의 봉급과 보수액을 포함한 모든 명단

(f) 다음 타운총회 안건 목록의 복사본

(g) 자치단체의 배심원 명단

(h) 타운의 지난 1년간 선거에 나타난 상세한 결과

(i) 집행위원회가 그렇게 결정했거나 자치법규가 요구한 내용

차. 타운 매니저 부서에서는 모든 타운 부서의 현재의 목록을 정확하게 작성한다.

카. 타운의 인사행정은 다음과 같은 내용으로 이루어진다.

(a) 집행위원회와 집행위원회에 책임지는 타운 매니저는 헌장의 규정에 따라 인사정책, 절차, 보수 등 전반에 걸쳐 권한을 행사하며, 따라서 헌장과 법률에 따른 인사정책, 절차에 대해 책임을 진다.

(b)위 규정은 학교가 고용자인 피고용자에게는 적용되지 않으나 헌장에 따라 제외하도록 규정한 자 외에는 모든 면책 또는 비면책 피고용자에게 적용된다.

이 밖에도 집행위원회는 여러 행정기관의 위원을 임명하여 행정 서비스를 생산하고 공급하는데, 그 내용은 타운자치법 제2편 제500장에 열거하고 있다. 타운자치

법에 규정한 타운의 행정기관 공직자 임명과 관련된 절차 등은 자치헌장에 설정된 조항에 근거한다. 위의 근거 조항을 적용하는 임명직 행정기관은 (a)회계위원회, (b)문화위원회, (c)평가위원회, (d)재정위원회, (e)보건위원회, (f)역사위원회, (g)자본계획위원회, (h)공원 및 여가위원회, (i)보전위원회, (j)노인위원회, (k)재활용위원회, (l)기타 자치헌장, 자치법이나 집행위원회의 결정에 의해 설치한 위원회, 그리고 교육위원회 등이다.

집행위원회는 위원회가 임명해 구성하는 전체 행정기관의 목록을 관리하며, 이 목록에는 간략한 설치 목적, 명칭, 구성원의 임기, 결원의 보충 방법 등을 기술하고, 간행되는 타운의 보고서에 목록을 나열하며, 웹사이트에도 올린다. 그리고 집행위원회는 이들 행정기관의 심사를 실시한다.

이러한 내용을 보면 뉴잉글랜드 타운정부에서는 집행위원회가 가장 폭넓은 권한을 가지고 주민총회의 결정 사항을 집행할 뿐만 아니라 주민총회에 상정할 안건의 구상과 제안 등 명시되지 않은 것까지 포함하면 타운정부의 핵심 집행기관이라는 데 이론이 없다.

(2) 상하수도위원회(집행위원회가 겸무)

타운 자치법 제2-601절에 따르면, 상하수도위원회는 급수, 급수관, 계량기, 급수본관(water main), 소방급수, 하수 처리, 개인 급수의 연결 등 모든 업무를 전담한다고 규정했다. 그리고 상하수도위원회는 그 업무에 속하는 배관, 급수본관, 하수도관의 건설이나 관리를 위해 필요한 경로에 있는 토지에 진입할 권리를 가진다. 또 상하수도위원회는 수도의 공급과 사용을 규제하고, 수도계량기의 설치와 유지와 관련해 부과될 비용을 규제하며, 급수와 하수 요금, 하수의 수집, 처리 등에 관한 업무를 규제하기 위한 규칙과 규정을 제정할 권한을 가진다. 이 밖에도 비상시의 급수 사용의 제한, 급수 업무, 급수 등을 위한 건물의 등록, 계량기 요금, 연중 또는 중간 수도 사용 명세서 발급, 고지 기록의 유지, 물과 관련된 기록, 감면 조치, 면제, 범칙자 처리, 보고서 제출 등의 업무도 관장한다.

(3) 교육위원회

자치헌장 제3장 제3-3절에 규정한 내용을 소개하면 다음과 같다.

첫째, 교육위원회는 임기 3년, 선출하는 7명의 교육위원으로 구성해, 매년 임기가 만료되는 교육위원이 생기도록 임기를 배열한다. 이들은 무보수로 일한다.

둘째, 교육위원회는 타운 내 교육과 관련해 헌법과 법률, 자치헌장, 타운자치법 또는 주민총회가 결정한 바에 따라 모든 권한을 행사하고 책임을 진다.

셋째, 교육위원회는 교장과 그 외 교육위원회가 임명권을 행사하도록 정해진 교육 관련 공직자를 임명하며, 그들의 보수를 결정하고 임무를 설정하며, 재임 기간과 관련된 규정, 해임 절차 등을 결정한다.

넷째, 교육위원회는 교육에 관한 정책을 결정하는 기관으로서 교육 관련 장기계획과 시설 수요 등을 설정하며, 공직자들을 감독하고, 예산의 적합한 운용 여부를 심사한다. 그리고 교육위원회는 법률에 합치되도록 공립학교의 행정과 관리를 위한 모든 규정을 결정한다.

(4) 주택위원회

자치헌장 제3장 제3-5절에 규정한 내용을 소개하면 다음과 같다.

첫째, 주택위원회는 5년 임기의 선출직 위원 5명으로 구성하며, 매년 임기가 만료되는 위원이 생기도록 배열한다. 이들은 무보수로 일한다.

둘째, 주택위원회는 헌법과 법률이 규정에 의해 주택위원회에 부여된 권한을 행사하고 책무를 수행하며, 자치헌장과 타운자치법, 또는 주민총회의 결정에 의해 주어진 부가적인 권한을 행사하고 책무를 수행한다.

주택위원 5명 가운데 4명은 타운선거를 통해 뽑고, 나머지 1명의 위원은 주 정부가 임명한다는 점이 특이하다.

(5) 기획위원회

자치헌장 제3장 제3-6절에 규정한 내용을 소개하면 다음과 같다.

첫째, 기획위원회는 임기 5년의 선출직 위원 5명으로 구성하며, 매년 임기가 만료되는 위원이 생기도록 배열한다. 이들은 무보수로 일한다.

둘째, 자치헌장의 규정에 의해 타운 매니저에게 주어진 권한과 책무를 제외하고는 헌법과 법률의 규정에 따라 기획위원회에 부여된 권한을 행사하고 책무를 수행하며, 자치헌장과 타운자치법, 또는 주민총회의 결정에 의해 주어진 부가된 권한을 행사하고 책무를 수행한다. 기획위원회는 나아가 타운의 장기 계획의 집행을 조정한다.

2) 임명제 집행기관

임명제 집행기관은 집행위원회가 임명권을 행사하는 부서와 타운 매니저가 임명권을 행사하는 부서로 나누어서 순서대로 살펴본다.

(1) 집행위원회가 임명하는 위원회 및 공직자

자치헌장 제4장은 임명제 위원회(board, commission, committee)로 역사구역위원회(Historic District Commission), 공원 및 여가위원회(Park and Recreation Commission), 평가위원회(Board of Assessors)를 들었고 또한 기타 위원회를 둘 수 있다고 규정했다.

그러나 롱메도 타운은 임명제 위원회로서 평가위원회, 회계위원회, 보건위원회, 건물해체위원회(Building Demolition Committee), 케이블통신자문위원회, 자본계획위원회, 헌장심사위원회(Charter Transition Committee), 지역사회보전위원회, 보전위원회, 노인위원회, 문화위원회, 재정위원회, 역사구역위원회, 역사위원회, 공원 및 여가위원회, 재활용위원회, 유권자위원회(Registrars of Voters), 규칙위원회(Rules Committee), 학교건물위원회, 고형쓰레기감시위원회, 기술자문위원회, 교통안전위원회, 수목위원회(Tree Committee), 용도구역위원회(Zoning Board of Appeals)를 실제로 설치해서 운용하고 있다.

여기서 특별히 지적해 둘 것은 집행기관 업무를 수행하는 위원회를 이렇게 많이 설치해 운용하지만 위원 어느 누구에게도 보수를 지급하지 않는다는 점이다(2013년 Annual Reports).

다음에 자치헌장이나 타운자치법에 설치의 근거 조항을 언급하고 있는 위원회들만 간추려 소개한다.

① 역사구역위원회

역사구역위원회는 제4-1절에 규정하고 있는데, 주 법률 제40C장의 규정에 의해 역사구역과 역사구역위원회가 설치된다. 그 구성과 권한, 책무는 1971년 제정된 주 법률 제359장에 근거한다.

롱메도 타운의 역사구역위원회는 집행위원회가 임명하는 행정부서이다(제2편 제2-805절). 7명의 위원으로 구성하여 지역 내의 특성 있는 건물, 그것과 비견할 수 있는 계획을 마련하도록 의미를 가진 건축물의 보전과 보호를 통해 교육적 · 문화적 · 경제적 의미와 복지를 증진시키려는 것이 설립 목적이다.

역사구역위원회는 역사적 가치를 지닌 건물과 위치 등을 조사하고, 필요한 경우 추가로 역사구역을 지정하며, 선정된 건물이나 위치 등에 대한 표지를 만들고, 그러한 유적에 관한 지도와 안내서를 제작해 비치하며, 기획위원회, 공원위원회, 건설국, 기타 행정부서에 협력해 자문하고, 주 역사구역위원회와 협력하며, 역사적 의미를 가진 건물의 소유주에게 자문하고, 또 집행위원회에 대해서도 자문이나 권고하며, 업무에 필요한 규정을 채택하기도 한다.

역사구역위원회는 1973년 설치되어 지역사회의 역사와 문화적 가치를 보전하기 위해 활동하고 있다.

② 공원 및 여가위원회

공원 및 여가위원회는 2004년 자치헌장이 채택되기 전에는 선거로 구성하는 위원회였으나 이후 임명제 기관으로 변경되었다(자치헌장 제9-5(e)).

자치헌장 제4-2절에 규정한 내용은 다음과 같다.

첫째, 임기 3년으로 집행위원회가 임명하는 5명의 위원으로 구성하며, 위원의 임기를 배열해 매년 임명되는 위원이 생기도록 한다.

둘째, 공원 및 여가위원회는, 자치헌장에 의해 타운 매니저에게 주어진 권한과 책무를 제외하고는, 헌법과 법률에 의해 부여된 권한과 책무를 수행하며, 부가적으로 자치헌장, 타운자치법, 또는 주민총회의 결정에 의해 부여된 권한과 책무를 수행한다.

타운자치법 제2-807절에는 집행위원회에 기존의 공원 관리와 관련된 사업과 목표, 그리고 미래의 공원 개발, 공원정책 등에 관해 수시로 집행위원회에 권고한다고 규정했다.

③ 평가위원회

제4-3절에 규정한 내용은 다음과 같다.

첫째, 임기 3년으로 집행위원회가 임명하는 3명의 위원으로 구성하며, 매년 한 위원씩 임기가 만료되도록 배열한다.

둘째, 평가위원회는, 자치헌장에 의해 타운 매니저에게 주어진 권한과 책무를 제외하고는, 헌법과 법률에 의해 부여된 권한과 책무를 수행하며, 부가적으로 자치헌장, 타운자치법, 또는 주민총회의 결정에 의해 부여된 권한과 책무를 수행한다.

타운자치법 제2-401조에는 평가위원회가 평가한 사람의 수(number of assessed polls), 평가한 부동산의 가치, 개인 재산의 가치, 평가한 자동차의 수와 가치, 과세율, 산정의 기초를 보여 주는 기록을 유지하고, 타운 매니저와 재정국장이 요구하는 자료들을 보유한다고 규정했다.

④ 보건위원회

타운자치법 제2-501절은 "보건위원회(Board of Health)는 주 법률 제41장 제21절에 의해 설립되는 기관으로서 집행위원회가 3년 임기의 위원 3명을 임명하고, 그 임기를 조정하여 매년 1명이 임기가 종료되도록 한다"고 규정했다.

보건위원회는 보건위원회에 대한 불평의 접수, 보고된 안면 방해와 감소된 안면 방해 사례 수, 주 정부의 규정에 따로 보고 의무를 갖는 질병의 기록, 사망과 사망의 원인, 허가되거나 종료된 허가 등을 기록해 관리한다(제2-502절).

⑤ 노인위원회

노인위원회(Council on Aging)는 주 법률 제6장 제73절에 따라 설치된 매사추세츠 노인위원회의 포로그램에 따라 노인 문제를 다루기 위해 설치된 기관으로서 집행위원회가 필요하다고 간주하는 수의 위원을 임명해 구성하며, 위원은 무보수이다(타운자치법 제2-802절).

⑥ 문화위원회

타운은 주 법률 제10장 58절의 규정을 수용하여 문화위원회(Cultural Council)를 설치했다. 따라서 따로 타운자치법에 이에 관해서 규정하지 않는다. 문화위원회는 집행위원회가 3년 임기로 임명하는 9명의 위원으로 구성한다. 문화위원은 2회 이상의 임기를 부여하지 않는다. 문화위원은 예술의 촉진과 고양에 필요한 일을 담당하며, 무보수로 봉사한다.

문화위원의 임명 요건은 인문학 분야에서 학자로서 실적 또는 창조성, 뚜렷한 업적을 지녀야 한다. 공직의 겸직은 허용되지 않는다.

문화위원회는 매년 위원 가운데서 의장, 총무, 재무를 선출하며, 그 안에 행정조직을 설치할 수 있게 하되 행정조직에 주 정부로부터 받은 예술기금의 5% 이상을 지출하는 것은 금한다.

⑦ 보전위원회

타운은 주 법률 제40장 제8C절에 따라 보전위원회(Conservation Commission)를 설치했다. 따라서 따로 타운자치법에 이에 관해 규정하지 않는다(타운자치법 제2-804절).

보전위원회는 3년 임기로 집행위원회가 임명하는 7명의 위원으로 구성하되, 위원의 1/3은 매년 임기가 만료되도록 배열한다. 공석이 생긴 경우 집행위원회는 그 잔여 임기를 수행하는 위원을 임명한다.

보전위원회는 타운의 자연자원을 촉진 또는 발전시키고, 중요한 자원을 보호하는 임무를 수행한다. 그러기 위해 위원회는 타운의 토지와 물에 대한 조사를 진행하며, 유사한 목적을 가진 비공식 조직들의 활동을 조정하는 책임을 맡는다. 위원회는 또 그 활동에 관해 정확한 기록을 유지해야 하며, 연례적으로 그 활동을 집행위원회에 보고한다.

보전위원회는 그 회의, 활동, 조치 등에 관한 규칙이나 규정을 채택하고, 그 활동에 필요한 지도, 도표, 계획, 팸플릿 등을 준비해 배포하며, 보전계획도 수립한다.

⑧ 회계위원회

회계위원회(Audit Committee)는 집행위원회가 3년 임기로 임명하는 5명의 위원으로 구성된다. 위원은 매년 1명씩 임기가 만료되도록 조정한다. 회계위원회는 매년 타운의 재정부서 명세서를 심사하며, 독자적으로 회계를 관리하는 회계담당관의 권고안을 심사하며, 집행위원회와 타운 매니저, 회계국장에게 자문과 상담을 제공한다.

타운은 외부 위촉 회계사(independent auditor)에 의해 수행된 회계부와 기록의 정기적 회계를 검사한다. 집행위원회는 회계위원회의 도움을 받아서 외부 위촉 회계사의 선정, 타운의 회계 및 외부 위촉 회계사와 관련된 자치법 조항의 집행을 포함해 제한 없이 회계 처리 과정에 책임을 가진다(이상 자치헌장 제7-9절과 제7-10절).

자치헌장 제2-316절은 또 "(a)타운은 매년 1회 재정 기록과 외부에 위촉한 회계사에 의해 처리된 회계를 검사한다. 검사 결과는 집행위원회의 검토를 받는다. (b)집행위원회는 회계연도 개시에 앞서 필요한 기간 외부의 회계사를 고용하며, 이 회계사는 타운의 회계연도 개시 전 최소한 90일 전에 자신의 회계기록을 집행위원회에 제출해 위촉 제안서를 받아서 결정한다. 회계사가 제안서에 포함하는 회계기록은 다년간 기록이 될 수도 있다. 외부 회계사의 제안서에는 집행위원회가 타운의 외부 위촉 회계사로 위촉하는 데 적절하다고 간주하는 여타의 항목과 조건, 그리고 회계 처리 실적, 회계위원회에 대한 조언과 상담 내용을 설명하는 내용을 포함할 수도 있다. … 타운과 외부 회계사 간 계약은 5년마다 경쟁을 통해 입찰에 부친다. … (c)집행위원회는 회계사의 외부 위촉과 관련된 계약의 유지, 지휘, 해임, 교체 등에 관해 회계위원회의 상담과 자문을 받아 전적으로 권한을 행사한다."

⑨ 법무위원

집행위원회는 매년 공직자 선거 후 집행회원회가 조직된 뒤 적합한 시간에 변호사협회의 회원 약간 명을 법무위원(Town Counsel)으로 임명한다. 타운의 법무위원에게는 집행위원회가 권장한 액수의 봉급을 지급하며, 해임은 집행위원회 소관 사항이다.

법무위원은 집행위원회나 주민총회의 투표에 의해 그에게 요구된 모든 법률적 업무를 기안하며, 법적 전문 업무를 수행한다. 그리고 타운의 모든 행정부서의 직무 수행과 관련해 필요한 경우에 법률적 자문을 제공한다. 이 경우 법무위원은 자문 요구 사항에 대해 문안으로 의견을 제시한다. 법무위원은 또 타운의 기관이 제기한 모든 소송을 담당하며, 법정에서 해당 부서를 대변한다.

⑩ 재활용위원회

타운자치법 제2-605절은 재활용위원회(Recycling Commission)는 집행위원회가 건설국장 1명을 포함해 3명에서 7명 이내의 위원을 3년 임기로 임명해 구성한다. 위원의 임기를 구성원의 1/3을 매년 임명하도록 배열한다고 규정했다.

재활용위원회는 타운 단독으로 또는 인근 타운과 협력해 재활용계획을 수립해 제안하는 권한을 가진다. 위원회는 재활용 가능한 것의 길거리 수집계획도 위 계획에 포함시켜야 한다. 또 위원회는 계획의 성안 과정에 모든 주민들의 참여 기회를 보장해야 하며, 이 계획은 보건위원회와 집행위원회의 승인을 얻어 시행한다. 이 밖에도 재활용위원회의 업무에 관해서는 제2-628절에도 규정하고 있다.

자치헌장 제4-4절에는 "타운이 타운자치법, 주민총회의 결정 또는 집행위원회나 교육위원회가 설립한 위원회를 둘 수 있다. 이러한 위원회들은 임명권을 가진 기관들이 감독하고 해산할 수 있다"고 규정했다.

⑪ 타운 매니저

제5장은 제5-1조부터 제5-5절까지 타운 매니저의 임명 요건, 권한과 책무, 그리고 유고시의 대리, 공석시의 대행자 임명, 해임 절차 등을 규정하고 있다.

가. 타운 매니저의 자격 및 임명권

타운 매니저는 5명으로 구성되는 집행위원회에서 최소한 4명의 집행위원이 찬성해야 임명하도록 요건을 강화해 규정했다. 피임명자 자격은 교육과 훈련 경력, 자치행정의 경험 등 관리 내지 행정적인 역량이 입증된 자로 하되 선출직 공직의 퇴직 후 기간이 1년 이상이어야 하며, 전일제 근무가 가능한 자를 후보로 하며, 또 선출직이든 임명직이든 겸직은 금지하고 있다. 이 밖에도 타운 매니저 후보의 자격에 관해서는 타운자치법에 부가적으로 규정할 수 있도록 했다.

나. 타운 매니저의 권한과 의무

타운 매니저의 직위는 행정부서의 수장으로 못박아 규정했다. 타운 매니저는 헌장이 정한 바에 따라 부여된 타운의 모든 행정 업무의 수행에 관해 당연히 임명권을 가진 집행위원회에 대해 책임을 진다. 타운 매니저는 자신의 권한과 책무 가운데 일부를 다른 공직자에게 위임할 수 있지만 위임받아 수행하는 공직자가 취한 조치는 타운 매니저의 행위로 귀속된다. 다음에 타운 매니저의 권한과 책무를 열거한다.

(a) 타운 매니저가 법규에 따라 임명하고 통제하는 부서의 모든 공직자와 그들을 통한 행정을 효율적으로 수행할 책무가 있다.

(b) 타운 매니저는 법규에 따라 자신에게 임명권이 주어진 부서의 장과 부하 공

무원의 임명권과 해임권을 행사하며, 다만 행정부서의 장을 임명할 때는 집행위원회의 동의를 받는다.

(c) 타운 매니저는 집행위원회의 동의하에 타운의 인사정책과 급여, 노사 협상 등 인적자원 관리를 책임진다.

(d) 타운 매니저가 임명한 모든 공무원과 직원(employee)의 급여를 정한다.

(e) 집행위원회의 모든 회의에 출석한다.

(f) 주민총회의 모든 회의에 출석한다.

(g) 타운 매니저와 공무원들이 집행해야 하는 모든 법규를 숙지하고 충실히 수행해야 한다.

(h) 연간 운용 예산안과 자본 개선 계획을 준비해 제출해야 한다.

(i) 타운의 모든 재정 및 행정활동의 전체를 완전하게 기록하며, 매 회계연도 말 또는 요청이 있는 경우에 보고서를 집행위원회에 제출해야 한다.

(j) 재정 상태와 수요에 관해서 전체적으로 완전하게 집행위원회에 알리고, 필요하다고 간주되는 경우에 권고안도 제출한다.

(k) 학교를 제외하고는 타운의 모든 시설의 임대나 사용하는 권한을 가진다.

(l) 법규에 따라 타운 매니저에게 관리권이 부여된 모든 재산(학교까지 포함하여)의 유지와 보수에 책임을 진다.

(m) 관리권이 부여된 부서, 공직자, 직원의 활동에 관해 언제든 조사할 권한을 가진다.

(n) 타운의 동산과 부동산 등 모든 재산목록 전부를 완전하게 유지하고 관리한다.

(o) 법규에 따라 타운 매니저에게 부여된 업무와 관련해 계약권을 행사한다.

(p) 타운의 업무 수행에 필요한 모든 물자와 장비를 조달하는 책임자가 된다.

(q) 타운 업무의 위험관리관이며, 업무와 관련된 보험정책을 마련한다.

(r) 행정부서 간의 공적인 의사소통을 조정하는 책임자가 된다.

(s) 보조금의 적용을 조정하고 조건에 맞게 집행되는지를 감독한다.

(t) 재난에 대한 응급 대책을 준비, 유지하고 그 훈련계획도 수립하여 수행한다.

(u) 행정 서비스의 질과 효율적 공급계획을 개발한다.

(v) 그 외 법규에 따로 규정한 책무를 수행한다.

집행위원회는 또한 통지, 공청회 등 절차에 따라 타운 매니저를 해임하는 권한도 지니고 있다.

⑫ 총무국장

자치헌장 제9장 제9-5절 (b)는 "총무국장, 경리국장, 징세국장은 종전에 선출직이었으나 이 헌장에 의해 임명직으로 전환한다. … 잔여 임기가 만료되면 그 후임은 집행위원회가 임명한다"고 규정했다. 그리고 타운자치법 제2-313절은 "총무국장은 주 법률과 헌장, 타운 매니저 및 재정국장 또는 그 어느 한쪽이 그에게 부여한 권한과 책무를 수행한다. 법률이나 타운 매니저 및 재정국장 또는 그 어느 한쪽에 의해 통제되지 않는다면 총무국장(Town Clerk)은 다음과 같은 업무를 수행한다"고 규정했다.

타운자치법 제2-313절에서 총무국장이 수행하는 업무로 나열한 항목은 다음과 같다.

(a) 타운 업무와 관련된 모든 서류 원본의 접수와 보관
(b) 타운에 의해 선출되었거나 위원회의 위원으로 임명된 공직자에게 공지하거나 공지되도록 하는 일
(c) 각 위원회에 영향을 미치는 각 표결의 사본을 만들어 전달하는 일
(d) 보안이 필요한 타운의 기록을 관리하는 절차의 창안 및 집행위원회의 승인 아래 보안 절차를 수립하는 일
(e) 서류의 보안을 실행하고 공적인 조사나 독회를 할 수 있도록 타운의 서류를 준비하는 일
(f) 서류의 보안 절차에 따르고 각 부서의 사무실에서 서류들이 수집되는 상황의 정립
(g) 서류의 보안을 실행하고, 공공 목적을 위해 더 이상 필요하지 않은 서류들은 집행위원회, 재정국장, 타운 매니저의 승인 하에 파기하는 기준이 되는 문서의 제안과 작성
(h) 각 공직자와 위원회의 정기 보고서를 접수하고 보존하는 일
(i) 타운의 업무와 관련된 모둔 문서와 기록의 목록 작성
(j) 자치법이 채택된 이후 일어난 모든 개정을 나타내는 타운 타운자치법 내용의

유지

(k) 연방이나 주 입법 또는 행정규칙의 결과로서 자치법의 내용이 변경, 추가 또는 제한되는 내용을 타운 자치법의 내용으로 참고하는 일

(l) 매년 8월 1일을 전후해 당시 타운자치법 내용을 준비하여 복사본을 각 공직자와 위원회에 배포하는 일

(m) 타운 사무실이나 타운 도서관을 통해 시민들이 현행 자치법의 사본을 구입할 수 있도록 준비하는 일

⑬ 경리 및 징세국장

자치헌장이 채택되기 전에는 총무/경리/징세국장 업무를 겸무로 처리했으나 그 후 총무국장직을 분리하고 경리/징세국을 설치했다. 집행위원회가 임명하는 경리/징세국장(Town Treasurer/Collector)은 주 법률 제41장 제35절부터 제37절까지 기술하는 내용의 권한과 책임, 그리고 타운 매니저 및 재정국장 또는 그 어느 한쪽이 요구하는 업무를 수행한다.

(3) 타운 매니저가 임명하는 행정부서

자치헌장 제5장에 규정한 타운 매니저의 역할은 앞에서 이미 소개했다. 타운자치법 제2-207절은 "집행위원회는 자치헌장의 규정에 따라 타운 매니저를 임명한다. 타운 매니저는 자치헌장 제5장에 규정한 대로 권한과 책무를 수행한다"고 간략하게 규정했다. 타운 매니저는 명실공히 타운의 행정수장의 지위를 부여받았는바, 그것은 바로 행정조직의 설치와 인사권으로 입증된다. 이러한 내용을 다음에 살펴본다.

① 행정부서의 설치에 관한 권한

첫째, 타운 매니저는 부서 운영계획을 수립한다. 즉, 타운정부의 부서를 조직하는 방법은 주 헌법과 법률, 또는 자치헌장이 명시적으로 금지한 경우를 제외하고는 타운 매니저가 질서 있고 능률적이며, 편리하게 타운 업무를 수행하기 위해 행정규칙과 타운정부의 조직과 재조직 계획 등을 시의 적절하게 준비해야 한다. 여기서 행정규칙은 ① 교육부서를 제외하고는 타운정부 전부 또는 일부의 어떤 행정

부서나 공무원의 통합, 창설, 합병, 분할, 폐지를 포함하며, ② 타운 매니저가 필요하다고 간주하는 새로운 부서와 공직을 설치할 수 있고, ③ 그러한 부서와 공직자가 따라야 할 기능을 부여하고 행정적 절차를 마련할 수 있으며, 타운 매니저는 이러한 행정규칙을 집행위원회에 제출해야 하며, 이를 접수한 집행위원회는 그로부터 60일 이내에 공청회를 개최해야 하며, 공청회를 가진 날로부터 30일 이내에 행정규칙의 승인 여부를 집행위원 전원의 과반수로써 결정해야 한다.

둘째, 자치헌장은 타운 매니저가 제안해 설치하거나 폐지할 수 있는 행정부서로 재정·행정국, 건설국, 기획 및 지역개발국, 공원 및 여가국, 교육국 등을 열거하고 있다.

② 행정부서

가. 재정·행정국

교육국을 비롯해 타운의 모든 행정기관의 재정 업무, 업무의 조정과 감독 업무를 맡는다. 즉, 회계, 조세와 요금의 부과와 징수, 지출 업무, 평가 업무, 구매와 계약, 정보기술, 총무국장의 업무, 인사 기능 그리고 타운 매니저가 부여한 업무를 수행한다. 그리고 국장(head of the department)은 타운 매니저가 임명한다.

나. 건설국

법규의 규정에 따라 건설국은 타운 내에서 이루어지는 공공 토목과 건설 활동의 성과를 관리한다. 즉, 쓰레기 수거와 처리, 재활용, 산림 업무, 수목 보호, 자연자원의 보호, 공원의 유지와 관리, 운동장 및 공공 잔디 관리, 상수도 생산과 공급, 하수처리, 도로와 가로의 유지와 보수, 타운 청사의 유지와 관리, 학교 건물과 운동장 등의 관리 업무를 맡는다. 그리고 국장은 타운 매니저가 임명한다.

다. 기획 및 지역개발국

타운의 안전, 보건, 경제 개발의 업무를 담당한다. 즉, 기획 업무, 용도구역의 설정과 집행, 건물 검사, 규정의 집행, 보전, 역사지역 보호, 장기발전계획의 집행 점검, 그 외 타운 매니저가 부여한 업무를 담당한다. 국장은 타운 매니저가 임명한다.

라. 공원 및 여가국

공원 및 여가국은 공원의 이용이나 여가 활동 등을 담당한다. 타운 내 공원의 관리, 운동장, 수영장의 관리, 그리고 여가 활동이나 이벤트 등을 조정하고 감독한다.

국장은 타운 매니저가 임명한다.

마. 회계국장

회계국장(Accountant)은 주 법률 제41장 제50절에서 제53절까지 규정한 대로 타운의 회계사로서 권한과 책무를 수행한다. 회계국장은 집행위원회가 위촉하는 외부 회계사(independent auditor)와 협력해 타운의 정기 재정 기록과 회계 업무를 관리한다. 나아가 회계국장은 주 법률 제41장 제55절부터 제61절까지 규정한 내용의 업무와 타운 매니저와 재정국장이 요구할 수 있는 여타의 업무를 처리한다. 타운 매니저가 국장을 임명한다.

바. 소방국장

타운 매니저는 집행위원회의 승인을 얻어 소방국장(Fire Chief)을 임명한다(자치법 제2-507절).

사. 경찰서장

타운 매니저는 집행위원회의 승인을 얻어 경찰서장(Chief of Police)을 임명한다(자치법 제2-511절).

아. 보안관

타운 매니저는 매년 1년 임기로 최소한 2명에서 4명 이내의 보안관(Constable)을 임명한다. 실제로 롱메도 타운은 2명의 보안관을 임명하고 있으며, 이들은 무보수로 일한다.

자. 검목관

타운 매니저는 건설국 안에 검목관(Tree Warden)을 둔다. 타운 매니저는 매년 검목관을 임명한다. 검목관은 주 법률 제87장에 규정된 모든 업무와 타운 매니저와 건설국장이 부여하는 업무를 수행한다. 검목관은 그가 지출한 비용과 영수증을 포함해 그 활동의 내용을 보여 주는 기록을 유지하며, 수시로 집행위원회와 타운 매니저에게 타운의 수목관리에 관해 권고안을 제출한다. 그리고 타운 내의 수목인 경우 유해한 수목일지라도 검목관의 허락 없이는 벌목하거나 제거할 수 없다(자치법 제2-603).

실제로 롱메도 타운은 1명의 검목관을 임명하고 있으며, 그는 무보수로 봉사한다.

그림 9-1 롱메도 타운의 정부 조직도

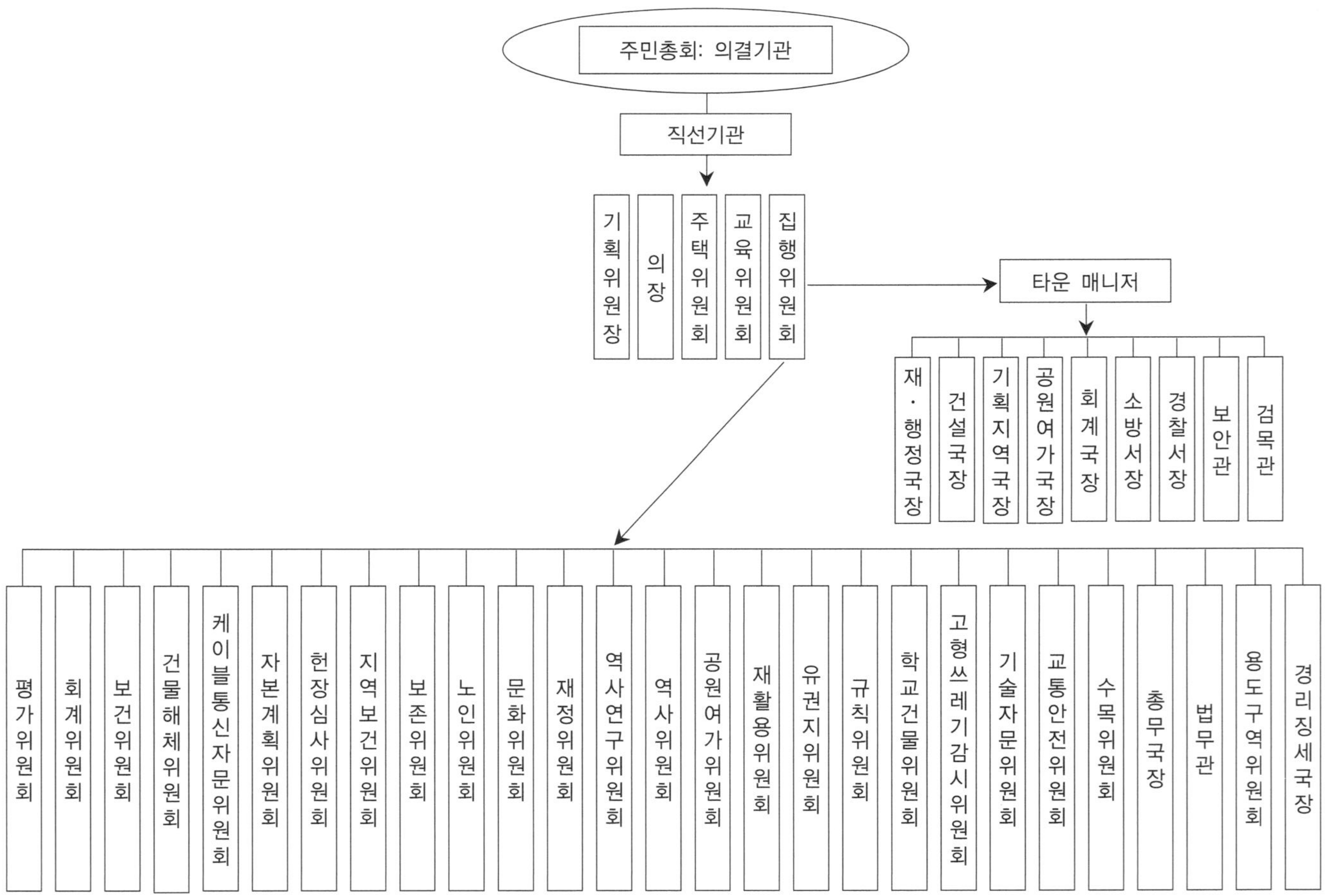

④ 교육위원회가 임명하는 부서: 교육국

교육국은 주 헌법과 법률의 규정에 따라 설치된다. 따라서 교육국은 매사추세츠 교육부와 선출직으로 구성된 교육위원회가 규정한 바에 따라 롱메도 타운의 공공교육 업무를 담당한다.

교육국은 교육위원회 위원 7명 가운데 최소한 5명의 위원이 지지하는 결정에 의해 임명되는 교육국장이 주 헌법, 법률, 자치헌장, 그리고 주민총회의 결정에 따라 부여된 업무를 수행한다. 물론 교육국장은 교육위원회의 위와 동일한 내용의 결정에 따라 해임할 수 있다.

교육국장은 주의 법률과 교육위원회가 규정한 정책에 따라 학교 체제를 관리하며, 그 직무를 수행한다.

지금까지 매사추세츠 주 롱메도 타운의 공직 구성과 선임 등에 관해 살펴보았다. 이것을 간단히 나타내면 [그림 9-1]과 같다.

오늘날 공직의 종류와 충원 등은 식민시대 타운정부 공직과 관련해 소개한 1890년대 그린필드 타운의 공직들과 상당한 차이가 있다는 것을 알 수 있다. 조직의 구조와 기능에 관한 관리지식의 증가와 더불어 조직 유형이 변화되었고, 그래서 일일이 공직의 이름을 부여해 관리할 필요가 줄어들었기 때문이라고 여겨진다. 그런 가운데서도 투표로써 선출하는 공직의 수가 줄어든 것이 확인된다.

제 3 절 타운정부의 선거

타운정부에서 실시하는 선거는 대개 주 법률 조항의 내용을 준용해 관리하고, 타운은 타운 타운자치법에 준용할 법 조항을 규정해 둘 뿐이다. 그러므로 롱메도 타운의 경우에도 자치헌장에는 아예 선거와 관련된 조항을 설정하지 않았으며, 타운자치법에만 제3편 제200장에 제3-201조부터 제3-207조까지 정기 선거, 투표 시간, 선출하는 공직자의 종류, 임기, 새 임기를 위한 선거, 공석이 된 경우에 준용하는 주 법률 조항, 공청회 등에 관해서만 규정하고 있다. 그리고 여기에 주 법률의 선거에 관한 조항, 즉 제54장에 합치하도록 한다고 규정하고 있는 것이다.

주 법률 PART I의 TITLE VIII은 제50장은 예비선거와 정당회의 등에 관해 규정했고, 제51장은 유권자의 지위와 권한 등을 규정하고, 제53장은 후보지명 관련 조항, 제54장은 선거에 관련된 조항, 제55장은 선거운동 비용과 기부에 관한 조항, 제55A장은 공정선거와 관련된 조항, 제55B장은 주의 선거위원회 조항, 제56장은 선거법 위반에 관련된 조항 등을 규정하고 있다.

여기서는 타운정부의 선거에 준용되는 유권자, 그리고 선거에 관한 내용을 간추려서 정리해 보고자 한다.

1 유권자의 자격과 등록

1) 유권자의 자격

중죄를 저질러 보호관찰 중이거나 수감되어 있는 자와 선거와 관련해 부정을 저질러 법률에 따라 일시적으로 또는 영구적으로 자격을 박탈당한 자를 제외하고 타운의 거주자로서 투표자로 등록해 투표권을 행사하고자 하는 18세 이상의 모든 시민은 타운의 유권자 명부에 등재되고, 투표권을 행사한다.

2) 유권자의 등록

유권자등록위원회는 매년 1월이나 2월에 거주하고 있는 타운의 호별 방문을 통해 유권자의 이름, 생년월일, 직업, 제대군인 신분, 국적, 전년도와 그 해 1월 1일자 주소, 그리고 3세 이상의 동거인 등이 포함된 선거인 명부를 작성한다. … 3세에서 21세 사이의 전체 거주자 명부 1부는 매년 4월 1일 이전에 해당 타운의 교육위원회로 전달한다(이상 제4절).

유권자등록위원회는 제4절에 규정한 바의 명단이 준비되는대로 그 해의 선거용으로 자격을 가진 모든 유권자의 명단이 포함된 정기 유권자 명부를 알파벳 순서로 작성해 문서로 각 유권자에게 통지한다. … 확정된 선거인명부는 신문에 공개한다(제37절).

유권자등록위원회는 그 해 유권자로 등록된 명단과 등록 불참자 명단을 포함해 선거에 사용할 명단을 준비하며, … 두 명단을 구분해 관리하고, 주(州) 선거가 실시되는 해의 7월 1일 이전에 유권자명부를 인쇄해 배포할 수 있도록 준비한다(제55절). 유권자등록위원회는 명단이 완료되는 즉시 주 총무 장관에게 보고한다(제61절).

2 선거

선거와 관련된 내용은 주 법률 제54장에 규정하고 있으며, 타운의 선거에 관련된 내용만 간추린다.

1) 선거 담당관 임명

타운의 집행위원회는 매년 7월 15일 이후 8월 15일 이전에 선거 담당관으로 관리자 1명, 부 관리자 1명, 서기 1명, 부 서기 1명, 검표관 2명 부 검표관 2명씩을 투표장이나 투표구별로 임명하며, 같은 방법으로 두 명의 검표관과 두 명의 부검표관을 추가로 임명하며, 이들은 투표 마감 후 표를 헤아리기 위해 임명한다. 집행위원회가 상기 선거 담당관을 8월 15일까지 임명하지 못하면 유권자등록위원회가 임명한다. 타운 각 정당위원장은 매년 6월 1일 이전에 선거 담당관으로 임명을 희망하는 등록된 유권자 명단을 유권자등록위원회에 제출한다. 집행위원회는 4월 15일 이전에 선거 담당관 명단을 문서로 작성하고, 6월 1일 이전에 정당의 기록 업무 담당자에게 제출한다. 유권자등록위원장은 즉시 그 명단을 점검해 선거관리관 자격 유무를 심사하고, 6월 30일까지 8명 이내의 명단을 집행위원회에 제출하며, 집행위원회는 상기한 수의 선거 담당관을 임명한다(제12절). 해당 선거구에서 공직자 후보인 자에게는 당연히 선거관리관 후보의 자격을 부여하지 않는다(제15절).

2) 투표지상 공직 후보의 정보

타운 공직의 후보자 이름에는 그가 거주하는 거리(street)의 이름과 번지, 정당의 후보지명서가 포함된 정당 표시를 부기하며, …현직 공직자인 경우에는 "재선 후보"라는 용어를 투표지에 부기한다. …만약 한 공직 후보자가 복수의 정당으로부터 후보로 지명되거나 정당 표시를 받은 경우에는 투표지의 이름과 더불어 순서를 정해 부기한다(제41절).

3) 투표지 규격

투표지는 2페이지 이상, 그리고 폭은 4. 5인치 이상 5인치 이하, 길이는 6인치 이상 13.5인치 이하로 정해 접는다. 모든 후보자의 성명은 투표지 오른쪽에 길이를 따라 흑색으로 인쇄한다. 모든 후보자의 성명은 대문자로 인쇄하며…(제44절).

4) 후보자 명단의 게시

투표지를 사용하는 타운에서는 타운 총무국장이 최소한 선거일 4일 전에 후보자 이름, 주소, 정당 표시 등의 내용이 포함된 후보자 명단을 한 곳 이상의 장소에 게시한다(제51절).

5) 투표의 방법

부재자 투표지를 받은 유권자는 타인이 없는 장소에서 표시를 하고, 투표지를 넣은 다음 봉하고 봉투에 있는 선서문을 작성한 다음 회송한다.

투표지를 우편으로 받은 유권자는 투표를 완료한 투표지를 요금 선납 봉투에 넣어서 해당 타운의 총무국장에게 송부한다. 이 때 투표지 봉투는 투표자나 투표자 가족이 타운 총무국장의 사무실에 직접 전달해도 무방하다.

의료 및 요양보호시설에 거주하는 유권자가 그곳에서 투표지를 받은 경우에는 그 시설의 선거 담당자에게 전달하고, 그는 다시 타운 총무국장에게 전달한다.

6) 관련 규정의 타운선거 적용

Part I, TITLE VIII, 제54장 제103P절은, 다른 특별한 법률의 규정에도 불구하고, 시나 타운의 정기 또는 격년제 선거에 적용한다. 타운의 집행위원회는 해당 타운의 예비선거일을 결정한다. … 집행위원회는 예비선거 후보 지명서나 확인서를 접수하는 최종 일자와 시간을 결정한다. 공식적 투표에 투표안 청원이 제기되는 타운에서 집행위원회는 청원의 접수 마감 일자와 시간을 결정한다. 이러한 모든 후보명부와 청원은 접수 마감일로부터 14일 안에 유권자등록위원회에 제출된다.

이 명부는 그 해 투표자명부 또는 그것을 사용할 수 없는 경우에는 전년도 투표자 명부를 참고한다. … 이 절에서 규정한 집행위원회의 조치는, 따로 규정이 있는 경우를 제외하고는, 그 조치를 취한 날로부터 60일 이전에 시행되어야 한다. 그리고 집행위원회의 조치는 하나 이상의 지역신문에 게시하거나 타운 내의 다섯 곳 이상의 장소에 게시한다.

7) 투표기 및 전자투표기의 관리

전자투표기를 사용하는 타운에서는 총무국장이 투표기 사용이 시작되기 전 정해진 시간에 투표장에 투표기의 설치를 완료하며(제31절), … 투표기는 투표에 편리하고, 간단하며, 만족스러워야 하며, 정확한 결과를 보장해 기록해야 하는바, … 투표지의 사용 때 보장되는 만큼의 투표자 비밀이 보장되지 않는 경우는 사용이 허용되어서는 안 된다.

… 전자투표제도 또한 투표에 편리하고, 간단하며, 만족스러워야 하며, 정확한 결과를 보장해 기록해야 하는바, … 이중투표의 예방과 추적에 특별한 주의를 기울여야 하며… 투표지의 사용 때 보장되는 만큼의 투표자 비밀이 보장되지 않는 경우는 사용이 허용되어서는 안 된다(제33절). … 전자투표제도가 사용되는 경우에 유권자는 전자투표 방식을 사용할 수 있도록 승인한 방식으로서 데이터 처리용 카드에 있는 펀칭 홀을 사용하거나 특수잉크로 표시하거나 특수한 방법을 사용해서 투표한다. … 타운 총무국장은 이 때 필요한 장치들을 제공하며 … 각 투표장별로 투표에 사용되는 장치들을 투표를 위해 대기하고 있는 유권자들을 위해 전시하고 또 사용지침을 비치해야 한다. 투표가 개시되기 전에 선거관리 공직자는 다수의 선거 담당관들과 함께 투표에 사용될 장치들을 점검해야 한다(제33E절).

제 4 절 주민총회의 절차

주민총회는 필그림과 퓨리턴의 뉴잉글랜드 이주 후 일찍부터 공적인 일을 처리하는 방식으로 자리 잡았고, 그 후 긴 시간 동안 부분적인 수정만 거치면서 오늘에 이르렀다. 제도로서 타운미팅은 그 효과성을 확보하기 위해 필요한 요소들을 고안하고 그러한 요소들이 제대로 작동하도록 배열하는 노력을 기울이는 가운데 오늘날 주민총회의 요소들과 절차로 제도화되었다.

『회의 진행 규칙(*Town Meeting Time*)』은 유권자, 의장, 서기(clerk), 제대로 준비된 의안 공고는 주민총회의 네 가지 필수 요소라고 지적한다(Johnson et al., 2001: 17). 주민총회는 이러한 네 가지 필수 요소뿐만 아니라 여러 가지 필요한 요소가 어우러져 그 존립 목적을 실현할 수 있다.

다음에 위에 지적한 네 가지 필수 요소를 포함하는 필요한 여러 요소가 주민총회와 관련해 어떻게 절차로서 자치헌장과 타운 자치법에 배열되거나 또 연구자들에 의해 주장되는지를 살펴보기로 한다.

1 주민총회의 개략적 절차

자치헌장 제2장에는 주민총회와 관련된 내용으로서 주재하는 공직자, 회의 시간, 회의 진행 규칙, 공고와 안건, 게시, 재정위원회의 기능 등의 항목을 다루고 있으며, 여기서 회의 진행 규칙은 『회의 진행 규칙』에 준한다고 적시했다. 그리고 타운 자치법 제3편 300장에 주민총회 관련 조항들을 나열하고 있는데, 회의 개최 시간, 관련자에 대한 통지, 공고와 발행, 회의 진행 규칙, 질서, 회의 과정에서 동의안의 제출과 토론, 발언 규칙, 표결 방법, 안건의 순서, 의결정족수, 회의의 종결, 그리고 타운미팅 위원회 등이다. 위 내용을 통해 주민총회의 절차나 요소 등을 개략적으로 파악할 수 있겠으나 좀 더 체계적인 이해는 쉽지 않다고 본다.

짐머만은 매사추세츠의 정기 주민총회에 관한 내용에서 공고, 정기보고서, 주민총회 예비 회의(pre town-meeting meeting), 공직자 선거, 업무의 처리를 다루고, 업무 처리를 소개하는 부분에서는 의장의 지위와 역할, 총무국장의 역할, 법무국장의 역할, 재정위원회의 역할, 기획위원회의 역할, 여타 공직자 역할, 의사정족수, 집행위원회의 역할, 이익집단의 역할, 대립집단의 존재, 불참자, 의사 결정 등을 다루었다(Zimmerman, 1999: 28-50).

한편 매사추세츠 주 의장협의회가 간행한 『회의 진행 규칙』에서는 먼저 공직자의 역할 부분에서 의사정족수, 의장의 역할, 총무국장의 역할, 집행위원의 역할, 법무국장의 역할, 재정위원회의 기능, 교육위원회의 역할, 집행위원회의 역할, 보안관・유권자 점검자・검표자 등의 역할을 소개했다. 예비 및 회의 진행 부분에서는 회의 준비(공고, 의안, 절차에 관한 정보, 회의 진행 장비), 주민총회의 개회, 위원회의 보고, 의안 심사의 순서, 의안의 읽기, 예산의 심의, 방송과 녹음 등의 항목을 다루었고, 다음 내용으로 동의안의 제출과 심의, 토론, 표결 등의 순서로 항목을 설정했다(Johnson et al., 2001).

일반적으로 회의 진행 관련 문헌에도 회의를 기획하는 단계(planning meetings)를 언급하면서 여기에 사전 기획, 재정 확보와 위원회 간 의견 조정, 회의 장소의 결정, 진행자의 결정, 공지 등의 활동을 설정하고 있다(Webster's Rules of Order, 1994).

위의 내용을 참고해서 주민총회의 단계를 크게 나누어 설정한다면, 회의 준비 단계와 회의 진행 단계로 나눌 수 있다.

첫째, 회의 준비 단계는 타운의 집행위원회를 비롯한 행정부서들이 주민총회에 내놓을 안을 마련하고, 회의의 일시와 장소를 결정하고, 재정위원회에서 예산과 사업을 결합시켜 의안을 작성하며, 이러한 의안들이 포함된 공고안의 준비와 인쇄 및 배포, 게시, 또 등록된 유권자의 명단을 준비하고 확정하는 단계 등이 포함된다.

둘째, 회의 진행 단계는 유권자의 출석, 개회식, 위원회의 보고, 의사일정 결정, 안건의 상정과 심의, 표결과 결과의 선포, 폐회 등의 세부적 단계로 진행된다.

다음에 주민총회의 내용과 관련해 먼저 자치헌장과 타운자치법에 규정한 회의 진행 규칙의 내용을 소개한 다음, 회의 준비 단계와 회의 진행 단계로 나누어서 살펴보기로 한다.

2 회의 진행 관련 규정

자치헌장과 제2장 제2-5절과 타운자치법 제3편에 주민총회를 비롯해 정부기구 등 타운의 운영과 관련된 조항을 규정하고 있다. 주민총회 관련 규정과 재정위원회와 관련된 내용이 포함되어 있다.

1) 주민총회 관련 규정의 내용

먼저 타운 운영과 관련된 내용을 다룬 제3편 제300장의 내용을 순서에 따라 항목별로 간추리면 다음과 같다.

① 정례 주민총회: 집행위원회가 매년 2월 1일까지 개최 일시를 결정한다. 정례 주민총회는 5월 둘째 화요일 이전에 개최되어야 하며, 개회 시간은 오후 6시 30분 이후로 한다.

② 개최의 통지: 회의가 열리기 전에 발행된 의사일정 공고에 포함되지 않은 안건은 다루지 못한다.

③ 회의 공고의 요건: 매사추세츠 법률 제39장 제10절의 내용과 자치헌장이 규정한 바로서 공고해야 할 내용과 공고 책임자, 공고 일시 등을 따른다. 또 주 법률 제39장 제10절은 확정된 절차에 따라 개최되는 회의의 공고에 포함되어야 할 시민의 권리를 설정하고 있다.

④ 공고의 게시 등: 타운의 보안관은 집행위원회의 지시와 지침에 따라 한 곳 이상 타운의 게시판에 일시, 장소를 게시하거나 웹사이트에 공시한다.

⑤ 임시 주민총회: 주 법률은 정립된 절차에 따라 임시회의 소집 권한을 부여하고 있는바, 주 법률 제39장 제10절에 규정했다. 또한 집행위원회도 임시 주민총회 소집 권한을 가진다.

⑥ 잘못된 주민총회 소집 요구: 적정 절차를 벗어나 주민총회의 소집이 요구된 경우 집행위원회는 그로부터 가능한 한 빨리 임시 주민총회를 소집한다.

⑦ 총회 출석의 자격: 타운의 유권자 명부에 등재되지 않은 사람은 주민총회에 출석할 수 없다. 의장은 경찰관이나 보안관을 통해 무자격 참석자를 회의장에서 퇴장시킬 권한을 가진다.

⑧ 참관자의 회의 참석: 의장은 출석 권한을 갖지 못한 사람으로서 언론사 대표나 총회가 열리기 전에 유권자의 이해를 돕기 위해 필요한 지식을 가진 인사의 참석을 허용할 수 있다.

⑨ 음향 및 비디오 장비: 의장은 뉴스 제작을 위한 음향 장비나 비디오 장비의 사용을 허가하거나 그 사용을 제한할 수 있다

⑩ 금연: 주민총회장에서는 흡연이 금지된다.

⑪ 기도: 정례 주민총회는 기도 절차를 가진다.

⑫ 절차규정: 회의 진행의 절차는 자치헌장의 규정을 따른다.

⑬ 질서의 유지: 의장은 회의장의 질서를 유지할 책임을 지며, 질서 유지를 위해 필요하다고 간주하는 경우에는 경찰관이나 보안관으로 하여금 필요한 조치를 취한다.

⑭ 의사절차: 의장은 의사 진행의 절차를 따라 발언하고 또 다룰 안건의 순서를 정할 수 있다.

⑮ 안건목록: 의장은, 따로 우선권을 가진 의안이 아니라면, 모든 의안에 순위를 부여한다.

⑯ 동의안의 우선권: 한 안건이 상정되어 있는 경우, 의장은 휴회 동의나 의안의 성격상 우선권을 가진 경우를 제외하고는 상정되어 있는 의안과 무관한 동의안을 접수할 수 없다.[7)]

⑰ 발언의 제한: 의장은 발언자가 오류를 수정하거나 의안의 설명을 진술하는 경우를 제외하고는 한 유권자가 발언 기회를 갖지 않은 다른 유권자가 해당 의제에 관해 발언권을 행사하기 전에 동일한 유권자가 2회의 발언권을 행사하도록 허용하지 않는다. 그리고 한 의제에 관해 동일한 유권자가 3회 이상 발언권을 행사할 수 없다.

⑱ 문서화된 의안: 의장은 동의안을 문서로 제출하도록 요구할 수 있다.

⑲ 발언자 자기 소개: 주민총회장에서 발언자는 일어서서 이름이나 주소로써 자신을 밝힌다.

⑳ 인명의 언급: 의장은 회의장에서 발언자를 명료하게 하거나 인지할 목적으로 이름을 사용할 수 있으나 발언자는 다른 유권자를 거명할 수 없다.

㉑ 타인의 발언 요청: 한 발언자가 토론 중인 의제에 관해 다른 유권자의 의견을 듣고 싶을 때는 의장을 향해 요청해야 한다.

㉒ 재의 요구: 의제와 관련해 일단 투표가 이루어진 경우, 해당 의제에 관해 2/3 이상의 출석자가 재의 요구를 한 경우가 아니면, 그 표결 결과는 그 회의에서 재의되지 않거나 재상정되지 않는다.

---

7) 회의 진행에서 동의안의 종류와 우선순위 등은 제11장에서 따로 다룬다.

㉓ 표결의 계수: 표결이 이루어졌거나 의장의 표결 결과에 대한 결정이 7명 이상의 유권자가 의문을 제기하는 경우에 의장은 착석을 요구한 다음 발언자를 지명해 계수되지 않은 출석자에 관해 발언하게 한다. 의장은 회의 출석자만이 표결에서 계수된다는 점을 말한다. 그리고 의장은 다시 해당 의제를 명료하게 진술한 다음, 그 의제에 대한 찬성과 반대를 묻되 계수를 요청한 참석자가 계수할 때까지 서 있도록 요구한다.

㉔ 안건의 순서: 의장은 회의에서 다루어야 할 안건의 공고된 순서를 제시하며, 다만 출석 유권자의 2/3의 찬성을 얻어 안건의 순서를 변경할 수 있다.

㉕ 의사정족수: 타운의 총회는 등록된 유권자 50명의 출석을 의사정족수로 한다.

㉖ 주민총회위원회: 의장은 따로 규정된 바가 없는 경우 주민총회위원회를 구성할 수 있다. 의장은 주민총회위원을 임명하기 전에 전문지식이나 경험을 가진 공직자 등의 자문을 가진다. 주민총회위원회 구성이 결정되면 14일 이내에 21명 이내의 위원을 공지한다.

2) 재정위원회 관련 규정의 내용

롱메도 타운자치법은 제400장에 재정에 관한 내용은 비교적 적은 조항을 두고 있다.

첫째, 다음해의 예산안은 타운 매니저가 주민총회가 열리기 최소한 60일 전에 집행위원회에 제출하도록 규정하고 있으며, 집행위원회가 예산안을 채택한 후 주민총회 최소한 30일 전에 타운 매니저는 재정위원회에 전달한다.

둘째, 재정위원회는 7명으로 구성한다. 재정위원의 자격, 임명 요건, 임기, 권한과 책무 등은 자치헌장에 규정한다. 재정위원회는 100달러 이상 경비가 지출되거나 징수되거나 기채하는 예산안을 검토해 각 항목별로 보고서를 준비한다. 집행위원회는 각 행정부서의 관할에 속하는 예산안의 항목별로 재정위원회의 권고 내용을 포함해 총회의 공고에 포함시킨다. 긴급을 요하는 예산안의 경우는 주민총회장에 직접 보고될 수 있다. 재정위원회는 그 업무에 속하는 범위 안에서 예산안에 대한 검토를 할 때 타운 매니저와 행정부서의 장을 출석케 할 수 있다. 또한 타운 매니저와 행정부서장도 재정위원회의 예산안 검토에 출석해 의견을 낼 수 있다.

3 주민총회의 준비 단계

1) 의안의 준비

회의(meeting)란 어떤 조직의 구성원들이 업무를 처리하기 위해(to transact business) 한 장소에서 공식적으로 가지는 모임(Rozakis, 1994: 50)이라고 정의한다. 주민총회도 타운정부가 "필요한 업무를 처리하기 위해" 구성원들이 갖는 모임이다. 여기서 필요한 업무란 곧 의사결정체로서 주민총회가 다룰 안건의 처리를 가리킨다. 그러므로 다룰 안건이 없는 주민총회란 생각할 수 없는 것이다. 타운정부가 처리해야 할 일의 목록은 곧 의안이고, 정기 주민총회에서 다룰 의안의 준비는 집행위원회를 비롯한 타운 매니저와 각 행정부서의 일이다.

타운의 정기 선거가 실시된 후 15일 이내에 집행위원들은 회의를 열어 집행위원회를 구성하고, 그 다음 타운 매니저를 임명하며, 차례로 행정부서를 구성하고 부서장을 임명해 역할 수행의 준비를 갖춘다. "집행위원회의 가장 두드러진 역할은 바로 타운미팅 시작 단계에 있다고 지적하는바, 그것은 집행위원회가 주민총회의 시간과 장소를 결정하고 회의 소집을 요구하는 공고에 넣을 안건을 준비하기 때문이다. … 사실상 크랜베리 소스가 빠진 추수감사절 칠면조 요리처럼 집행위원회가 없는 주민총회는 상상할 수 없는 일이다"(Johnson et al., 2001: 28-29). 특히 매사추세츠 주에서 재정위원회를 운용하지 않는 타운에서는 집행위원이 예산안을 주민총회에 제출하도록 되어 있다는 점에서 집행위원회의 역할은 중요하다.

사실 집행위원회가 출범 후에 하는 모든 연중 활동은 주민총회를 위해 준비하는 일과 관련된다고 하겠다. 즉, 집행위원회는 가능한 한 상세한 지출 내용을 기록하는 일부터 시작해 연간 집행위원회 활동을 명료하고 상세하게 설명하는 일, 타운 매니저, 타운의 각 부서장, 각종 위원회의 위원장의 연례보고를 접수해서 정리하는 일, 타운의 지난 1년간 선거에 나타난 상세한 결과를 정리해 연례 보고서에 포함시켜서 타운의 연례 보고서(annual report)를 작성해 발간하는 일을 한다. 그뿐만 아니라 각 행정부서가 마련한 다음해 사업안을 집행위원회가 중심이 되어 타운정부 내부적 절차를 거쳐 타운총회 안건의 목록을 만들고, 주민총회 공고에 포함시킨다.

그러므로 주민총회의 준비 단계에서 집행위원과 집행위원회는 실질적으로 가장 중요한 역할을 수행한다고 할 수 있다.

행정부서들이 제출하고 집행위원회에 수합된 정책의제들이 논의를 거쳐 의제 채택을 위한 안건으로 정리되면, 집행위원회, 타운 매니저, 의장, 그리고 의장의 소관에 따라 설치된 재정위원회가 합동 회합을 가져서 정책의제에 대한 검토를 거친 뒤 주민총회에서 다룰 안건들을 최종적으로 심사해 채택하게 되는바, 이 때 의장은 주민총회를 주재하는 공직자로서 원만한 회의의 진행을 위한 사전 준비의 일환으로 참석하게 된다.

2) 일시와 장소 결정

주민총회의 일시를 결정하는 권한은 집행위원회에 있으며, 매년 2월 1일 그 해의 주민총회의 일시와 장소를 결정한다. 실제로 롱메도 타운의 주민총회 날짜가 해마다 다르게 결정된 사실을 보면 자치법이 정한 기간 안에서 집행위원회가 결정권을 가지되, 2014년 주민총회 공고의 머리에 "의장과 상의하여"라는 글귀가 포함된 것을 보면, 주민총회를 주재할 의장을 비롯한 타운 매니저 등과 긴밀한 협의를 거쳐 주민총회 일시를 결정하는 것으로 보인다.

3) 재정위원회 자문과 의안 확정

재정위원회는 기본적으로 자문 기능을 수행하는 위원회이다. 롱메도 타운 재정위원회는 집행위원회를 비롯해 타운의 자본계획위원회, 그리고 교육위원회 등 예산 편성과 운용에 관해 자문 기능을 수행하고 있다. 타운자치법 제3편 제3-403절은 "재정위원회는 총액 100달러 이상의 지출이나 기채가 이루어지는 주민총회 안건의 제안을 심사하고, 각 안건별로 보고서를 준비한다. 집행위원회는 재정위원회의 권고를 총회 소집 공고에 포함시킨다. … 재정위원회는 그 소관 사항에 관해 심사할 때는 타운 매니저나 행정부서의 장을 출석시킬 수 있고 또 후자들도 관련 예산안 등을 심사할 때 출석할 수 있다"고 규정했다.

그래서 주민총회를 앞둔 2013년 3월 20일 재정위원회의 회의에는 2명의 집행위원과 재정위원들이 참석한 가운데 교육위원회와 집행위원회 간의 예산 협의에 관해 토론했으며, 또 그 해 주민총회에 회부할 24개 안건을 검토해 22개는 승인하고 두 개 안건은 승인하지 않았다. 그뿐만 아니라 타운의 연례 보고서에 포함시킬 재정위원회의 활동 내용을 정리한 것을 보면 주로 집행위원회의 의제를 놓고 자문하거나 권고한 사례가 가장 많았고, 교육위원회와 자본계획위원회를 대상으로도 활동한 것을 알 수 있다(2013년 회의록 자료).

그러므로 재정위원회는 주민총회에 내놓을 집행위원회의 안건들을 검토해 의견을 제시하거나 때로는 부결시켜서 재검토가 이루어지도록 하는 등 주민총회의 준비 단계에서 재정위원회는 주민총회를 소집하는 공고에 포함시킬 의안을 결정하는 데 일정한 역할을 수행한다.

4) 회의 소집 공고의 준비 · 게시

이미 소개한대로 소집 공고(warrant 또는 warning)는 주민총회의 4대 필수 요소 가운데 하나로 간주된다. 주 법률 제39장 제10절에 "모든 타운의 주민총회나 선거는 집행위원의 소관으로 소집 공고에 따라 열리며, 반드시 정기 주민총회나 정기 또는 임시선거의 최소한 7일 전에 통지가 이루어져야 한다. … 소집 공고에는 회의가 열리는 시간과 장소, 그리고 회의에서 처리할 안건을 포함시켜야 한다"고 규정했다. 주 법률이 주민총회 소집 공고에 최소한 7일의 시간 여유를 둘 것과 일시, 장소, 다룰 주제를 반드시 포함시키도록 규정한 것은 중요한 의미를 가진다. 회의 소집 공고가 "주민총회의 초석"(Johnson et al., 2001: 12)이라고 지적함으로써 그 의미를 강조하는가 하면 짐머만은 "주민총회 초기 출석이 강제되던 때와 달리, 인구가 늘고 강제가 사라진 지금은 유권자들이 처리할 일에 대해 관심을 가지고 참석하도록 하기 위해 중요하다"(Zimmerman, 1991: 28-29)고 지적했다.

주민총회 소집 공고는 여기에 포함된 안건만 주민총회에서 다룰 수 있다는 점은 중요한 형식적 요소이지만, 유권자들에게는 청원에 의해 안건을 소집 공고에 넣을 수 있는 권한이 주어져 있다. 주 법률 제39장 제10절은 "… 10명 이상의 유권자가 서면으로 연명해 정기 주민총회의 소집 공고에 안건의 삽입을 요청하면 집행위원회는 응해야 하며, 100명 이상 또는 유권자의 10% 이상이 서면으로 연명해 청원할 경우 임시 주민총회의 소집 공고에도 안건으로 삽입할 수 있다. 유권자 200명 이상 또는 전체 유권자의 20% 이상이 서면으로 연명해 요구하는 경우에는 임시 주민총회를 소집한다"고 규정했다.

이렇게 해서 주민총회 소집 공고 안건이 확정되면, 집행위원회는 보안관으로 하여금 타운의 게시판에 공고를 게시하거나 타운의 웹사이트 또는 최소한 타운 내 다른 장소 한 곳에 게시하도록 지시한다.

5) 유권자 출석

자격을 갖춘 유권자는 대체 불가능한 주민총회의 요소이기도 하지만, 타운정부 자체가 유권자, 즉 주민을 위해 존재하는 것이라는 점에서 필수 요소가 되는 것은 당연하다. 특히 뉴잉글랜드 타운정부는 대표제가 아니라 직접민주제 정부 형태를 취한다는 점에서 더더욱 유권자의 역할은 중요하다. 그래서 존슨 등도 타운정부에서 유권자의 중심적 가치가 널리 알려져 있었기 때문에 유권자를 주민총회의 4대 필수 요소로 적시(Johnson et al., 2001: 17)했다고 본다.

앞에서도 지적한 대로 주민총회에서 유권자의 권리는 제도상으로 널리 보장되어 있는 것은 분명하다. 누구나 등록한 유권자는 출석권과 발언권이 주어지고, 총회에서 다룰 안건을 청원할 수 있으며, 심지어 청원에 의해 주민총회 소집을 결정할 수 있기 때문이다. 그러나 이러한 유권자의 지위와 권한은 보장된 것임에도 불구하고 기대하는 대로 충분하게 실제로 참여가 이루어지는 것은 아닌 것으로 보인다. 그것은 롱메도 타운의 경우 12,003명의 등록된 유권자가 있으나 그 5.23%에 해당하는 628명의 유권자만 정기 주민총회에 참석했다는 사실에서 확인된다(2013 Annual Reports, p.87). 그리고 2011년 정기 주민총회에 출석한 유권자는 107명에 불과했다(2011 Annual Reports, p.3).

주민총회에 출석할 수 있는 자격은 일단 유권자등록위원회에 절차를 거쳐 등록된 유권자(registered voter)라야 하며, 총무국에서는 회의장 입구에서 유권자 명부와 출석자의 신분을 확인해 정해진 종이로 된 표지(이 표지는 총회 중에 표결할 때 사용하게 한다)를 발급해서 유권자 자리로 입장할 수 있도록 한다. 그러므로 단순한 방문자나 등록하지 않은 주민(non voter)도 입장은 가능하나 유권자석이 아니라 따로 구획된 공간에 자리를 잡아야 한다.

그러면 정기 주민총회의 경우 몇 명의 유권자가 출석해야 회의가 성립되는가? 출석이 필요한 최소한의 유권자 수를 의사정족수(quorum)로 설정하고 있는바, 롱메도 타운의 경우는 타운자치법 제300장 제3-326절에 유권자 50명으로 정해 놓았으며, 그보다 출석자가 적은 경우 폐회가 된다고 규정했다. 사실 뉴잉글랜드 지역의 많은 타운이 주민총회에서 의사정족수의 확보하는 일은 그렇게 쉽지 않은 과제로 보인다. 로드아일랜드 주의 경우는 법률에 인구가 3,000명 이하인 타운의 경우는 7명, 그 이상의 경우는 15명을 의사정족수로 못박았을 정도이다. 타운의 연례 보고서에는 출석한 유권자 수를 기록하지 않는 경우도 더러 있는데, 이런 경우는 사실 기록하기 어려운 정도의 유권자가 출석한 경우라고 볼 수 있다.

짐머만은 1964년 조사에서 158개 조사 대상 타운 가운데 23%에 해당하는 36개 타운은 아예 정기 주민총회의 의사정족수를 설정하지 않은 것으로 밝혔다 (Zimmerman, 1991: 43). 그래서 코네티컷 주의 경우는 그 타운의 주민이 아니지만 1,000달러 이상의 세금을 내는 사람은 투표권을 주어서 출석자를 확대하려고 노력한다. 그래서 아예 의사정족수를 폐지하는 것이 좋다는 주장도 있는바, 그럴 경우 회의가 성립되지 않아서 폐회되는 경우를 방지해 주고, 회의가 제시간에 시작되며, 또 출석한 유권자들의 시간도 절약해 주는 세 가지 이점이 있다(Johnson et al., 2001: 18)는 것이다. 뉴잉글랜드 지역 많은 타운에서는 의사정족수 요건을 충족시키는 데 상당한 어려움을 겪는 가운데, 주민총회의 유권자 출석은 해결해야 할 과제로 안고 있다. 그렇지만, 주민총회는 유권자가 출석해야 회의가 성립되고, 회의가 시작될 수 있다.

제 5 절 타운미팅의 실제

다음에는 회의의 종류로 볼 때 대중회의(mass meeting)에 해당하며, 매년 정해진 날짜에 열린다는 점에서 연례회의(annual meeting)이자 정기회의(regular meeting)라고 할 수 있는 타운미팅 진행의 실제를 살펴보기로 한다.[8]

주민총회의 개회는 의장의 개회 선언으로 시작되지만, 회의의 시작과 진행에도

8) 저자는 2000년 매사추세츠 주 롱메도 타운을 비롯해 이스트 롱메도(East Longmeadow), 그랜빌(Granvile) 등 다섯 타운의 회의에 참여해 관찰한 바 있는데, 그 가운데 롱메도 타운의 회의 진행을 중심으로 소개한다.

식별되는 몇 가지 순차적 단계가 있다. 무릇 제대로 형식을 갖춘 회의라면 이러한 회의의 순서는 일반 사회조직이나 회의체에서도 엿볼 수 있는 것이다. 그러나 타운정부와 같은 공무를 처리하는 회의체에서는 그 특성상 더 공식화되어 있기도 하다. 그래서 롱메도 타운의 자치헌장은 의장협의회가 간행한 회의진행법 관련 서적인 『회의 진행 규칙(*Town Meeting Time*)』(Johnson et al., 2001)을 준용한다고 명시했다. 이 문헌에는 주민총회의 개회식은 물론 폐회에 이르기까지 의장이 겪는 상황을 상정하고 동의안의 처리 등 회의 진행 전반에 걸쳐 기술하고 있다. 또 뉴잉글랜드 지역 일부 타운에서는 회의 진행 규칙 전문서로서 『로버트 회의규칙(*Robert's Rules of Order*)』[9]을 주민총회에서 준용한다고 적시하기도 한다.

주민총회는 의장(moderator)이 주재하게 되고, 의장의 역량과 역할 수행에 따라 주민총회의 진행은 큰 영향을 받게 된다. 그러므로 다음에 먼저 의장의 역할(권한과 책무)을 먼저 살펴본 다음, 개회식-회의 진행(정책 결정)-폐회 등으로 크게 나누어 살펴본다.

1 의장의 역할: 권한과 책무

의장의 선출과 권한, 그리고 책무 등에 관해서는 매사추세츠 법률 제1편 제7장 제39조 제14절부터 제18절까지 기본적인 사항들을 규정하고 있으며, 이에 따라 각 타운별로 헌장이나 타운자치법에 구체적으로 규정하고 있다.

1) 개념

식민지 초기 정착지를 결정할 때부터 주민들의 모임, 즉 타운 자유민 모임에는 회의의 진행자(moderator)가 있었다고 본다. 진행자, 즉 의장은 회의에서 "발언의 자유를 부여하고, 비합리적이고 질서를 깨뜨리는 발언자에게 제재를 가하며, 모든

9) 회의 진행 규칙 문헌으로는 로버트(Henry M. Robert)가 1876년에 출간한 『로버트 회의 규칙(*Robert's Rules of Order*: RRO)』이 널리 알려져 있다. 우리나라에는 1908년 윤치호 선생이 『의회통용규칙(議會通用規則)』으로 소개했다(헨리 로버트 3세 외 저, 김찬희 옮김, 2009: 26). 그의 손자인 헨리(Henry M. Robert III) 등이 2013년 4월에 제11판을 출간했다. 저자는 제10장 회의 진행 규칙에서 이 책의 내용을 중심으로 소개할 것이다.

의제를 투표에 회부하고, 투표에서 투표자가 평등하게 간주되도록 만드는 권한”을 갖는다.

원래 moderator는 라틴어에서 유래한 것으로 “통제하거나 다스리는 사람(one who regulates or governs)”이라는 뜻이다. 이 말은 주로 타운총회, 장로회의, 집회에서 진행하는 사람 또는 옥스퍼드나 케임브리지대학에서 명예나 학위 등을 심사하는 사람을 지칭하던 것으로 알려졌다(Johnson et al., 2001: 20-21).

2) 의장의 권한 및 책무

주 법률 제39조 제14절에 의장의 선출 등에 관해 규정하고 있는데, 간추린 내용을 소개한다. 타운정부가 자치법규에 따라 의장의 임기를 1년에서 3년까지 정해 선출해 둔 경우가 아니면 주민총회 때마다 먼저 의장을 투표로써 선출해야 한다. 여기서 선출된 의장은 다음해 주민총회가 열릴 때까지 또는 후임자가 선출될 때까지 의장직을 수행하며, 다른 사유 등으로 의장직에 공석이 생긴 경우에는 임시의장을 선출해 직무를 수행케 한다.

주 법률은 또 매년 1년 임기의 의장을 선출하는 경우에는 주민총회가 열리기 30일 전에 의장을 선출해 주민총회의 진행 등을 준비할 시간적 여유를 갖도록 배려한다. 그리고 의장을 선출하기 위한 회의의 임시의장은 총무국장이 맡도록 규정했다.

타운총회라는 제도적 특성 때문에 뉴잉글랜드 타운정부에서 의장은 독특한 선출직 공직자이다. 의장의 핵심적 직무는 정례 및 임시 타운미팅의 진행이다(Galvin, 2000; MA 총무성 홈페이지). 따라서 롱메도 타운 자치법 제3편 제300장 주민총회에 관련된 3-307절부터 3-329절까지 의장의 역할(권한과 책무)에 관해 집중적으로 규정하고, 주민총회가 끝나고 나서 회의록 관리에 관해서도 제100장 3-104절, 3-105절에 규정하고 있다.

의장의 직무는 회의를 진행하면서 참석자의 모든 관점을 공평하게 청취할 수 있도록 하면서도 주민총회를 공정하고 신속하게 진행하는 것을 목적으로 삼는다. 회의의 진행자는 처음에 회의의 시작과 함께 그 자리에서 선출해 회의를 진행하고, 그 회의가 끝나면 그 역할이 종료되는 방식이 전통적으로 사용되기도 했다. 지금도 메인 주와 코네티컷 주, 매사추세츠 주의 일부 타운에서 사용하는 방법이다. 그러나 로드 아일랜드 주와 버몬트 주에서는 한 번 선출된 의장의 임기는 다음 주민총회까지 지속되고, 뉴 햄프셔 주의 타운과 코네티컷 주의 일부 타운은 2년에 한 번씩 의장을 선출한다(Johnson et al., 2001: 21-22).

매사추세츠 법률(General Laws) 제39장 제14절에 의장직에 관해 규정하고 있는 내용을 보면, "모든 타운은 1년 또는 3년 임기의 의장이 선출된 경우가 아니면 가장 먼저 의장을 선출한다. 타운총회에서 의장을 선출하는 경우는 투표로써 하며, 투표자는 그 당시 참여자로 한다. 이렇게 투표를 실시하고 있거나 투표를 실시하고자 하는 타운은 타운의 정례 공직자 선거를 통해 등록된 유권자의 투표로써 모든 타운총회를 진행할 의장을 선출할 수 있다. 선출된 의장의 임기는 요건을 갖춘 때로부터 시작되며, 다음 정기 공직자 선거가 실시될 때까지 또는 그의 후임자가 선출될 때까지로 한다. 이 조항에 의해 1년 임기로 의장을 선출한 타운은 그 이후, 현재의 의장 임기를 중지하기로 투표를 실시한 경우를 제외하고는, 매년 정기 선거를 통해 의장을 선출한다. … 의장 또는 임시 의장이 선출되지 못한 타운에서는 총무국장(clerk of the town)이 회의를 진행한다"고 규정하고 그 외 총무국장까지 유고인 경우의 대행자 순서도 규정하고 있으나 여기서는 생략한다. 그리고 타운총회 등 회의가 요건을 갖추어 복수의 장소에서 열리는 경우를 대비해 의장은 자신을 보조할 의장을 지명할 수 있다는 조항을 두기도 한다.

의장의 권한과 의무에 관해 제15절에 규정한 내용을 보면 "의장은 회의 절차를 진행하고, 통제하며, 모든 의제를 결정하고, 투표 결과를 공표하며, 타운총회에서 선서를 하도록 결정된 공직자의 선서를 받는다"고 되어 있다. 제17절에는 또 "타운총회에서 의장의 허락 없이는 어느 누구도 발언할 수 없으며, 의장의 요청에 의해 모든 참석자는 정숙을 유지해야 한다. 만약 참석자가 의장의 경고 후에도 질서를 흐리는 행위를 계속하는 경우에 의장은 그로 하여금 회의장을 떠나도록 명령할 수 있으며, 명령에 따르지 않는 경우 보안관 또는 여타의 인사가 그를 회의장으로부터 격리하고, 회의가 종료될 때까지 적당한 장소에 유치할 수 있다"고 규정했다. 제18절에는 "의장은 등록된 투표자 명단에 있거나 등록된 유권자 명단과 관련된 적정한 확인을 제시하는 투표자의 투표를 보장해야 한다"고 규정했다. 한편 의장은 유권자의 승인 없이 안건의 심의 순서를 변경할 수 있는 권한을 가지는데, 다만 그 변경 사유를 명확하게 설명해야 하고 또 좋은 목적으로 신중하게 삼가며 사용해야 한다(Johnson et al., 2001: 52).

롱메도 타운 자치법 제300장에 규정된 조항을 따라 의장의 역할을 살펴본다. 의장은 주민총회장에서 타운의 유권자 명단에 없는 참석자가 있는 경우 경찰관이나 보안관으로 하여금 회의장 밖으로 내보내도록 지시할 수 있다.

의장은 또한 비록 유권자가 아니더라도 언론사의 대표나 총회에 제기된 의제나 문제를 더 잘 이해하도록 도움을 줄 수 있는 지식을 가진 이의 회의 참석을 허가할 수 있는 권한도 있다. 그리고 의장은 또 뉴스를 제공하기 위한 목적의 음향 및 비디오 장비의 사용을 허가하거나 제한할 수도 있으며, 그 사용을 허가한 경우에도 그 구체적 사용에 관해 규제할 수도 있다. 그뿐만 아니라 의장은 회의장의 질서를 유지할 책무가 있으며, 이러한 목적을 위해 의장이 판단하기에 적절하다고 간주하는 경찰이나 보안관의 조치를 지시할 권한이 있다.

의장은 또 발언의 순위를 결정할 수 있으며, 질문의 순서도 결정할 권한을 지닌다. 의장은 특정한 동의안이 그 성격상 우선권을 가지지 않는 한 모든 동의안에 순서를 부여한다. 그리고 의장은 안건이 회부되어 있는 경우, 휴회 동의안이나 그 성격상 우선순위를 가진 여타 동의안을 제외하고는 회부되어 있는 안건과 관련되지 않은 동의안을 접수하지 않는다.

의장은 의제에 관해 토론을 진행하며, 이 때 의장은 의제에 관해 최소한 5명의 찬성 토론자와 5명의 반대 토론자가 토론에 참여하기 전에는 토론 종결을 위한 동의안을 접수하지 않는 것을 원칙으로 한다. 그리고 의장은 오류의 수정이 필요하거나 의제에 관해 설명이 필요하다고 인정되는 경우 외에는 한 의제에 관해 다른 발언자가 발언하기 전에 동일한 발언자의 발언을 허용할 수 없으며, 한 의제에 관해 동일한 발언자가 3회 이상 발언하도록 허용해서는 안 된다. 이러한 과정을 거쳐서 회의가 종료되는 경우 의장은 총무국장과 함께 그 회의록을 절차에 따라 기록해 유지하는 책무를 수행해야 한다.

주민총회에서 의장은 주어진 권한과 책무를 다해 회의를 원활하게 진행하려고 최선을 다한다. 그러나 의장의 역량이 높더라도 한 사람이 모든 상황을 정확하게 이해하고, 또 상정된 안건의 목표나 관련된 모든 것을 파악하는 것은 어려우므로 대개 타운 법무위원(Counsel)의 도움을 받아서 진행하게 된다.

2 개회식

주민총회 개회의 순서를 보면, 성원 보고, 의장의 개회 선언, 회의 소집 공고의 읽기, 새로 선출된 공직자의 선서, 국민의례와 기도, 내빈 소개, 시상 또는 기념 순서(complimentary resolution),[10] 회의 진행 절차의 소개 등이 포함된다(Johnson et al., 2001: 48-51).

1) 성원 보고

존슨 등이 꼽은 주민총회의 4대 필수 요소에는 총무 또는 서기(clerk)가 포함되는 것이 의아스러울지도 모르지만, 이것은 전혀 그럴 것이 아니다. 그것은, 모름지기 제대로 일을 처리하기 위해 진행되는 회의라면 반드시 중요한 결정 사항을 비롯해 필요한 내용이 기록되어야 하기 때문이다. 타운 생활 초기의 회의 기록들이 남아서 전해지고, 연구를 위한 자료가 될 수 있는 것도 타운회의 기록자의 수고에 따른 것이다.

롱메도 타운에서는 자치헌장 채택 전에는 경리와 징세 업무를 겸하는 총무국장을 중시해 선출했으나 시대의 흐름은 타운 전체의 행정을 전문적으로, 그리고 통합적으로 수행할 필요가 제기되면서 타운 매니저 체제를 채택했다. 따라서 총무국장은 임명하는 공직이 되었다. 그래서 롱메도 타운의 총무국장은, 앞서 임명직 공직자 부분에서 소개한 대로 선거를 관리하는 일과 정부에 대한 접근성을 돕기 위해 유권자를 관리하는 일과 함께 타운의 공식적 기록자(Official Record Keeper)로서의 업무가 그 소임이다(롱메도 타운 홈페이지). 그러므로 주민총회에서 총무국장은 유권자의 출석을 관리하고, 따라서 의사정족수가 충족되었는지를 파악해야 하고, 또 성원 보고는 총무국장의 역할이다. 만약 총무국장직이 공석이라면 총회가 시작하기 전에 임시 총무국장을 선출해서 회의를 기록하는 업무를 맡겨야 한다(Johnson et al., 2001: 48).

---

10) 『회의 진행 규칙(*Time Meeting Time*)』(Johnson et al., 2001: 50)은 주민총회에서 타운정부가 공적을 이룬 주민에게 감사를 표시하거나 아니면 공로가 있는 인사의 질병, 사망에 애도를 표하는 경우가 있는바, 그 순서라고 소개한다.

2) 개회 선언

개회 선언(call to order)은 간단하게 의장이 “회의를 시작하겠습니다(the meeting will be in order or the meeting will come to order)”라고 말하면 된다. 그런데 의장의 개회 선언은 간단하다고 해서 그 의미조차 결코 간단한 것이 아니다. 그것은 의장의 개회 선언에 의해 공식적으로 회의 절차에 진입하기 때문이다. 그래서 개회 선언이 없는 회의는 공식화되지 않은 것으로서 잡담을 나누는 수준이라고 매우 엄격하게 의미를 부여하기도 한다.[11)]

3) 총회 공고의 확인

주민총회의 개회를 맞아 의장은 회의 소집 공고가 제대로 이루어졌다는 사실을 보여 주는 사실을 입증하기 위해 출석한 유권자들에게 공고의 내용을 알려 주어야 한다. 이러한 절차는 공고를 게재한 보안관을 출석시켜 공고된 내용을 가져오도록 하여 읽게 하거나 아니면 총무국장에게 읽도록 해도 무방하다. 그러나 이러한 절차는 오늘날에 와서는 그 의미가 상당히 줄어든 것으로 본다.[12)] 왜냐하면, 오늘 날에는 공고의 신문 게시와 웹사이트 공고 등으로 전달 수단에 대한 접근이 매우 용이해졌기 때문이다.

4) 새 공직자 선서

이 절차는 회의를 진행할 의장이나 서기를 상시근무자로 규정하지 않은 경우에 필요한 것이다. 예컨대, 총회의 기록을 담당할 서기를 회의에 앞서 선출한 경우 그로 하여금 공정하고 정확하게 회의의 내용과 결과를 기록할 것을 의장이 다짐받는 절차가 필요하게 되는 것이다. 만약, 의장마저 총회 직전에 선출한 경우에는 치안판사(justice of peace)가 이들의 선서를 받는다.

---

11) 우리나라 국회에서 개회 선언을 둘러싸고 벌어지는 몸싸움 등은 그것이 회의를 공식화하는 첫 절차로서 중요성을 갖기 때문이다.

12) 그러나 1780년 매사추세츠 보스턴 타운의 주민총회에서는 공고의 내용 중 한 구역(Ward)에 공고를 빠뜨리는 일이 발생했고, 회의 속개 여부를 투표에 부쳐서 결국 유회로 결정난 사례가 있어서 그 후 특히 공고 내용의 확인은 중요한 절차가 되었다(Johnson et al., 2001: 49 각주 참조).

5) 국민의례와 기도

여러 타운에서 관례적으로 주민총회 개회를 맞아 국가를 부르거나 기도를 하는데, 타운에 따라서는 이러한 절차를 금하기도 한다. 이것은 해당 타운의 결정에 따른다.

6) 내빈 소개 · 시상 · 조의

의장은 주민총회에 저명한 인사가 참석했을 경우 출석한 유권자들에게 소개하기도 한다. 나아가 뉴잉글랜드 주민총회는 민주적 제도로서 알려져 있기 때문에 외국에서 참관하는 경우도 자주 있고, 또 이 분야 전공 학생들도 참관을 하는 경우가 있으므로 의장은 긍지를 가지고 참관자를 소개하는 경우도 있다.

타운정부에서는 대개 주민총회와 같은 많은 주민이 모이는 기회에 자랑거리가 되거나 공로가 큰 시민을 선발해 시상하기도 하며, 또 저명인사의 발병(發病)이나 사망의 경우는 조의를 표하기도 한다.

7) 회의규칙 안내

개회식이 끝나면 의장은 대개 회의의 진행과 관련된 규칙, 즉 회의규칙(rules of order)을 출석한 유권자들에게 설명하는 기회를 가진다.

회의규칙이란 어떤 회의체나 조직이 공식적으로 채택한 성문의 의회절차와 관련된 규칙(rules of parliamentary procedure)을 가리킨다. 회의규칙을 사용하는 목적은 회의체의 원만한 기능을 촉진하고 회의 중에 생길지도 모르는 문제를 해결하는 바탕을 제공하는 것이다(RRO, 2013: 18).

회의규칙에 관한 설명이 필요한 것은 대개 저녁 시간인 오후 6시 30분이나 오후 7시부터 회의를 시작해 평균 30개 정도의 안건을 처리해야 하는 주민총회는 시간 사용이 효과적으로 이루어져야 하기 때문이다. 그러기 위해서는 의장의 역량도 높아야 하지만 또 출석한 유권자들도 회의규칙을 정확하게 이해하고 발언을 통한 토론의 참여가 절실히 필요하게 된다.

이 때 의장이 안내하는 내용은 안건의 의미, 동의안의 의미, 발언의 신청 때 이름과 주소 대기, 의제에 대한 발언 수칙 등을 안내한다. 타운에 따라서는 이러한 내용을 인쇄된 자료로 만들어 나누어 주기도 한다.

3 주민총회의 진행

개회 선언 후에 대개 일반적으로 통용되는 표준 회의 진행의 절차는 회의록 낭독과 승인, 임원 또는 위원회의 보고, 특별 보고, 특정 안건의 처리, 미결된 안건의 처리, 새로운 안건의 처리 등으로 진행된다(RRO, 2013: 353). 이러한 순서는 인간 사회에서 기업이나 정부, 민간 조직 등에서 의사 결정을 진행하는 경험을 통해 시행착오를 거쳐 정립된 것이므로 대개 논리적이고 합리적이다. 타운정부의 회의 진행 규칙도 큰 틀에서는 유사하다. 『회의 진행 규칙』에서는 보고(report), 안건 심의의 순서를 결정하고, 안건을 낭독하고, 안건에 대해 설명하고, 토론하고, 결정하는 절차를 따른다고 소개하고 있다. 여기서는 이러한 내용을 참조하면서 다음과 같은 항목으로 구분해 순서대로 살펴보기로 한다.

1) 연례 보고서 승인

모든 타운정부가 반드시 정기 주민총회에서는 전 회의의 결과가 포함되어 있을 뿐만 아니라 전 회의에서 결정한 안건들의 연간 집행 결과에 관한 기록을 포함해 각 위원회와 부서의 회의 결과 등이 모두 수록된 연례 보고서를 인쇄해 제출하게 되어 있다. 그리고 많은 타운에서는 회의 소집 공고 안에 "타운의 보고서 청취와 승인"이라는 항목의 안건을 넣고 있다.

한편 타운 내의 집행위원회를 비롯한 모든 위원회나 부서의 회의는 때마다 직전 회의록의 낭독과 승인을 빠뜨리지 않는다. 이러한 내용이 모두 연례 보고서에 수록되어 있다. 그러므로 타운의 주민총회에서는 사회의 조직이나 회의체가 회의 시작과 함께 채택하는 전 회의록 낭독과 승인이라는 절차는 따로 설정하지 않는 것으로 보인다.

2) 안건 심의 순서의 결정

물론 집행위원회가 채택한 주민총회 소집 공고에는 회의에서 다룰 안건의 목록이 명시되어 있다. 여기에 포함된 안건은 대개 그 순서에 따라 심의해서 결정하게 된다.

그러나 반드시 공고 안에 나열된 안건의 순서대로 따라야 하는 것은 아니다. 출석 유권자들의 결정에 따라 순서를 달리할 수 있다. 2013년 5월 7일 열린 롱메도 타운의 정기 주민총회에서는 출석 유권자의 동의와 재청을 통해 회의 소집 공고의 9번 안건을 1번 안건으로 순서를 변경해 심의한 사례가 있다(2013 Annual Reports, p.1).

그러므로 비록 안건의 순서가 회의 소집 공고에 정해져 있었더라도 주민총회 회의장에서는 유권자의 결정에 따라, 또 앞에서 소개한 대로 의장의 직권에 의해 안건 심의의 순서를 조정할 수 있으므로 안건 심의의 순서(회기를 정해 날짜별로 안건을 심의하는 경우에 이것을 의사일정이라고 부름)를 확정하는 절차가 필요하다.

3) 안건의 상정과 심의

롱메도 타운의 2014년 정기 주민총회에서는 31개의 안건을 처리했고, 2013년 주민총회에서는 30개의 안건을 심의했으며 2012년 주민총회에서는 26개 안건, 2011년 주민총회에서는 26개 안건을 각각 처리했다. 그러므로 정기 주민총회에서는 대개 오후 7시에 회의를 시작해 평균적으로 28개의 안건을 처리한 것을 알 수 있다.

첫째, 안건의 상정은 이렇게 한다. 의장은 정해진 순서에 따라 안건을 상정하며, 이 때 안건의 제목 전체를 읽어서 상정하는 방법도 있고, 아니면 "제1번 안건을 상정합니다. 제목은 공고의 문안을 참고하시기 바랍니다"라고 하는 방법도 있다. "많은 타운에서 안건 번호만 가지고 상정하는데, 이것은 주민총회의 결정이나 관례에 따른 것이다. 만약 제목 읽기를 생략하는 경우라면, 그 내용은 모든 유권자가 읽을 수 있도록 공고에 인쇄되어야 한다"(Johnson et al., 2001: 54).

그런 다음, 의장은 그 안건의 사업을 직접 담당하고 그래서 그 안건을 제시한 부서의 장에게 제안 설명의 기회를 부여한다. 부서장의 제안 설명은 자신과 자신의 부서가 제출한 안건의 가결을 목표로 하기 때문에 결정권을 가진 출석 유권자들을 설득하는 기회가 되기도 하므로 짜임새 있게 해내는 요령이 필요하다.

둘째, 안건의 심의가 진행된다. 주민총회에서 출석 유권자 집합은 주권자이고, 그래서 모든 결정권을 그들에게 부여하고 있다. 그들은 제시된 안건을 수정하거나 재수정하거나 심지어 부결시킬 수도 있다. 이 단계에서는 회의 진행 규칙에 따라 회의 진행의 기술이 발휘되는 마당이 된다. 물론, 이 때 여러 가지 동의(motion)들, 즉 원동의 또는 주동의(main motion), 보조동의(subsidiary motion), 우선동의 또는 특권동의(privileged motion), 부수동의(incidental motion)들이 회의 진행 규칙에 따라 얽히고설키는 가운데 회의는 의장의 주재 아래 발언권이 주어지거나 제한되는 등의 질서를 유지하며 토론이 진행된다.

이러한 구체적 회의 진행의 내용과 규칙 등은 제11장에서 집중적으로 다루게 된다.

4) 표결과 결과의 선포

의장은 상정된 의제에 대해 충분한 토론이 이루어져서 유권자가 결정을 내리는데 필요한 정보나 지식이 공유되었다고 판단하면 스스로 그 안건, 즉 동의안의 토론 종결과 함께 표결에 부치도록 인도하거나 아니면 출석 유권자가 표결 동의를 내고 재청을 받아서 표결에 부치기도 한다.

표결 때, 거의 만장일치이거나 압도적 다수로 표결의 결과가 나타난 경우라면 시간 절약 등 회의 진행의 효율성을 고려해 의장은 가결이나 부결을 선포할 수 있다. 그러나 찬성과 반대의 수가 비슷하거나 또 안건 자체가 민감하게 찬성과 반대가 대립되는 경우에는 정확하게 계수하는 표결 방법을 사용하게 된다.

그런 다음, 의장은 표결에 부쳐서 나온 결과에 따라 그 결과를 분명하게 선포함으로써 한 안건의 처리가 종결된다.

물론 주민총회 소집 공고에 나열된 안건은 결정된 순서에 따라 하나하나 상정해서 앞에서 살펴본 절차를 밟으며 처리하게 된다. 이렇게 공고에 나열된 모든 안건의 상정과 심의, 표결, 선포 등의 절차를 모두 완료해 가게 된다.

5) 폐회

의장은 "2014년 정기 주민총회의 회의를 모두 마치겠습니다"라는 선언을 모든 참석자들에게 전함으로써 그 해의 정기 주민총회가 처리할 일을 다 한 셈이다.

10 CHAPTER 다른 주의 타운정부론

뉴햄프셔, 버몬트, 메인 주의 주민총회는 매사추세츠 주 주민총회와 거의 유사하다. 그러나 로드아일랜드와 코네티컷 주 주민총회는 상당히 크게 변화를 이루어서 주민총회는 명맥만 유지하는 정도이다.

다음에 주민총회 원형을 유지하고 있는 주를 먼저 살펴보고, 변화가 큰 주는 뒤로 미루어 살펴본다.

제 1 절 뉴햄프셔 주민총회

1 뉴햄프셔 식민지

오늘날 뉴햄프셔 주 영토는 1620년 11월 3일 영국의 국왕 제임스 I세가 오늘의 데번(Devon) 카운티에 소재한 플리머스 의회(Plymouth Council)에 부여한 헌장(patent)에 규정한 것에 따랐으나 그 이전에는 주로 유럽에서 대서양을 건너간 어민들의 거주지로 토지에 대한 어떠한 권한도 규정되지 않았던 곳이다. 그러다가 1639년 처음으로 엑서터(Exeter) 거주자들에 의해 식민정부가 설치되었다가 이들은 1641년 자원해서 매사추세츠만 식민청 관할로 통합해 찰스 II세가 영토를 분리한 1679년까지 매사추세츠 영토로 존속했다. 그리고 1680년 영국 국왕에 의해 식민정부를 설치했으나 다시 매사추세츠에 합병되었다가 1692년 뉴햄프셔 식민정부를 분리해 설치해 오늘에 이른다(Zimmerman, 1999: 59).

2 뉴햄프셔 타운정부

뉴햄프셔 주에는 10개의 카운티(county)와 그러한 카운티 안에 모두 13개의 시(city)가 있고, 221개 타운(town)이 있으며, 카운티 안에 어떤 자치단체도 설치되지 않은 곳(unincorporated places)도 25개나 된다. 뉴햄프셔의 타운 가운데는 인구가 42명에 불과한 하트스 로케이션(Hart's Location) 타운, 87명에 불과한 엘스워스(Ellsworth) 타운 등이 포함되어 있으며, 30,000명에 이르는 세일럼(Salem) 타운도 있다(NH 홈페이지 자료). 정부 형태를 보면, 뉴햄프셔 주에는 RTM 타운정부를 채택한 타운은 없으며, 대개 주민총회(Open Town Meeting)를 채택하고 있다.

3 주민총회의 운영

짐머만에 따르면, 뉴햄프셔 주의 주민총회 절차는 대개 매사추세츠 주의 주민총회와 유사하다. 각 타운은 특별히 다른 재정 연도를 채택한 경우가 아니면 대개 3월의 두 번째 화요일에 정기 주민총회를 개최한다. 총회는 집행위원회가 성안한 회의 개최 공고에 따라 개최되며, 공고에 포함된 안건에 따라 심의해 결정하고 또 타운의 공직자를 선출하는 일들을 처리한다.

뉴햄프셔 주의 주민총회에서도 유권자들의 청원에 의해 총회에서 다룰 안건을 성립시킬 수 있는데, 안건의 청원을 위해서는 25명 이상의 서명이나 등록된 유권자 2% 이상의 서명을 받아서 집행위원회에 제출하면 된다. 인구가 1만 명 이상의 타운에서는 등록된 유권자 5% 이상의 서명을 얻어서 안건을 제출할 수 있도록 규정한 경우도 있다.

또한 뉴햄프셔 주의 주민총회에서도 그에 앞서 연례 보고서의 제출과 사전 회의의 절차를 가진다. 그리고 회의 공고에는 반드시 타운 공직자 선거에 관련된 후보 명단, 투표일, 장소, 시간, 또 다루어야 할 안건 목록 등이 포함되어야 한다. 주민총회와 공직자 선거 등의 업무는 하루에 모두 이루어진다(Zimmerman, 1999: 61-63).

뉴햄프셔 주 타운의 경우 주민총회 의결정족수 설정은 각 타운의 자유이다. 엘스워스 타운의 경우는 유권자 6명, 찰스빌(Charlesville) 타운은 등록 유권자의 10%, 리틀턴(Littleton)의 경우는 50명을 의결정족수로 규정했고, 인구 1천 명인 뉴필즈(Newfields)는 등록 유권자의 50%로 높게 설정했다.

뉴햄프셔 주 주민총회에서는 유권자들이 대개 예산위원회(budget committee)와 기획위원회(planning board)의 자문에 크게 의존하는 경향이다. 먼저, 예산위원회의 경우 뉴햄프셔 주 법률이 주민총회에서 다루는 예산 총액은 예산위원회가 권고한 액수의 10%를 넘게 증액시키지 못하도록 규정하고 있기 때문에 유권자들은 위원회의 권고나 자문하는 내용을 참고하게 된다. 기획위원회의 경우도 주민총회에서 거의 대부분의 권고나 자문 내용이 출석한 유권자들에 의해 수용되는 경향을 보여주고 있다는 점에서 그 영향력은 크다고 본다. 그 외 주민총회의 진행은 의장이 중심이 되어 이루어지며, 회의 진행과 관련된 규칙은 매사추세츠 주 주민총회를 다룰 때 이미 소개한 바 있고, 더 자세한 회의규칙은 제11장에서 소개한다.

제 2 절 버몬트 주민총회

1 버몬트 식민지

오늘날 버몬트 주 영토에 처음으로 발을 디딘 이는 1600년대 프랑스 탐험가 챔플레인(Samuel de Champlain)으로 알려져 있으나 그곳에는 현재의 브래틀보로(Brattleboro) 근처에 포트 더머(Fort Dummer)가 1724년에 세워지기 전까지는 정착민이 없었다. 버몬트 영토는 매사추세츠, 뉴햄프셔, 뉴욕 간에 토지 권리의 주장이

엇갈리기도 했으나 1740년 뉴햄프셔 식민청장 웬트워스(Benning Wentworth)가 베닝턴(Bennington)에 타운헌장을 부여했다. 그 후 5년 동안 웬트워스 식민청장은 14개 타운에 헌장을 부여했다. 그러다가 1763년 뉴욕식민청은 버몬트 영토가 뉴욕식민청에 속한다고 주장하면서 코네티컷 강 계곡에 소재한 타운들에 헌장을 발급했다. 그러나 버몬트에 거주하는 이들은 대부분 코네티컷에서 이주한 사람들이므로 뉴욕의 조치에 반대하면서 앨런(Ethan Allen), 워너(Seth Warner)가 주도하는 가운데 안전위원회(Council of Safety)를 조직했으며, 그들이 정착한 영토를 뉴 코네티컷(New Connecticut)이라고 호칭했다.

1777년 7월 2~8일 윈저(Winsor)에서 지역 대표들이 회합을 갖고 버몬트 헌법안을 기초했으며, 이 헌법은 1779년 의회에서 비준되었고, 1979년 재비준되었다. 이렇게 되자 매사추세츠 주도 1781년 버몬트의 독립을 동의했고, 이어서 뉴햄프셔 주도 동의하게 되었다. 그리고 1783년 미국 독립전쟁이 끝나고, 1784년 버몬트 주로 정식 출범해 완전히 1791년 독립된 주의 자격으로 미합중국의 출발을 위한 열네 번째 주로 참가하게 되었다(Zimmerman, 1999: 83-84).

2 버몬트 타운정부

짐머만(Zimmerman, 1999: 83-101)에 따르면 버몬트 주에는 237개 타운이 설치되어 있고, 이 가운데 180개 타운은 인구가 2,500명 이하이며, 그 가운데 빅토리(Victory) 타운은 겨우 52명, 그랜비(Granby) 타운은 88명, 시어스버그(Searsburg) 타운은 93명에 불과하다. 그리고 인구가 가장 많은 타운은 에섹스(Essex)로서 17,608명, 그 다음 베닝턴(Bennington) 타운은 16,192명, 콜체스터(Colchester) 타운은 15,973명이다. 이 밖에도 버몬트 주에는 5개의 법인화되지 않은 타운, 고어(Gore)라는 명칭을 쓰는 3개 지역사회, 그랜트(Grant)라는 명칭을 사용하는 1개의 지역사회, 법인격이 없는 45개 빌리지(Village)가 있다.

대개 버몬트 주 타운들은 주 정부의 특별법 조항에 근거해 설립, 통치하기를 선택했으며, 그러한 절차에 따라 헌장을 채택하고 주민들이 수용했다. 이러한 근거를 통해 주민총회(Open Town Meeting: OTM)를 채택했다. 타운의 집행위원회나 유권자의 5%가 서명을 거쳐서 2회 이상 공청회를 거친 다음 주민투표로써 자치헌장제 타운정부를 채택할 수 있으며, 이러한 타운의 사례는 지금도 점차 늘어나는 추세를 보이고 있다.

3 주민총회의 운영

버몬트 주 타운의 주민총회(OTM) 운영절차는 매사추세츠 주와 뉴햄프셔 주의 타운에서 운용하는 주민총회와 매우 유사하다. 그러므로 각 타운의 주민총회는 공고로써 소집되며, 이러한 공고는 집행위원회가 발행하고, 이러한 공고에는 주민총회가 열리는 일시, 장소, 공직자 선출 일시와 투표장의 위치, 주민총회에서 다룰 구체적인 안간 목록 등이 포함된다. 또한 주민총회 공고에는 등록 유권자 5%의 서명과 청원을 거쳐 회의 개최 최소한 40일 전에 총무국장에게 접수된 안건도 포함시켜야 한다.

한편 버몬트 타운의 주민총회는 전통적으로 3월의 첫 화요일에 개최했으며, 지금도 여전히 이 날 주민총회를 개최하는 타운이 전체의 4/5에 이른다. 그 밖에 타운의 약 6%는 그 앞의 토요일에 개최한다. 그리고 주민총회 공고는 최소한 회의 개최일 30일에서 40일 전에 최소한 2개 이상의 장소에 게시하도록 되어 있다. 또한 회의 개최 최소한 5일 전에 일간 신문에 회의 개최에 관해 공고해야 한다.

그런데 버몬트 주 타운은 주민총회의 의사정족수(quorum)를 자유롭게 설정할 수 있는데, 이들의 경우도 주민총회 출석률 문제를 겪고 있어서 짐머만 교수가 실시한 조사에서 응답을 낸 타운 93개 가운데 95%에 해당하는 88개 타운은 주민총회의 의사정족수를 정하지 않은 것으로 밝혀졌다. 그리고 버몬트 타운의 주민총회는 회의에 걸린 시간은 평균 4시간으로 나타났다.

4 사례: 윈저 타운의 주민총회

윈저(Winsor) 타운은 뉴햄프셔 주에 접한 윈저 카운티에 자리하고 있고, 인구는

3,756명이다. 이 타운은 1761년에 헌장을 받았다. 윈저는 당시 버몬트에서 가장 큰 도시로서 1791년 버몬트가 미국 연방의 한 주가 되기 전인 1777년 각 지역대표들이 모여 영국으로부터 독립을 선언하면서 버몬트 공화국(Vermont Republic)의 헌법을 서명했는데, 그곳이 윈저의 헌법의 전당(Old Constitution House)이다.

윈저 타운은 1980년 버몬트 주 헌법과 법률에 근거해 자치헌장을 채택했으며, 2012년까지 다섯 차례의 정기 주민총회에서 헌장을 수정해 오늘에 이른다. 이 헌장에 규정한 내용을 토대로 주민총회를 채택하고 있는 타운정부의 구조와 기능을 소개한다.

1) 시민과 주민총회의 권한

제1장 제1조는[1] "윈저 타운의 주민총회는 모든 통치권을 행사하고, 또 타운의 선출되거나 임명된 공무원들은 타운의 주민에게 최종적으로 책임을 진다"고 규정해 주권재민을 확인했다. 또한 "버몬트 주의 의회가 제정한 법률에 근거해 윈저 타운의 유권자는 다음의 목적으로 헌장을 채택하는바, (a) 타운정부의 구조와 조직을 명시하고, (b) 타운 공직자의 임무와 책임을 규정하며, (c) 타운 업무의 적정한 처리를 위한 절차적 요건을 수립하며, (d) 정부에 영향을 미치는 기본 법규에 관해 시민들이 통합적으로 편리하게 참조할 수 있도록 하는 것이다"라고 예시했다.

제2조는 주민총회에 관한 조항으로서 "(a) 예산과 여타의 타운 업무를 심의하기 위한 정기 주민총회는 이하에 따로 규정한 것을 제외하고는 주 법률에 따라 개최하며, (b) 임시 주민총회는 (1) 집행위원회의 다수결로 소집 요구하거나 (2) 임시총회에서 다루어야 하는 안건을 적시하여 5% 이상의 유권자가 서명해서 접수하면 총무국장의 요구에 의해 소집된다"고 규정했다.

제4조는 주민총회에서 사용하는 "투표에 의한 표결(Austrailian ballots)"에 관해 규정하고 있다. 즉, "정기 주민총회나 임시 주민총회에서 집행위원회는 사전에 회의 소집 공고에 투표로써 표결을 실시할 것임을 명시해 특정한 안건을 그 표결 방식에 따라 표결에 부칠 수 있다. 그러한 표결 방법을 사용하기 위해서는 그 안건과 관련해 미리 공청회를 개최해야 하며, 회의를 위한 공고에는 공청회의 시간과 장

1) 특이하게도 윈저 타운의 자치헌장은 chapter 다음의 편성에 See. 1. … See. 2.를 사용하고 있다. 이하에서 조(條)로 해석한다.

소도 통지되어야 한다"고 규정했다.

제6조는 주민총회의 진행과 관련해 규정하고 있다. 즉, "의장이 모든 주민총회를 진행한다. 다만, 의장이 공석인 경우에는 총무국장이 진행하되, 첫 안건은 당해 회의의 진행을 위한 임시 의장의 선출이 된다. 의장은 모든 회의를 이 헌장이나 주 법률에 저촉되지 않는 경우, 새로 개정된 『로버트 회의 진행 규칙(*Robert's Rules of Order*)』, 최신 수정판에 따라 진행한다. 의장은 회의 진행에서 질서를 유지해야 하며, 모든 경우에 타운정부에서의 공정성과 공개성 원칙에 따라야 한다"고 규정했다.

2) 선출직 공직 및 집행위원회

자치헌장 제1장 제9조는 "모든 타운 선거는 비정당제(nonpartisan)이며, 어떤 투표지나 청원에도 정당을 표방하거나 슬로건을 인쇄할 수 없다"고 못박았다.

제3장 제11조는 선출하는 공직으로서 "(1) 5명의 집행위원, (2) 1명의 총무국장, (3) 1명의 재무국장, (4) 1명의 의장, (5) 3명의 조세사정관(租稅査定官), (6) 3명의 공공기금 관리이사 등이다"라고 열거하고, 선출하는 공직자들은 "(a) 윈저 타운의 유권자들이 선출하되 무기명 투표로써(by Austrailian ballot) 선출한다"고 규정하여 선출 방식을 규정했다. 제11조 (b)는 또 "오로지 윈저 타운의 유권자만이 위의 선출직에 출마하고 공직을 가질 수 있다"고 못박았으며, (c)는 "이 헌장에 의해 선출된 공직자는 다음과 같은 경우 해임될 수 있다. 즉, 유권자 15% 이상의 서명으로써 해당 공직자의 해임 여부에 관해 투표를 요구하는 청구가 집행위원회에 접수되고, 집행위원회는 해당 공직자의 해임 여부를 비밀투표에 의해 결정하기 위한 임시총회를 요구해, 최소한 등록 유권자의 1/3 이상이 투표에 참여해 그 과반수가 해임을 찬성한 경우 그 공직자는 해임된다. … (d) 공석이 된 공직에는 새로운 공직자가 정해진 절차에 따라 선출될 때까지 집행위원회가 임명한다"고 규정함으로써 주민소환제를 규정하고 있다.

3) 집행위원회의 권한과 기능

제1장 제12조는 집행위원회의 권한과 기능에 관해 규정하고 있다. 즉, "(a) 이 헌장에 따로 규정한 것을 제외하고는 윈저 타운의 모든 권한은 유권자에 의해 선출

된 5명의 위원으로 구성되는 집행위원회에 속하고 또 행사된다. 3명의 집행위원은 3년의 임기로 선출되고, 2명의 집행위원은 2년의 임기로 선출된다"고 규정했다.

"(b) 집행위원회는 정기 선거가 끝난 후 근무일 3일 내에 의장과 부의장을 선출하고 집행위원회의 간사를 지명하기 위해 회합을 갖는다. 또 이 회의에서는 회의 규칙을 정하고 정기회의의 시간과 장소를 정하며, 월 1회 회의를 갖는 6월과 7월, 그리고 8월을 제외하고는 한 달에 최소한 2회의 회의를 갖는다. 집행위원회의 임시 회의는 의장 또는 의장이 공석일 때는 부의장이나 집행위원회의 과반수의 요구로 소집된다"고 규정했다.

"(d) 회의 통보를 받고도 의장의 사전 승인 없이 정해진 집행위원회의 회의에 4회 연속 출석하지 않은 경우에는 위원을 해임할 수 있다. 위원의 해임은 남은 4명의 과반수에 의해 결정한다"고 규정했다.

"(e) 집행위원회는 타운행정관(Town Administrator)이 공석이거나 유고인 경우에 모든 권한과 책임을 대신할 타운행정관 대리를 정해야 한다. 타운행정관 대리의 이름은 항상 총무국장에게 접수되어 있어야 한다"고 규정했다.

제 3 절 메인 주민총회

1 메인 식민지

메인 주의 식민지 역사는 1525년 스페인 황제를 위해 복무했던 포르투갈 탐험가 고메스(Estevao Gomes)의 지휘 아래 시작된 그 해안의 탐험에서 시작되었다. 그리고 유럽인의 첫 정착인은 챔플레인(Samuel de Champlain)을 비롯한 프랑스인들이었으며, 애초에 이들은 그곳을 아카디아(Acadia)라고 불렀다. 그 후 프랑스인과 영국인들이 1750년대까지 메인 주의 중심부를 차지하기 위한 경쟁이 이루어졌다.

그러나 플리머스 식민청의 후원을 받은 영국인들이 1607년 포프햄(Popham)에 정착을 시도했으나 그 다음해 포기했고, 1613년에는 프랑스인들이 현재의 캐슬라

인(Castline) 지역에 생산물 거래소(trading post)를 설치하면서 항구적인 정착이 시작되었으며, 1620년대에 영국인들은 플리머스 식민청에 의해 페노브스콧(Penobscot) 만에 거래소를 세워서 경쟁이 시작되었다.

1622년 메리맥(Merrimack) 강과 케네벡(Kennebec) 강 사이의 토지를 메인 지방(Province of Maine)이라고 명명하면서 조지스(Sir Ferdinando Georges) 경과 메이슨(John Mason)에게 특허장을 부여했으며, 이들 둘은 피스카타쿠아(Piscataqua) 강을 경계로 삼아 토지를 분할했는데, 이것이 오늘날의 뉴햄프셔 주(메이슨의 토지)와 영토를 달리하는 출발점이 되었다.

그러나 영국과 프랑스는 토지의 지배를 두고 경쟁했으며, 1723년과 1724년 두 차례의 전쟁을 치러야 했고, 프랑스계 지도층이 살해되면서 아카디아 지역에서 프랑스의 지배는 끝났다. 메인은 미국 독립전쟁에서 그곳 상인들이 52척의 선박을 운용해 영국군의 보급선을 공격하는 등 큰 애국심을 보였다. 그러나 메인을 둘러싼 영토전쟁은 1812년~1818년까지도 간헐적으로 지속되었는데, 매사추세츠의 약한 보호력은 메인의 독자적인 주로 대두하는 데 영향을 미쳤다.

1819년 메인에서는 210명으로 구성된 헌법제정회의가 열렸고, 헌법안이 마련되었다. 마침내 1820년 3월 4일 의회가 비준했으며, 그 해 3월 15일 매사추세츠 주로부터 독립된 주의 자격을 얻었다.

2 메인 타운정부

메인 주에는 500개의 자치단체가 있으며, 이 가운데 420개의 타운과 55개의 플랜테이션(plantation), 22개의 시(city)가 있다. 이 가운데서도 플랜테이션은 메인 주에 특유하다. 플랜테이션은 카운티의 집행위원(commissioner)에 의해 조직되었으나 당장은 헌법이나 법률이 규정한 자치헌장의 권한을 보유하지 못한 상태이다. 그러나 이것 역시 타운처럼 유권자의 집회에 의해 지배되며, 주민총회도 유사한 방식으로 운용된다.

한편 메인 주에서 샌퍼드(Sanford) 한 타운만 대표제 주민총회인 RTM을 채택했으며, 13개 타운은 의결권을 행사하는 의회를 설치하는 자치헌장을 채택했는데,

이들은 행정을 위해 타운 매니저를 두고 또 재정주민총회를 운용한다. 그리고 18개 타운은 집행위원회 제도나 의결권이 없는 지방의회와 유권자가 최종 결정권을 갖는 주민총회를 채택했다. 그렇지만 마르스 힐(Mars Hill)과 같은 타운은 워낙 유권자의 출석이 부진했기 때문에 주민총회제도를 의결권을 갖는 지방의회제로 변경했다(위키피디아 백과사전; Zimmerman, 1999: 103-104).

3 주민총회의 운영

짐머만(Zimmerman, 1999: 106-113)에 따르면, 메인 주의 타운 유권자들은 3월 말이나 4월 초에 모여서 타운 공직자들을 선출하고 타운의 운영과 관련된 의사 결정을 한다. 그리고 회계연도를 7월 1일부터 시작하는 타운의 경우는 정기 주민총회는 5월이나 6월에 회의를 개최한다.

메인 주 타운의 주민총회는 매사추세츠 주 타운의 주민총회와 유사하다. 각 타운의 정기 주민총회는 집행위원회가 발행한 공고에 따라 소집되며, 이러한 공고는 유권자들에게 타운의 공직자들이 선출될 것과 공고문 안에 포함되어 있는 안건들에 관련해 결정을 내리게 된다는 사실을 알려 준다. 그리고 주민총회 소집 공고는 회의가 열리는 시간과 장소, 그리고 유권자들이 다루게 될 특정한 안건의 목록이 포함되어야 하고, 이러한 공고는 보안관이 회의가 열리는 날로부터 최소한 7일 이전에 정해진 수 이상의 장소에 게시하도록 규정하고 있다.

물론 매사추세츠나 뉴햄프셔 주의 경우에도 그런 것처럼 메인 주의 각 타운에서도 주 법률은 연례 보고서를 발행하도록 규정하고 있으며, 이 보고서에는 대개 공직자, 위원회의 명칭이 포함되며, 재정 보고의 내용과 회계검사의 결과, 총무국장의 책임 아래 작성된 회의록 내용과 보고, 경찰서장의 보고, 공유재산 목록과 미납세금 등의 내용이 포함된다. 그리고 대개 이러한 내용을 갖추어서 발행된 보고서와 함께 대부분의 타운은 주민총회 전에 사전 회의를 개최한다.

주민총회의 실제 운용은 먼저 회의를 주재하는 공직자로서 의장의 선출을 총무국장의 요구에 따라 먼저 실시하게 된다. 의장의 선출은 반드시 비밀선거를 실시하지 않아도 된다. 의장의 역할은 매사추세츠 주민총회에서 소개한 대로 회의를 주재하고, 또 회의의 진행 중에 실시되는 투표를 감독하고 관리하는 것이며, 보조 의장을 지명할 수도 있다.

한편 각 타운은 주민총회의 개최에 필요한 정족수를 자유롭게 정할 수 있다. 짐머만의 조사에 응한 133개 타운 가운데서 오로지 13%에 해당하는 17개 타운만 의사정족수를 정해서 사용한다고 응답했다. 이렇게 보면, 메인 주의 많은 타운정부에서도 유권자의 낮은 출석률은 다른 뉴잉글랜드 지역 타운처럼 문제가 된다는 점을 알 수 있다. 그래서 메인 주의 각 타운이 의사정족수를 규정하고 있다고 하더라도 그 비율은 낮은데, 어떤 타운의 경우는 단 1명의 유권자 출석을 의사정족수로 규정했는가 하면 2명의 유권자 출석을 정족수로 규정한 경우가 많았다.

주민총회에서 다루는 안건은 다양한 주제와 관련되어 있다. 물론 대개의 안건들은 정형화되어 있는바, 대개 예산 액수 등과 관련된다. 그렇지만 개중에는 지출 액수가 많다거나 토지의 사용에 관한 변경, 환경 문제 등의 안건처럼 매우 논란이 많은 안건도 포함되어 있다.

주민총회에서 결정할 때 대개는 음성을 이용하는 투표(viva voce)로 결정하지만, 때로는 비밀투표로써 안건을 의결하는 경우도 없지 않다. 특히 유권자 10% 이상의 청원에 의해 목록에 포함된 안건의 경우에는 비밀투표에 부쳐서 결정하게 된다. 물론 이러한 안건의 청원 절차는 유권자의 서명과 집행위원회 접수, 그리고 검토 후 주민총회 공고의 안건목록 채택 등 다른 주의 절차와 같다.

메인 주 타운의 주민총회에는 5개의 특정한 분야와 관련된 안건의 경우는 비밀투표에 의한 주민투표(referendum using secret ballot)를 통해 결정하도록 주 법률은 규정하고 있다. 그러한 안건들로는 세출을 유발하는 시설을 위해 차입을 발행하는 안건, 알코올 음료의 판매, 자치헌장, 학구 설정이나 변경, 학교 설립 등의 안건이다.

메인 주의 타운에서는 주민총회나 임시총회 등에서 예산 등과 관련한 자문을 위해 예산위원회의 설치를 결정할 수 있다. 그리고 각 타운에서는 주 법률에 따라 지역의 전체 계획이나 용도구역의 설정 등을 위한 기획위원회의 설치를 결정할 수 있다.

메인 주의 주민총회는 짧게는 1시간 정도 걸리지만 길게는 10시간 반이 걸리는 경우도 있으며, 평균적으로 주민총회 소요 시간은 3시간 정도이다. 임시총회의 소요 시간은 짧게는 10분, 길게는 5시간이 걸리지만 평균 소요 시간은 1시간 정도이다. 이러한 주민총회 소요 시간은 유권자의 출석률과도 상관이 있는데, 대개 메인 주 타운의 유권자 출석률은 조사에 응한 타운 대부분이 출석률 응답하는 난을 비워 둔 사실을 볼 때 출석률이 생각보다 낮다는 사실을 추정할 수 있다.

주민총회 회의 진행의 구체적 내용은 역시 매사추세츠 주 타운의 주민총회 회의 규칙에서 소개했고, 더 자세한 회의규칙은 제11장에서 소개한다.

제 4 절 로드아일랜드 재정총회

1 로드아일랜드 식민지

뉴잉글랜드에서 타운이 전개된 배경에서 소개한 대로 코네티컷과 뉴헤이븐 식민지가 매사추세츠만 식민지와 자매 관계라면 로드아일랜드 식민지는 상당히 다른 배경을 가지고 설립되었다. 매사추세츠만 식민지는 청교도들이 종교적 공동체를 창설할 목적으로 세웠고, 따라서 그들의 종교적 신념과 다른 이주민을 용인하지 않는 양상을 보였다.

로드아일랜드는 다른 종교적 신념 때문에 매사추세츠 식민청에서 쫓겨난 윌리엄스(Roger Williams)가 세운 식민지이다. 하킴에 따르면, 윌리엄스는 매사추세츠 식민청장 윈스럽과 그 측근 코튼(John Cotton)과 다른 종교적 신념을 지녔다. 거기다가 인디언으로부터 땅을 빼앗아서는 안 된다는 내용, 즉 영국의 국왕은 그에게 속하지도 않는 영토에 식민지를 건설하기 위해 charter를 부여할 권한이 없다고 윌리엄스가 설교함으로써 그들 간의 대립은 극에 달했다. 그래서 마침내 윈스럽 등은 윌리엄스를 체포해 영국으로 송환하기로 결정했던 것이다.

윌리엄스는 1636년 인디언들로부터 "땅을 사서" 프로피던스(Providence)라는 정착지를 만들었다. 그리고 "윌리엄스는 일상의 업무는 다수에 의한 결정을 수용할 것을 결의하는 내용의 시민협약을 기초해 채택했다"(Bremer, 1995: 80). 또 매사추세츠만 식민지를 비롯해 다른 식민지에서 가톨릭 신자나 퀘이커 교도, 유대교인,

심지어 무신론자 등 많은 이주민이 로드아일랜드로 몰려들었고, 윌리엄스는 이들을 모두 환영했다. 이어서 코딩턴(William Coddington) 일행이 윌리엄스의 도움을 받아서 인디언으로부터 토지를 매입해 포트머스(Portmouth) 정착지를 만들었다. 로드아일랜드 식민지 관내에는 다시 코딩턴에 의해 뉴포트(Newport) 타운에 이어 포터컷(Pawtucket), 워윅(Warwick) 등의 타운이 차례로 설립되어 모두 다섯 개의 타운이 세워졌다.

매사추세츠만 식민지 지도자들은 이러한 로드아일랜드를 종교적 이단자들의 집합소라고 비판했지만 정작 윌리엄스는 "각자가 자신의 마음을 따르고 그의 종교를 선택하는 것은 곧 신념의 자유(freedom of conscience)"라고 표현했다. 나아가 윌리엄스는 정치 영역의 식민청이 교회와 결합되어서는 안 된다고 믿었으며, 따라서 정교 분리를 주장했다. 즉, 각자는 교회에 출석하도록 강요당해서는 안 되고 특정한 종교를 믿도록 강요당해서도 안 된다고 강조했다. 그는 예배를 강요하는 것은 바로 신의 코를 마비시키는 일(to stink God's nostrils)이라고 했다. 이렇게 속속 정착 타운들이 설립되자 1643년 윌리엄스는 영국을 방문해 의회로부터 정식으로 프로비던스 식민지를 승인하는 특허장을 받아 법적 정당성을 확보했다. 이것이 오늘날 로드아일랜드 주의 출발점이 되었다.

2 타운정부의 수와 형태

오늘날 로드아일랜드 주 자치단체는 모두 31개이다. 이 가운데 타운은 24개이며 7개는 시(city)로 전환되었다.

타운정부의 형태를 보면 모두 5명에서 7명의 의원으로 구성되는 타운의회를 설치해서 의결 기능을 담당하도록 했으며, 집행 기능은 시장을 두거나(컴벌랜드[Cumberland] 타운과 존스턴[Johnston] 타운), 타운 매니저(town manager) 또는 타운행정관(town administrator)을 선출 또는 임명해 수행하도록 한다. 그리고 따로 시장을 두는 경우 외에는 대부분 의원 중의 의장(council president)이 타운의 대표로서 그 역할을 수행하는 권력구조이다.

그러므로 로드아일랜드 주의 타운정부는 의결기관을 따로 두고 있으므로 매사추세츠 주와 같은 주민총회(OTM)는 존재하지 않으며, 유권자 주민은 다만 제한된 기능, 즉 재정과 관련된 주민총회에 참여하는데, 이는 타운의회와 유권자가 재정총회를 통해 의결권을 공유하는 형태이다.

3 재정총회

로드아일랜드 주에서는 헌법의 개정으로 인해 현재 직접민주제 전통은 거의 명맥만 겨우 남아 있다. 그래서 타운의 의결 기능은 타운의회(Town Council)에 부여하고, 주민들은 재정 문제에 한정해 주민총회를 열게 되었다(Hepaestus Books, 1913: 8). 다음에 짐머만의 문헌을 중심으로 로드아일랜드 재정총회(Financial Town Meeting: FTM)에 관해 요약해 소개한다(Zimmerman, 1999: 129-137).

로드아일랜드 주 법률은 해당 타운에 의해 결정된 일시에 연례적으로 또는 2년마다 한 차례씩 재정총회를 열도록 규정하고 있다. 그리고 재정총회는 대개 자치헌장에 규정하는데, 3월에서 5월 사이에 열린다. 그리고 재정총회는 타운의 총무국장(town clerk)이 발행하는 공고(warrant)에 포함된 안건들을 따라서 진행되는데, 이러한 공고는 최소한 회의 개최 7일 전에 게시되어야 한다.

물론 재정총회의 원만한 진행을 위해 각 타운은 대개 재정총회를 위한 준비회의(pre-town meeting meeting)를 개최한다. 또한 각 타운은 준비회의 전에 타운정부의 조직에 관한 내용과 공직자, 위원회, 부서의 보고, 재정총회의 회의록, 부서 회계 담당자의 보고, 다음 재정총회에서 다룰 안건 등이 포함된 보고서를 낸다.

타운 재정총회의 진행은 의장의 소관이다. 의장은 연례회의에서 선출되거나 2년마다 선출되어 다음 의장이 선출되어 임기를 시작될 때까지 그 임기를 유지하며, 재정총회를 진행하게 된다.

의장은 재정총회의 회의규칙을 적용해 회의 진행을 주도하게 되는데, 한 안건을 다루는 회의에서 한 차례 발언한 참석자는 발언하지 않은 다른 참석자가 존재하는 경우에는 발언 기회가 제한되는 등의 이러한 회의규칙은 타운의 자치헌장 등에 규정한다. 이러한 회의 진행 규칙을 적용하는 의장의 기술적 능력은 대개 저녁 시간을 이용해 진행되는 재정총회가 진행되는 시간을 결정하는데, 짐머만 교수 팀이 조사한 바에 따르면 로드아일랜드 주 타운의 재정총회 평균 소요 시간은 평균 3시간 정도였다.

로드아일랜드 주의 타운에서도 재정위원회를 설치해 재정총회에 출석하는 유권자들에게 결정을 위한 정보를 제공하는 등 그 역할을 수행하도록 하고 있다. 조사에 응한 타운의 75% 정도가 따로 재정위원회를 설치해 그 역할을 다하도록 하고 있으나 재정위원회를 따로 설치하지 않은 경우는 타운의회나 타운 총무국장이 필요한 역할을 수행하기도 했다. 그리고 재정위원회를 두고 있는 타운의 경우는 대개 재정총회에서 다룰 안건에 관해서도 자문 기능을 담당했다.

한편 로드아일랜드 주 타운의 재정총회에는 유권자의 출석률이 별로 높지 않은 것이 확인된다. 심지어 워렌(Warren) 타운의 경우는 의결정족수를 충족시키지 못해 1996년에는 재정총회를 열지 못했을 정도로 출석률이 낮았는데, 대개 출석권을 가진 유권자의 1%에서 20% 사이에서 출석이 이루어지며, 평균적으로는 가중치를 부여하지 않은 평균 출석률은 6.54%, 가중치를 부여한 평균 출석률은 5.33%로 나타났다. 그런 가운데서도 타운의 인구 규모가 작은 타운에서는 비교적 출석률이 높고, 인구 규모가 큰 타운은 대개 출석률이 낮은 경향을 보였다(Zimmerman, 1999: 132-133).

제 5 절 코네티컷 재정총회

1 코네티컷 식민지

오늘날 코네티컷 주는 코네티컷 식민지와 뉴헤이븐 식민지가 결합되어 그 영토가 결정되었다. 코네티컷 주 정부 홈페이지에는 "처음 네덜란드인들(the Dutch)이 탐험해 무역거래소를 설치했던 곳이나 항구적인 정착은 1633년부터 매사추세츠 식민지로 온 청교도들의 이주로 시작되었다. 이들은 정치적으로 독립성을 구가했고 또 1639년 이주자들이 그들의 뜻에 기초한 민주적 정부 구성의 원칙을 담은 기본협약서(Fundamental Orders)를 작성해 선포했다. 이것은 민주적 정부의 첫 성문 헌법으로 간주되며, 그래서 오늘날 코네티컷 주의 별칭을 헌법 주(The Constitution State)라고 부른다"고 썼다.

그 경과를 보면, 1633년 이후 코네티컷에는 워터타운(Watertown)과 도르체스터(Dorchester), 그리고 뉴타운의 주민들이 코네티컷 강 계곡의 웨더스필드(Wethers-field)와 윈저(Winsor), 그리고 하드퍼드(Hartford) 타운을 각각 설립했다. 1636년 말 코네티컷에는 800명의 남녀와 어린이들이 처음으로 이주하게 되었으며, 1642년에는 2천 명으로 늘어났고, 1654년에는 3천 200명이 거주하는 식민지가 되었다.

타운의 설립 이후에는 식민청 설립의 절차로 이어졌다. 후커 목사 일행은 이미 당시에 코네티컷 강 입구에 세이브룩(Saybrook) 항을 개설하고 있던 윈스럽 2세(John Winthrop Jr.: 매사추세츠만 식민청장의 아들) 등을 포함해 1636년부터 다음해까지 12개월 간 새로운 식민지를 관리하기 위해 8명으로 구성된 위원회를 설치했다. 러들로(Roger Ludlow)가 실질적으로 회의를 주관하는 가운데 1년 후 그들은 코네티컷의 의회를 구성하기 위해 대표들을 선출했다. 이렇게 해서 코네티컷 식민청 정부가 설치되었다.

특히 여기에 덧붙여 지적할 부분은 후커 목사의 생각은 매사추세츠만 식민청과 달리 "코네티컷 식민청 정부의 권한은 자유민들의 동의에 따른다"는 것이었다. 이러한 생각을 바탕으로 정부를 구성하기 위한 기반 작업을 헤인스(John Haynes), 홉킨스(Edward Hopkins)가 수행하고 러들로 예비 식민청장이 이것을 최종적으로 확인했다. 이것이 바로 유명한 "코네티컷 기본법(the Fundamental Orders of Connecticut)"이며, 1639년 1월 14일에 채택되었다.

다음으로, 뉴헤이븐 식민지의 뉴헤이븐은 런던의 성 스테픈 교회(St. Stephen's Church)의 신도들과 개신교를 지향한 이 교회 목사 데이븐포트(John Davenport)와 이튼(Theophilus Eaton)에서 비롯되었다. 데이븐포트 목사는 친구 이튼과 함께 뉴잉글랜드 이주단을 구성해 1637년 보스턴에 도착했다. 1638년 3월 보스턴을 떠나 4월에 퀴니피악(Quinnipiac: 1640년 뉴헤이븐으로 변경)에 도착했다. 이들은 인디언으로부터 토지를 매입했는데 영국법의 관점에서 그들은 법적 권한이 없었던 셈이다. 그럼에도 불구하고 뉴헤이븐 이주자들은 식민청장과 4명의 부청장을 두는 등 식민청 정부 형태를 갖추었다.

1643년 10월에는 관내 타운들과 함께 뉴헤이븐 법령에 관한 합의(New Haven Fundamental Agreement)를 만들어서 법적 체제도 갖추어서 명실공히 식민청 정부를 이루었다. 그리고 뉴헤이븐 식민청은 뉴헤이븐 타운을 비롯해 밀퍼드(Milford), 길퍼드(Guilford), 스탬퍼드(Stamford), 그리니치(Greenwich), 사우스올드(Southold), 사우샘프턴(Southampton), 이스트 햄프턴(East Hampton), 오이스터만(Oyster Bay), 헌팅턴(Huntington) 등의 타운들을 망라해 구역이 확대되었다.

2 코네티컷 타운정부

코네티컷 주에는 169개의 타운과 21개의 시(city), 9개의 버러(borough)가 있다. 이 가운데서 인구가 가장 작은 타운은 유니온(Union)으로서 856명이고, 인구 2천명 이하의 타운으로는 카난(Canaan, 1,057명), 콜브루크(Colebrook, 1,365명), 콘월(Cornwall, 1,414명), 워렌(Warren, 1,455명), 브리지워터(Bridgewater, 1,654명), 스코틀랜드(Scotland, 1,734명), 노포크(Norfolk, 1,745명), 이스트퍼드(Eastford, 1,762명), 하틀랜드(Hartland, 1866명), 햄프턴(Hampton, 1,890명), 프랭클린(Franklin, 1,926명) 등이 있다.

이렇게 보면, 코네티컷 주의 타운은 다른 주들에 비해 타운별 인구 분포가 고른 편이라고 하겠다. 코네티컷 타운정부는 인구 증가 등 변화된 요인에 따라 정부의 운영도 변화를 택했다. 우선 타운 공직자의 선거는, 주 정부의 선거법에 따라 이루어지기 때문에 더 이상 정례적 주민총회의 일부 행사로서 치러지는 것이 아니라 별도로 실시된다. 그리고 1957년 주 정부의 의회가 자치헌장 채택을 허용하는 법률을 제정했고, 또 1969년 7월 1일자로 주민이 인준한 헌법 조항의 수정이 채택되면서 많은 타운이 임기 중 공직자의 해임을 가능케 하는 주민소환제(recall)를 규정한 자치헌장을 채택할 수 있게 된 것도 변화 가운데 하나이다.

3 주민총회의 운영

주민총회를 채택하고 있는 각 타운은 주 법률이 규정한 바에 따라 정례 주민총회를 개최하는데, 여기서는 예산안을 다루어야 하고 또 주 법률 제110장에 규정한 바에 따라 통합적 재정 연도를 선택한 경우가 아니라면 수시로 폐회와 개회를 거듭하게 될 수도 있다. 여기서는 앤도버(Andover) 타운의 자치헌장 내용을 중심으로 소개한다.

앤도버 타운의 자치헌장 제3장 제301조는 "주민총회는 아래에 열거된 조치들에 대해 최종 승인권을 가지며, 타운의 의결기관이 된다"고 규정했다. 그리고 제302조는 주민총회의 절차에 관해 "타운의 모든 회의는 집행위원회의 규칙에 따라 소집되며, 이 규칙은 회의의 시간과 장소를 결정한다. 회의의 공고는 타운 전역에 걸쳐 발행되는 신문에 회의 개최 최소 5일 전에 게재되어야 하며, 타운의 지정 게시판에 공고를 게시해야 한다. 또한 집행위원회는 회의 개최 5일 전까지 우편을 통해 유권자들에게 회의 일시와 위치와 회의에서 다룰 안건의 목록을 통지해야 한다. … 타운의 총무국장은 주민총회의 서기 역할을 수행하며, 그가 결석인 경우에는 의장이 지명한다. … 주민총회에서의 모든 결정은 다수결로 한다. … 의사정족수는 최소한 25명의 출석자로 한다"고 규정했다.

앤도버 타운의 자치헌장 제3장 제303조는 정례 예산총회에 관해 "예산 심의를 위한 주민총회는 매년 5월의 첫 10일 동안의 하루를 정해 개최한다. 예산의 채택은 자치헌장 제803조에 따른다"고 했다.

앤도버 타운의 자치헌장 제3장 제305조는 유권자 청원에 의한 주민총회에 관하여 "2%의 유권자는 언제든지 타운 총무국장이 지정한 양식에 의해 연명으로 청원에 의한 주민총회를 요구할 수 있다. … 유권자가 청원한 안건은 타운의 법무국장의 심사를 받아서 주민총회에서 다룬다"고 규정했다.

앤도버 타운의 자치헌장 제3장 제306조는 "각 주민총회에서는 의장이 선출된다" 고 규정하고 "의장은 주민총회에서 선출된 자로 하며, 『로버트 회의 규칙』에 관해 실무적인 지식을 가져야 한다"고 규정했다.

4 사례: 뉴타운 주민총회

코네티컷 주 타운의 자치헌장과 자치법 등은 주 헌법과 법률(General statutes)에 근거해 제정되고 집행된다. 타운정부와 관련된 주 법률은 제7편 지방자치단체(municipalities)에 제90장부터 제119장까지 규정하고 있으며, 이러한 규정을 통해 자치헌장을 제정하고 또 조례를 제정해 타운의 정치와 행정을 수행한다.

다음에 코네티컷 주의 타운 가운데 주의 남서쪽 페어필드 카운티(Fairfield County)에 속한 타운으로 27,235명의 인구를 지니고 있는 뉴타운(Newtown) 타운의 자치헌장을 통해 타운정부와 기능을 살펴보기로 한다.

1) 헌장 전문과 법인 설립

자치헌장의 전문(preamble)에는 "뉴타운의 투자자와 거주자들은 1711년 10월 11일 이래 코네티컷 주의 유권자로서 누려 오던 특권, 자유, 권리와 재산의 보호・보전, 개인의 안녕과 개인 및 공동의 복지를 증진시키기 위해 정부의 형태를 구성하게 되는 이 헌장을 채택해 선포한다"고 천명했다.

헌장의 제1장 제1-01조에는 법인 설립(incorporation)에 관해 규정했다. 즉, "법률에 근거해 설정된 구역 안에 살고 있는 모든 주민은 뉴타운이라는 명칭 아래 한 정치공동체로서 법인단체(a body politic and corporate)로 존속될 것이다(이하 타운이라 함). 타운은 영속성을 보전할 것이며 자치헌장에 의해 모든 권한과 특권을 행사할 것이며, 이 모든 것은 이 헌장의 조항과 주 법률에 따른다"고 못박았다.

2) 타운의 권한

헌장 제1장 제1-20조에는 "주 헌법과 법률에 의해 부여된 모든 권한 외에 이 헌장에 의해 부여된 모든 권한, 그리고 그러한 권한을 적정하게, 부수적으로 또는 편이하게 그러한 권한을 행사하는 데 필요한 모든 권한을 보유한다. 타운은 또 법률에 의해 금지되지 않는 한 미합중국이나 연방 행정기관, 주의 정치적 기관과 계약을 체결할 수 있는 권한을 포함해 타운의 재산을 관리하고, 정부와 행정을 관리하는 데 필요한 모든 권한을 보유한다"고 타운이 행사할 수 있는 권한을 규정했다.

3) 의결기관: 의회와 주민투표

헌장 제1장 제1-40조에는 "타운의 의결기관은 타운의회와 주민총회로 한다. 타운의 모든 의결권은, 특별히 주민총회(Town Meeting)가 행사한다고 구체적으로 열거한 항목을 제외하고는, 타운 의회에 속한다"고 규정했다.

헌장 제7장에는 제7-10조부터 의회의 구성과 기능 등에 관해 규정하고 있다. 즉, "뉴타운 의회는 12명의 의원으로 구성하며, 인구 규모를 거의 평등하게 설정한 선거구 3개에서 4명씩 선출한다. 의원은 무보수로 일하며 직무 수행 중에 발생한 비용에 대해서만 보상을 청구할 수 있다. 의원은 타운의 다른 어떤 공직도 겸할 수 없다"고 규정했다.

헌장 제7장 제7-20조는 타운의회의 원(院) 구성을 규정하고 있는데, "새로 선출된 의원들의 첫 회합은 선거 후 6일 안에 갖는다. 그 회의에서 총무국장이 의장이 되어 의장과 부의장을 선출한다. … 의회는 최소한 8명 이상의 찬성으로 의결한다"고 규정했다.

헌장 제7장에는 제7-40조는 의회의 정기회의와 임시회의를 규정하고 있다. 즉, "정기회는 한 달에 2회 개최한다. … 임시회는 의장이 필요하다고 간주할 때 소집한다. … 7명의 의원을 의사정족수로 한다. … 회의의 안건은 의장이 준비하며, 이 밖에도 회의 개최 7일 전까지 다음의 절차를 거쳐 의장에게 제출한 안건은 의사일정에 포함한다. 즉, (1) 의원이 제출한 안건, (2) 제1집행위원이 제출한 안건, (3) 주민총회 유권자로서 80명 이상이 서명으로 요구한 안건 등이다"라고 열거했다.

헌장 제7장 제7-70조는 주민총회와 정기보고서, 정기 예산투표를 규정하고 있다. 즉, "(a) 각 위원회와 부서는 매년 10월 첫 월요일까지 의회에 정기 타운보고서를 제출한다. 의회는 보고 접수 후 30일 내에 보고를 접수한 내용과 총무국에서 열람할 수 있다는 내용을 신문에 게재한다. (b) 연례적 예산 주민투표는 4월의 네 번째 화요일에 개최한다. (d) 연례적 예산 주민투표와 모든 임시 주민총회는 의회의 지침에 따라 집행위원회가 소집을 요구하거나 주민총회나 주민투표의 개최를 위해 주 법률이 요구한 대로 이 헌장이 규정에 따라 개최해야 한다. (e) 각 주민투표나 임시 주민총회는 각각 회의를 주재하거나 폐회를 선언할 의장을 선임하며, 총무국장이나 총무국장보는 각 회의의 기록자가 된다. 각 회의는 이 헌장에 따로 규정하지 않은 경우 과반수로 의결한다"고 규정했다.

헌장 제7장 제7-100조는 주민투표의 권한에 관해 규정하고 있다. 즉, "헌장 제7-80조의 규정에 따라 의회가 마련한 예산안을 비롯해 조례안, 특정한 재산을 확보하기 위한 투표 등은 주민투표에 부칠 수 있다"고 규정했다.

4) 집행위원회 및 제1집행위원

코네티컷 법률 제7편은 지방자치단체에 관한 조항으로서 제90장부터 제119장까지 규정하고 있으며, 이 가운제 제91장에는 제7-10절부터 제7-15절까지 집행위원회에 관해 규정하고 있다. 제7-12절 집행위원의 임무에 관해 규정하고 있는바, 즉 "각 타운의 집행위원은 타운 공직자의 선거나 임명 이후 바로 법률이 규정한 선서를 실시해 그들에게 부여된 임무를 성실히 수행하도록 서약을 받는다. 집행위원들은 타운의 업무를 감독하고, 집행위원회에 제기된 모든 의견을 조정하고 해결하며, 타운의 모든 재정행위에 질서를 부여한다 …"고 규정했다. 또 제7-12a절에는 "법률에 따로 규정한 경우를 제외하고는 제1집행위원은, 집행위원회에 집행권을 부여한 모든 타운의 경우, 타운의 수석집행관이 되며, 투표를 거치지 않고 당연직으로 타운 내 각 위원회의 책임자가 된다 …"고 규정했다.

한편 뉴타운 타운의 자치헌장 제3장 제3-01조는 "집행위원회의 위원은 제1, 제2 집행위원이 될 수 있다. 각 집행위원은 투표권을 가진다"고 규정했다. 제3-10조에는 "(a) 제1집행위원은 타운의 수석집행기관 및 행정관이 되며, 주 법률과 이 헌장이 규정한 바에 따라 권한과 책임을 진다. 제1집행위원은 집행위원회 소관 부서의 행정에 대해 책임을 지며, 집행위원회의 의결에 따른 규정과 규칙, 타운의 의회가 제정한 조례를 집행한다. (b) 제1집행위원은 집행위원회의 회의를 주재한다. 제1집행위원 선출 후 첫 회의에서는 제1집행위원의 공석이나 유고시 회의를 주재할 위원을 선출한다 …"고 규정했다.

5) 재정주민총회: 예산 과정과 주민투표

(1) 예산안의 준비

자치헌장 제6장 제6-11조는 정기 예산안의 준비에 관해 규정하고 있다. 즉, "(a)

집행위원회는 늦어도 2월 1일까지 타운의 예산 전부를 지원받거나 일부를 지원받는 교육위원회를 제외한 모든 부서는 집행위원회에 그 부서가 지출할 항목별 계상액과 다음해에 그 지출로 인해 받게 될 타운 예산 외의 모든 수입에 관한 내용을 제출해야 한다. 이러한 자료는 집행위원회가 요구하는 기타 보고서와 정보도 포함해야 한다. 그런 다음 집행위원회는 그 예산 요구를 수정하는 것이 바람직하다고 간주하는 경우 수정해서 재정위원회(Board of Finance)에 제출할 전 부서의 예산 요구를 망라한 타운 전체의 예산안을 준비한다. (b) 2월 14일 전까지 재정위원회가 요구하는 바에 따라 그러한 증빙 자료가 첨부된 (1) 다음해의 예산안을 집행위원회는, 학교 및 교육과 관련된 것 외에, 재정위원회에 제출하며, (2) 교육위원회도 … 재정위원회에 제출한다. (c) 의회가 최종 예산안을 채택하기 전 집행위원회와 교육위원회는 재정위원회에 제출한 예산안을 수정할 수 있다 … "고 규정했다.

(2) 재정위원회의 역할

자치헌장 제6장 제6-12조는 타운정부의 예산 과정에서 재정위원회가 해야 할 역할을 규정하고 있다. 즉, "(a) 재정위원회는 3월의 첫 수요일 이전에 집행위원회와 교육위원회가 제시한 예산안에 관해 공청회를 개최하며, 그 공청회에서 그 예산안에 관해 의견을 표명하고자 하는 모든 유권자나 납세자의 의견을 들어야 한다. (b) 재정위원회는 예산안에 관련된 공청회에 5일 이상 앞서서 미리 집행위원회와 교육위원회가 제시한 예산 총액을 현 연도 예산 총액과 총 집행액, 그리고 예상 세율을 타운 안에서 발행되는 신문에 게재 요청해야 한다. (c) 재정위원회는 실무회의를 열어서 타운 예산안에 대해 바람직하다고 간주하는 경우 수정해 예산 권고안을 준비해야 한다. … (d) 재정위원회는 실무위원회가 제시한 예산안을 심사한다. (e) 재정위원회는 3월 14일 이전에 다음해의 예산안을 의회에 제출한다"고 규정했다.

(3) 타운의회의 역할

자치헌장 제6장 제6-13조는 예산 과정에서 타운의회의 역할을 규정하고 있다. 즉, "(a) 재정위원회로부터 예산안을 접수하면 의회는 총무국에서 가능한 한 충분한 부수의 예산서 안을 제본해 일반에게 배포할 수 있도록 준비하고, 매년 3월 마지막 수요일 이전에 예산안에 대한 공청회를 개최한다. 그리고 공청회 개최 최소

5일 이전에 의회는 예상된 지출과 예상 주요 세입, 부과될 예상 조세액 등이 포함된 재정위원회의 예산권고안을 요약해 타운 내 신문에 공청회 공고와 함께 게재한다. (b) 의회는 재정위원회가 권고한 예산안에 대해 다음과 같은 권한을 가지는바, (1) 최소 6명의 의원의 찬성을 통한 과반수로서 재정위원회 예산안에서 항목을 삭제할 수 있으며, (2) 의회 전체 의원의 2/3 찬성을 얻어 재정위원회 예산안에 특정 항목을 증액시킬 수 있다. (c) 재정위원회가 예산안을 제출하지 못한 경우에는 집행위원회와 교육위원회가 재정위원회에 제출한 예산안을 의회가 심의한다. 의회는 또 집행위원회와 교육위원회가 제시한 예산안을 대상으로 공청회를 가지며, 이 예산안에 대해서도 재정위원회에 주어진 것과 동일한 권한을 행사하며, 이러한 권한의 행사는 최소 6명의 의원의 찬성으로써 의결한다"고 규정했다.

(4) 연례적 예산 주민투표

자치헌장 제6장 제6-14조는 연례적 예산 주민투표(annual budget referendum)에 관해 규정하고 있다. 즉, "(a) 타운의회가 절차를 거쳐 마련한 예산안은 4월 네 번째 화요일 오전 6시부터 오후 8시까지 실시하는 연례적 예산 주민투표를 통해 채택한다. 연례적 예산 주민투표와 여타 주민투표 안, 예컨대 예산안과 관련된 안으로서 기금과 그 예상 이자율 등은 의회를 거쳐 총무국에 접수하며, 예산 주민투표 개최 5일 전까지 관내 신문에 게재한다. 정기적 예산 주민투표에서는 예산안을 두 부분으로 나누어 투표하게 되는바, 하나는 집행위원회의 예산안이고 다른 하나는 교육위원회의 예산안이다. 두 예산안은 각각의 과반수 찬성으로 채택한다. (b) 예산안이 주민투표에서 채택되지 않은 경우 위 (a)의 절차를 거쳐서 채택될 때까지 유권자의 주민투표를 실시한다"고 규정했다.

지금까지 코네티컷 주의 뉴타운 타운의 정부구조와 기능을 주민총회가 실시되는 내용을 중심으로 소개했다. 그 내용상의 특징을 적시해 보면, 다음과 같다.

첫째, 코네티컷 타운정부는 대표제가 중심이 되는 매우 제한된 주민총회 형태라고 할 수 있다. 그것은 선출된 의원들로써 구성된 의회가 설치되어 있으며, 의회가 조례의 제정을 비롯한 의결 기능 대부분을 수행하고 있다는 점 때문이다.

둘째, 집행위원회가 행정 기능의 핵심 기관으로서 역할을 수행하는 점은 매사추세츠 타운정부와 매우 유사하다. 다만, 특이하게도 제1집행위원(First Selectmen)이라는 직책을 정해 타운정부의 대표 역할을 수행케 하고, 집행위원회는 또 타운 행정관(Town Administrator)을 임명해 행정전문가에 의한 행정 성과를 지향하고 있다.

셋째, 정기적 예산 주민투표를 통해 재정 주민총회를 실시하고 있다. 최종적으로 유권자이자 납세자에게 결정권을 부여해 오로지 한 분야 주민총회를 존속시키고 있으나 이 단계에 이르기까지 타운정부의 핵심 대표기관들이 모두 일정한 역할을 수행하며 참여하고 있는바, 각 행정부서의 예산요구안→집행위원회와 교육위원회의 예산안→재정위원회의 예산조정안→의회의 실무회의와 공청회 실시→의회의 최종 예산안→주민총회의 실시와 예산 확정의 단계를 보면 알 수 있다.

넷째, 그 외 타운정부의 정책 결정과 행정의 수행은 대표제 정부에서 수행하는 것과 동일하게 이루어지고 있다.

11
CHAPTER

타운미팅의 진행 규칙

타운미팅은 뉴잉글랜드 지역 타운정부의 정책 결정을 위한 회의 자체를 지칭하는 용어이다. 그러므로 대표제인 우리의 지방정부로서는 의결기관, 즉 지방의회의 회의와 같은 기능을 수행한다. 다만, 우리는 주민의 대표인 의원들이 회의의 참석자이고 타운미팅은 등록한 유권자들이 회의의 참석자라는 점이 다를 뿐이다. 뉴잉글랜드 타운미팅은 대개 저녁 시간에 회의를 시작해서 공고된 안건들을 다룬다.

그래서 타운미팅에서는 회의 진행을 주재하는 의장(moderator)을 선출해 그 일을 전담시키고 있다. 하루 저녁 시간의 회의에서 그 많은 안건을 처리하자면 의장의 회의 진행 역량이 필요한 것은 물론이다. 또한 회의에 출석한 유권자들 또한 정책 결정의 주체로서 적절한 식견과 판단과 적합한 행동이 요구된다.

타운미팅 때 의장과 출석 유권자 모두에게 필요한 것은 바로 회의 진행의 규칙에 관한 식견이다. 회의 진행의 규칙은, 비단 타운미팅에서만 필요한 것은 아니며, 사회의 모든 회의체 또는 사회에 존재하는 조직의 회의 때 필요한 지식이다. 그래서 회의규칙은 일찍부터 활용되기 시작했고, 특히 타운미팅을 채택하고 있는 뉴잉글랜드 지역에서는 특별한 관심을 가지고 회의 진행의 규칙을 정립하고 또 회의 진행 기술을 발전시켜 왔다.

여기서는 심의의 회의체(deliberative assembly)에서 보편적으로 적용되는 회의규칙(Rules of Order)에 관한 내용을 『로버트 회의규칙(*Robert's Rules of Order*)』, (2013)에 따라 소개한다. 매사추세츠 주의 의장협의회(議長協議會, Massachusetts

Moderators Association: MMA)가 중심이 되어 존슨(Richard B. Johnson) 등 3명의 의장들이 공동 집필해 출간한 『회의 진행 규칙(*Town Meeting Time*)』의 내용도 필요한 부분을 보충해 정리한다.

저자는 회의 진행 규칙을 주민총회의 운영 부분에서 다루느냐 따로 장을 설정하느냐, 좀 넉넉한 분량으로 다루느냐 짧게 다루느냐를 두고 생각하다가 따로 좀 충실하게 다루는 편을 선택했다. 그것은 전자를 택하는 경우 매사추세츠 타운정부를 다루는 장이 매우 길어지는 문제와 함께 회의 진행 규칙은 지방정부뿐만 아니라 사회 전반에 다양한 곳에서 사용할 수 있는 지식이므로 좀 충분하게 소개해도 무방하다는 점을 고려했기 때문이다. 특히 우리나라처럼 지방의원들이 회의규칙을 제대로 숙지하지 못해 사무국에서 작성한 시나리오를 따라가며 회의를 진행하는 문제를 벗어나야 하고, 그러기 위해서는 이러한 편성이 다소나마 도움이 될 수 있다고 생각했기 때문이기도 하다.

제 1 절 회의의 의의

1 개념과 종류

1) 회의의 개념

회의(meeting)의 사전적 의미는 "함께 하는 행위나 과정"(*Webster's Third New International Dictionary*)이다. 『위키피디아 백과사전』은 "정보의 공유나 합의의 도달과 같은 상호작용을 통해 공동의 목표를 달성할 목적으로 소집된 둘 이상의 사람들의 모임"이라고 정의했다. 『로버트 회의규칙(*Robert's Rules of Order*: RRO)』, (2013)이나 『웹스터 회의규칙(*Webster's Rules of Order*: WRO)』(1994) 등 회의규칙 전문서를 참조해 이 책에서 회의란 "어떤 사회조직의 목적을 달성하기 위해 여럿이 함께 모여서 필요한 일을 논의해 결정하는 과정이나 절차"라고 정의한다.

회의는 의도적으로 소집되지 않은 우연한 만남과 다르고, 스포츠 게임이나 말로써 이루어지는 상호작용이 부수적인 콘서트와도 다르고, 또 달성해야 할 공동의 공식적 목표가 존재하지 않는 친교모임이나 친구들의 우연한 동행과 다르며, 참석한 사람의 수를 확보하는 것이 주목적이지 토론이 목적이 아닌 데모와 구별된다.

2) 회의의 종류

회의는 정기회의, 임시회의, 세션, 집행회의, 후속 회의, 연례회의, 비공식회의, 이사회의, 위원회 회의, 대중회의, 대표단회의 등으로 다양하게 나눈다(WRO, 1994: 49-88). 한편 『로버트 회의규칙』에는 심의의 회의로서 대중회의, 지부회의, 대표단회의, 의회의 회의, 이사회의 등으로 나누고 또 특수 형태의 회의로는 정기회의, 임시회의, 후속 회의, 연례회의, 집행회의, 부분공개회의 등으로 나누었다(RRO, 2013: 5-9; 89-97).

여기서는 정기회의(regular meeting)와 임시회의(special meeting), 연례회의(annual meeting), 대중회의(mass meeting), 대표단회의(convention)를 가려서 소개하고자 한다.

(1) 정기회의

정기회의란 어떤 상설 조직이 주(週), 월, 분기 등 법률이나 회칙에 규정된 바에 따라 개최하는 회의를 가리킨다. 정관이나 회칙에 의해 일시와 장소가 정해진 주기적인 업무회의를 가리키기도 한다. 정기회의는 정관에 미리 규정하므로 규정된 회의(stated meeting)라고도 하며, 조직이 그 업무 처리를 위해 전형적으로 사용하는 회의이다.

(2) 임시회의

임시회의(special meeting)는 정기회의와 별개로 회기를 마련하여 별도의 시간에 개최되는 회의이다. 그리고 회의의 개최를 요구하는 사유가 되는 하나 또는 둘 정도의 안건만 다루는 회의이다. 임시회의는 회의가 열릴 필요가 제기된 안건의 내용을 분명하고 구체적으로 기술해서 회의가 열릴 시간, 장소, 목적을 일정한 기간 전에 미리 모든 회원에게 고지한다. 이러한 임시회의는 정기회의와 정기회의 사이에 다루어야 할 안건이 생긴 경우에 특히 하나 또는 둘 정도 안건을 다루는 데 회기 전체를 사용한다.

(3) 연례회의

연례회의(annual meeting)라는 용어는 두 가지 의미로 사용된다. 첫째, 특정 형태의 조직은 매년 한 차례만 일반 회원들이 참석하는 회의를 가지며 그 밖에 조직의 관리와 같은 일은 이사회에 맡기게 되는데 이 때 1년에 1회 갖는 회의를 연례회의라고 한다.

둘째, 지방정부 조직에서는 연중 업무상의 회의를 개최하되 지방자치법에 규정해 그중 한 회의를 매년 특정한 시간에 개최하는 경우 이 회의를 연례회의라고 한다. 후자의 경우 연례회의와 그 외 회의와의 유일한 차이점은 연례회의에서는 공직자와 상임위원회의 보고서를 읽고 승인하며, 공직자의 선거도 치르고, 자치법규에 규정된 바에 따라 연례회의의 안건이 다루어진다는 점이다.

(4) 대중회의

대중회의(mass meeting)란 회의 개최자가 정해진 특정한 문제나 목적에 관심을 가진 사람들(또는 특정한 영역의 인구)에게 출석이 개방되는 회의이다. 또 특정한 조치가 결정되어 회의체에 의해 그러한 조치가 실행되어야 한다고 보고 회의 소집이 요구되며, 참여가 개방된 조직되지 않은 집단의 회의를 가리킨다. 예컨대, 특정한 정당의 지지자 회의, 특정한 시에 거주하는 주택 소유자 회의 등이 이에 해당한다.

(5) 대표단회의

대표단회의(convention)란 그야말로 대표들의 모임으로서 상시적으로 설치·운용되는 공공 입법기관의 회의와 다르다. 여기서 중요한 특징 가운데 하나는 대표들은 한 회기(대개는 1주일을 넘기는 경우가 드물다) 동안만 대표가 된다는 점이다. 그렇다고 해서 회기의 길이가 반드시 제한되어 있는 것은 아니다. 전형적인 대표단회의는 노동조합 각 지부 대표들로써 구성되는 전국 대표회의 같은 것이다. 또 미국의 건국 초기 13개 주가 연방을 결성하기 위해 필라델피아에 각 주의 대표들을 파견해 소집된 대표단회의를 들 수 있다. 대표단 회의의 투표권은 자격심사위원회(Credentials Committee)에 의해 대표의 자격이 확인된 자들이 행사한다. 대표단회의는 회기가 끝나면 대개 해산된다.

회의는 이 밖에도 앞의 회의에서 다음 회의에 다루기로 시간(또는 장소까지)을 정해 휴회를 한 결과 정기회의나 임시회의의 바로 앞 순서에 연기된 안건을 다루는 속개회의 또는 연기된 회의(adjourned meeting)[1]도 있으나 이에 관해서는 회의의 일반적 순서 부분과 동의안의 우선순위 등에서 다루므로 여기서는 생략한다.

2 회의의 기원

『로버트 회의규칙』에서 기술한 내용을 바탕으로 회의의 기원을 정리하면 다음과 같다(RRO, 2013: xxx xxxix). 인간 사회에서 중요한 문제에 관해 결정을 내리거나 의견을 조정하기 위해 부족 모임, 장로모임을 비롯해 회의체를 갖는 것은 역사보다도 더 오래된 관습이라는 것은 의심할 여지가 없다. 이 책 제1편 제1장에서 소개한 대로 고대 아테네에서도 회의체에서 투표로 결정한 사례를 들 수 있다.

회의 절차는 영국으로 이주하기 전 5세기 앵글로 색슨족(Anglo Saxon tribes)의 생활 방식까지 추적할 수 있는바, 게르만족(Germanic tribes)의 마을회의(Village moot), 그들이 마을 대표를 선출해 이루어진 백인회의(Hundred moot), 민병모임(Folk moot) 등이 있었고, 이러한 모임들이 영국으로 전파되었으며, 대륙의 민병모임은 영국에서 the Shire moot[2]로 되었다(RRO, 2013: xxx-xxxi).

그러나 『웹스터 회의규칙』에는 회의의 기원을 훨씬 더 일찍부터 찾아서 소개하고 있다. 그것은 기원전 1,300년 이스라엘 부족들의 헤브루회의(Hebraic council)에서 실시한 선거, 기원전 750년 그리스의 아고라(agora), 기원전 450년 로마의 포럼(forum)에서 찾고 있다(WRO, 1994: 8).

앞에서도 소개한 대로 사람이 사는 곳에는 언제나 어떤 형태의 것이든 여럿이 모여 공동의 일을 다룰 필요가 생길 수밖에 없다. 그래서 당시 원시적 형태의 회의가 사용되었을 것이나 그것에 관한 기록이 남아 있지 않아서 확인이 어려울 뿐이다. 그러므로 인간의 역사보다도 더 오래된 관습이 회의라는 주장은 적확한 지적이다.

---

1) 이에 관해서는 회의의 일반적 순서와 동의안의 우선순위 등에서 다루게 된다.
2) Shire moot는 노르만족이 영국을 정복하기 전까지 County Court로 기능했으며, 결국 County Court로 명칭이 바뀌었다(RRO, 2013: xxxi).

3 회의의 목표

공동의 목표를 달성하는 것이 회의의 목표이다. 공동의 목표는 회의체의 구성원들이 공동으로 실현하고자 하는 바람직한 상태이며, 공공조직을 비롯해 대부분의 사회조직은 공동의 목표를 위해 창립된다. 그리고 회의를 통해 실현하고자 하는 목표를 좀 더 구체적으로 살펴보면 회의체 또는 조직 전체의 목표를 달성하기 위해 조직 전체 또는 각 구성원, 하부 조직이나 집단이 수행해야 할 일을 숙의해 결정하는 일이다.

이러한 목표를 효과적으로 달성하기 위한 질 높은 회의의 조건은 구성원들 간에 높은 신뢰감, 함께하는 동료들 모두의 복지에 대한 관심, 권한이 회원 간에 공유되어 공동의 책임감과 조직 목표에 대한 존중심, 회의 시간을 신중하게 사용하는 회원의 노력 등이다(WRO, 1999: 179). 그러므로 회의는 회의 그 자체가 목적이 아니라 그러한 회의를 통해 조직 목적을 실현하기 위한 방안을 찾아내는 논리적이고 합리적인 과정이나 절차이며, 그러기 위해 회의는 회의규칙을 정립해 회의의 효과성을 지향한다.

4 회의 용어의 이해

1) 회원

회의규칙의 관점에서 회원이란 "회의체의 회의 진행에 전적으로 참여할 수 있는 권한, 즉 회의 출석권, 발의권, 투표권을 갖는 사람"이다. 대개 이러한 권한은 단체나 조직이 미리 규정한 정관이나 법규 등에 설정한 조건을 구비한 사람에게 부여한다. 예를 들면 자치단체 주민의 권리를 행사하기 위해서는 주소, 연령 등 주민요건을 충족시켜야 하는 경우이다.

2) 회의체 · 회의 · 회기

회의체(assembly)는 회합에 참여하는 사람들의 모임을 가리키며, 회의(meeting)

는 회원들이 모여서 의논하고 결정함으로써 회의체의 일을 처리하는 절차를 가리키고, 회기(session)란 한 회의가 시작되고, 완결되어 회의가 끝나기까지 기간을 가리킨다.

3) 동의와 재청

동의(動議, motion)란 "회의에서 회원이 회의체로 하여금 어떤 조치를 취하자고 내놓은 공식적 제안(RRO, 2013: 27)을 가리킨다. 동의 또는 동의안에는 원동의, 수정동의, 임시동의, 우선동의, 부수동의 등 다양한 명칭의 동의안이 있으며, 이에 관해서는 제5절 동의안의 이해에서 따로 다룬다.

재청(seconding a motion)은 "한 동의안이 제안된 후에 다른 회원이 그 동의안이 심의되기를 원할 때 하는 말"(RRO, 2013: 35)로서 "재청입니다"라고 말하는 것을 가리킨다.

제 2 절 회의규칙의 개념과 등장

1 회의규칙의 개념

회의규칙을 의미하는 영어 rules of order, parliamentary law 또는 parliamentary procedure는 교호적으로 사용되며, 이들은 모두 같은 의미를 가진다. 이 책에서는 회의규칙으로 통일해서 사용하고자 한다.

회의규칙은 "회의체 안에서 일 처리를 촉진하고 서로 조화와 협력을 증진시키기 위해 고안한 일련의 규칙"(WRO, 1994: 1)이다. 또 "어떤 회의체나 조직이 공식적으로 채택한 회의의 절차에 관해 문서로 된 규정이라고도 한다. 이러한 회의규칙을 채택하는 목적은 회의체의 원만한 기능을 촉진하고 또 회의 중 생기는 절차상의 문제를 해결하는 견고한 바탕을 제공하는 것"(RRO, 2013: 15)이라고도 한다.

2 회의규칙의 기원

회의에 관한 최초의 기록은 기원전 1300년 이스라엘 부족의 헤브루회의에서 찾고 또 이원제 정부 구조, 투표, 의결정족수, 토론의 정중함 등을 구사한 예는 기원전 750년 그리스의 아고라에서 찾는다(WRO, 1994: 8-9). 위 책에서 회의규칙을 직접 언급하지는 않았으나 헤브루회의나 아고라에서는 그러한 회의의 진행이 일정한 규칙 아래 이루어졌을 것이라는 점을 암묵적으로 전제하고 있다.

또 『로버트 회의규칙』에 따르면, 회의규칙의 기원을 영국 국왕의 자문기구(Witan 또는 Witenagemot), 노르만족 정복 이후 국왕이 국정에 관한 토론기구로 공직자, 귀족, 성직자 등으로 구성한 Great Council을 거쳐 1258년 의회(parliament) 개념이 등장한데서 찾는다(RRO, 2013: xxix-xxxix).

영국 국회가 1340년 두 기관으로 분리되고, 『하원 활동에 관한 저널(*Journal of the House of Commons*)』의 발간이 하원 사무총장에 의해 주창되고, 1628년에 공식문서로 규정되면서 하원의 회합과 관련된 절차나 과정, 즉 the Commons' procedure가 기록되었다. 이런 기록을 통해 하원의 회의규칙에 관련된 원칙들도 등장하기 시작했다. 즉, 한 회의에 한 주제만 다루기(one subject at a time, 1581년), 상반된 입장에 대해 번갈아 발언 기회 주기(alteration between opposite points of view in assignment of the floor, 1592년), 그리고 회의에서 의장은 언제나 반대 투표에 대한 요구를 요건으로 삼기(requirement that the chair always call for the negative vote, 1604년), 토론 과정에 예의를 지키고 인격 침해는 피하기(decorum and avoidance of personalities in debate, 1604년), 안건 나누어 다루기(division of a question, 1640년) 등이 그것이다.

영국의 이러한 전통 또는 관습은 1607년부터 버지니아에서 시작된 미국의 식민지로 이어졌고, 이러한 현상은 1620년 필그림, 1630년 퓨리턴의 뉴잉글랜드 이주와 함께 그들의 공동체에도 이전되었다고 해도 틀리지 않는다. 신대륙 정착민들의 삶을 통해 식민지별로 회의를 통한 결정 절차나 방식은 약간씩 다른 경우도 있었으나 1776년 미국 독립 후 연방 수준에서 회의 절차의 정립이 필요하게 되었고, 부통령이며 상원 의장이던 제퍼슨(Thomas Jefferson)은 1801년 『회의 진행 편람(*Manual of Parliamentary Practice*, 줄여서 *Jefferson Manual*)』을 발간했다. 1845년에는 매사추세츠 주 하원 사무총장이던 쿠싱(Luther S. Cushing)이 또 『쿠싱편람(*Manual of Parliamentary Practice*, 줄여서 *Cushing Manual*)』을 발간했다. 그러다가 전 미국은 물론 세계적으로 알려지고 준용되는 『로버트 회의규칙(*Robert's Rules of Order*)』[3]이 1876년 2월 19일 출간되어 큰 인기를 얻었다.

3 회의규칙의 기능

회의체에 회의규칙이 필요한 이유는 물론 회의의 목적을 실현하기 위한 효과적 수단이 되기 때문이다. 회의규칙의 도구적 기능은 회의 참여자들의 권리를 공평하게 보호하면서(형평성) 원활하고 효율적인 회의 진행(효율성)이 이루어지도록 하는 것이다. 특히 회의규칙은 전자의 가치가 더욱 중요하다. 회의에서 효율성을 과도하게 추구하면 자칫 과두제나 독재와 같은 극단을 위한 논리로 확장되는 무리가 따른다. 그러므로 여기서는 전자를 중심으로 회의규칙의 기능을 살펴본다.

회의규칙을 제정해 사용하는 핵심 목적은 첫째, 개인의 권리를 보호하는 것이며, 둘째, 소수자의 권리를 보호하는 것이고, 셋째, 다수자의 권리를 보호하는 것이며, 넷째, 회의에 출석하지 않은 회원의 권리까지 보호하는 것이다(WRO, 1994: 7). 『로버트 회의규칙』에는 회의규칙의 토대가 되는 원칙들이라는 제목으로 "조직이나 회의체의 전체 회원 안에서 개인들 또는 하위집단들의 권리에 관한 신중한 균형을 이루어 규칙으로 수립한 것이 회의규칙이다. 그러한 권리의 목록으로는 다수의 권리, 소수, 특히 강한 소수로서 1/3 이상의 회원의 권리, 개별 회원의 권리, 결석 회원의 권리, 그리고 열거한 모두의 권리를 들고 있다. … 그리고 위에 더해 또 다른 중요한 원칙은 안정성의 보호, 즉 기존의 규정을 변경하려는 경우 애초에 규정할

3) 이 책은 첫 저자 로버트(Henry Martyn Robert)는 미국 육군의 장교로서 복무하던 중 1863년 한 사회모임에서 아무런 예고 없이 회의의 진행을 요청받고 매우 당황했던 경험을 가졌고, 그 이후 누구나 간편하게 휴대하며 회의에 사용할 수 있는 매뉴얼을 만들어 보려고 했다. 그의 노력은 지속되어 마침내 1876년 76쪽짜리 매뉴얼 4,000부를 출간했다. 회의규칙이 선풍적 인기를 얻고, 또 관심 있는 많은 사람이 보내준 건의를 받아들여서 그는 보완·수정하는 일을 그의 아내와 함께 계속했다. 그는 1895년에 사망했고, 그 후손이 보완·수정하는 일을 하고 있다.

때보다 더 많은 찬성을 요건으로 한다"(RRO, 2013: 1)는 것이다.

심의의 회의체는 위와 같은 권리 보호를 통해 모든 회원의 권리를 고려하는 것과 마찬가지로 또 회의에서 소망하는 대로 행동할 자유도 보장할 수 있게 된다.

제 3 절 회의체와 회의의 원칙

1 심의의 회의체

오늘날 회의규칙을 다루는 문헌에는 대개 사용되는 용어가 "심의의 회의체(deliberative assembly)"이다. 심의의 회의체는 회의의 목적을 실현하기 위한 전제조건이라고 할 수 있다. 이 말은 곧 회의규칙을 적용할 수 있는 집합이나 모임으로서 버크(Edmund Burke)가 1774년 브리스톨(Bristol)의 유권자들 앞에서 연설을 할 때 영국 의회를 지칭하며 처음 사용한 것으로 기록하고 있다.

오늘날 심의의 회의체는 대개 회의규칙을 적용하기 위해 그것을 이해하고 있는 사람들의 모임이라고 정의하고 있다(RRO, 2013: xxix ; 1). 또 심의의 회의체는 전체 집단에 중요성을 갖는 쟁점을 토론하기 위해 모인 사람들(WRO, 1994: 1)이라고 정의하기도 한다. 이 두 가지 정의에서 공통되는 요소는 "사람들의 모임"과 "모인 사람들"이라는 것이다. 즉, 회의체는 사람들로써 구성되고, 여기서 사람들은 그 회의체의 회원 또는 구성원들이다. 그러므로 다음에 회원의 개념과 심의의 회의체가 가지는 특성 등을 소개한다.

첫째, 심의의 회의체는 전체 집단의 이름으로 협력해 행동할 자유를 가지며, 전적으로 자유롭게 토론하고, 행동의 경로를 결정하는 사람들의 집단이다.

둘째, 심의의 회의체는 모든 참석자 간에 발언으로써 의사소통할 수 있는 기회가 동등하다는 조건 속에서 단일의 장소에서 동시에 만나는 사람들이다.

셋째, 회의에 참여할 권리를 가진 사람들, 즉 회원들은 회의에서 그들의 판단에 따라 대개 자유롭게 행동할 수 있다.

넷째, 이미 이루어진 결정에서 각 회원의 의견은 투표로 표현될 때 동등한 비중을 가진다.

다섯째, 집단의 의사 결정에서 합의를 이루지 못했다는 사실은 그 집단으로부터의 이탈로 간주되지 않는다.

여섯째, 만약 어떤 회원이 결석했다면 출석한 회원들은 결석자를 포함한 전체 회원을 위해 선택하고 그 조직 전체를 지배하는 규정에 의해 수립된 규정에 복종한다.

모름지기 제대로 된 회의체라면 위와 같은 조건을 충족시키면서 다음에 살펴보는 대로 회의의 원칙들이 제대로 지켜지는 가운데 회의의 목적을 실현하고, 나아가 조직 전체의 목적 실현에도 기여할 수 있을 것이다.

2 회의규칙의 원칙

회의규칙의 원칙 또는 지침들은 『웹스터 회의규칙』에 열한 가지로 정리되어 있다(WRO, 1994: 2-7).

1) 다수에 의한 결정

다수자의 투표에 의한 결정은 회의 진행에서 토대가 되는 원리이다. 소수자에 의해 회의가 통제된다면 어떤 집단도 존속이 불가능하다.

2) 동등한 권리와 특전

모든 회원은 다른 회원들과 마찬가지로 동등한 권리를 가진다.[4] 이것은 곧 각 회원은 동의안을 제출할 권리, 토론할 권리, 반대할 권리, 반대 의견을 가진 회원을 설득할 수 있는 권리, 임원 후보를 지명할 수 있는 권리와 자신도 지명될 수 있는

---

4) 『웹스터 회의 규칙(*Webster's Rules of Order*)』에는 회원의 권리로서 회의 소집의 통지권, 출석권, 동의안 제출권, 재청권, 토론권, 투표권, 임원지명권, 임원 후보 피지명권, 선거권, 피선거권, 토론 중인 의안의 의미를 알 수 있는 권리, 회의규칙 위반에 대한 반대권, 의장의 결정에 대한 공소권, 인신 공격으로부터 자신을 보호하는 권리, 회의록 접근권, 재정보고를 받는 권리, 회칙의 사본을 소유할 수 있는 권리 등을 열거하고 있다(WRO, 1994: 3).

권리, 모든 의제에 대해 투표할 수 있는 권리 등이다.

3) 동등한 의무

모든 회원은 동등한 권리를 가지고 있으므로 또한 모든 회원은 조직에 대해 동등한 책무를 가지고 있다.[5] 특히 의장은 회의를 주재할 때 회원이 가진 동등한 권리와 책무를 존중할 책무가 있다.

4) 소수자 보호

회의규칙이 준수되는 민주적 조직은 소수자의 권리를 보호하며, 이것을 결코 짓밟지 않는다. 소수자의 권리를 보호하기 위해 그것이 청취되어야 하고, 보호되어야 하며, 또 납득시키기 위한 방안을 찾아야 하고, 또 토론 중에 있는 의제에 대해 충분하게 이해해야 한다. 그리고 회의에서 다루고 있는 의제에 따라 다수와 소수는 항상 변한다는 사실을 염두에 두어야 한다.

5) 전적으로 자유로운 토론

회의규칙에서 지켜야 할 기본적 권리는 회의체에서 결정하기 위해 제시된 제안에 대해 전적으로 자유로운 토론에 참여하는 권리이다. 이것은 곧 자유로운 발언의 권리이며, 이것은 들을 권리와 듣게 할 권리이기도 하다. 모든 회원은 방해받지 않고 다루고 있는 문제에 대해 전적으로, 그리고 자유롭게 토론할 권리를 가지며 오로지 모든 회원에게 적용되는 규칙에만 복종한다.

6) 단순하고 직접적 회의 절차

회의규칙은 그 목적을 실현하기 위해 가장 간단하고 직접적인 절차가 사용되도

---

5) 『웹스터 회의규칙(*Webster's Rules of Order*)』에는 회원의 책무로서 출석 의무, 시간 엄수 의무, 회의 중 자리를 지킬 의무, 회의 주제에 대해 식견을 가지고 지성적으로 발언을 준비하는 의무, 집중할 의무, 개방적 태도를 가질 의무, 회의에 적극적으로 참여할 의무, 다른 회원과 협력해 활동할 의무, 다른 회원 존중 의무, 발언은 공개적으로 하되 타인의 발언권 인정하는 의무, 토론의 규칙 준수, 논점을 정확하게 표명, 인신 공격보다 의제를 공격할 의무, 다수결에 의한 결정의 존중, 의장의 권리와 진행 존중, 회의에서 규칙과 질서의 준수, 존엄과 질서 유지 활동, 회의규칙의 기본에 충실할 의무, 조직의 법규에 복종하는 의무, 필요한 경우 새 회원의 소개나 추천, 자질 높은 임원 후보에 투표, 위원회 참여, 조직의 성장과 발전에 기여, 조직의 명성 제고 의무 등을 들고 있다(WRO, 1994: 4).

록 하기 위한 것이다. 제퍼슨(Thomas Jefferson)이 지적한 대로 혼란을 야기하는 기술의 사용이나 어떤 목적을 가지고 사용하는 기만적인 방법은 회의의 주재자에 의해 통제 내지 축출되어야 한다.

7) 동의안의 순서

모든 동의안의 도입과 배열은 확실하고 논리적인 질서를 가지고 이루어져야 한다. 회의에는 많은 동의안이 제시되기 때문에 각 동의안은 중요도에 따라 배열되어야 한다. 각 동의안은 저마다 특유한 서열을 지니고 있으며, 그 서열에 따라 배열되고 사용된다면 회의체의 일은 시간에 따라 알맞게 처리될 것이다. 이는 회의진행의 규칙의 핵심이다.

8) 한 회의에 한 가지 의안의 처리

일 처리를 촉진하고 회의가 혼란으로 빠져드는 것을 방지하기 위해서는 한 회의에서는 한 가지 의제만 심의할 수 있다. 각 동의안이 그 안의 순위에 따라 순서대로 심의되는 경우에 혼란은 예방되고 회의도 좀 더 신속하게 안건 처리가 가능하게 된다.[6)]

9) 안건에 대한 알 권리

회원들은 의사 결정을 위한 투표에 앞서 회의에서 다루고 있는 안건을 정확하게 알 권리가 있다. 의장은 항상 다루고 있는 의제에 관해 회원들이 알도록 할 책무가 있다. 그래서 회원에게는 다루고 있는 의제에 관해 의장에게 질문할 권리도 부여하고 있다. 회원은 의제나 후보에 대해 투표를 할 때 그의 최선의 판단을 사용할 임무가 있다.

---

6) 한 회의-한 의제 원칙은 어떤 회의체가 회의를 진행 중일 때 복수의 원안 또는 원동의가 상정된다면 회의는 혼란을 초래해 오히려 시간을 낭비하게 되므로 이런 문제를 방지하기 위한 것이다. 그러나 큰 회의체가 오로지 한 안건만 다루는 경우에 생기는 비효율의 문제는 다음에 소개하는 원칙 10.과 관련된다. 즉, 전체 회의체 안에 위원회를 설치해 동시에 복수의 안건을 다룰 수 있는 기술을 적용해 해결한다. 지방의회에 상임위원회를 설치해 동시에 복수의 안건을 다루는 경우를 예로 들 수 있다. 그렇다고 하더라도, 역시 위원회의 한 회의에서는 한 의제만 다루어야 효율적이므로 한 회의, 한 의제 원칙은 유효하다. 그러므로 이 원칙에 대한 오해를 해서는 안 될 것이다.

10) 위임의 원리

각 회원은 조직 전체의 모든 일에 한꺼번에 관여하기 어렵다는 점을 명심할 필요가 있다. 업무를 신속하게 처리하기 위해 대개 민주적 조직, 특히 정부에서는 많은 중요한 책무를 공직자나 위원회에 위임한다. 회의규칙은 이러한 위임 조항을 설정해서 회의체의 회의를 좀 더 신속하고 전문적으로 처리하기 위해 위원회나 임원에게 특정한 일을 위임할 수 있다. 이 때 위임하더라도 최종 결정권은 회의 전체에 있다.

11) 공평성 유지

회의규칙은 공평하게 집행되어야 한다. 의장의 회의 진행은 그가 가장 공평성을 유지할 때 가장 효과적으로 이루어진다. 그러기 위해서 대개 의장은 토론에 참여하지 않아야 하지만 특히 조직이 소규모일 경우, 즉 위원회나 이사회 회의의 경우는 의장의 토론 참여가 허용될 수 있다. 그리고 회의체가 큰 경우에 의장은 가부동수일 경우에만 투표에 참여한다. 특히 의장은 특정 입장을 편들거나 반대 입장을 향해 적대적이 되어서는 안 된다.

회의규칙 또는 회의규칙에 따른 회의의 진행에서 지켜야 할 지침 또는 원칙은 대개 세 가지를 더 추가할 필요가 있다. 그러한 원칙으로는 회의 공개의 원칙, 일사부재의(一事不再議)의 원칙과 회기불계속의 원칙을 들 수 있다. 다음에 이들에 관해 살펴본다.

12) 회의 공개

민주주의 사회에서 공공조직의 경우는 그 주권자인 국민과 주민을 위한 기관이고, 따라서 주권자의 의사나 요구를 실현하는 기관이므로 대표들의 공무 수행을 주권자에게 개방하는 것은 일정한 정당성을 갖는다. 그래서 특히 국회나 지방의회 등 대의기관의 회의는 공개를 천명하고 있으며, 특히 비밀이 지켜지지 않으면 공익을 심대하게 해칠 우려가 있다고 판단될 때만 그것도 높은 의결정족수를 가지고 결정한 다음에야 비공개로 회의를 진행할 수 있도록 한다.

13) 일사부재의

이것은 한 회기의 회의 중에 부결된 안건은 동일한 회의나 회기 중에 다시 안건으로 채택해 심의할 수 없도록 하는 지침이다. 만약 이러한 지침이 존재하지 않는다면 부결된 안건을 제안한 회원이나 집단이 부결된 후에도 계속 동일한 안건을 제안하게 될 것이고, 그렇게 되면 회의는 한 걸음도 앞으로 나아가기 어렵게 될 것이다. 이러한 원칙은 공공 부문과 민간 부문 가릴 것 없이 모든 회의체에 적용된다고 하겠다.

14) 회기 설정

회기(session)는 "업무의 처리에서 회의체가 수행하는 단일하고 완결적인 순서(또는 경로)이며, 이것은 하나 이상의 회의로써 구성된다"(RRO, 2013: 2; 81). 이렇게 추상적인 용어로써 회기가 정의되어 있는데, 간단하게 말하면 회의가 개회되어 마지막 폐회까지의 기간을 회기라고 한다.

회기를 정해 회의를 하는 것은 몇 가지 의미를 가진다. 먼저, 회기를 정하지 않으면 회의가 언제, 누구에 의해 소집될 것인가도 분명하지 않고, 회의를 한정 없이 수시로 연다면 의제를 집중적으로 다루기도 어려운 문제를 회기의 설정으로 해결한다.

그 다음, 특히 국회나 지방의회의 경우, 회의의 수당을 지급하는 경우에 회기를 정하지 않으면 비용의 과다 지급의 문제가 발생하는데 이런 문제도 회기를 정함으로써 해결된다. 그뿐만 아니라 안건의 처리에서도 유용한 수단이 되는바, 회기를 설정함으로써 심의하는 안건의 일단락이 이루어지게 된다.

제 4 절 회의의 진행 순서

의사일정, 회의의 순서 등 회의와 관련된 모든 요소와 그 배열은 오랜 기간 회의를 거치면서 쌓인 경험과 분석, 논리 등이 종합된 결과물이라고 할 수 있다. 이 분야 전문서로서 『로버트 회의규칙』에는 대개의 회의의 진행 순서(Order of Business)

를 ① 회의록 낭독과 승인, ② 공직자 및 위원회의 보고, ③ 특별위원회의 보고, ④ 특별 안건 처리, ⑤ 기타 전 회의 미결 안건 처리, ⑥ 새 안건의 처리 등 여섯 항목을 순서대로 들고 있다(RRO, 2013: 26; 353-360). 또 『웹스터 회의규칙』에도 똑같이 여섯 항목을 순서대로 배열하고 있다(WRO, 1994: 180-186). 그러나 이러한 항목의 배열은 회의의 핵심 절차를 나열한 것으로 대개의 회의는 개회 선언부터 시작되어 마지막에 폐회 순서에 이르는데, 이러한 내용은 『로버트 회의규칙 축약 개정판(*Robert's Rules of Oder Newly Revised in Brief*)』(2011: 193)과 『웹스터 회의규칙』(WRO, 1994: 55-58)에 소개하고 있다. 그러므로 회의는 ① 개회 선언, ② 개회식(국민의례, 표창 등), ③ 임원 선출 및 선서, ④ 회의록 낭독과 승인, ⑤ 보고, ⑥ 미결 인건의 처리(특별안건, 기타 미결 안건), ⑦ 새 안건의 처리, ⑧ 폐회의 순서로 이어지는데 이 순서에 따라 살펴보기로 한다.

1 개회 선언

개회 선언(Call to Order)은 회의의 시작을 공개적으로, 또 명료하게 알림으로써 회의를 공식화하는 의미를 갖는 절차이다. 이 때 의장이 대개 일어서서 "지금부터 회의를 시작하겠습니다"[7]라고 말한다. 회의의 진행자로서 의장은 사회적 모임에서는 회장이 맡게 되며, 개회 선언도 대개 의장이 맡으나 조직의 창립회의 등 경우에 따라 다른 사람을 지정해 맡길 수도 있다. 그리고 개회 선언은 다양한 표현으로써 가능하다.

이러한 개회 선언이 의미를 갖는 것은 두 가지로 지적할 수 있는데, 하나는 공식적인 회의가 공식적으로 시작된다는 것이다. 그러므로 개회 선언이 이루어지기 전에는 아무리 진지한 논의를 했더라도 의미를 갖지 못하게 된다는 점이다. 둘째로 개회 선언에 의해 회의 참석자들이 회의장 주변을 배회하던 사람까지 포함해 모두

7) 『로버트 회의규칙 축약 개정판(*Robert's Rules of Order Newly Revised in Brief*)』(2011: 192 표B; 193 표C)에는 의장이 회의 진행 중에 일어서는 경우와 앉는 경우를 지적하고 있는데, 일어서서 진행하는 경우는 안건을 투표에 부칠 때, 개회 선언과 폐회 선언 때, 규칙 발언 동의와 공소에 대한 토론 때이고 회원이 발언해 토론할 때는 의장석에 앉는다. 그러므로 개회 선언과 폐회 선언에는 의장이 일어서서 진행한다.

가 듣고, 알게 되어 회의장에 입장해 참석할 수 있게 된다는 점이다.

2 개회식

개회식(Opening Ceremonies)은 대개 국민의례와 공로 회원의 표창 등을 포함한다. 어느 국가를 막론하고 회의의 개회식에는 국기에 대한 경례가 포함되고, 또 국가를 부르며, 때로는 조직의 법규에 정하기에 따라 기도 순서를 넣기도 한다. 그리고 이 자리에서는 조직의 발전을 위해 공로가 있는 회원, 또는 지방정부 행사라면 공로 시민에 대한 표창, 또는 공로 시민의 사망에 대한 애도의 표현 등의 순서를 넣기도 한다.

3 임원 선출 및 선서

임원 선출과 선서(Oath of Office)는 새로 창립되는 조직의 회의나 공직자 선거를 연례적으로 치르는 연례회의에서 갖는 순서이다.

조직의 창립회의에서는 맨 앞의 개회 선언도 담당할 공직자가 결정되지 않았으므로 특정한 이에게 부탁해서 역할을 분담시키게 된다. 그뿐만 아니라 회의를 진행할 의장도 선출된 바가 없으므로 임시의장을 선출해야 하고, 또 회의를 기록할 서기(clerk 또는 총무)도 이 때 선출하게 된다. 만약 창립총회라면 아마도 창립을 준비하는 모임, 즉 주비위원회(籌備委員會)가 이미 구성되어 창립대회를 기획할 것이며, 여기서 창립회의의 진행 순서를 준비해 검토하고, 회의의 순서에 따라 임시서기 등 역할을 미리 배분한다. 그리고 임시의장의 역할도 이미 설정한 회의의 순서에 따라 가장 중요한 임원 선출까지 진행된다. 그리고 그 조직을 대표할 임원, 즉 회장이나 대표가 선출되고, 서기를 대표가 지명하거나 선출하는 등 선임 절차를 마친다.

그 다음, 이들 공직자의 선서 절차를 갖게 된다. 그리고 창립회의가 아니더라도 연례회의의 경우, 회의의 순서를 설정하기에 따라 임원의 선출이 이루어지고 그 조직의 임원이 회원들 앞에서 임원으로서 책무를 성실히 다할 것을 다짐하는 선서를 가질 수 있다.

4 회의록 낭독과 승인

회의록 낭독과 승인(Reading and Approval of Minutes)은 바로 앞 회기에 가졌던 회의의 과정과 결정의 결과를 기록한 내용을 회의에 참석했던 회원들이 참석한 가운데 읽고, 오류가 있으면 바로잡아서 확정하는 절차로서 매우 중요하다. 그것은 이 절차를 거쳐야 앞 회의의 모든 노력과 결정에 관한 기록이 "공식 문서"로 확정되기 때문이다.

의장이 진행하는 가운데 전 회의록은 대개 서기가 읽게 된다. 회의록 낭독이 끝나면 의장은 "수정할 부분이 있습니까?"라고 묻고, "더 수정할 부분이 없으면 전 회의록은 읽은 바와 같이 승인되었습니다"라고 선언하게 된다.

그러나 전 회의와 그 후의 회의 간에 시간의 여유가 있어서 회의록을 이미 회원들에게 송부했거나 시대가 바뀐 요즘은 인터넷 등의 통신 수단을 이용해 회의록을 정리해 회의 전에 미리 배포한 경우에는 "미리 보내드린 회의록에 수정할 부분이 있습니까?"라고 묻고, "수정할 부분이 없으면 전 회의록은 승인되었습니다"라고 선언하면 된다.

5 보고

보고(Reports)의 순서는 회무의 집행을 맡은 공직자의 보고나 전 회의를 통해 다룬 내용 가운데서 최종 결정을 위해 전문적으로 특별히 더 지식이나 정보가 필요해서 위원회나 소위원회를 구성해 연구해 보고하도록 결정한 경우 그러한 위원회의 보고를 듣게 된다.

의장이 "○○○국장 보고 사항이 있습니까?" 라고 묻거나 아니면 "저번 회의에서 결정한 대로 ○○○위원회의 보고를 듣도록 하겠습니다. ××× 위원장님 보고를 부탁드립니다"라고 진행하게 된다.

6 미결 안건의 처리

미결 안건의 처리(Unfinished Business)는 특별 안건(Special Orders)의 처리와 기타 미결 안건(Unfinished Business and General Orders)의 처리로 구분한다.

1) 특별 안건의 처리

특별 안건이란 회의규칙 전문서에 따르면, 전에 열린 회의에서 "다루고 있던 안건"을 "특별히 시간을 정해" 다음 회의에서 다루자는 동의안을 2/3 이상 회원의 찬성으로 가결해 현재 열리고 있는 회의에서 다루게 된 안건을 가리킨다. 특별 안건은 그것을 다룰 시간을 특별히 정해 심의를 연기했다는 점에서 단순히, 그리고 다룰 시간을 정하지 않고 이른바 무기한 연기함으로써 안건 자체를 폐기하려는 의도로 연기를 동의하는 것과 구별된다(RRO, 2013: 179-191).

2) 기타 미결 안건의 처리

미결 안건이란 앞서 열렸던 회의에서 그 때의 의사일정에 있는 안건들을 모두 다루지 못하고 폐회되었거나 처리되지 못한 안건을 다룰 일정을 결정하지 못한 채 폐회되어서 그 때의 안건들이 현재 열리고 있는 회의로 넘어온 안건을 가리킨다. 그리고 일반 안건(General Orders)이란 전 회의에서 특별 안건으로 처리하지 않고 다음 회의로 미룬 안건을 가리킨다.

7 새 안건의 처리

새 안건(New Business)은 미결된 안건의 처리가 끝난 뒤에 회의에서 다루기로 의사일정표에 들어 있거나 회의 현장에서 새로 동의의 절차를 거쳐서 성립된 안건을 다루는 것이다.

의장은 "새로운 안건이 있습니까?"라고 묻거나 의사일정에 따르는 회의라면 "이제부터 새 안건을 다루는 순서를 시작하겠습니다"라고 공지해서 발의와 재청 등 동의의 절차를 거쳐서 동의안을 성립시켜 회의를 진행하게 된다.

8 폐회

폐회(Adjournment)[8]는 개회로부터 시작해 정해진 기간, 즉 회기 동안 일정에 따라 안건들의 처리를 마치거나 아니면 회기를 갖지 않고 당일 일정으로 소집된 회의에서 다루기로 한 안건들의 심의를 마치고 그야말로 회의를 마치는 순서이다.

우리나라의 경우는 폐회를 회기 중의 하루 회의를 마치는 회의로서 산회와 구별하며, 국회나 지방의회의 회기를 마치는 것이 폐회라고 소개한다.

제 5 절 동의안의 이해

오로지 회원의 동의안에 의해서만 조직이나 회의체의 업무를 회의에서 다룰 수 있게 된다. 동의안의 개념은 이 절의 앞에서 이미 소개했다. 다음에는 동의안의 종류와 그 특성, 그리고 동의안 간의 관계를 살펴보기로 한다(RRO, 2013: 58-80).

1 동의안의 종류와 특성

회의에는 각각의 목적을 가지고 제기되는 다양한 동의들이 있다. 모든 동의는 일정한 형태의 행동을 취하도록 제안하는 것이 기본적 속성이다. 각종 동의는 원

8) 『로버트 회의규칙』에는 session의 폐회는 adjournment sine die(or adjournment without day)라는 표현으로써 회기 종료를 가리킨다고 했다. 그러나 부연하여 sine die라는 말은, 항상 그러는 것은 아니지만, 폐회를 동의하거나 의장이 폐회를 선언할 때 사용한다고 소개하고 있다(RRO, 2013: 83).

동의와 제2차 동의들(secondary motions)로 크게 나눌 수 있다. 제2차 동의는 보조동의(Subsidiary motions), 특권동의 또는 우선동의(privileged motions), 부수동의 또는 부대동의(incidental motions)로 나눈다. 이 밖에도 재심 동의, 즉 회의에 한 번 다루었던 안건을 다시 다루도록 제안되는 동의도 있으나 이에 관해서는 따로 다루지 않는다. 각종 동의의 분류를 표로 나타내면 다음과 같다.

표 10-1 동의의 분류

종류/명칭	동의의 명칭
원동의 또는 원안	원래의 원동의(original main motion)
	부수적 원동의(incidental main motion)
제2차 동의	보조동의(subsidiary motions)
	우선동의(privileged motions)
	부수동의(incidental motions)

다음에 회의에서 서로 관련을 맺는 동의들과 특성을 원동의 또는 원동의와 제2차 동의로 크게 나눈 다음, 후자의 경우는 다시 세 가지 동의로 나누어서 소개한다.

2 원동의

1) 개념

『로버트 회의규칙』에 따르면, 동의안의 기본형은 회원의 동의안이 제시된 경우에만 회의가 이루어지게 되는 원동의 또는 주동의(main motion)이다.[9] 흔히 원안이라고도 한다. 이하에서는 세 가지 용어를 섞어서 쓴다.

9) 원동의 또는 주동의는 명칭 때문에 오해를 일으킬 수 있는바, 조직의 목적을 실현하기 위해 필요한 행동방안의 방향이나 내용을 담고 있는 제안으로서 정책 결정의 과정을 모두 거쳐서 조직의 결정으로 채택되는 과정에서 이 동의가 출발점이 된다. 그런데, 심의의 출발을 이루기 위해 제기된 첫 번째 동의라는 의미로 보면 된다. 원동의는 회의 중에 여러 가지 제안들에 의해 수정되거나 심의가 보류되거나 심지어 폐기되는 과정을 겪기도 한다.

2) 원동의 성립의 절차

원동의는 회의에서 다룰 안건으로 상정되는데 동의→재청→상정의 3단계를 거치고, 심의를 거쳐 결과에 이르기까지 3단계 등 모두 여섯 단계를 거치게 된다. 먼저 첫 3단계를 살펴본다.

(1) 동의

원동의는 다른 안건이 심의되고 있지 않을 때 회원이 의장으로부터 발언권을 얻은 다음 "나는 …… 하기를 동의합니다" 또는 "나는 …… 할 것을 제안합니다"라고 말하면 된다(안건 성립의 제1단계).

(2) 재청

회원의 위와 같은 제안이 있은 후에 이 제안이 심의되기를 바라는 다른 한 회원이 의장으로부터 발언권을 얻을 필요도 없이 "나는 재청입니다" 또는 "재청입니다" 또는 "재청!"이라고 말하면 된다(안건 성립의 제2단계).

(3) 상정

의장은 회원의 제안과 재청이 이루어지면 회원이 제안한 원동의의 내용을 "○○○회원께서 …… 할 것을 동의했습니다"라고 서술해 알림으로써 원동의를 상정하게 된다(안건 성립의 제3단계).

3) 원동의 심의의 절차

의장에 의해 상정이 이루어지고 나면 그 다음 절차도 3단계로 구분할 수 있는데, 그것은 토론→표결→결과의 공표이다. 그리고 일단 원동의가 상정되어 토론에 들어가면 다른 어떤 원동의도 새로 상정될 수 없다.

(1) 토론

토론(debate on the question)은 심의의 제1단계이다. 의장의 원동의에 관한 서술이 이루어진 직후부터 시작되는데, 대개 관례적으로, 제안자가 원한다면, 그에게 첫 토론의 기회를 주어야 한다. 다른 회원이 먼저 발언권 신청을 했더라도 원동의 제안자에게 발언권이 우선적으로 부여된다(RRO, 2013: 42). 그것은 구두로 짧은 말로 원동의를 제안한 경우, 제안의 사유나 배경 등을 충분히 소개 내지 설명할 기회를 갖지 못했다고 보기 때문이다.

회의규칙 전문서에 따르면, 토론의 경우에 회원들은 공평하고 자유롭게 의견을 발표할 기회를 보장하는 것이 원칙이므로 대개 한 의제에 관련해 의장은 두 차례의 토론 기회를 부여한다. 그러나 어떤 회원이 한 번의 발언을 사용하고 한 번 더 발언 기회가 남아 있고, 그래서 발언을 신청하더라도 한 차례도 발언하지 않은 회원이 남아 있는 경우에는 두 번째 발언 기회를 제한할 수 있다. 그리고 의장은 토론에서 찬성하는 측과 반대하는 측에 번갈아가며 발언 기회를 부여하는 것이 필요하다(RRO, 2013: 43).

(2) 표결

표결(put the question)은 원동의 심의의 제2단계이다. 토론이 거의 끝났다고 보일 때, 의장은 "표결 준비가 되었습니까?" 또는 "토론할 회원이 더 남았습니까?"라고 묻는다.

다른 발언 신청이 없는 경우, 의장은 "자리에서 일어나서"(회원 수가 적은 위원회의 표결 등은 예외) 표결을 진행시키게 되는데 이 때 의장은 표결에 부치는 안건의 "제목"을 전부, 또 정확하게 전달해야 한다. 의장이 전달하는 그 내용이 회의록에 기록되기 때문이고 또 찬성과 반대의 표현이 정확하게 이루어지도록 해야 하기 때문이다.

의장은 표결의 대상이 되는 의제의 내용에 혼란의 가능성이 있는 경우, 혼란을 해소시키기 위해 용어나 어순 등을 바로잡아야 하며, 또한 찬성(aye)과 반대(no) 투표의 효과를 회원들이 정확하게 이해하도록 만들어야 한다. 그리고 표결의 진행에서 의장은 어조를 더 높이고 또 발음도 명료하게 해서 투표에 참여하는 회원들이 모두 정확하게 알아듣도록 해야 한다.

표결의 방법은 대개 목소리(voice or viva voice)로 하지만, 기립 표결(rising) 또는 거수 표결(a show of hands)의 방법을 사용하기도 한다. 그리고 이러한 방식 중 어느 하나를 사용하더라도 의장은 먼저 찬성(affirmative vote)부터 묻는 것이 관례이며, 그 다음에 반대(negative vote)를 묻는다. 또 하나 의장은 표결에 부칠 때 찬성이 거의 만장일치에 가깝더라도, 특별한 경우를 제외하고는, 반드시 반대를 물어야 한다.

(3) 표결 결과의 공표

표결 결과의 공표(announcement of the voting result)는 심의의 제3단계이다. 이 때 의장은 일어선 채 표결이 이루어진 직후, 의장의 반대 투표 요청 후 "약간의 뜸을 들인 후" 표결의 결과를 공표한다. 공표 전 약간의 호흡을 갖는 것은 회원들이 그 결과가 공표되기 전에 자신의 투표를 변경할 권리를 가지기 때문이며,[10] 표결에 관해 회원이 다른 의견을 개진할 기회를 부여하기 위한 것이다.

의장의 표결 결과 공표에는 "투표 자체의 결과(찬성이 많은가, 아니면 반대가 많은가)", "가결인가 아니면 부결인가", 그리고 "표결 결과의 효과" 등 세 가지 요소가 포함되어 있어야 한다.

그러므로 투표 결과 공표의 예를 들자면, 의장은 "표결 결과 동의안에 대한 찬성이 ○○표로 가결되었음을 선포합니다"라고 한다. 그런 다음 의장은 채택된 동의안의 처리 또는 집행에 관해 언급하게 된다(RRO, 2013: 48-49).

4) 원동의의 종류

원동의는 원래의 원동의와 부수적 원동의로 나눌 수 있다.

(1) 원래의 원동의

원래의 원동의(original main motions)는 실질적이고 새로운 내용의 문제를 회의에 제기하는 원동의를 가리킨다. 이것은 가장 흔히 사용되는 원동의로서 가능한 행동 방안을 찾아서 회의에서 다룰 안건을 내놓는 기본적 수단이며, 말로써 제안하는 경우가 대부분이나 동의안의 길이, 복잡도, 중요도에 따라 문서로써 제안하는 경우[11]도 있다(RRO, 2013: 100-101).

---

10) 회원은 표결 결과가 공표된 후에도 자신의 투표를 변경할 수 있지만 이 때는 그 회의에서 만장일치의 허가를 받아야 한다(RRO, 2013: 48).

11) 회의규칙 전문서에서는 안건의 내용이 길거나 복잡하거나 중요한 경우는 구두로 내는 동의와 구별해서 문서로서 작성되고 특정한 틀을 갖춘 원동의, 즉 서면동의안(resolution: a written motion adopted by a deliberative body)을 통한 동의를 소개하고 있다(RRO, 2013: 105-110). 서면동의안은 원동의와 동일하지만 형식(format)만 다른데, 그것은 왜 이 동의안이 중요한지, 왜 회원들이 지지해야 하는지를 설명하는 전문(preamble)을 대개의 서면동의안에 포함시킨다는 점이다. 모든 서면동의안은 원동의에 속하지만 모든 원동의가 서면동의안은 아니다(WRO, 1994: 91-94).

(2) 부수적 원동의

부수적 원동의(incidental main motions)는 원동의이기는 하지만 주로 회의체 자체에 관련 또는 부수되는 동의이거나 회의체의 과거나 미래의 조치들과 관련된 동의라는 점에서 원래의 원동의와 다르다. 부수적 원동의는 수적으로 매우 한정되어 있다는 점이 특징이고, 원래의 원동의와 달리 부수적 원동의는 실질적인 문제에 회의체가 처음부터 개입 또는 관련되는 경우가 아니라고 지적한다. 예컨대, 부수적 원동의는 이미 조직이 관여하고 있는 일에 부가적 조치를 제안하거나 그 절차 등을 제안하는 경우이다(RRO, 2013: 101). 좀 더 부연하면, "이것은 회의체의 회의나 절차와 관련해 제기되는 것으로 조직의 업무와 직결되는 내용이 아니다. 그래서 위원회의 보고를 수용하거나 토론을 제한하거나 하는 것으로 회의 현장과 관련된 것들이 많다. 그리고 회의록을 승인하거나 위원회의 해산을 위한 동의 등이 그러한 예이다"(WRO, 1994: 94-95).

3 제2차 동의의 이해

『로버트 회의규칙』에 따르면, 모든 동의는 회의에 제기되어 심의되지만, 제2차 동의들은 원동의와 동일한 내용의 행위를 제안하지 않는다(RRO, 2013: 59-62, 126-299). 원동의가 아닌 다른 동의들은 이미 심의 중에 있는 원동의의 심의와 관련된 절차 등에 관한 것들이다. 그래서 제2차 동의라고 부른다. 제2차 동의는 다시 동의들을 분류하는 출발점이 되어 주며, 또한 회무를 처리하는 데 사용되는 회의규칙의 기본 요소, 즉 동의 간의 우선순위를 밝히는 데도 도움을 준다.

1) 제2차 동의의 특성

제2차 동의는 원동의에 관련되어 제기되는 동의이다. 다음에 살펴보는 대로 제2차 동의는 그 절차적 특성이나 시급한 정도 등에서 서로 차이가 있다.

먼저, 제2차 동의는 한 회의에 한 동의만 다루는 원칙을 어기지 않으며, 원동의가 심의되고 있을 때도 제안될 수 있고, 의장에 의해 제2차 동의가 만들어지고 상정될 때는 원동의의 직접적 심의가 계속되기 전에 제2차 동의에 대한 조치가 선행되어야 한다. 그러므로 제2차 동의는 회의 중에 제기되면 즉시 심의하는 동의가 되며, 이 때 원동의도 심의 중인 동의의 상태인 것이다.

제2차 동의의 또 다른 특성은 그들 간에 우선권 내지 서열이 있다는 점이다. 바로 앞에서 소개한 것처럼 원동의가 상정되어 있고, 그 원동의와 관련된 제2차 동의가 다시 상정되는 경우에 동의들 간에 우선권 또는 서열이 없다면 회의가 제대로 진행될 수 없을 것이다. 특정한 제2차 동의가 다른 동의에 대해 우선권을 갖는 회의규칙들은 회의의 경험을 통해 점차 진화한 결과이다. 그러므로 원동의와 제2차 동의로서, 부수동의들을 제외하고는, 7개의 보조동의(subsidiary motions)와 5개의 우선동의(또는 특권동의[privileged motions]) 간에는 각각 다른 우선권을 가져서 그 서열이 정해져 있다. 이들 동의 가운데 원동의는 서열이 가장 낮다. 그리고 이름 그대로 우선동의는 그들 간에 서열도 정해져 있지만, 보조동의와 부수동의보다 가장 서열이 높아서 심의의 우선권을 누린다. 그리고 부수동의 각각은 서로 간에 우선권이 설정되어 있지 않다는 점이 특징이다.

다음에 제2차 동의를 <표 10-1>에서 알 수 있는 것처럼 보조동의, 우선동의, 부수동의로 크게 나누어 각 동의의 개념과 특성, 그리고 우선순위 등을 살펴본다.

2) 보조동의

(1) 개념

보조동의는 회의에서 원동의를 다루는 데 보조하며 도움을 주는 동의를 가리킨다. 때로는 원동의가 아니더라도 해당 동의를 다룰 때 보조하기도 한다.

(2) 특성

보조동의 모두가 공통적으로 갖는 특성은 첫째, 다른 동의들을 심의하고 있을 때 그 심의를 돕기 위해 사용된다는 점이며, 둘째, 특정한 원동의에 적용하고, 셋째, 해당 보조동의보다 우선권이 큰 동의가 다루어지고 있을 때는 우선권이 낮은 보조동의가 제기될 수 없으며, 넷째, 다른 회원이 발언권을 행사하고 있을 때 보조동의를 제안하면 규칙 위반이 되고, 다섯째, 해당 보조동의를 적용할 수 있는 동의가 심의 중인 경우에는 이미 토론의 제한이나 연장 동의나 토론 종결 동의가 제기된 상태를 제외하고는, 언제든지 제안이 가능하다.

(3) 보조동의의 종류(우선순위가 높은 것부터)

① 보류동의

A. 개념

보류동의(lay on the table)는 시급한 어떤 다른 일을 처리하기 위해 현재 심의 중인 안건의 심의를 중단하자는 동의 또는 회의에서 어떤 원동의를 재심할 일시를 정하지 않고 일시적으로 심의를 제쳐두자는 내용의 제안을 가리킨다.

보류동의는 다수의 목적에 의해 악용될 수 있으며, 또 어떤 안건을 폐기하거나 처리를 회피하는 명백한 의도가 보이면 이는 규칙 위반이 된다.

B. 보편적 특성

a. 원동의, 모든 다른 보조동의에 우선권을 가지는 것은 물론 보류동의가 제안된 당시 상정되어 있는 부수동의 외의 동의에 우선권을 가지며, 우선동의들에만 양보한다.
b. 상정되어 있는 여타의 보조동의와 함께 원동의에 적용할 수 있으며, 일정 촉진 동의나 특청 동의가 원동의로 상정되어 있는 경우에도 적용할 수 있다. 그 외 여러 적용 사례가 소개되고 있으나(RRO, 2014: 210-211) 지면 제약으로 생략한다.
c. 다른 회원이 발언권을 행사하고 있을 때에 보류동의를 제안하면 규칙 위반이 된다.
d. 재청이 필요하다.
e. 토론은 허용되지 않는다.
f. 수정도 허용되지 않는다.
g. 다수결로 결정한다.
h. 보류동의안은 가결된 후에는 재심의(또는 번안)는 불가하다.

② 토론 종결 동의

A. 개념

더 이상의 토론이 필요하지 않으며 즉각 투표에 부쳐서 상정되어 있는 의제들의 수정을 중단시키고자 하는 경우에 제안할 수 있는 동의이다.

B. 보편적 특성

a. 토론 종결 동의가 적용될 수 있는 동의로서, 토론 또는 수정이 가능한 모든 동의에 우선권이 있고, 또 토론 제한 또는 연장동의에 대해서도 우선권이 있다. 이 동의는 보조동의 가운데 보류동의, 그리고 모든 우선동의에는 양보해야 한다.

b. 현재 상정되어 있는 동의로서 토론 또는 수정이 가능한 모든 동의와 토론이 가능하거나 수정이 가능한 연속적인 동의들에 적용할 수 있다. 이 밖에도 많은 사례가 제시되고 있으나 생략한다.

c. 다른 발언자가 있을 때 제안하면 규칙 위반이 된다.

d. 재청을 필요로 한다.

e. 토론은 허용되지 않는다.

f. 수정도 불가하다.

g. 2/3 찬성으로 가결된다.

h. 가결된 후 토론 종결 결정이 집행되기 전에는 재심이 가능하다.

③ 토론 제한 또는 연장동의

A. 개념

회의 중 안건에 대한 토론은 일정한 규칙을 정해놓고 있는데, 한 주제에 대해 한 회원이 발언할 수 있는 횟수의 제한이나 발언 시간의 제한과 같은 것이다. 이런 규칙의 제한을 완화시켜 안건 심의를 원활하게 하려고 할 때 사용하는 보조동의의 하나이다. 즉, 토론 제한 또는 연장동의는 상정되어 있는 안건에 대해, 토론을 종결시키는 규정을 사용하지 않으면서, 허용된 발언자의 수나 발언 시간을 줄이거나 일정한 시간 동안 토론을 한정해서 토론이 종결되도록 만드는 동의이다. 단, 위원회의 회의에서는 토론 종결 동의와 토론 제한 또는 연장동의를 사용하지 않는다.

B. 보편적 특성

a. 토론이 가능한 모든 동의에 우선권을 갖는다. 다만, 앞에서 먼저 소개한 보류

동의와 토론 종결 동의, 그리고 이들 동의의 수정을 위한 동의와 모든 우선동의, 그리고 부수동의에 우선권을 양보해야 한다.

b. 현재 상정되어 있는 모든 토론 가능한 동의와 현재 상정되어 있고 또 토론 가능한 연속적인 동의의 전부에 적용할 수 있다.
c. 발언자가 있을 때 제안하면 규칙 위반이 된다.
d. 재청이 필요하다.
e. 토론은 불가하다.
f. 수정 가능하지만 수정동의도 토론은 불가하다.
g. 2/3 찬성으로 가결된다.
h. 재심은 토론 제한 또는 연장동의가 집행되기 전에는 항상 가능하지만 토론은 불가하다. 일부 집행된 경우에도 나머지 부분에 대한 재심이 가능하다.

④ 기한부 연기동의

A. 개념

회의에서 상정되어 있는 원동의를 그 회의의 다른 시간, 또는 아예 다른 회의 때 심의하고 싶은 경우에 기한부 연기동의(postpone to a certain time, postpone definitely, postpone)를 제안한다. 그러므로 기한부 연기동의는 정해진 날짜, 정해진 회의, 정해진 시간, 또는 다음의 정해진 기회로 심의를 미루는 것인데 여기서 "정해진(definite)" 용어가 부가되어 있으므로 무기한 연기동의와 중요한 차이가 있다.

B. 보편적 특성

a. 원동의에 대해 우선권이 있고, 무기연기, 수정, 회부동의에 대해 우선권을 가지며, 안건 분할 동의 및 항목 또는 순차적 심의 동의에도 우선권을 가진다. 또한 공소(appeal) 동의가 원동의에 결합된 경우가 아니거나 앞에서 거론한 동의들을 제외한 다른 동의들이 상정되어 있지 않거나 간에 토론이 가능한 동의인 경우에는 우선권을 가진다.
b. 무기한 연기, 수정, 또는 회부동의가 상정되어 있는 원동의에 적용할 수 있고, 일정 촉진 동의나 특청 동의가 원동의로 상정되어 있는 경우에도 적용 가능

하다. 이 밖에도 많은 사례가 열거되어 있으나 생략한다.

c. 다른 발언자가 있는 경우에 제안하면 규칙 위반이 된다.
d. 재청이 필요하다.
e. 토론이 가능하다. 다만, 제약 조건이 따른다.
f. 수정도 가능하다.
g. 다수결로 가결한다.
h. 가결된 안건의 재심의 동의도 가능하다. 부결된 경우에도 충분히 시간을 가지고 토론하고 또 새로운 안건처럼 된 경우에 재심동의가 가능하다.

⑤ 위임 · 회부동의

A. 개념

회부 또는 참조(commit of refer) 동의는 다루고 있는 안건에 관해 소수의 선정된 사람들-위원회-을 통해 신중하게 조사해 심의를 위한 조건을 개선할 목적으로 제안하는 보조동의이다. 회부나 참조 동의는 전체 회의체로 하여금 위원회처럼 더 많은 토론의 자유를 허용하기 위한 목적이며, 따라서 전체 회의체의 위원회에 회부하거나 전체 회의체를 위원회처럼 간주하고 회부하거나, 비공식적으로 심의하거나 세 가지 형태 중 하나를 취한다.

B. 보편적 특성

a. 원동의에 대해 우선권을 가지며, 무기한 연기, 수정 동의에 대해 우선권을 가지고 또 안건 분할, 항목 또는 연속적 심의 동의와 같은 부수동의에 대해서도 우선권을 가진다. 그러나 기한부 연기, 토론이 제한 또는 연장, 토론 종결, 보류 동의 등에는 우선권을 양보해야 한다.
b. 원동의에 적용하고, 일정 촉진, 특청 동의 등에 적용한다.
c. 발언자가 있는 경우에 제안하면 규칙 위반이 된다.
d. 재청이 필요하다.
e. 토론이 가능하다.
f. 수정이 가능하다.
g. 다수결로 가결한다.

h. 가결된 안건은 위원회가 심의를 시작하기 전이면 재심이 가능하다. 부결된 안건도 충분한 시간을 가지고 토론을 거쳐서 본질상 거의 새로운 내용의 안건으로 변경된 경우 재심이 가능하다.

⑥ 수정동의

A. 개념

수정(amend)동의는 상정되어 있는 원동의의 형태나 내용(form)을 변경함으로써 더 적합한 안건으로 만들거나 수용 가능하도록 하기 위해 최종적으로 투표에 부치기 전에 그 자구나 표현을 바꾸어서 원동의의 의미를 명확하게 하거나 제한하거나 변경시키려는 제안을 가리킨다.

B. 보편적 특성

수정동의는 회의에서 가장 널리 또 빈번하게 사용되는 동의이다. 수정동의의 특성은 다음과 같다.

a. 원동의에 적용할 경우에는 원동의에 대해, 또 보조동의 가운데서는 무기한연기 동의에 우선권을 가지며, 그 외 모든 보조동의에는 양보해야 한다. 또한 수정동의는 이 수정동의를 수정하려는 제안에도 양보해야 한다. 원동의 외의 동의에 적용할 경우에는 그 수정을 제안하는 동의에 대해 우선권을 가지며, 그 밖에 우선동의들과 수정하려는 동의가 원래부터 양보해야 하는 동의들, 그리고 수정동의를 수정하려는 동의, 토론의 제한이나 연계동의, 현재의 수정동의에 적용되는 토론 종결 동의, 그리고 수정동의에 적용할 수 있는 모든 부수동의에 양보해야 한다.

b. 수정동의는 그 외 다른 원동의에 적용하며, 휴게동의에서 그 기간, 연기 동의의 기간 등 일정한 제한을 가하는 여타 동의안 등에 적용할 수 있다. 또한 수정동의는 현재 상정되어 있는 1차 수정동의에 적용해 2차 수정동의도 만들 수 있다. 회의규칙 전문서에 따르면, 수정동의의 적용 범위에 관한 사례는 매우 많으나 여기서는 생략한다.

c. 발언자가 있을 때 제안하면 규칙 위반이다.

d. 재청이 필요하다.

e. 적용되는 동의가 토론 가능한 경우에는 수정동의도 항상 토론이 가능하다.
f. 대개 수정동의 자체에 대한 수정도 가능하다.
g. 과반수로 의결한다.
h. 재심의도 가능하다.

⑦ 무기연기 동의

A. 개념

골치 아픈 원동의가 상정되었을 경우, 회원은 이 원동의에 대해 무기한 연기 동의를 제안함으로써 이것을 투표에 이르기 전에 처리(또는 폐기)하려고 제안하는 동의이다.

B. 보편적 특성

a. 무기연기 동의는 현재 상정되어 있어서 적용하려는 원동의 외에는 우선권이 없다. 보조동의 가운데서는 서열이 가장 낮다. 그러므로 나머지 모든 보조동의와 우선동의, 그리고 적용 가능한 부수동의에 대해서도 양보해야 한다.
b. 현재 상정되어 있는 원동의에 한해 적용이 가능하다. 무기연기 동의에는 원동의에 영향을 주지 않으면서 토론의 제한이나 연장 동의, 토론 종결 동의를 적용할 수 있다.
c. 발언자가 있을 때 제안하면 규칙 위반이 된다.
d. 재청이 필요하다.
e. 토론이 가능하다.
f. 수정은 불가하다.
g. 과반수로 의결한다.
h. 가결된 무기연기 동의는 재심이 가능하며, 부결된 경우에는 재심이 불가하다.

3) 특권동의 또는 우선동의

(1) 개념

현재 다루고 있는 안건과 상관없지만, 현재 심의 중인 일의 중단과 함께 토론 없이 즉각, 그리고 중요하게 처리해야 하는 동의이다.

(2) 보편적 특성

모든 우선동의는 원동의, 보조동의, 부수동의 전체에 대해 거의 언제나 우선권을 가진다.

(3) 우선동의의 종류(우선순위가 높은 것부터)

① 차기 일정 동의

A. 개념

차기 회의 일정 동의(fix the time for an adjourned meeting)는 현재의 회의가 폐회되더라도 영향을 미치지 않도록 하면서 현재의 안건을 다룰 다음 회기의 일시(때로는 장소도 포함)를 설정하는 것이다. 이 동의의 제안은 같은 회기 안에서 다음 회의 일정이 없는 경우에 이루어져야 규칙 위반이 되지 않는다.

B. 보편적 특성

a. 다른 모든 동의에 대해 우선권을 가진다. 다만 이것은 차기 일정 동의 자체의 수정과 토론 종결 동의에만 우선권을 양보할 뿐이다.
b. 아무 동의에나 차기 일정 동의가 적용되는 것은 아니며, 수정동의는 적용 가능하고, 토론 종결 동의도 차기 일정 동의의 수정을 방지하기 위해 적용할 수 있다.
c. 다른 발언자가 있는 경우에 제안하면 규칙 위반이 된다.
d. 재청이 필요하다.
e. 토론은 불가하다.
f. 일시와 장소 등은, 비록 토론을 불가하지만, 수정이 가능하다.
g. 다수결로 가결한다.
h. 재심의도 가능하다.

② 폐회 동의

A. 개념

폐회동의는 전체 회의를 종료하자고 제안하는 것으로서 비록 안건을 다루고 있는 중일지라도, 회칙이나 다른 법규에 다음 회의의 일시가 정해져 있는 경우에는 발의가 가능하다.

B. 보편적 특성

a. 차기 회의 일정 동의 외에는 모든 동의에 대해 우선권을 가진다. 다만, 회의에서 투표가 진행되거나 투표 결과를 확인 중이거나, 의장이 투표 결과를 공표하기 전에 폐회동의를 제안하면 규칙 위반이며, 투표가 실시된 경우에 검표원이 투표지를 거둔 뒤 및 투표 결과를 공표하기 전에는 규칙 위반이 아니다. 그렇지만, 폐회동의도 특정하게 적용할 수 있는 부수동의와 폐회동의에 관해 투표가 실시되기 전에 해결될 수 있는 동의에는 양보해야 한다.

b. 여타의 동의, 보조동의는 폐회동의에 적용되지 않는다.

c. 발언자가 있는 경우에 제안하면 규칙 위반이다.

d. 재청이 필요하다.

e. 토론은 불가하다.

f. 수정도 불가하다.

g. 과반수로 의결한다.

h. 재심은 불가하다.

③ 휴게 동의

A. 개념

휴게(recess)동의는 회의가 진행되고 있는 가운데 대개 단지 몇 분 정도 짧은 휴식 시간을 갖자는 제안으로 회의를 종료하는 것이 아니다. 휴식 시간 이후에는 즉시 그리고 휴게동의로 중단했던 그 부분에서 회의가 재개된다. 특히 유의할 것은 다른 안건이 상정되어 있는 동안에 제기된 휴게동의는 우선동의에 해당하지만 상정된 안건이 없는 상태에서 제기된 휴게동의는 원동의로 분류된다는 점이다.

B. 보편적 특성

a. 휴게동의는 원동의와 모든 보조동의, 그리고 모든 부수동의에 우선권을 가지며 또한 차기 회의 일정 동의와 폐회동의 외의 모든 우선동의에 대해 우선권을 가진다. 휴게동의는 우선동의로서 휴게동의에 대한 수정동의, 토론 종결

동의, 차기 회의 일정 동의와 폐회동의에 대해서는 양보해야 한다.

b. 특정한 동의에는 적용이 제한된다. 보조동의를 휴게동의에 적용할 수 없다.

c. 발언자가 있는 경우 제안하면 규칙 위반이 된다.

d. 재청이 필요하다.

e. 토론은 불가하다.

f. 휴식 시간의 길이는 수정이 가능하다.

g. 다수결로 의결한다.

h. 재심은 불가하다.

④ 특권요청 동의

A. 개념

특청동의(question of privileged)는 회의체 전체 또는 회원의 특전이나 권리와 관련된 요구나 원동의를 그 시급성 때문에 즉각 심의할 수 있도록 제기하는 장치이다. “특청동의는 두 가지 형태가 있는데, 하나는 개인의 권리에 관한 것이고 또 하나는 회의체 전체의 권리와 관련된 것이다. … 특청동의를 제안하는 예시적 상황으로서 난방 상태나 에어컨디션 상태, 창문을 통한 강한 햇빛으로 회의 집중이 어려울 때 회원은 동의를 제안하게 된다”(WRO, 1994: 140).

B. 보편적 특성

a. 휴게동의, 폐회동의, 차기 회의 일정 동의를 제외한 모든 동의에 대해 우선권을 가진다. 그리고 위 세 가지 특청동의와 제기될 수 있는 부수동의와 특청동의가 해결되기 전에 해결되어야 하는 부수동의에도 우선권을 양보해야 한다.

b. 특정한 동의에 적용이 불가하고, 그리고 보조동의는 또 특청동의에 적용할 수 없다.

c. 상황의 시급성이 확인된 특청동의는 다른 회원이 발언 중에도 제기할 수 있다.

d. 재청을 요하지 않는다.

e. 토론도 불가하다.

f. 수정도 불가하다.

g. 의장이 특청동의를 전적으로 다룬다.

h. 재심도 불가하다.

⑤ 의사 일정 촉진 동의

A. 개념

일정 촉진 동의(call for the orders of the day)는 회원이 회의체로 하여금, 2/3의 찬성으로 달리 하기로 결정한 경우가 아니면, 정해진 의사일정에 따르거나 그 시간에 따르도록 예정된 순서를 지킬 것을 요청하는 동의이다.

B. 보편적 특성

a. 앞에서 다룬 모든 우선동의와 규칙 일시정지 동의를 제외한 다른 동의에 대해 우선권을 가진다. 즉, 모든 원동의, 모든 보조동의, 대부분의 부수동의에 우선권을 갖는다.
b. 의장이 의사일정 순서를 뛰어넘거나 일정이 무시되는 경우에 적용한다.
c. 그 시간 회의만 진행 중이라면 다른 발언자가 있어도, 그래서 발언을 방해할지라도 규칙 위반이 아니다.
d. 재청을 요하지 않는다.
e. 토론은 불가하다.
f. 수정은 불가하다.
g. 달리 2/3의 찬성으로 의결한 경우가 아니라면 단 1명의 회원이 발의했더라도 의사 일정 촉진 동의는 집행되어야 한다.
h. 재심은 불가하다.

4) 부수동의 또는 부대동의

앞에서도 소개한 대로 부수동의 또는 부대동의 서로 간에는 우선권이 적용되지 않는다.

① 규칙발언 동의

A. 개념

규칙발언(point of order)은 회의규칙을 어기고 있다고 생각하는 회원이 의장에게 규칙에 따라 회의를 진행하도록 요구하는 동의를 가리킨다.

B. 보편적 특성

a. 문제를 제기하고 있는 안건에 대해 우선권을 가진다. 그리고 모든 우선동의와 우선순위로도 우선권을 가지는 동의들이 다루어지는 중인 주요 안건의 보류동의에 우선권을 양보한다. 그리고 정상적으로 다루어지고 있는 보조동의에는 우선권을 양보하지 않는다.

b. 회의규칙을 벗어나는 회의규칙을 적용할 때 사용한다.

c. 다른 이가 발언권을 행사하고 있을 때 제기해도 규칙 위반이 아니다.

d. 재청을 요하지 않는다.

e. 토론은 불가하다.

f. 수정도 불가하다.

g. 해석은 의장의 전권 사항이며, 그 다음 단계 회원의 동의는 공소(appeal)이다.

h. 재심은 불가하다.

② 공소동의

A. 개념

공소동의(appeal)란 의장을 선출함으로써 회의체는 그에게 회의규칙에 따라 회의를 주재하는 권한과 책임을 부여하지만, 특정한 2명의 회원이 의장의 회의 주재와 관련된 결정에 이의를 제기해 그것에 관해 회원들에게 묻자는 동의이다. 의장이 주재하는 모든 일에 공소동의가 제기될 수 있고, 그러면 의장은 회원들의 의견을 투표에 부쳐서 물어야 한다.

B. 보편적 특징

a. 공소가 제기되도록 상황을 야기한 의장의 회의 주재 사안에 대해 우선권을 가진다. 공소동의는 모든 우선동의와 공소 상황을 야기하는 모든 부수동의에 우선권을 양보한다.

b. 특수한 경우를 제외하고는 의장이 주재하는 회의의 모든 일에 적용할 수 있다.

c. 다른 회원이 발언하고 있는 중에도 제기할 수 있지만, 의장이 주재하는 그 시

점에 제기해야 한다.

d. 재청이 필요하다.

e. 토론이 가능하다.

f. 수정은 불가하다.

g. 다수결을 요하며, 가부 동수인 경우에는 의장의 진행은 유효하다.

h. 재심이 가능하다.

③ 규칙 일시정지 동의

A. 개념

회의체가 회의 중에 회의규칙의 하나 이상을 어기지 않고는 바라는 일을 처리하기 어려울 때, 회칙 또는 법(laws)을 위반하지 않는 범위에서 다루고 있는 일을 중단시키고 규칙을 일시정지시키는 동의를 낼 수 있는바, 이것이 규칙 일시정지(suspend the rules)이다.

B. 보편적 특성

a. 의제가 상정되어 있지 않더라도 제기할 수 있다. 그리고 의제가 상정되어 있는 경우에 규칙 일시정지를 적용하려는 안건인 경우에는 우선권을 가진다. 규칙 일시정지 동의는 보류동의와 모든 우선동의에 우선권을 양보해야 한다. 또한 규칙 일시정지 동의에서 비롯되는 부수동의에도 우선권을 양보한다.

b. 회칙을 제외한 모든 회의규칙에 적용할 수 있다.

c. 발언자가 있는 경우에 제안할 수 없다.

d. 재청이 필요하다.

e. 토론은 불가하다.

f. 수정도 불가하다.

g. 대개 2/3 찬성으로 가결한다.

h. 재심은 불가하다.

④ 심의 반대 동의

A. 개념

어떤 원동의가 회의에 부쳐진 경우, 회의체에 의한 심의 자체가 매우 바람직하지 않다고 믿을 때 그 심의를 반대해 제기하는 동의가 심의 반대 동의(objection to the consideration of a question)이다.

B. 보편적 특성

a. 원래의 원동의에 우선권을 가지며, 또 보류동의를 제외한 모든 보조동의에 우선권을 가진다. 다만, 이 동의는 원동의에 대해 토론이 시작되기 전, 그리고 그에 대한 보류동의가 의장에 의해 상정되기 전에 제기되어야 한다. 심의 반대 동의는 보류동의와 모든 우선동의와 심의 반대 동의에서 비롯되는 부수동의에 우선권을 양보해야 한다.
b. 원래의 원동의에 적용하고 부수적 원동의에는 적용하지 않는다. 보조동의는 심의 반대 동의에 적용하지 못한다.
c. 다른 회원의 발언 중에도 제기할 수 있다.
d. 재청을 요하지 않는다.
e. 토론은 불가하다.
f. 수정도 불가하다.
g. 심의 반대를 저지하기 위해서는 2/3 찬성의 가결이 필요하다.
h. 심의 반대 동의가 부결된 경우, 재심이 가능하고 가결된 경우에는 재심은 불가하다.

⑤ 안건 분할 동의

A. 개념

단일한 주제에 관련된 하나의 동의가 여러 부분으로 구성되어 있는 경우에 그 각 부분이 완벽하게 독립적 제안으로 성립·유지될 수 있다면, 각 부분을 분리시켜 심의하고 또 투표까지 하도록 제안하는 경우를 안건 분할(division of a question) 동의라고 한다.

B. 보편적 특성

a. 원동의에 우선권을 가지며, 보조동의로서 무기한 연기동의에 우선권을 가진

다. 수정동의에 적용하는 경우라면 또한 이에 대해 우선권을 가진다. 그렇지만, 원동의를 분할하는 동의는 원동의에 대한 수정동의가 상정되어 있는 경우에는 제안될 수 없다. 안건 분할동의는 무기연기, 수정, 토론의 제한이나 연장 동의를 제외한 모든 보조동의와 모든 우선동의, 적용이 가능한 부수동의에 대해서는 우선권을 양보해야 한다.

b. 원동의와 그 수정동의에 적용할 수 있다. 그렇지만 안건분할 동의에 수정동의를, 수정동의와 그 수정을 중단하기 위한 목적으로 안건을 분할하는 경우를 제외하고는, 단독으로 적용할 수 없다.
c. 다른 발언자가 있는 경우 제안하면 규칙 위반이다.
d. 재청이 필요하다.
e. 토론을 불가하다.
f. 수정은 가능하다.
g. 과반수로 가결한다.
h. 재심은 불가하다.

⑥ 항목 또는 축조 심의 동의

A. 개념

항목 또는 축조 심의(consideration by paragraph or seriatim) 동의는 전체적으로 독립적인 문제가 아니라 일련의 안건, 단락, 장, 또는 절로 구성된 보고나 긴 동의는 분할하지 않으면서 부분별로 개방해 토론하고 또 독립적으로 수정하면서 심의할 수 있는데, 하나씩 순차적으로 나누어 심의하자고 제안하는 것이다.

B. 보편적 특성

a. 원동의에 대해 우선권을 가지며, 무기연기 보조동의에도 우선권을 가진다. 하지만 원동의에 관련해 수정동의가 상정되어 있는 경우에는 그 원동의에 적용할 수 없다. 항목 또는 축조 심의 동의는 무기연기, 수정, 토론의 제한 또는 연장 동의를 제외한 모든 보조동의, 모든 우선동의, 적용이 가능한 모든 부수동의에 우선권을 양보해야 한다.
b. 원동의와 동의의 길이와 구조로 인하여 그러한 방법이 적절한 수정동의에 적

용 가능하다.

c. 발언자가 있을 때 제안하는 것은 규칙 위반이다.

d. 재청이 필요하다.

e. 토론을 불가하다.

f. 수정은 가능하다.

g. 과반수로 의결한다.

h. 재심은 불가하다.

⑦ 찬반 계수 동의

A. 개념

음성투표나 거수투표의 결과-그 결과가 근접하는 등 투표 결과에 의구심이 생길 때마다 회원이 명확하게 찬성과 반대를 헤아리자고 제안하는 것을 찬반 계수(division of the assembly) 동의라고 한다.[12)]

B. 보편적 특성

a. 투표가 진행되고 있거나 막 시작된 경우에 제시된 안건에 우선권을 가진다.

b. 회의체에 목소리 투표나 거수투표가 요구된 회의체의 동의에 적용할 수 있다. 보조동의는 찬반 계수 동의에 적용할 수 없다.

c. 다른 회원이 발언하는 중에도 제안할 수 있고 발언 신청 없이 제안할 수 있다.

d. 재청은 불필요하다.

e. 토론은 불가하다.

f. 수정도 불가하다.

g. 단 1명의 회원도 찬반 계수를 요구할 수 있으며, 투표를 요하지 않는다.

h. 재심은 불가하다.

⑧ 투표 방법 동의

A. 개념

12) 회의에서 찬성자와 반대자를 회의장의 반대편으로 모아서 헤아렸던 관례에서 division이라는 용어가 채택되었다(RRO, 2013: 280 각주 참조).

투표 방법 동의(motion relating to methods of voting and the polls)는 음성투표, 거수투표, 기립투표가 아닌 다른 형태의 투표를 사용하거나 투표를 종료하거나 투표의 재개를 요구하는 제안을 가리킨다. 이 때 사용되는 투표 방법은 투표지 투표(ballot), 호명투표(roll call), 계수자가 표를 헤아리는 기립투표(standing vote) 등이 포함된다.

B. 보편적 특성

a. 투표가 진행되거나 진행될 동의에 우선권을 가진다. 투표가 갓 이루어진 동의에 적용하는 경우에는 의장이 그 결과를 보고하기 전의 시점에 제안한다. 그리고 찬반 계수 동의가 집행되는 동안 제안해도 가능하다. 투표 방법 동의는 우선동의와 그것을 적용하기 위해 상정되어 있는 보류동의에 우선권을 양보해야 한다.
b. 회의체에 투표 방법과 관련된 여타 동의를 요구하거나 투표 종료나 투표 재개 동의를 요구한 동의에 적용한다. 수정동의를 제외한 어떤 보조동의도 투표 방법 동의에 적용할 수 없다.
c. 다른 발언자가 있을 때 제안하면 규칙 위반이 된다.
d. 재청이 필요하다.
e. 토론이 가능하다.
f. 수정도 가능하다.
g. 2/3 찬성으로 가결하는 투표 종료 동의를 제외하고는 과반수로 가결한다.
h. 특정한 시간에 투표의 종료나 재개를 요구하는 동의가 실행되기 전에는 항상 재심이 가능하다. 부가적 상황과 설명이 있으나 생략한다.

⑨ 후보 지명 동의

A. 개념

선거가 진행되는 상황에서 회원은 후보를 지명하는 방법, 후보 지명을 종료하거나 재개하는 동의를 제안하고 싶은 경우에 사용하는 동의(motions relating to nominations)이다.

B. 보편적 특성

a. 후보 지명을 요하는 선거에 우선권을 가진다. 우선동의와 보류동의에 우선권을 양보해야 한다.

b. 진행되고 있는 선거에 적용하며, 진행 중인 선거에서 후보를 지명하는 동의에 관한 수정동의를 제외하고는 보조동의를 사용할 수 없다.

c. 다른 발언자가 있을 때 또는 후보지명을 하려는 경우에 제안하면 규칙 위반이 된다.

d. 재청이 필요하다.

e. 토론은 불가하다.

f. 수정은 가능하다.

g. 2/3 찬성으로 가결하는 후보 지명 종결 동의 외에는 과반수로 의결한다.

h. 후보 지명 종결 동의나 후보지명 재개 동의가 가결된 경우 외에는 재심이 가능하다.

⑩ 직책 사임 동의

A. 개념

가끔 조직의 회칙은 선출직이나 위원회의 책무 등 일반 회원의 책무 이상의 특별한 책무를 부과하기도 한다. 그러나 회원은 회의체의 그러한 책무 수행에 양해를 구해야 할 수도 있는바, 그러한 직책의 사임 요구를 제안하는 동의(request to be excused from a duty)라고 한다.

B. 보편적 특성

a. 동의를 제출하는 회원의 목적과 관련된 동의에 대해 우선권을 가진다. 상정되어 있는 사임 요구동의는 무기 연기동의 외의 모든 보조동의와 모든 우선동의, 여타의 부수동의에 우선권을 양보해야 한다.

b. 특정한 동의나 회의에서 비롯되는 상황에 적용할 수 있다. 무기연기 동의를 제외한 모든 보조동의를 사임동의에 적용할 수 있다.

c. 사임 요구가 시급성을 가진 경우 발언자가 있더라도 제안할 수 있다.

d. 재청은 사임 요구자가 직접 공식적으로 동의를 낸 경우를 제외하고는 필요하

지 않다.

e. 토론 가능하다.

f. 수정 가능하다.

g. 과반수로 가결하지만 종종 만장일치를 규정하기도 한다.

h. 사임 요구 동의가 단지 부결되었을 경우에 재심은 가능하다.

⑪ 요구 및 질문 동의

A. 개념

회의와 관련된 일로서 회원이 정보를 더 얻고 싶거나 어떤 일을 성사시키고자 할 때는 회의체의 승인을 요구한다. 회원은 "회의규칙에 관한 질문", "정보의 요구", "동의의 철회나 수정을 위한 승인 요청", "서류의 낭독 요청", "여타 특청"을 제기할 수 있는데, 이것을 묶어서 "요구와 질문(requests and inquiries)" 동의라고 한다.

B. 보편적 특성

a. 요구와 질문 동의의 목적과 연관이 있는 동의에 대해 우선권을 가지며, 상정된 안건이 없는 경우에 제안할 수 있다. 상정되어 있는 요구동의는 모든 우선동의와 여타 부수동의에 우선권을 양보한다.

b. 모든 요구동의는 그것이 제기되는 특정한 동의나 회의의 상황을 고려해 적용한다. 보조동의는 요구동의에 적용할 수 없다.

c. 요구동의가 즉각 관심을 가져야 하는 경우이라면 다른 발언자의 발언 중에도 제안할 수 있다.

d. 회의규칙 질문과 정보 요구는 재청을 요하지 않으며, 다른 요구동의들도 요구의 제안자가 공식적으로 동의한 경우를 제외하고는 재청을 요하지 않는다.

e. 토론은 불가하다.

f. 수정도 불가하다.

g. 회의규칙 질문과 정보 요구는 투표가 불필요하며, 여타의 요구는 채택되기 위해서는 과반수 의결이 필요하고, 때로는 만장일치를 요구하는 경우도 있다. 요구동의의 개선이 너무 늦어버린 경우에는 그 철회나 재심을 위해 만장일치

의결이 요구된다.

h. 회의규칙 질문과 정보 요구는 재심에 회부되지 아니하며, 동의의 수정 허가 요구, 서류 낭독 요구, 여타 특청에 대한 투표는 재심이 가능하다. 동의의 철회 승인 요구는 부결된 경우에만 재심이 가능하다.

지금까지 원동의(또는 원안), 보조동의, 우선동의, 부수동의 등 네 가지 동의의 분류에 따라 동의의 종류와 표준적 특성들을 살펴보았다. 어느 사회 영역이든 회의는 대개 앞에서 살펴본 바, 원동의로부터 시작하여 상황 전개에 따라 갖가지 동의가 얽히는 가운데 의장의 주재 아래 회원의 참여와 토론 등을 통해 최종의 결과물이라고 할 수 있는 정책 결정을 지향한다.

회의에서 우선권이 행사되는 원동의와 우선동의, 그리고 보조동의들 간의 관계를 나타내면 <표 10-2>와 같다.

표 10-2 동의들 간의 우선순위표

<table>
<tr><th>분류</th><th>동의의 명칭</th><th>토론 여부</th></tr>
<tr><td rowspan="5">우선동의</td><td>차기일정동의</td><td rowspan="8">토론 불가능</td></tr>
<tr><td>폐회동의</td></tr>
<tr><td>휴게동의</td></tr>
<tr><td>특권요청동의</td></tr>
<tr><td>의사일정 촉진동의</td></tr>
<tr><td rowspan="7">보조동의</td><td>보류동의</td></tr>
<tr><td>토론종결동의</td></tr>
<tr><td>토론제한 또는 연장동의</td></tr>
<tr><td>기한부연기동의</td><td rowspan="5">토론 가능</td></tr>
<tr><td>위임 및 회부동의</td></tr>
<tr><td>수정동의</td></tr>
<tr><td>무기한 연기동의</td></tr>
<tr><td>원동의</td><td>원동의 또는 원안</td></tr>
</table>

* 부수동의는 그들 간에 우선순위가 없으므로 제외함.

제 4 편

이 책의 마무리

제 12 장 결론

12 CHAPTER 결 론

제 1 절 필그림의 플리머스 이주 · 정착에 대한 해석

한 절대군주가 정교일체의 체제를 채택하지 않았다면 필그림 일행은 영국을 떠날 이유가 없었고, 그렇다면 오늘의 미국과 뉴잉글랜드는 존재하지 않았을까? 아마도 그렇지는 않았을 것이다. 필그림 일행이 뉴잉글랜드 지역으로 이주하기 전에도 많은 유럽인이 이미 대서양을 건너서 고기잡이나 가죽 수집을 통한 경제 활동을 전개하고 있었다. 그보다도 더 일찍 1492년 컬럼버스 일행은 금을 찾아 서인도를 향하는 중 신대륙을 발견했으며, 이후 1500년대에는 이미 스페인을 비롯한 유럽인들의 아메리카 대륙 침략이 이루어지고 있었다는 점을 통해 알 수 있다.

종교적 신념이 다르다는 이유로 영국의 군주와 국교파들이 필그림을 영국에서 압출한 조치는 지배연합 세력에게는 아주 사소한 사건이었겠지만 핍박받은 필그림으로서는 생명과 재산 등 모든 것을 걸어야 하는 큰 고통이었다는 점은 잘 알려진 사실이다. 실제로 그들 일행이 1620년 11월에 플리머스에 도착한 직후 12월에 6명이 죽고, 그 다음해 3월까지 일행 102명 가운데 44명이 죽었다(Johnson et al., 2006: 128)는 사실이 그 방증이다. 그 후로도 인디언과의 우호적 관계가 적대적 관계로 금세 바뀌면서 항상 위험해 경계를 늦출 수 없는 정착 생활을 필그림 일행은 이어나가야만 했다.

그러나 필그림들이 단지 밀려나는 고통과 정착지에서 맞은 고통만을 염두에 두고 거기서 해석과 평가를 멈춘다면 우리는 그들의 선택을 제대로 해석하지 못하는 것이라고 본다. 그들이 1차 네덜란드 이주를 감행했다가 마침내 대서양을 건너는 모험적·도전적 선택을 감행한 바를 새롭게 또 제대로 평가해야 한다고 본다. 그들은 영국에서 국왕에게 굴종하는 타협으로 편안함을 구한 것이 아니라 종교적 진리와 선을 추구하려는 강고한 신념으로써 자유를 갈구했다는 점, 종교적 동일성을 우선적 기준 가치로 삼아 그들 간에 매우 대등한 인간 관계를 설정했다는 점도 그 당시로는 상상하기 어려운 진보적 선택이었다. 거기다가 브류스터와 브래퍼드, 스탠디시와 같이 선하고 헌신적이고 현명한 리더십[1)]을 통해 서로를 결합시키며 당시 유럽대륙에서는 도래하지 않은 민주적 정치공동체 구상과 그에 필요한 정신까지 담아 낸 메이플라워 협약문(Mayflower Compact)을 만든 것은 필그림 일행의 역사에 기록될 만한 걸출한 선택이 아닐 수 없다. "17세기 영국에서는 투표가 권리로 인식되지도 않았음에도 플리머스에서는 당연한 권리로 실현되었다"(Bremer, 1995: 59)는 평가는 필그림 일행의 통찰력 있는 선택에 대한 후세의 보상적 평가인 것이다.

제 2 절 타운제도의 경로의존성

필그림 일행의 플리머스 이주 때부터 오늘까지는 400년의 시간 간격이 있는데도 뉴잉글랜드 대부분의 타운에서 주민들이 직접 모여 타운의 공동 대소사를 의논하고 결정한 뒤 공직자를 두어 집행하는 정착 초기의 역사적 산물인 주민총회(Open Town Meeting)가 유지되고 있다. 플리머스 정착민들이 메이플라워 협약문에 바탕을 두고 타운을 설립한 이래 그것은 플리머스 식민청 관내의 다른 타운으로, 또 매

1) 우드러프(Paul Woodruff)에 따르면 "아테네인들은 … 자유를 통해 얻게 된 힘과 통합에 환호했으며… 자유가 자신들의 정치 지도자들에게 좋은 영향을 미친다는 사실을 깨달았다"고 지적하고 "자유는 지도자들을 현명하게 만든다"고 했다(우드러프 저, 이윤철 옮김, 2012: 129). 저자는 필그림 지도자들은 애초에 종교적 자유를 갈구해서 대서양을 건넜으며, 그들이 도착한 곳에서 그들의 공동 운명을 자유롭게 결정하는 상황에서 지혜를 다해 현명하게 결정했다고 본다.

사추세츠만 식민청 관내 타운과 코네티컷 식민청 타운으로 확산되어 현재까지 긴 시간 거의 그 원형을 유지하면서 주민들의 정치·행정적 삶의 정형화된 틀, 즉 하나의 제도(institution)가 타운미팅이다. 그래서 이 제도의 경로의존성(path-dependancy), 즉 "초기의 역사적 사건(또는 선택)은 이후의 사건에 영향을 준다"(James, 2000; 이윤호, 2008: 15)는 점이 확인된다.

메이플라워 협약문에 담긴 가치와 정신은 단지 지방자치제도로서 타운미팅의 유지와 존속에 그치지 않았다. 코네티컷 강 유역에 워터스턴(Watertown) 도르체스터(Dorchester), 뉴타운(Newtown), 웨더스필드(Wethersfield), 윈저(Winsor), 하트퍼드(Hartford) 등의 식민지 타운이 잇따라 설립되었고, 이들이 1639년 타운연합을 형성하면서 필그림의 플리머스 식민청과 타운에서 그랬던 것처럼 민주적 정부 구성의 원칙을 담은 기본협약서(Fundamental Orders)를 작성해 이것을 바탕으로 코네티컷 식민청을 구성해 운영했다. 타운을 먼저 설립했고, 타운들이 연합해 코네티컷 식민청을 형성한 후에도 타운들은 종래와 같이 자율성을 구가했다.

그렇게 해서 코네티컷 식민청과 타운들은 미국 역사에서 기록되는 두 가지 성취를 이루었다. 그 하나는 기본협약서가 미국 역사상 헌법의 기원을 이루었다는 점이요 또 자율적인 타운과 식민청 정부의 구성 및 운영은 곧 미국 연방제의 기원이 되었다는 점이다. 그래서 오늘날 코네티컷 주는 "헌법의 주(the Constitution State)"라는 별명까지 얻은 것이다. 뉴잉글랜드 타운제도는 미국의 독립선언서와 헌법이라는 더 확장된 민주제도를 생성시키는 요인이 되었고, 따라서 그 경로의존성은 여실히 증명된다.

제 3 절 주민총회제도의 장·단점

제도의 사전적 의미는 "관습이나 도덕, 법률 따위의 규범이나 사회구조의 체계"이다. 인간 사회에서 관습이나 도덕, 법률을 비롯한 규범, 즉 제도는 인간의 삶을 효율적으로 영위하기 위한 수단으로서 역할을 한다. 법률의 경우에서 그러하듯 제도는 만족하는 편이 있는가 하면 불만을 가진 편도 반드시 있다. 이렇게 보면 인간이 만들어 쓰는 제도는 결코 완벽할 수 없다. 따라서 뉴잉글랜드 지역의 타운에서 오랜 기간 사용되고 있는 주민총회도 완벽한 제도가 아니다. 즉, 장점과 단점을 아울러 가진 하나의 제도에 불과하다. 이것은 일찍 토크빌이 지적했듯이, "… 나는 어떤 법체계에도 절대적인 완벽성은 거의 있을 수 없다는 의견을 가지고 있다"(토크빌 저, 박지동 옮김, 1983: 30; Mayer, 1969: 18)고 했다. 저자는 이 책의 집필을 위해 관련된 자료들을 읽고, 정리하면서 저자가 인식한 주민총회 제도의 장점과 단점을 정리해 본다.

1 주민총회의 장점

토크빌 등 많은 이가 주민총회에 관해 평가했으므로 여기서는 좀 더 구체적으로 주민총회의 장점을 적시할 필요가 있다고 본다. 주민총회의 본질은 주권자의 직접 참여에 의한 정책 결정을 제도화한 것이므로 직접민주주의의 장점이 곧 주민총회의 장점이 된다. 직접민주주의가 가진 장점들을 짐머만은 시민통제, 개혁의 촉진, 대표성의 개선, 시민 참여의 촉진, 공공문제에 대한 유권자 관심의 증대, 시민성 교육, 법규 등의 질적 개선 등(Zimmerman, 2001: 233-236)이라고 했다. 주성수・정상호는 그로스(Gross, 2004: 124)의 주장을 빌려 직접민주제의 장점으로서 공론적인 정치를 가능케 해 주고, 더 다양한 정치적 견해가 표출되도록 해 주며, 사회적 약자들의 입장이 논의되어 대표성을 높이고, 정치 권력의 독점을 방지하고 균등한 분포를 지향시킨다는 점을 들었다(주성수・정상호, 2006: 60). 주성수는 슈미트(Schmidt, 1989: 26-30)의 주장을 빌려 직접민주제가 정부의 책임성을 높이고, 시민 참여를 확대시키며, 시민에 대한 정보의 제공, 소수의 권력 독점에 대한 안정 장치가 되고, 새로운 아이디어로 의제를 설정하는 장점이 있다고 했다. 대표민주제의 보완 장치로서 주민발의나 주민투표와 주민총회는 다소간 차이가 있기는 하지만, 그러한 점을 감안하더라도 직접민주제로서 뉴잉글랜드 주민총회가 갖는 장점의 항목을 정리하면 시민통제(citizen control), 대표성 확보, 지역 현안에 대한 관심 제고, 시민성 교육 등을 들 수 있다. 이들에 관해 좀 더 부연하면 다음과 같다.

첫째, 시민통제의 실현이다. 주민총회 현장에서는 공직자들이 1차적으로 심사하거나 그 과정에 유권자들이 참여해 성안한 안건을 두고, 출석한 유권자들이 심의해 정책을 결정하기 때문에 시민통제가 바로 실현된다.

둘째, 대표성 문제의 해결이다. 주민총회의 출석권자는 등록한 유권자 전체라는 점에서 형식상 대표성 운운할 필요가 없다. 주민총회 현장에서는 인종이나 연령이나 성별이나 사회적 특성에 따라 출석권이 결정되지 않기 때문이다.

셋째, 지역 현안에 대한 관심이 높아진다. 대개 주민총회를 채택하고 있는 타운의 인구 규모는 크지 않다. 대표제 지방정부의 정책 과정에 비교하면 주민총회에서는 안건의 형성부터 공고되고 상정될 때까지 다루는 안건은 공개된다. 그런 만큼 유권자들의 지역 현안에 대한 정보는 충분히 제공되고 관심을 갖게 한다.

넷째, 시민성 교육이 이루어진다. 시민교육은 참여의 선결 조건이기도 하고 또 참여의 결과물이기도 하다. 그러므로 주민총회 참여를 통해 정책에 관한 정보나 지식이 늘어나기도 하고, 정책 과정에 관련된 훈련도 이루어지는 면이 있다.

다섯째, 주민총회는 주권재민의 현장이다. 대표제에서 주권재민은 여러 장치 속에 감추어져 있거나 뒤에 놓여서 확인하기 어렵다. 그러나 주민총회에서는 유권자들이 최종·최고의 정책결정권을 행사하는 현장이고, 또 주민총회는 법률의 범위 안에서 모든 것을 결정하는 권한을 가진 집합적 기관이다.

2 주민총회의 단점

주민총회제도 역시 이런저런 단점을 지니고 있다. 짐머만(Zimmerman, 1999: 164-173)에 따르면, 주민총회에 관한 비판점은 "줄어드는 출석률", "낮은 대표성 문제", "특수이익에 의한 독점" 등이다.

첫째, 낮은 출석률이 지속적인 문제이다. 코네티컷, 로드아일랜드, 매사추세츠 타운의 등록 유권자 출석률은 5% 남짓부터 12% 사이이다. 앞에서 소개한 대로 필자가 접한 자료로서 타운의 연례보고서는 출석률을 밝히지 않는 경우도 더러 있었고, 밝힌 경우도 출석률은 매우 낮았다. 식민지 타운의 경우도 출석하지 않은 자유민에게 벌금을 부과하는 등[2] 출석률을 확보하기 위한 노력은 줄 곧 이어졌는데, 오늘날에도 유권자의 등록 절차를 개선함으로써 출석률을 높이려고 하는 등 많은 노력을 하고 있으나 개선 효과는 크지 않다는 문제가 있다. 주권재민을 비롯해 직접민주제로서 주민총회의 장점 또는 가치가 허상에 그치는 모양새이다.

둘째, 역설적으로 대표성 문제가 생긴다. 주민총회는 전 등록 유권자에게 참여가 개방되므로 형식상 대표성이 극대화된다고 간주했으나 실은 그 반대로 대표성이 저해되는 문제가 있다. 앞에 지적한 낮은 출석률 상황에서 사회경제적으로 지위가 낮은 주민들은 생계를 위해 당장 경제 활동이 우선이고, 따라서 2~3개의 파트타임 직장을 가져야 하는 유권자라면 회의 참석은 2차적인 순위로 밀리게 된다. 그러므로 사회경제적 지위가 낮은 유권자의 출석률은 더 낮아지게 될 것이고, 상대적으로 그 반대의 지위를 가진 유권자들의 출석률은 높아지고 그 결과 후자는 더 높은 결정력을 누리게 되어 그들만의 대표성을 높이게 된다.

셋째, 현대판 과두제 지배 현상이 우려된다. 출석률이 낮은 가운데 진행되는 문제와 결합되어 주민총회는 소수의 공직자들에 의해 지배되고, 이들이 형성한 정책은 높은 통과 비율을 누리게 될 것이다. 즉, 소수 공직자들의 이해 관계가 정책 형성으로 이어지고, 낮은 출석률 때문에 주민총회는 통과 의례에 그치는 문제가 생긴다는 것이다.

이러한 문제점은 매사추세츠 타운정부론을 다룰 때 이미 저자도 지적했는바, 주민총회는 형식상 유권자 전체가 참여하고 심의하는 기관이라고 하지만, 거의 1년에 한 번 모이는 기관이거나 기껏 2~3차의 임시총회가 곁들여질 뿐이다. 이에 반해 집행위원회를 중심으로 한 행정부서는 연중 상설기관으로서 축적된 정보와 지식을 거의 독점하고 있다는 점에서 주민총회의 유권자는 공직자들의 지식과 논리에 끌려가는 상황이 전개되는 문제가 생긴다.

제 4 절 타운정부 연구서의 시사점

미국 건국의 아버지들(founding fathers)로 추앙받는 필그림(Pilgrims)과 원주민

2) 매사추세츠 주 럭스버리(Roxbury) 타운에서는 타운 회의 불참자에게 3실링의 벌금을 부과했다(Webster, 1945: 32). 케임브리지 타운 회의록에서 3실링의 벌금 부과 기록이 있는 등 그 당시 대개 불참자에게 벌금을 부과한 것으로 알 수 있다.

인디언들의 궤멸적 타격 간에는 어떤 인과적 고리가 있었을까? 두 집단 간에는 상생의 조화는 정녕 불가능했을까? 필그림 이주에서 보듯 미지의 공간에서 일어난 사건이 그 사건을 일으키는 데 전혀 영향을 미치지 않은 곳의 인간에게 심대한 영향을 준다는 역사적 사실이 경이롭다. 이 책에서는 필그림 일행과 관련된 인디언 부족의 극히 부분적인 사실만 언급했을 뿐 영국인들이 그곳에 이주함으로써 애초에 그 땅을 거처로 삼고 살던 인디언들에게 일어난 비극적 사건들은 이 책의 주제가 아니라는 이유로 다루지 않았다. 그럼에도 불구하고 인디언 부족들이 필그림 이주 후 겪어야 했던 미지의 사건들과 결말이 머릿속을 계속 맴돌았다는 것이 솔직한 고백이다.

이 책 서론에서 적은 대로 이 연구는 토크빌의 언사로부터 발동한 저자의 지적 호기심에서 시작된 점도 있다. 여기에 더해 한국의 지방자치학자 중 어느 누구도 미국 동부 뉴잉글랜드 지역에 특유한 지방자치제도를 연구하지 않았다는 점에서 스스로 숙제로 느껴왔던 마음의 짐도 이번 연구에 큰 동력이 되어 주었다. 이번 연구를 통해 나의 지적 호기심을 충족시킨 것은 물론, 뉴잉글랜드 타운정부에 관심을 가졌을 법한 학자나 공직자, 그리고 교육자로서 학생들에게 빚진 듯했던 마음을 이제 덜 수 있겠다는 생각이 든다. 지방자치를 연구하던 사람으로서 뉴잉글랜드 타운정부에 관한 연구서가 국내에 없다는 사실은 계속 저자의 머릿속을 맴돌았고, 그럴 때마다 나는 내 학생들에게 지방자치를 제대로 가르치고 있는가, 이 부분은 없는 듯이 여기며 가르친 것은 아닌가 싶었기 때문이다. 이제 뉴잉글랜드 타운정부에 관한 개괄적 이해를 도울 수 있는 이 책을 국내에 처음으로 내놓는 만큼, 아쉬운 부분이 없지 않겠으나, 이 책을 출발점으로 삼아 더 많은 이들이 연구에 나서서 한 걸음 성큼 내디뎌 준다면 참으로 고마울 따름이다.

그 다음, 뉴잉글랜드 타운정부의 주민총회는 결코 완벽한 제도가 아님에도 그들은 정말 조금씩 손질을 했을 뿐 400년 넘게 거의 원형 그대로 사용하고 있다는 사실이 놀랍다. 그야말로 뉴잉글랜드 타운의 주민들은 그들의 조상들이 처음으로 창안해 쓰기 시작했고, 또 그것이 가진 가치들이 미국의 정치제도의 바탕 가치로 채택되어 오늘날에도 살아 숨쉬며 작동하는 연방주의와 공화주의의 뿌리가 되었다는 사실(Schechter, 1990)을 자랑스럽게 여기는 한편 마치 손때가 묻고 그래서 편한 연장처럼 주민총회를 사용하고 있다는 사실을 필자도 알고, 이 책을 읽은 독자들도 알게 되었을 것이다.

우리는 급작스럽게, 그리고 제대로 살펴보지도 않고 채택한 단 한 가지 지방정부 형태, 즉 대표제-기관대립형에 관해 곱씹어서 그 장점과 단점을 낱낱이 찾아서 정리하는 일을 먼저 시도해야 할 것이다. 그런 다음에 서론에서 지적한 조건들이 성숙되면 인구가 적은 우리의 농촌의 군(郡) 자치단체에 그 적용가능성을 검토할 수도 있겠다. 또한 과대한 기초자치단체의 문제를 해소시킬 요량으로 읍·면자치제가 연구 또는 검토되는 상황에서는 뉴잉글랜드 주민총회 제도라는 대안을 이 책에서 찾을 수 있다면 다행이라고 생각한다.

스위스의 정치 체제는 기초자치단체인 코뮌정부의 4/5가 직접민주제 주민총회를 운용하고, 또 코뮌-캔턴-연방정부까지 세 가지 수준의 정부 모두 직접민주제를 적극 활용함으로써 세계에서 가장 성공적이라는 평가를 듣는 점, 미국의 뉴잉글랜드 타운정부도 그 주민들이 높은 자긍심을 가지고 주민총회를 운용하는 점을 감안하면 우리도 잘 살펴서 선택해 볼 만한 제도라는 생각이 드는 것이다.

이 책 처음에도 지적한 대로, 우리는 뉴잉글랜드 주민총회에 관한 기본 연구가 거의 없다고 해도 과언이 아니다. 김영기(2003)는 매사추세츠 한 타운의 정부 구성과 주민총회의 실제 진행 절차 등을 소개했다. 그러나 주민총회 전제 제도를 아울러 다루지 못했다는 점이 있다. 남궁곤(2004)이 한 타운의 사례를 다루어 소개했다고 하나 보편성의 한계가 있고, 따라서 적용성의 문제가 따를 수 있다. 거기다 정수찬(2011)은 심의의 민주주의를 주제로 다루는 글에 주민총회를 예로 들었으니 주민총회 자체를 파고든 분석이라고 하기는 무리가 따른다. 또한 김형호·송경재(2011)의 연구는 주민총회 제도의 극히 제한적 소개를 바탕으로 평택 채소마을에 적용한 사례연구인데, 이 또한 필자가 밝힌 대로 일반화하기는 무리가 따른다. 그리고 김영기(2012)의 논문은 뉴잉글랜드 타운정부 제도, 나아가 독립선언서와 헌법과 함께 미국 민주주의 역사에서 3대 문서로 평가되는 메이플라워 협약(Mayflower Compact)에서 미국 자치제도의 기원을 찾으면서 타운정부의 역사적 맥락을 다루었다는 점에서 인식의 시간적 지평을 넓히려는 노력의 하나가 되었다. 그러나 저자가 보기에는 위의 모든 연구들이 뉴잉글랜드 타운정부 연구가 절대적으로 부족한 우리의 현실을 볼 때 하나하나가 소중하다고 본다. 특히 김형호·송경재의 연구는 채소마을의 정책 과정에 주민총회의 제도적 조건들을 적용했는데, 이러한 연구 사례들을 통해 작은 단위의 공동체에 직접민주제 정책 결정의 효과성이 확인되고, 유사한 사례에 확산된다면 주민총회, 즉 타운미팅의 적용성이 확인되어 마침내 지식의 축적, 이론 형성이 실현될 것이라는 점에서 그 의미를 찾을 수 있다.

그럼에도 불구하고 우리에게는 뉴잉글랜드 타운정부의 시간을 종단하고 공간을 횡단하는 연구, 그리고 현재의 타운제도 운영의 내용, 가치와 문제 등을 종합적으로 아우르는 연구서는 존재하지 않는다는 사실은 변함이 없다. 이 책을 집필한 바로 목적이 이런 문제를 해결하자는 것이다. 그러므로 여러 연구자들의 단편적인 연구들도 그 가치가 충분하고, 나아가 제도 전반적 내용을 우리나라 관련 당사자들이 이해할 수 있도록 돕고 설득해 내는 노력으로서 이 책의 의미도 저자로서 조심스럽게 주장해 보고자 한다.

참고 문헌

국내 문헌

강인호·박형배(2007). "지방정부 구성 형태의 다양화를 위한 시론적 연구: Councilmanager form 도입을 중심으로", 『한국행정논집』, 제19권 제1호. pp. 83-101.

김영기(2003). "뉴잉글랜드 Town Meeting에 관한 고찰: 매사추세츠 Open Town Meeting을 중심으로", 지방자치학회 하계학술대회 발표논문집.

――――(2012). "뉴잉글랜드 지방자치제도의 기원에 관한 탐색적 연구: 메이플라워 협약의 내용과 그 채택 요인을 중심으로", 지방자치학회 동계학술대회 발표논문집.

김형호·송경재(2011). "한국적 타운미팅의 가능성과 한계에 관한 연구: 평택 채소마을 을 사례를 중심으로", 『지방행정연구』, 제25권 제3호. pp. 269-288.

남궁곤(2004). "뉴잉글랜드 타운미팅을 통해 본 미국 참여민주주의: 런던데리 타운미팅 사례 연구", 『미국학논집』, 제36권 제2호. pp. 127-149.

네이버지식백과. 『21세기 정치학대사전』, 한국사전연구사.

박의경(2011). "시민의 자치능력과 민주주의 가능성: 토크빌의 타운미팅과 폴렛의 이웃집단을 중심으로", 『정치와 평론』, 제8집. pp. 37-64.

손봉숙(1985). 『한국지방자치연구』, 서울: 삼영사.

안성호(2005). 『분권과 참여: 스위스의 교훈』. 서울: 도서출판 다운샘.

알렉시스 드 토크빌 지음/박지동 옮김(1983). 『미국의 민주주의』. 서울: 한길사.

앙드레 모로아 지음/신용석 옮김(1982). 「미국사」. 서울: 홍성신서.

오강남(2012). 『종교란 무엇인가: 신의 실체에서 종교 전쟁까지』. 서울, 김영사.

유현종·이윤호(2010). "제도적 대통령 부서의 발전에 관한 역사적 분석", 『한국행정학보』, 제44권 2호. pp. 111-136.

윤택림 (2004). 『문화와 역사연구를 위한 질적 연구방법론』. 서울: 아르케.
이광석 · 문유석 (2011). "행정학의 언어적 전회에 관한 연구: 행정언어 모델 정립을 중심으로", 한국지방정부학회, 『지방정부연구』, 제15권 제3호. pp. 97-118.
이승종 (2008). "지방정부 형태와 조직의 변화 60년", 『한국지방자치학회보』, 제20권 제2호. pp. 6-21.
이윤호 (2008). "지방행정에 대한 중앙통제의 제도적 지속성", 서울대학교 행정대학원 석사논문.
이정옥 편역 (2008). 『직접민주주의로의 초대: 직접민주주의는 세상을 어떻게 바꾸는가? 그리고 무엇을 바꿀 수 있는가?』. 서울: 리북.
주성수 (2009). 『직접민주주의: 풀뿌리로부터의 민주화』. 서울: 아르케.
주성수 · 정상호 편저 (2006). 『민주주의 대 민주주의』. 서울: 아르케.
폴 우드러프 지음/이윤철 옮김 (2012). 『최초의 민주주의』. 서울: 돌베개.
헨리 로버트 3세 외 지음/김찬희 옮김 (2009). 『회의진행법 입문』. 서울: 기독교서회.

국외 문헌

Abbott, John S. C. (1872). *Miles Standish: The Puritan Captain*, New York, NY: Dodd, Mea & Company.
Adamant Media Corporation (2005). *Bradford's History of Plymouth Plantation 1606-1646,* reprinted the book published 1908 by Charles Scribner's Sons.
Adams, Charles Francis & Abner Cheney Goodell (1892). *The Genesis of the Massachusetts Town: And the Development of Town-Meeting Government,* Cambridge, MA: John Willson and Son.
Allen, Barbara (1998). "Alexis de Tocqueville on the Covenanted Tradition of American federal Democracy", *Publius*, Vol. 28. No. 2, pp. 1-23.
Altman, David (2011). *Direct Democracy Worldwide*, Cambridge, MA: Cambridge University Press.
Anderson, Robert Charles (2004). *Pilgrim Migration: Immigrants to Plymouth Colony 1620-1633*, Boston, MA: New England Historic Genealogical Society.
Applewood Books (2001). *Governor William Bradford's Letter Book*, Bedford, MA: Applewood Books.
Baldassare, Mark & Cheryl Katz (2008). *The Coming Age of Direct Democracy: California's Recall and Beyond*, Lanham, Maryland: Rowman & Littlefield Publishers, Inc.
Bartlett, John Russell (1856). *Records of the Colony of Rhode Island and Providence Plantations in New England, Providence*, A. Croford Greene and Brother Printers.

Bradford, William (1981). *Of Plymouth Plantation 1620-1640*, New York, NY.: The Modern Library.

Braunstein, Rich (2004). *Initiative and Referendum Voting: Governing Through Direct Democracy in the United States*, New York, NY: LFB Scholarly Publishing LLC.

Bremer, Francis J. (1995). *The Puritan Experiment: New England Society from Bradford to Edwards*, Hanover, NH: University Press of New England.

——— (2003). *John Winthrop: America's Forgotten Founding Father*, New York, NY: Oxford University Press.

Brooks, Philip (2005). *The Mayflower Compact: We the People*, Minneapolis, Minnesota: Compass Point Books.

Bryan, Frank M (2004). *Real Democracy: The New England Town Meeting and How it Works*, Chicago, Illinois: The University of Chicago Press.

Burgess, Walter H. (1920). *John Robinson, Pator of the Pilgrim Fathers: A Study of His life and Times*, London, UK: Bibliolife.

Cambridge (1901). *The Records of the Town of Cambridge, Massachusetts 1630-1703*, Baltimore, Maryland, Clearfield Co.

Charter of the Town of the Newtown, Connecticut.

Charter of the Town of Winsor, Vermont.

Cronin, Thomas E. (1999). *Direct Democracy: The Politics of Initiative, Referendum, and Recall*, Cambridge, MA: Haevard University Press.

Cronon, William (2003). *Changes in the Land: Indians, Colonists, and the Ecology of New England*, New York, NY: Hill and Wang.

Dahl, Robert A. (1971). *Polyarchy: Participation and Opposition*, New Haven, CT: Yale University Press.

De Laix, Roger Alain (1973). *Probouleusis at Athens: a Study of Political Decision-Making*, Berkeley, California, University of California Press.

De Wolf, Austin (1890). *The Town Meeting: A Manual of Massachusetts Law*, Boston, MA: Law Book Publisher.

Demos, John (1965). "Notes on Life in Plymouth Colony", *The William and Mary Quarterly*, Third Series, Vol. 22. No. 2. pp. 264-286.

Disch, Lisa (2011). "How could Hannah Arendt Glorify the American Revolution and Revile the French?: Placing On Revolution in the Historiography of the French and American Revolutions", *European Journal of Political Theory*, Vol. 10. No. 3. pp. 350-371.

Dye, Thomas R. & Susan A. MacManus (2009). *Politics in States and Communities*, Upper Saddle River, NJ: Prentice Hall.

Finley, M. I. (1983). *Politics in the Ancient World*, Cambridge, UK, Cambridge University Press.

Fossedal, Gregory A. (2002). *Direct Democracy in Switzerland*, New Brunswick, New Jersey: Transaction Publishers.

Fradin, Dennis Brindell (2007). *The Mayflower Compact: Turning Points in U.S. History*, New York, NY: Marshall Cavendish Benchmark.

Frederickson, H., George M. Gary, A. Johnson, & Curtis H. Wood (2004). *The Adapted City: Institutional Dynamics and Structural Change*, New York, New York, M. E. Sharpe.

George, Alexander L. & Andrew Bennett (2005). *Case Studies and Theory Development in the Social Sciences*, Cambridge, MA: BCSIA.

Gould, John (1940). *New England Town Meeting: Safeguard of Democracy,* Battleboro, Vermont: Stephen Daye Press.

Gross, A. (2004). "The Design of Direct Democracy," Kaufmarn, B. & M. Waters eds. *Direct Democracy in Europe*. Durham Carolina, Academic Press.

Hakim, Joy (1999). *A History of US: Making Thirteen Colonies Book 2*, New York, NY: Oxford University Press.

Hansen, Mogens Herman, translated by J. A. Crook (1991). *The Athenian Democracy in the Age of Demosthenes: Structure, Principles, and Ideology*, Norman, Oklahoma, University of Oklahoma Press.

Heath, Dwight B. (1963). *Mourt's Relation: A Journal of the Pilgrims at Plymouth,* Bedford, MA: Applewood Books.

Hepaestus Books (2013a). *Local Government in Maine*, Including.

——— (2013b). *Local Government in Massachusetts*, Including.

——— (2013c). *Local Government in Vermont*, Including.

——— (2013d). *New England Towns, Including: Town Meeting, Board of Selectmen in Vermont Municipality.*

Johnson, Caleb H. (2006). *The Mayflower and Her Passengers*, Xlibris Corporation.

——— ed. (2001). *Of Plymouth Plantation: Along with the Full Text of the Pilgrims' Journals for their First Year at Plymouth,* Xlibris Corporation.

Johnson, Claudia Durst (2002). *Daily Life in Colonial New England*, Westport, Connecticut: Greenwood Press.

Johnson, Richard B., Benjamin A. Trusman, & Charles Y. Wadsworth (2001). *Town Meeting Time: A Handbook of Pariamentary Law Second Edition,* Boston, MA: Massachusetts Moderator Association.

Kaufmann, Bruno, Rolf Büchi, & Nadja Braun (2007). *Guidebook to Direct Democracy in Switzerland and Beyond*, Bern, Swiss: Rub Graf-Lehmann.

Kemp, Roger L. eds. (1999). *Forms of Local Governmen: A Handbook on City, County, and Regional Options*, Jefferson, North Carolina: McFarland & Company, Inc., Publishers.

Laird, Carlton W. (2007). *Direct Democracy: Returning Government to the People*, Tucson, Arizona: Weatmark.

Lancaster, Steve & Davis Roberts ed. (2004). *British Politics in Focus*, Ormskirk, Lancs, England: Causeway Press.

Langdon, Jr., George D. (1963). "The Franchise and Political Democracy in Plymouth Colony", *The William and Mary Quarterly*, Third Series, Vol. 20. No. 4. pp. 513-526.

Lockridge, Kenneth A. (1985). *A New England Town: The First Hundred Years*, New York, NY: W. W. Norton & Company.

Lord, Arthur (1920). "The Mayflower Compact", *American Antiquarian Society*, Vol. 44. No.1. pp. 278-294.

Lutz, Donald S. (1988). *The Origin of American Constitutionalism*, Baton Rouge, Lousiana: Lousiana State University Press.

LWVSA (2000). *Know Your Town 2000*, Longmeadow, Massachusetts.

Manville, Philip Brook (1997). *The Origins of Citizenship in Ancient Athens*, Princeton, New Jersey, Princeton University Press.

Martin, John Frederick (1991). *Profits in the Wilderness: Entrepreneurship and the Founding of New England Towns in the Seventeenth Century*. Chapel Hill, NC: The University of North Carolina Press.

Mathews, L L. & D. Nathan (1914). *Municipal Chrters: A Discussion of the Essentials of a City Charter with Forms or Models for Adoption*, Cambridge, MA: Harvard University Press.

Mathews, Lois Kimball (1913). *The Mayflower Compact and its Descendants*, IOWA: Cedar Rapids.

Mayer, J. P. ed. (1969). *Democracy in America,* New York, New York, Harper & Row.

McCuan, David & Steve Stambough (2005). *Initiative-Centered Politics: The New Politics of Direct Democracy*, Durham, NC: Carlina Academic Press.

Mussey, Barrow ed. (1937). *We Were New England: Yankee Life by those who Lived It*, New York, NY: Stack Pole Sons.

Ober, Josiah (1989). *Mass and Elite in Democratic Athens: Rhetoric, Ideology, and the Power of the People*, Princeton, New Jersey, Princeton University Press.

Ostrom, Elinor (2005). *Understanding Institutinal Diversity*, Princeton, New Jersey, Princeton University Press.

Philbrick, Nathaniel (2006). *Mayflower: A Story of Courage, Community, and War*, New

York, NY: Penguin Book.

Powell, Sumner Chilton (1970). *Puritan Village: The formation of a New England Town*, Hanover, NH: Wesleyan University Press.

Raaflaub, Kurt A. ed. (2007). *Origins of Democracy in Ancient Greece*, Berkeley, California, University of California Press.

Rable, Chris (1996). "Mayflower Compact & Family Compact", *Beaver*, Vol. 76.

Raum, Elizabeth (2013). *Documenting U.S. History: The Mayflower Compact*, Chicago, Illinois: Heineman Library.

Robert III., Henry M. et al. (2011). *Robert's Rules of Order Newly Revised 11th Edition*, Sarasota, Florida: Da Capo Press.

Robinson, Donald L. (2011). *Town Meeting: Practicing Democracy in Rural New England*, Amherst, MA: University of Massachusetts Press.

Rozakis, Laurie (1994). *Merriam-Webster's Rules of Order*, Springfield, MA: Merriam-Webster, Incorporated.

Samples, John (2002). *James Madison and the Future of the Limited Government*, Washington D.C.: Cato Institute.

Sargent, Mark L. (1988). "The Conservative Covenant: The Rise of the Mayflower Compact in American Myth", *The New England Quarterly*, Vol. 61. No. 2. pp. 233-251.

Schechter, Stephen L. eds. (1990). *Roots of the Republic: American Founding Documents Interpreted*. Madison, Wisconsin: Madison House.

Schmidt, Davie D. (1989). *Citizen Lawmakers: The Ballot Initiative Revolution*. Philadelphia. PA: Temple University Press.

Schmidt, Gary D. (1999). *William Bradford: Plymouth's Faithful Pilgrim*, Grand Rapids, Michigan: Eermans Books.

Sherwood, Mary B. (2002). *Pilgrim: A Biography of William Brewster*, Falls Church, Virginia: Great Oak Press of Virginia.

Sloan, Frank ed. (2005). *The Mayflower Compact*, Vero Beach, Florida: Rourke Publishing LLC.

Stratton, Eugene Aubrey (1986). *Plymouth Colony: Its History & People 1620-1691*, Provo, Utah: Ancestry Publishing.

Sullivan, James William (1848). *Direct Legislation by the Citizenship Through the Initiative andd Referendum*, New York, NY: General Books.

Susskind, Lawrence E. & Jeffrey L. Cruikshank (2006). *Breaking Robert's Rules: The New Way to Run Your Meeting*, Build Consensus, and Get Results, New York, NY: Oxford University Press.

Taylor, Alan (2001). *American Colonies: The Settling of North America*, New York, NY: Penguin Books.

Teele, John Whittemore ed. (1985). *The Meeting House on the Green: A History of the First Parich in Concord and its Church*, Concord, MA:. The First Parish in Concord.

The Records of the Town of Cambridge Massachusetts 1630-1703, Cambridge, MA: Clearfield.

Tocqueville, Alexis de. & J. P. Mayer eds. (1969). *Democracy in America*, New York, NY: Harper & Row, Publishers.

Walsh, John E. (1971). *The Mayflower Compact, November 11, 1620*, New York, NY: Franklin Watts, Inc.

Webb, J. B. (2010). *The Pilgrims of New England-A Tale of the Early American Settlers*, Filiquarian Publishing LLC./Qontro

Webster, Clearence M. (1945). *Town Meeting Country*, Westport, CT: Greenwood Press, Publishers.

Weir, David A. (2005). *Early New England: A Covenanted Society*, Grand Rapids, Michigan: William B. Eerdmans Publishing Company.

Whitcraft, Melissa (2008). *The Mayflower Compact: Cornerstones of Freedom*, New York, NY: Children's Press.

Winslow, Edward (1624). *Good News from New England: A true Relations of Thingss Very Remarkble at the Plantation of Plimoth in New England*, Bedford, MA: Applewood Books.

Winsor, Justin (1849). *A History of the Town of Duxbury, Massachusetts with Genealogical Register*, Boston, MA: Clearfield.

Zimmerman, Joseph F. (1967). *The Massachusetts Town Meeting: A Tenacious Institution*, Albany, NY: State University of New York.

——— (1999). *The New England Town Meeting: Democracy in Action*, Westport, Connecticut: Praeger.

——— (2001). *The Referendum: The People Decide Public Policy*, Westport, Connecticut: Praeger.

찾아보기

인명

ㄱ

갤빈(K. Galvin) 61, 233
겔레온테스(Geleontes) 36
고메스(E. Gomes) 249
구킨(D. Gookin) 136
그레이(J. Gray) 140
그로스(A. Gross) 316
글로츠(G. Glotz) 54

ㄷ

더들리(T. Dudley) 114, 120, 154, 166
데메트리오스(Demetrios) 30
데모스테네스(Demosthenes) 36, 42
데울프(A. De Wolf) 163
데이븐포트(J. Davenport) 123, 154, 257
드 쿨랑주(F. de Coulanges) 54
드라익스(R. A. De Laix) 24, 48, 51
디쉬(L. Disch) 107

ㄹ

라우드(W. Laud) 123
라움(E. Raum) 78, 91, 103, 107
라플로브(K. A. Raaflaub) 24
랜돌프(E. Randolph) 135
랭카스터(S. Lancaster) 26, 63
러들로(R. Ludlow) 122, 257
러츠(D. S. Lutz) 79, 81, 88, 137, 138, 139, 146, 150, 151
로드(A. Lord) 21, 91, 96, 107, 139
로버츠(D. Roberts) 26, 63
로버트(H. M. Robert) 232, 274
로빈슨(J. Robinson) 21, 75, 105, 132
로크리지(K. A. Lockridge) 140, 198
루소(J. J. Rousseau) 95

ㅁ

마넹(B. Manin) 24, 48, 54

마사소잇(Massasoit) 86, 131, 133
마틴(C. Martin) 75, 99, 147
마틴(J. F. Martin) 21, 76, 126, 134, 135, 136, 144, 148, 149, 153
맨빌(P. B. Manville) 26, 30
메이슨(J. Mason) 126, 250
메이어(J. P. Mayer) 17, 316
모튼(N. Morton) 89

ㅂ

밴크로프트(G. Bancroft) 96, 110
버크(E. Burke) 275
브라이언(F. M. Bryan) 21, 178
브래디(G. L. Brady) 62
브래퍼드(W. Bradford) 21, 69, 71, 93, 104, 112, 118, 129, 132, 314
브레머(F. J. Bremer) 86, 112, 114, 115, 120, 117, 118, 121, 126, 138, 143, 162, 253, 314
브룩스(P. Brooks) 108
브류스터(W. Brewster) 21, 71, 103, 116

ㅅ

사모셋(Samoset) 86, 133
사전트(M. L. Sargent) 21, 95, 97, 110
샌디스(E. Sandys) 73
샐톤스탈(R. Saltonstall) 121
셔우드(M. B. Sherwood) 74, 117
섹터(S. L. Schechter) 21, 92, 107, 137
소크라테스(Socrates) 56
슈미트(G. D. Schmidt) 70, 72, 87, 316
스미스(J. Smith) 71, 73, 76
스켈턴(S. Skelton) 138
스콴토(Squanto) 86, 133
스탠디시(M. Standish) 21, 75, 77, 103
스톤(S. Stone) 122
스트래턴(E. A. Stratton) 21, 72, 73, 97, 102, 112, 119, 129
슬로안(F. Sloan) 76, 77
슬리(J. Sly) 160

ㅇ

아렌트(H. Arendt) 107
아르가데이스(Argadeis) 36
아리스토텔레스(Aristoteles) 27, 34, 36, 38, 39, 43, 47, 54, 56
아이기코레이스(Aigikoreis) 36
아이스키네스(Aischines) 37
알레인(E. Alleyne) 140
애덤스(C. F. Adams) 95
애덤스(H. B. Adams) 160
애봇(J. S. C. Abbott) 103
앤더슨(R. C. Anderson) 103
앤드로스(E. Andros) 135
앨런(E. Allen) 96, 10, 138, 245
앨런(B. Allen) 96, 102, 109
업햄(C. W. Upham) 110
에버라드(J. Everard) 140
에피알테스(Ephialtes) 28, 48, 53
엔디컷(J. Endecott) 113, 118, 120
엘라자르(D. J. Elazar) 95, 138
엘리스(J. Ellis) 140
오버(J. Ober) 24
오스트롬(E. Ostrom) 183
올리버(T. Oliver) 198
와이어(D. A. Weir) 21, 79, 90, 98, 101, 106, 115, 129, 139, 144, 148, 154

우드러프(P. Woodruff) 24, 29, 314
워너(S. Warner) 245
월시(J. E. Walsh) 21, 88, 95, 100, 108
웨스턴(T. Weston) 74
웹스터(C. M. Webster) 143, 156, 159
윈스럽(J. Winthrop) 112, 114, 120, 198
윈슬로(E. Winslow) 21, 86, 89, 103
윌렛(T. Willett) 141
윌리엄스(R. Williams) 124, 253
이튼(T. Eaton) 123, 154, 257

ㅈ

제임스(King James) 72, 74, 90, 242, 315
제퍼슨(T. Jefferson) 273, 278
조지스(S. F. Georges) 126, 250
존스(M. Jones) 76
존슨(C. D. Johnson) 121
존슨(C. H. Johnson) 72, 104, 114, 116, 117, 119, 143, 144, 158, 161, 165, 223, 231, 234, 236, 237, 240, 313
존슨(R. B. Johnson) 267
짐머만(J. F. Zimmerman) 21, 64, 142, 156, 157, 158, 160, 161, 162, 165, 166, 176, 181, 184, 193, 222, 231, 243, 244, 245, 246, 251, 255, 317, 316

ㅊ

챈들러(A. D. Chandler) 177
챔플레인(S. de Champlain) 244, 249

ㅋ

카버(J. Carver) 74, 89, 103, 105, 108
카셀라(W. N. L. Cassella, Jr.) 62
카우프만(B. Kaufmann) 58
코딩턴(W. Coddington) 125, 254
쿠시먼(R. Cushman) 74, 119
크로난(W. Cronon) 21, 132
크룩(J. A. Crook) 30
크세노폰(Xenophon) 39
클레이스테네스(Kleisthenes) 26, 28, 34
클립턴(R. Clyfton) 104

ㅌ

털록(G. Tullock) 62
테일러(A. Taylor) 70, 100, 120, 121, 113, 143
토크빌(A. de Tocqueville) 4, 15, 17, 102, 108, 109, 135, 316
투키디데스(Thukydides) 26
티부(C. M. Tiebout) 17
틸(J. W. Teele) 70, 116, 132, 144, 170

ㅍ

파월(S. C. Powell) 21, 137, 138, 144, 160
파젯(H. Paget) 72
패링턴(V. Parrington) 110
페리클레스(Perikles) 26, 28, 29
포스달(G. A. Fossedal) 58, 59
프래딘(D. B. Fradin) 69, 109, 139
프렌스(T. Prence) 119
플라톤(Platon) 39, 56
피어스(J. Peirce) 74, 97, 101, 129
피치(J. Fitch) 159
핀리(M. I. Finely) 24, 27, 54
핀천(W. Pynchon) 115, 121, 136

필립스(G. Phillips) 121
필브릭(N. Philbrick) 70, 88, 120

ㅎ

하킴(J. Hakim) 73, 88, 93, 124, 127, 157
한센(M. German Hansen) 24, 26, 29, 30, 37, 42, 45, 47, 49, 50, 51, 54, 56
해밀턴(A. Hamilton) 152
허바드(W. Hubbard) 106
헤인스(J. Haynes) 122, 166, 257
홀리오크(E. Holyoke) 136
홉킨스(E. Hopkins) 122, 257
화이트(J. White) 113
후커(T. Hooker) 121
히긴슨(F. Higginson) 138

사항

ㄱ

가축검사관 164
가축돌보기 162
거리보호관 164
건국의 아버지들 318
건초검사관 164
검목관 163, 215
게르만족 270
계약제 하인 95, 158
곡물검사자 164
공공도서관위원 163
공석중인 측량관 164
공원 및 여가위원회 192, 206
공중목욕탕 및 빨래터 관리관 164
공직자단 29, 33, 36
공청회 185, 189, 247, 263
공화주의 109
관료의 예산극대화론 17
관인관리관 142, 163
교육위원 163
교육위원회 192, 197, 203, 217
교회정부 107, 143
구빈관 163
국왕의 특허장 129, 146
귀화 31
금기의 날 51
기록관 142
기름검사관 164
기립 표결 288
기획위원회 192, 197, 204, 244

ㄴ

노동국장 200
노인위원회 207
뉴욕식민청 245
뉴잉글랜드 식민회사 102, 113
뉴잉글랜드 연합 123
뉴잉글랜드위원회 113
뉴잉글랜드회사 113
뉴햄프셔 타운정부 243
뉴헤이븐 기본법 155
뉴헤이븐 법령에 관한 합의 123

ㄷ

단일의 정치공동체 95, 101
대표단회의 268
대표들의 야합 62
대표제-기관대립형 15, 16, 320
대표제 주민총회(RTM) 20, 173, 175, 178, 180
도로측량관 142, 162. 164
도르체스터회사 113
도축검사관 164
도편추방제 28
돼지돌보기 162
돼지목동 142
떠돌이 가축 관리관 163
떠돌이 가축 돌보기 142

ㄹ

란츠게마인데(Landsgemeinde) 59
런던식민회사 74
로드아일랜드 식민청 124
『로버트 회의규칙』 232, 248, 259, 266, 274, 280, 285, 290
롱메도(Longmeadow) 18, 65, 183, 190

ㅁ

매사추세츠 법률 193
매사추세츠만 식민지 82, 85, 93, 120, 121, 123, 124, 125, 126, 145, 146, 148, 154, 158, 159, 253, 254
매사추세츠만 식민회사 114, 130
메리맥 강 114, 126
메이플라워 협약 20, 84, 88, 139, 320
메이플라워 협약문 64, 77, 88, 314
메이플라워 호 75
명예혁명 96
목재조사관 164
무보수 명예직 60, 65
문헌연구법 22
문화위원회 207
민병모임 270
민주적 정의 54
민회 25, 27, 28, 29, 31, 32, 33, 35, 36, 37, 38, 40, 41, 47

ㅂ

발에 의한 투표론 17
배심원단 28, 52
버지니아 식민공사 73, 76, 80, 89, 98, 126, 131
버지니아 식민청 84, 97, 112
법무국장 200
법무위원 209
법안심사위원회 50
보건위원 163
보건위원회 207
보리검사관 163
보안관 142, 163, 215
보울(Boule) 27, 48
보일러와 기계 계량관 164
보전위원회 208
보조동의 286, 291
보호관찰관 164
부수동의(부대동의) 241, 286, 301
부족(tribe) 28, 35, 45
분리주의자 20, 69
비정당제 180, 248

ㅅ

사무총장 40
사회계약론 95
산불감시관 164
살인범죄법원 29
상호 서약 107
색슨족 161
서기 142, 163
석탄계량인 164
선거제 공직 197
선거제 집행기관 198
선박계량관 164
세이브룩(Saybrook)항 122
소방국장 215
소집 공고 229
솔론(Solon)의 개혁 26
쇠고기무게 담당관 164
수사학 45
수산물계량관 164
수석 집행위원 199
스위스 코뮌정부 22, 58
스크루비 교회 104
스프링필드 136
스피드웰 호 75
시민공동체 93
시민권 26
시민법정 27, 32
시민통제 316
시민협약 80, 139, 146
시장-의회형 62
식초검사관 164
신념의 자유 254
신정 체제 85, 93
심의의 회의체 266, 275

ㅇ

아고라(agora) 41, 51, 270
아레오파고스(Areopagos) 27, 33, 48, 53
아르콘(archon) 27, 39
아벨라 호(Arbella) 114, 120, 167
아카디아(Acadia) 249
앵글로 색슨족 270
약식 특허장 129
양심의 자유 125
어린이보호관 164
어족보호관 164
역사구역위원회 205
역사보존위원회 192
연례회의 268
연못 관리관 163
연방제 149
연방주의의 원리 149
영국의 판례법 153
영국인의 대이동 121
왐파노아그족(Wampanoag tribe) 86
외부 위촉 회계사 208
우유검사관 164
울타리 검사관 142, 162, 163
원동의(주동의) 241, 286, 310
『웹스터 회의규칙』 267, 270, 276, 281
유권자등록관 164
유권자등록위원회 188
유권자위원회 200
유치장 담당관 164
의결정족수 42, 43, 182, 222
의사정족수 196, 222, 223, 226, 230, 236, 246, 252, 259, 261

의장 143, 163, 192, 266
의장협의회(議長協議會) 266
의회-매니저형 62
이상형 종교공동체 143
일사부재의 280
입법위원회 29

ㅈ

자격심사위원회 42, 45, 269
자유민 115, 158
자치마을(deme) 32, 33, 34
자치헌장 183, 189, 196
작업장 관리관 163
잣대 담당관 164
재무관 163
재정위원회 197, 226, 228, 256, 263
재정총회(FTM) 253, 255
재활용위원회 209
저울담당관 164
전자민주주의 19
전자투표기 221
전자투표제도 221
정교일체 70, 128, 313
정기적 예산 주민투표 264, 265
정부실패 62
제1집행위원 262
제2차 동의 286
제2차 특허장 97
제도의 경로의존성 20, 64, 111, 315
제한적 주민총회(LTM) 176
종치기 142, 163
주권재민 65, 317
주민발의 59, 62
주민소환 62
주민소환제 258
주민총회형 62
주민투표 59, 62, 182
주재공직자단 43
주택위원회 192, 197, 204
증기선경찰관 164
증기선담당관 164
지대추구 비용 62
지방구역 28
지주회의(proprietorship) 136
직접민주제-주민총회제 16
집행위원 163
집행위원회 188, 192, 198
징세관 163

ㅊ

찰스강 113
천연두 78, 132
철도경찰관 164
청교도들의 공동체 114
청교도주의 109
청동 명패 39, 49
청동기 조각 46
촌장 34
총무국장 212
추첨 49, 53
출생 · 결혼 · 사망 기록관 164

ㅋ

케임브리지 합의문 114
코네티컷 기본법 122, 138, 141, 151
코네티컷 식민청 122, 257
코뮌의회 60

ㅌ

타운 매니저 66, 191, 200, 210, 254
타운민주주의 135
타운의회 255
타운자치법 193, 196
타운행정관 66, 191, 249, 254
타운협약 148
타운회의장 165

ㅌ

토론 287
토지권자 122
토지사용권 140
토지회사 134
통치기관 190
투자기금위원 163
투표에 의한 표결 247
투표의 역설 62
특권동의 241, 286, 291
특무국장 200
특허장 73, 74, 78, 79, 80, 81, 98, 99, 101, 105, 113, 115, 117, 125, 129, 146, 250, 254

ㅍ

페마퀴드 포인트(Pemaquid Point) 86
페코트 전쟁 122
펠로폰네소스 전쟁 42
평가관 163
평가위원회 192, 206
평등법 96
평화조약 86, 133
폐회 285
포럼(forum) 270
포춘 호(Fortune) 119
포카노켓 부족 133
표결 288
표 극대화론 17
플랜테이션(plantation) 162, 173, 250
플리머스 76, 78, 83, 133, 313
플리머스 합의 88
필그림 20, 78, 83, 117, 313, 318
필그림 공동체 103
필그림 법령 88, 150

ㅎ

항구관리인 164
헌법의 주 315
헌장위원회 188
헤브루회의 270
화재감시관 164
회계관 163
회계위원회 208
회의규칙 238, 266, 272, 274, 276
회의체 271

9인위원회 39, 44, 47, 51
50인위원회 51
400인회 27, 49
500인회 28, 43, 48

저자 소개

김영기

- 경상대학교 학사
- 부산대학교 석사 · 박사
- 경상대학교 행정학과 교수(1983~2011)
- 경상대학교 행정학과 명예교수
- 사단법인 경남자치연구원 이사장 · 원장
- 진주포럼 상임대표
- 경남도사편찬위원회 책임편찬위원
- 뉴욕주립대학교(올버니) 객원교수(1993, 1996, 2001, 2009, 2011)
- 윌라밋대학교(Willamette University 세일럼, 오리건) 객원교수(2011)

[경력]

- 행정고등고시, 지방고시 시험위원 역임
- 5급 특별승진시험 위원 역임
- 국가직 및 지방직 7급 공채 시험위원 역임
- 경상대학교 사회대학장 겸 행정대학원장 역임
- 부산 · 경남 · 울산 · 제주행정학회장
- 부산 · 경남지방자치학회장
- 진주신문 창간준비위원장 및 대표 역임
- 경남일보, 경남도민일보 논설위원 역임
- 중앙일보 지역위원 역임
- 경상남도문화상(학술부문) 수상(2007)

[저서]

- 지방자치론(대영문화사, 1993)
- 행정학개론(공저, 박영사, 1993)
- 지방자치행정론(대영문화사, 1997)

- 지방자치의 이해(대영문화사, 1999)
- 한국의 지역사회 인구변동(공저, 한울아카데미, 2005)
- 한국의 주민소환제(대영문화사, 2006 한국지방자치학회 학술상 수상)
- 진주의 이해: 문화행정의 기초(공저, 금정, 2006)
- 자치구역개편론(공저, 금정, 2006)
- 정부인사혁신론(공저, 대영문화사, 2008)
- 지방정부의 정책평가(공저, 브레인, 2010)
- 주민발의제도론(대영문화사, 2011)

[역서]

- 신행정론(공역, 박영사, 1983)
- 정책집행론(공역, 법문사, 1985)
- 미국의 주민소환제도(대영문화사, 2002)

뉴잉글랜드 타운정부론

펴낸날 / 제1판 제1쇄 2014년 11월 25일

지은이 / 김영기

펴낸이 / 임춘환

펴낸곳 / 도서출판 대영문화사

주소 / 서울특별시 용산구 청파로 61길 5(청파동 1가) 제일빌딩 2층

등록 / 1975년 12월 26일 제3-16호

전화 / (02)716-3883, (02)714-3062

FAX / (02)703-3839

홈페이지 / http://www.dymbook.co.kr

ISBN 978-89-7644-500-1

〔값 18,000원〕